U0442010

同济大学"十五"规划教材
同济大学教材、学术著作出版基金委员会资助

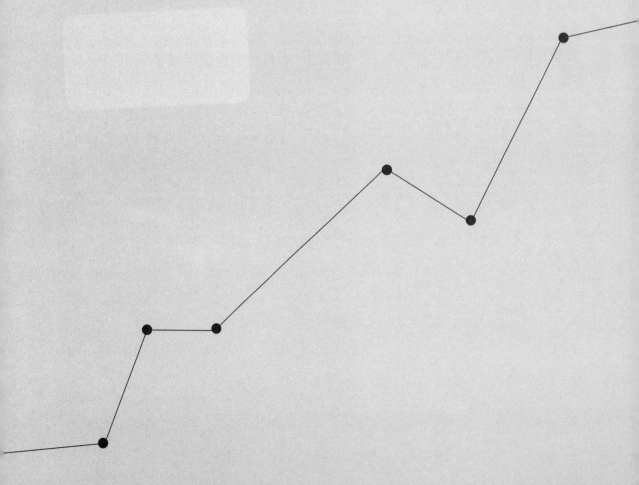

●广告学精品教程

广告创意教程

APPROACHES TO
ADVERTISING
CREATIVITY

王 健 著

北京大学出版社
PEKING UNIVERSITY PRESS

图书在版编目（CIP）数据

广告创意教程／王健著．—北京：北京大学出版社，2004.11
（广告学精品教程）
 ISBN 978-7-301-07886-0

Ⅰ．广… Ⅱ．王… Ⅲ．广告学—教材 Ⅳ．F713.81

中国版本图书馆CIP数据核字（2004）第094592号

书　　　名：广告创意教程
著作责任者：王健　著
责 任 编 辑：张迎新
标 准 书 号：ISBN 978-7-301-07886-0/F·0932
出 版 发 行：北京大学出版社
地　　　址：北京市海淀区成府路205号　100871
网　　　址：http://www.pup.cn　电子邮箱：em@pup.pku.edu.cn
电　　　话：邮购部 62752015　发行部 62750672　编辑部 62752926　出版部 62754962
印 刷 者：北京中科印刷有限公司
经 销 者：新华书店
　　　　　787毫米×1092毫米　16开本　21.25印张　505千字
　　　　　2004年11月第1版　2010年9月第4次印刷
定　　　价：66.00元

未经许可，不得以任何方式复制或抄袭本书之部分或全部内容。
版权所有，翻版必究
举报电话：010-62752024　电子邮箱：fd@pup.pku.edu.cn

留德回国后，我一直在思考：随着世界范围内眼球经济和注意力经济的深入发展，随着精神和形象价值时代的来临，人类社会生产的重心正逐步由纯粹的物质消费资料生产向与物质相联系的精神价值的生产转移（美国和日本的设计知识产权的出口已经超越物质产品的出口），由于这一巨大的历史变迁，我们也许正面临一个全方位的大创意设计时代。

这一变迁的直接后果就是，创意设计——作为一种新的工业正在崛起。然而，从全世界范围来看，新的不平衡正在形成。西方国家对中国等第三世界国家的贸易已经完成了从物质产品的输出向设计等知识产权输出的转化。从北京国家大剧院到上海东方艺术中心、从皮尔·卡丹到阿迪达斯、从麦道到索尼，西方的设计思想正在全面地转化为利益。我们隐约感觉到中国设计的弱势正在重演历史上工业落后所导致的不平等交易，中国有丢失人类设计时代主导力量的现实危险。因此，实现从"中国制造"向"中国设计"的历史性转变，已经紧迫地被提上了议事日程。

在这样的背景下，适应这一历史需要，我们急需培养大量的设计人才。事实上最近二十年，我国开展设计和广告教育的院校、专业及其所培养的学生人数正在呈指数倍增长，我国设计教育的大潮已经到来。然而，数量增加的背后却存在着巨大的质的隐忧。

从设计艺术基础教育角度而言，我们认为当下最重要的是创新理念的建立，反观目前我们的现状，至少在以下几个方面值得思考。

1.设计艺术基础教育理念落后。长期以来我们的设计艺术基础教育秉承的是一种重技能轻思想、重临摹轻原创、重结果轻过程、重引进轻传统的教育理念。这样的教育理念所指导的教育思想和模式必然导致设计教育资源的大规模、低水平重复，导致低端工匠型设计人员的大量过剩和中高端人才的奇缺，直至造成具有中国特色的国际级设计大师的历史性缺失。

2.设计艺术基础教学方法落后。上述教育理念的落后必然反映到教学方法上，石膏、人像、静物、风景写生等，从上大学的第一节课开始就灌输了一种模仿性的技术教育，导致教学过程的程式化、教学手段的简单模仿以及艺术设计教育与其他学科的雷同。

3.设计艺术基础教育评价机制和标准的滞后。正因为我们的艺术设计教育理念落后,所以我们还没有形成一种以创新为核心的评价机制,进而也就无法形成一种对技术创新、风格创新、观念创新、美学创新的强大的正向引导。

基于这些问题,我们认为无论是教育政策的制定者还是教育实践的执行者都有责任反思。从建设性角度而言,下面这些思考一直是我们萦绕于怀的:

在指导思想上,应当把培养创新精神和能力作为设计教育的出发点和归宿。在中国传统设计艺术教育的基础上,设计艺术基础教学应该寓技能教育、美学教育于创造性思维之中,艺术创新教育应该从素描教学的第一节课开始。创新思想应当贯穿于整个教学环节的每一个节点。

在教育理念上,必须坚持从本体而不是工具意义上激发学生内在的创新能量和激情。恢复学生在漫长的社会化和知识积淀的过程中被逐渐尘封的人类最原始的创造本能。

在教育方法上,强调过程而不是简单的结果,通过对大师级艺术家创造性劳动过程详细生动的理性解析,让学生真实地体验一种过程性的快乐和思维艺术的精妙。

在工具上,实现全方位的立体教学和体验型教学模式。其中包括:争取独创性地设计大量的课堂创新游戏和心理实验游戏,在与学生的互动过程中传达一种新的理念和感悟,通过多媒体图像和音效、通过学生演讲和辩论等形式培养一批善言辞、善文字表达、有创造力和合作精神的未来的中国广告创意人才。

在评价机制上,强调创意过程和结果的原创性,将原创性作为评价作品的第一原则,坚决杜绝艺术设计中大量存在的柔性模仿和间接模仿,逐渐形成现代知识产权意识。形成中国设计艺术家的独立人格,从而在世界范围内争取中国设计艺术的话语权。

设计艺术基础教育改革尝试的终极目标应当是,通过在设计教育领域植入一种真正的创新精神,进而在整个教育领域,最后在全社会范围内建立起一种有利于创新的大环境。

在这样的思考背景下,我看到了王健老师所撰写的《广告创意教程》这本书,我欣喜地发现,这本书的核心精神与我的思考不谋而合。书的整体构架和写作手法内在地融入了一种创新意识,虽然是从广告创意入手,但却无处不在地显现了一种普遍的智慧,他似乎已经超越了广告本身的范畴,而是在尝试以广告为直接介质从而传递一种更宽泛的创新理念。这也许得益于王健老师这几年在创新领域的专攻,他在创新研究和传播方面已经走得很远,全国几乎所有的著名高校和企业都留下了他的足迹。这些足迹在这本广告学专业教学读本里也留下了明显的印迹。

我特别留意了第六章——广告创意法门和第七章——超越性思维与广告创意。他从一种全新的角度探讨了创意设计的方法论,用大量鲜活的图像诠释了创意设计中的四大设计原则:广告性、原创性、文化性和艺术性,这些其实也是设计艺术甚至一切艺术形式所必须遵循的原则之一，我们从这些图像以及精妙的解释中获得了一种阅读的快感。

超越性思维是王健老师在各行业传播创新思维的重要内容之一，现在他又将之融入到了广告创意中，字里行间我们看到了一种方法论，比如在有关"性质超越"的阐述中，通过那些精心收集的美妙而极富创意的图片，我们能感受到视觉审美愉悦背后一种普遍性的具有范式意义的方法论，正是这种东西，才是我最关注的，这也是我近年来在阅读过程中希望得到的真正的精髓。

更为难能可贵的是，书中还有大量学生的作品，它们是王健老师在长期的广告创意课教学实践中不断积累下来的珍贵资料，这些作品出自非艺术类学生之手，可能在艺术上不那么完美，但充满着灵性。这么多的大学生、研究生的智慧被恰当地镶嵌在严肃的教材中，使读者在阅读时更多了一份情趣：看着这些年轻的生长着的力量，不由会产生一种欣喜之情。

"求新、求异、求进"贯穿了本书的全过程，我也以此与所有热爱广告事业及一切志同道合的人共勉！

林家阳 教授
2004年10月于上海

目录

第一章
广告创意——一种生存智慧　　　　　　　　/1
第一节　广告对人类社会生活的介入　　　/2
第二节　创意及其在广告中的位置　　　　/6
第三节　广告创意的原则　　　　　　　　/14

第二章
广告创意与民族文化　　　　　　　　　　/23
第一节　广告创意与文化背景　　　　　　/24
第二节　文化差异性与广告表现　　　　　/26

第三章
中国传统文化心理与广告创意　　　　　　/35
第一节　中国文化的原生态特征　　　　　/37
第二节　中国文化的次生态特征与广告创意　/39

第四章
广告创意与消费心理　　　　　　　　　　/79
第一节　创意与接受心理　　　　　　　　/80
第二节　创意与认知心理　　　　　　　　/98

第五章
广告创意的过程与创新思维　　　　　　　/129
第一节　广告创意的过程　　　　　　　　/130
第二节　广告与创造性思维　　　　　　　/133
第三节　创意思维方法　　　　　　　　　/146
第四节　诱发创意的技巧　　　　　　　　/159

第六章
广告创意法门　　　　　　　　　　　　　　　/165
　　第一节　自然原则　　　　　　　　　　　　/166
　　第二节　简单原则　　　　　　　　　　　　/177
　　第三节　以小见大　　　　　　　　　　　　/184
　　第四节　具象比喻　　　　　　　　　　　　/189
　　第五节　家常原则　　　　　　　　　　　　/195

第七章
超越性思维与广告创意　　　　　　　　　　/201
　　第一节　超越性思维的本质——越界思维　/202
　　第二节　性质超越与创意　　　　　　　　　/211
　　第三节　反向超越与广告创意　　　　　　　/223
　　第四节　发散思维与创意　　　　　　　　　/235

第八章
创意与广告策略　　　　　　　　　　　　　/267
　　第一节　总体性创意策略　　　　　　　　　/268
　　第二节　表现性创意策略　　　　　　　　　/288

第九章
广告创意人的素质　　　　　　　　　　　　/321
　　第一节　广告创意人的条件　　　　　　　　/322
　　第二节　广告创意人的素质结构　　　　　　/325

参考文献　　　　　　　　　　　　　　　　/339
后记　　　　　　　　　　　　　　　　　　/340

广告创意教程

第一章

广告创意——一种生存智慧

知识要求

☞ 深刻理解广告对人类社会生活的介入和影响
☞ 把握广告作为产业出现的历史必然性
☞ 明确广告创意在广告运动中的地位和作用

技能要求

☞ 清楚广告在经济和社会生活中的作用
☞ 了解广告创意的基本原则
☞ 学会用经济和成本的方法分析广告及其创意

第一节 广告对人类社会生活的介入

在人类文明的进程中,几乎没有任何一种表达形式和语言系统能像广告一样,呈现出如此持久和强大的生命力,发展到20世纪,广告以非常高的速度渗透到了各个领域,并日益覆盖整个人类文明。无论是战争的叫嚣还是和平的呐喊,也无论是商场的厮杀还是教会的布道,可以说,从总统竞选到尿片推销的一切人类活动,几乎都打上了广告的烙印。各种路牌广告、灯箱广告、车厢广告、传单广告连同报纸、杂志、广播、电视如潮水般刺激着你的视神经,冲击着你的鼓膜,无论它带给你的是意外的惊喜还是无尽的烦恼,你都无法摆脱它。因为,在今天"广告就像我们日常生活中的空气一样到处存在着"(日本柏木重秋语)。现代都市社会与古代农业社会在外观上的最大差异就是广告。现代文明被广告严严实实地包装了,这就是20世纪,这就是20世纪的广告。也许它才是这个世纪的真正胜利者。

毫无疑问,广告的胜利并不是偶然的,除了由于商业社会的贪婪和人类的轻信外,更潜藏着强大的历史必然性。

一、广告大潮出现的原因

(一) 现代广告潮的出现是由于人类生产和交换性质的变化

几千年来农业社会落后的生产力条件和自给自足的自然经济所导致的长期匮乏的物质供应,缓慢的产品更新节奏和低水平的劳动交换频率,难以形成对广告强烈的社会需求。相反,工业革命所导出的社会变迁才真正提出了对广告的产业要求,一方面作为工业资本"圣经"的低成本、规模化、流水线和分工强迫性地使机器疯狂运转,使产品充分涌流,人类财富急剧地膨胀,所创造的生产力"比过去全部时代的总和还要多、还要大",终于导致买方市场与卖方市场的历史性换位,买方市场形成。商品促销手段正式介入经济过程,广告发展终于有了产业上的要求。另一方面,科学和现代技术不但极大地刺激了生产的发展,更创造出日新月异的新产品、新工艺、新材料,随着科学技术的加速发展,产品的更新周期越来越短,当各种前所未闻的新产品雪崩式地涌入我们的生活时，消费者与消费品之间的传统关系开始发生了逆转，即由过去对古代社会千篇一律、千年不变的产品的被动接受变为主动选择，对产品由熟悉变为陌生，由信任变为犹豫，于是向消费者大力宣传、推荐、介绍新产品便成为产品社会化过程的重要一环，当争抢第一时间为产品作宣传成为生死存亡的大事时，广告运动的崛起也就势在必行了。

（二）现代广告潮的出现，是和人类信息技术革命的发展同步的，信息技术的发展和广泛使用，对人类社会生活产生了深远的影响，也直接导致了广告产业的确立

一方面信息革命所引出的信息爆炸，使人们对泛滥成灾的信息产生了选择的必要，这就对信息发布质量提出了更高的要求，与此同时，全世界范围内各种不同的民族、种族和利益主体之间需要进行频繁的对话，甚至于相互渗透、影响，于是在这密集的政治、经济和文化信息的传递和交换中，如何提高信息发布的经济效益，就必然成为信息时代的迫切课题，这样，信息发布的专业化就提上了议事日程。这种对政治、经济和文化信息发布的更科学、更艺术的专业化的要求一旦成为一种社会需要，反映这种需要的专业力量——广告产业就应运而生了。因此，就这一意义而言，广告业的产生和发展实际上是文明进步和社会分工的必然产物。

另一方面信息技术导致全球通讯时代的到来也给广告业提供了强大的物质基础。随着信息高速公路和信息港的迅速发展、地球村的逐渐形成，与"鸡犬之声相闻，老死不相往来"的农业社会相比，人类社会信息传递的速度和范围已经发生了本质的变化，广告已成了真正意义上的广而告之。由于广告的受众面在理论上已接近全人类，因此，投放巨资进行登峰造极的专业广告创意设计和开展大规模广告运动，对广告主而言将可能是低成本的，这一经济利益的背景，这一由于受众面的广大而使广告巨额投资仍可保证有利可图的市场前景，是广告作为一项产业得以确立的经济基础。

像其他许多新生产业一样，广告产业一旦确立，便展现出它巨大的市场前景和无穷魅力，并对人类经济、社会和文化生活产生日益深刻的影响。

二、广告对人类社会的影响

（一）广告是新时代的兴奋剂

1.广告刺激了人类的消费欲望，使"消费——生产——再消费——再生产"的良性循环得以形成。现代商品社会在本质上是消费主导型经济，是消费决定生产，需求决定发展，是人的消费需求在决定机器的转速。广告正是在这一循环的源头给社会注入了生生不息的活力。如果没有了广告，那么下面这一假设将是十分有象征意义的暗示：假如可口可乐不再做任何广告，那么1年后，可口可乐产品的销量将可能减少30%，3年之后，将会丧失70%的市场，

10年以后，可口可乐将完全退出历史舞台，仅仅成为教科书中偶尔提起的案例。可见，广告对销售进而对生产的影响是何等深刻。所以丘吉尔才会说："广告滋润了人类的消费力量，它为人们建立了改善其家庭的衣、食家居的美好希望，它刺激了个人独立以及生产力的扩张。"广告促进了社会生产中不断涌现的新材料、新工艺、新技术的社会化。广告的力量是一种普及的力量，可以把一切还暂时处在萌芽阶段的新生命推荐给社会，只要这个生命是有市场前景的，那么它就不会再重演历史上一切新产品所经历过的漫长的市场化的过程。它可以借着广告的超时空力量，一夜之间成名，从而迅速打开和占领市场。广告是生产和科学进步的吹鼓手，是文明的加速器。把人类的新创造不断地在第一时间推出是广告的天职。

2. 广告鼓励了优胜劣汰的自由竞争，使商品的质量和服务不断优化。广告以公开承诺的形式把产品的性能和特点透露给社会，使企业和产品的竞争变成一场前所未有的擂台赛，市场不承认强加的垄断，千百万消费者才是最直接最公正的评委，因为"人民是不会被贿赂的"（鲁索语）。这就逼使企业"丢掉幻想，准备战斗"——提高产品的质量，降低产品的价格，优化产品的售后服务。

由此可见，广告在增益社会生产力方面具有无可争议的积极意义。这种积极意义甚至在广告产业的每一个历史发展阶段上都同步地显现出来，以至于广告在某一地区和国家的发展程度也将同步地折射出该国的综合经济水平。诚如美国历史学家D.M.普特所说："假如我们探寻富裕造成的制度，就可以发现在历史上无论哪种形式，在这以前都不存在。美国所以比西欧更加富裕，其主要原因就是近代美国的广告制度。"

（二）广告是世界的摇滚乐

"摇滚乐"一词在西方的语言系统中通常被当作反叛、叛逆、革命、创新的代名词。广告被称为世界的摇滚乐正恰如其分地诠释了它的文化本性。正如C.A.莱克所说："广告创造不满的念头，并在实际上创造出了不满。但不满不是玩具，它成了各种各样革命的根源。"广

索尼公司这则新款广告屡屡获奖，乳头被处理成高灵敏的计算机触键，颓废中的快感氛围，使画面充满了强烈的反叛和现代颠覆意识，主流文明往往就是在这种边缘力量的冲击下缓慢量变的。

告的外在目的是商品的，但广告的最终结果却是文化的。广告是一种经济活动，但同时又是一种意识形态，广告煽动起热情，热情演变为时尚，时尚形成了潮流，潮流再推动文化的变迁。因此，广告的社会影响是巨大的。美国历史学家戴维·波特说："现代广告的社会影响力可以与具有悠久传统的教会及学校相匹敌，广告主宰着宣传工具，它在公众标准的形成中起着巨大的作用。"现代广告对人们文化心理的影响主要表现在：

1. 广告增强了人的选择性，鼓励了个体的竞

争。整个19世纪以前，人类生活节奏是缓慢的，生活方式是固定的，社会所提供给人的机会是有限的，这种生活秩序并不需要人们具有特别的选择力。进入20世纪，工业和科学把人类带入了新的境地，排山倒海的产品和铺天盖地的广告把人类逼进了选择的时代，"在这样的时代，任何事情，从选择一种宗教信仰一直到选择一种香烟，都处在川流不息的宣传中。"广告宣传每天都在把成千上万种产品展现给观众，把各种各样的生活方式和价值观、审美观推荐给大众，以至在这样一个选择的时代，每一个人要想有所作为就必须进行选择，在现实的每一个问题上选择自己的立场和态度。而选择的前提是选择主体的意志自由和在产品面前人人平等。因而在客观上，广告增进了人类的自由和平等意识，广告正是通过人们对物的态度进而影响到人们对生活方式的理解，并最终影响了人们的思想方法和价值观。

2. 广告促动着人的创造性。广告在不断地把生活中的创造性成果介绍给大众的同时，已不知不觉地把一种对创造的理解给予了人们。在广告的世界里，人们发觉了一种完全不同于过往时代的新的进化原则，生活中每天都在出现新的内容。不论是一种新饮料的诞生，还是新健身器材的发明，抑或是一种新广告语的流行，都似乎在用一种最直观的图像语言提示人们，生活的本质是更新和创造。只有不断创新，品牌才能立足，只有不断创新，企业才能生存，只有不断迎接创造性的生活，生命才有意义。可见广告好像在用最感性的语言为恩格斯的一段话作注解："一切僵硬的东西溶化了，一切固定的东西消散了，一切被当作永久存在的特殊东西变成了转瞬即逝的东西，整个自然界被证明是在永恒的流动和循环中运动着。"因此，存在就是创造。

3. 广告刺激了人的叛逆感，每一则诱人的广告（特别是电视广告）都像是一次魔鬼的诱惑，用那极富质感但又可望而不可及的形象语言引诱你一步一步远离现实，在虚无缥缈的向往中产生对生活的叛逆感，想抛弃旧的生活，追随一种新的完全陌生的生活，这种诱惑每时每刻都在大量地不知不觉地进行着。一旦你不能清醒地认识到广告所提倡的生活与我们普通人真实的生活是隔得那样遥远时，不满和叛逆将与日俱增。美国20世纪60年代出现反叛的一代就是一个例证。他们经常被称为电视的一代，广告的一代，摇滚的一代和垮掉的一代。他们是人类历史上第一代电视族，在他们的世界观尚未成熟的整个青少年时期，遭遇了史无前例的广告运动的袭击，电视广告大声地号召他们去享受新的生活，而现实又不能完全兑现这种新生活的承诺，二者的反差，导致其心理的失衡，于是爆发了60年代的青年反叛运动。疯狂的享受，疯狂的反叛，当时的颓废派宣言就直截了当地说："电视机、立体声、汽车、性交都不能使我们快活，有什么能使我们找到真正的快活呢？摇滚乐、摇滚乐、摇滚乐。"事实上正如一位历史学家所说，当时"我们所见到的逆主流文化，从服装、发型、性生活、吸毒、摒弃理智，到寻求标记和奇迹，无一不是和摇滚乐联系在一起的"。摇滚乐成了西方"广告的一代"的活的图腾，成为他们生命的象征符号和叛逆传统文化的大旗。从这一角度而言，广告又像是文明的鸦片。所以英国工党领袖安奈林·比尔才会说:"广告是罪恶的勾当。"历史哲学家阿诺德·汤因比甚至认为"想不出在什么情况下广告能不是邪恶了。"然而,就广告的文化影响而言,仍然有不同于他们的看法,卡尔文·柯立芝说:"广告既是一种鼓舞和推崇商业世界的强大的动力,更是有利于拯救人类及其更新换代的一大要素。"美国罗斯福总统也心平气和地认为:"在过去半个世纪中,假如没有广告的力量来传播改善生活的知识,则各民族现代文明标准的普遍上升将变为不可能。"

也许人们对广告的社会作用还将持久地争论下去,但有一点却是不可怀疑的,那就是:无论好坏,广告已经并且将会更加深入地介入我们的生活,正像美国人安·E.韦斯所说:"无论好坏,广告是我们高消费经济的基本要素,也是美国人生活的组成部分,是我们生活和现实社会政治经济制度中不可缺少的组成部分。"

惊世骇俗的贝纳通广告具有极大的颠覆性

第二节 创意及其在广告中的位置

一个成功的广告最本质、最核心的因素是什么呢?

绝大多数的广告人几乎都给出了同样的回答——创意。

扬·罗必凯公司的创作口号是:"抗拒平凡的创意"。

李奥贝纳公司的创办人李奥贝纳认为:每一种广告都有潜在的戏剧性,都可以启发出一个大创意。

杜利·丹·伯恩贝克公司创办人伯恩贝克极力主张广告必须有新颖的创造力,他提出:"我认为广告上最为主要的东西就是要有独创性与新奇性。""我们没有时间和金钱,不断重复广告的内容,我们呼唤我们的战友——创意。"詹姆斯·韦伯·杨认为:"广告本质上是发挥创意,运用一组设备与技术,去从事传播的一种艺术。"

大卫·奥格威在他著名的"神灯"法则里,对广告的新手提出了最重要的十一条戒律,其中第二条就是:"若你的广告的基础不是上乘的创意,它必遭失败。"

为什么创意在广告人心目中具有如此崇高的地位呢?我们应该如何看待创意呢?

一、什么是广告创意

创意(idea),它的最基本的含义是指创造性的主意,一个好点子,一种从未有过的东西。哈佛大学西奥多·莱维特认为:"创造性是指能够想出新东西。"所谓"新东西"不是指无中生有,而是将原有的经验材料组合出新的意义。S.阿瑞提说:"神学家和宗教信徒一般都认为上帝是从空间和时间的虚无中去进行创造的,而人的创造力则是运用早已存在的、可以利用的材料,用无法预料的方式去加以改变。"广告人李奥贝纳说:"所谓创造力的真正关键,是如何用有关的、可信的、品调高的方式,在以前无关的事物之间建立一种新的有意义的关系的艺术。"当这种新的组合在苦思冥想的广告人的脑海里像闪电划过夜空般闪过时,一个激动人心的点子出现了,一个将来甚至可能发展出伟大的广告运动的生命胚胎诞生了,广告人如获至宝,以至有些人"宁可自己死掉,也不肯抛弃他们呕心沥血想出的点子"(英国设计师保罗·阿登语)。

二、广告创意的特征

一个好的创意如果暂时撇开它的终极目的——购买行为,而仅从艺术效果看,通常具有三个特征:

(一) 从发生学意义看,表现为极为丰富的想像力

创意需要有强大的创造力。美国一家报纸曾刊登一则广告:"我处出租1966年出厂的完好的机器人,该机器人会打扫房间,遛狗遛猫,能买食品,会干小型家务,具有会话能力,举止端庄,外表喜人。"一对中年夫妇相信了这个诱人的广告,然而,出现在他们面前的却是一个20多岁的小伙子,这使他们大为震惊。转而一想,又不得不为他惊人的想像力所折服,于是决定试用这个高智慧的"机器人"。想像力是人区别于动物的最重要的标志之一,拿破仑甚至直言不讳地说:"想像统治着人类。"列宁说:"甚至在数学领域也是需要想像的。"广告是一个具有高度创造性的行业,是智慧密集型的产业,广告创意中应含有比科学创造更大的想像自由度。英国哲学家休谟说过:"世上再没有东西比人的想像更为自由,它虽然不能超出内外感官所供给的那些原始的观念,可是它有无限的能力可以按照虚构和幻想的各种方式来混杂、组合、分离、分割这些观念。"

右图吉普车广告将禁止通行的路牌耸立在险峻的绝壁之上,这种大胆的创意并不让人感觉荒谬,相反它却刺激起了人们潜藏在心底的叛逆冲动,一个好的创意不在于想像本身的荒谬程度,而在于是否能与心灵深处已经存在的同样荒谬的想像契合,从而产生一种共鸣。

就如下页右图广告,虽仅仅是一种巧克力的广告,但却大胆地用宏大的主题来衬托,然而意境本身的高远已经冲淡了小题大做的嫌疑。在一个小小的厕所间,竟然想容纳进史诗般的辉煌,创世纪的大手笔与孩子心灵深处的向往融为一体,人们理解一个普通的孩子,也许

她目前的处境并不如意，也许她还在某个狭小的空间里艰难地挣扎着，但是，这并不妨碍灵魂的品位，有一种东西在困顿中一刻不停地生长着、蔓延着，想像可以将我们带入某种伟大的境界，虽然目前也只是画饼充饥的精神解渴，可是，谁又能百分百地肯定，这种灵魂的自我拯救永远只能是黄粱美梦呢，事实上真正的创世纪往往就出自一个不屈的灵魂，这是一颗种子，历史在耐心地期待每一个这样的种子发芽。

（二）从外在属性看，表现为强烈的视觉（听觉）刺激进而提高注意力

百威啤酒是美国销售最多的名牌产品，为了确立"第一位"、"高大的百威"之形象，广告构图以超现实的想像营造了系列组画，左图广告只是其中的一种，山体般高大的百威，给人的视觉以强烈的冲击。下游冲浪的人们显得渺小但却自由欢快，在这一背景下冲浪确实很爽。的确，视觉冲击能造成第一眼的印象，这是广告创意追求的最初效果。

日本先锋音响的创意构图更加富于想像的激情，设计师将两个处于完全不同空间的事物组合在一起，创造了令人惊叹不已的画面视觉效果，让美国与加拿大边界世界著名的尼亚加拉大瀑布，从美国纽约的摩天大楼楼群顶上倾泻而下，声势浩大如世界末日，如宇宙创生，使人产生梦境般的震撼，人们仿佛可以从无声的画面中

感受到宇宙颠覆般的巨大的声波，强烈的视觉冲击转化成了听觉撞击，不由得你不产生瞬间的全身心注意，这就是优秀创意广告的外在效果。美国亚马逊网络图书公司的广告具有同样的视觉震撼性，几乎将自由女神淹没的海量图书，同时也满足了消费者求多求大的特殊心理。

正如美国彭立克所说："要使观众在瞬间发出惊叹，立即明白商品的优点，而且永远不会忘记，这就是创意的真正效果。"

（三）从内在特质看，要有让人为之心动的力量

一个好创意，一个出乎意料之外的奇思异想，除了第一步能给人以感官上的冲击外，第二步就应有一种非逻辑的，但却是智慧的冲击，直接深入到人们的内心，与人们内心深处潜藏着的生活逻辑相契合，从而产生一种从未有过的感觉，艺术上称之为会心，禅宗称之为觉悟，也即广告所提示的智慧和境界与人们内心深处对这种智慧和境界的无意识期待耦合了。这就是人们常说的"有了感觉"。好的创意的最高标准就是使人突然间产生一种感觉，这是一种不同于感官知觉而又高于知觉的心灵感应。上海奥美广告公司所创意的霸伏助动车广告即为一例（见下图，此图为主创人杨舸向笔者提供）。

美国克利夫兰的 WYSE 广告公司艺术指导汤姆·史密斯为 TRW 集团公司设计的广告也充满了感人的创意，他将 TRW 集团公司定位为"一个广纳建议的好公司"。

史密斯以极简单的摩德廉型设计，利用直线隔成多个矩形的格子，每个格有一个正在熄灭过程中的电灯泡（见下页图）。此设计及由查克·威斯罗（Chuck Withrow）写的简洁的广告词指出：通常好的建议由于有许多反对者介入而未被采纳。TRW 公司宗旨后面的目的是：TRW 靠建议而生存，并要促成建议实现而不是抑制它们。广告词解释道："因为我们寻找有好建议的人。"

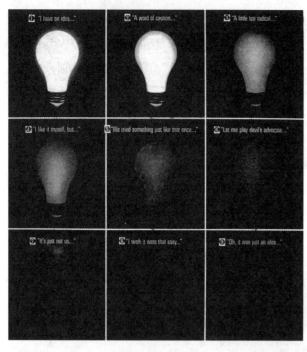

这是一则精彩的公司广告，它不仅使TRW公司博得客户、潜在顾客和财团拥护，而且它已成为一个很好的雇员招聘工具以及提高士气的手段。

回到20世纪四五十年代，许多有创造性的广告都沿用了荷兰画家皮特·摩德廉（Piet Mondrian）的形式。因为当时研究表明，这种形式能吸引更多的读者。

实践证明：这则广告获27000次重印申请。它已收录在汤姆·彼特(Tom Peters)和罗伯特·沃特曼(Robert Waterman)的著名的畅销书《寻求杰出》中，并作为一项公众的服务在《读者文摘》中免费登载。

广告文字说明：
(1)"我有个主意……"
(2)"必须谨慎从事……"
(3)"有点太激进……"
(4)"我个人喜欢它，不过……"
(5)"我们一度试着那样干过……"
(6)"让我挑点毛病……"
(7)"那不是我们……"
(8)"但愿这主意那么容易……"
(9)"哦，它仅仅是个想法……"
(10)它仅仅是个想法。
(11)好建议是很脆弱的，将它熄灭比让它发挥作用要容易得多。

台湾地区一则广告也做得十分感人，如下图：

1990年台湾地区庆祝"母亲节",在"母亲的伟大、母亲的爱"这一主题下,广告牌上方排列了24位世上伟人的照片,下面的广告词是:"在妈妈的心中,他们只是孩子。"广告牌下方又排列了24个新出生的婴孩,配上的广告词是:"在妈妈的心中,他们都是伟人。"短短两行胜过千言。可见好的创意,不但要在视觉上触动人,更应该在心灵上打动人。

三、如何理解创意在广告中的位置

如前所述,在构成广告的诸要素中,广告大师们最推崇的就是创意,把创意看成是广告的灵魂,这是基于如下理由:

(一)创意能使广告受到超值的关注

在当今的市场经济社会中,广告通过报纸、电台、电视、户外标牌等等一切形式每日每时都在冲击着我们的感官。仅以美国《纽约时报》为例,它的星期天版由于被各种广告充斥竟重达7.8磅。

在这广告的世界中,人们每天要受到无数次的刺激。国外一项调查认为,每个人一个工作日中平均要受到560次广告的冲击。由此看来,从广告主角度而言,面对汪洋大海般广告潮的挑战,要想使你的广告不被无声无息地淹没掉,惟一的办法就是吸引受众的注意力。要想吸引注意力就首先要做到与众不同,要想与众不同,惟有发挥广告人的非凡创意。大卫·奥格威的经常被人引用的一句箴言对此作了最好的注解:"要吸引消费者的注意力,同时让他们来买你的产品,除非你的广告有很好的点子,不然它就像快被黑夜吞噬的船只。"

创意在广告中的作用,其更为可比的情形是:当花费同样的钱,在同样的媒体上,以同样的版面或时间做广告时,你的富有新意的广告能脱颖而出,赢得消费者的注目和兴趣,这无异于提高了单位时间的广告效果,也就等于获得了超值的广告效应。相反,缺乏创意的广告就往往是负值的,是一种无效的投资。广告大师伯恩巴克对此深有体会:"你没有吸引力使人来看你的这页广告,因此,不管你在广告里说了什么,你都是在浪费金钱。"

可见,创意在广告中的作用首先表现在广告的第一层次的要求上,即吸引注意、引起兴趣、促使购买。也就是说,由于广告的作用,某种产品获得了比其同类产品更多的销售机会。

(二)创意能使广告对象产生文化增值

一个成功的创意性广告不但能够满足广告主第一层次的要求,即让商品顺利地进入流通,并实现它的价值,而且能使商品产生增值的价值。换句话说,广告的作用不但体现在告知、说服,进而满足消费者的需求上,更可能通过广告的精神投入而创造需求,并且在这一过程中,产生附加的价值。这种附加的价值来源于广告的创造性劳动,它和产品生产过程中的劳动一起构成了产品的最终价值。也就是说,一个经过广告创意包装的商品,它的实际价值等于该商品原先的使用价值与由广告所创造出来的精神价值之和。《美国新闻与世界报道》曾报道了这一价值附加现象:"一些科学家发现,消费者就算在购买功能最好的产品时,通常也会被产品的感性与文化价值所吸引,而不会太在意该产品的耐用、易用等'理性'价值。"所以,1984年美国可口可乐公司信息研究经理乔尔·S.杜鲍才把行为主义心理学领导伊凡·帕夫洛夫推崇为"现代广告之父"。杜鲍曾在全国广告协会组织的一次广告研究会议上说:"伊凡·帕夫洛夫推崇的是形象化的描述,给你的是另加上的价值。这难道不正是我们现代广告形象所要追求的吗?"在商品社会里,商品消费欲望是具有传染性的,消费者是从来不会满足的,既然商品并不完全是物质性的,商品消费就和精神状态有关系。后现代主义大师杰姆逊就认为:食欲和性欲并不完全是属于肉体的,它还有某种精神的因素。这就是说,商品并不是完全依靠物质性使人满足。由李奥贝纳广告公司代理的美国烟草公司的万宝路香烟广告策略,就是一个典型的例子。在万宝路香烟广告中,主人公常常是体魄健壮、气宇不凡、刚劲坚毅、勇于进取、沉默寡言、目光深邃的美国牛仔。一张饱经风霜的脸上,严肃中透出美国人的幽默,还有那套着坚韧绳索的高大俊美的马匹,背景往往

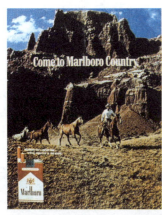 

是美国西部的旷野,意境豁达。整个广告传递的是粗犷的男性概念,使受众感到生命的强度和力度,体现美国大地上大多数移民对事业的狂热追求。因此,万宝路香烟在消费者心目中,总是和消费者一心向往的西部风光、马背上的好汉、辽阔的空间联系在一起,这样就产生了不同于其他产品的精神商品,甚至可以说是一种"物神"。这个独特的形象使得消费者认定万宝路香烟具有独有的味道,并使之在品味万宝路香烟的同时,获得了一种真正的男性精神享受。万宝路香烟广告的成功,使其成为世界上销售最多的香烟,每年在全世界销量近3000亿支,人们每抽掉4支烟,其中就有一支是万宝路。为什么世界上有这么多人偏爱万宝路香烟呢?为了搞清这个问题,美国权威金融杂志《福布斯》专栏作家斯特鲁特·布洛尼克1987年与助手调查了1546个万宝路爱好者。许多被调查者明白无误地说,他们喜欢这个牌子是因为它的味道好,烟味浓烈,使他们感到身心非常愉悦。可是布洛尼克却怀疑,真正使人迷上万宝路的不是它与其他香烟之间微乎其微的味道上的差异,而是万宝路广告给香烟所带来的感觉上的优越感。万宝路的硬汉牛仔广告赋予了万宝路香烟一种男子汉的气概,而消费者购买万宝路香烟也正是为购买这种气概,以及这种感觉上的满足。

布洛尼克在调查中发现:当他向每个自称热爱万宝路味道、品质的万宝路的瘾君子以半

价提供简装万宝路时,只有21%的人愿意购买(尽管这些人知道这些简装、外表看不出是万宝路的香烟确是货真价实。因为厂方证明这些香烟确为真货,并保证质量和店里出售的万宝路香烟一样)。布洛尼克说,这也许可解释为这些人要的是万宝路广告、包装所带给他们的满足感,简装的万宝路口味质量同正规包装的一样,但不能给吸烟人带来这种满足感。在调查中布洛尼克注意到这些万宝路爱好者每天要将所抽的万宝路香烟拿出口袋20~25次。这说明万宝路的包装和广告所赋予万宝路的形象已经像服装、首饰等各种装饰物一样,成为人际交往的标志;而万宝路烟的真正口味,在很大程度上是依附于这种广告所创造的美国牛仔形象的一种附加因素,并不是人们购买万宝路的真正动机。

可见,商品的物质因素,也即它的直接使用价值有时并没有厂商想像得那样重要,商品之间使用价值的差异也并非如厂商们吹嘘得那样大。伦敦广告代理机构"创意部"经理、啤酒厂同盟会市场部的前经理迈克·德特西尼手下掌握着4种贮藏啤酒。他说:许多在竞争中的啤酒品种,它们在味觉、颜色和储运上实际是一样的,哪怕是专家,在喝了二三品脱之后也说不出他们之间的差异。因此,我认为,消费者所喝的简直可以说不是啤酒,而是广告,因为广告就是品味。广告将某一个品种从无数同类商品中分离出来,再加上令人炫目的光环,让消费者在享受中不知不觉地体验一种乌托邦式的幻觉。可见,消费者实际上是购买了蕴含在商品中的两种价值:机器生产的使用价值和广告生产的精神价值。

酒类、化妆品等属于黑箱类商品的广告通常的手法是造梦,即营造出一种亦真亦幻的梦境,很大程度上,消费者是在消费一种疑似现实。正如雷夫纳华化妆品公司的老板说的:"在工厂我生产的是化妆品,在商店里我卖的是梦。"的确,在当今时代,纯物质的使用价值的消费已经逐渐被精神和形象价值取代,与饥寒交迫时期相比,今天我们买一双长筒袜,不仅是为了保暖,更是为了买一双美丽的腿。于是广告就开始造梦。

(三)创造是人类精神劳动的本质,是人类文明发展的内在动力

罗曼·罗兰说:"生产的第一行动是创造行为。"人类和动物最大的区别就在于人是智慧的动物,人主要是靠智慧而不是靠体力去战胜自然的。随着人类文明的进步,特别是科学和

技术日益发达的今天，机器和计算机正在逐步取代手的功能和部分脑力劳动。智慧和创造在文明的发展中更加具有本体的意义，相反，作为技术和工具性的操作越来越退至从属的地位。因此可以说"在文明的社会里，惟有智慧才是真正的力量"（布朗基）。在当前时代，人类的一切财富在本质上都是精神的创造，智慧和创造力正在日益成为财富的真正源泉。事实上我们已经看到，在人类精神劳动的许多领域（包括广告制作），随着摄影、摄像、计算机设计以及计算机喷绘等技术的不断完善，人类几千年来所造化出的手工制作的灵光将被逐渐抹去，正如一百多年前马克思所说：工业革命以后"资产阶级抹去了一切向来受人尊敬和令人敬畏的职业灵光"，于是，一切文化艺术（包括广告）创作的核心问题便随之凸现，那就是创意、创意、创意，正如埃默森所说："智能的标志是能够在平凡中发现奇迹。"而这一点，是计算机永远也无法取代的，因此，创意在广告中的位置是不言而喻的。

第三节 广告创意的原则

一切科学和艺术都有自己的发展规律和创作原则。广告创意作为一门科学性和艺术性高度统一的学科，作为一门正在形成的具有很强的实践性的学问，也有它自己的运作规律和创作原则。广告创意的原则主要有以下几方面：

一、独特性原则

广告创意是广告诸要素中最有魅力的部分，一个广告与另一个同类广告之间最大的差异就是创意不同，也就是说，作为一种原创性的劳动，其最终的劳动成果应该具有独创性、独特性，或者是创意思想的独特，或者是表现手法的独特，或者是传播方式的独特，或者是销售主张的独特，总之，必须要提供一个个性鲜明、与众不同的主意。文学家Roy Whittier说得好："在广告业里，与众不同就是伟大的开端，随声附和就是失败的起源。"只有与众不同，才能达到出奇制胜的效果。

有一则征婚广告是这样的：

某男，26岁，1.72米，山钟风骨、水毓灵秀。三年军旅生活，练就一身孔武，六载银行工作，依然一片冰心，主张事业和爱情互生互补，相依相长。悠悠呼唤，几多共鸣？……显示出与20世纪80年代一般征婚广告不同的文采。

伦敦一家药店在推销生发剂时，竟一反常理，雇了10位非常英俊的秃头汉推销，在他们光亮的秃头上贴上条子，上写"P.K.D.生发剂"，此举一下惊动了新闻记者，记者将此事在杂志、电台上作专题报道，一时竟成了伦敦街谈巷议的新鲜事，广告取得了意想不到的轰动效应。

有趣的是,台湾地区某洗发水的广告也采用了相似的创意手法,一头乌黑亮丽的长发不见了,代之的是锃亮的光头,以此说明该洗发水里有薄荷成分,洗完头真是凉爽到极点。(见右图)

独特性最明显的一个特质就是不可重复性和不可模仿性,无论你重复和模仿的对象是一个多么伟大的创意,只要是模仿,必然成败笔。当奥格威设计出一个戴黑眼罩的男子后,这一伟大创意就具备了空前绝后的性质,你不可能再设计一个戴红眼罩或别的什么遮挡物,因为任何类似的模仿,不但是失败的,而且几乎是可笑的,这就是广告创意独特性要求所具有的残酷性。

奥格威"神灯"法则中十一条告诫的最后一条写的是:

"十一、不要当文抄公。"

拉迪亚德·基普林写过一首关于一位自我奋斗发家的航运大亨安东尼·格罗斯特爵士的长诗。老人在弥留时回顾自己一生的历程以诫示自己的儿子。他鄙夷地谈到他的竞争对手:

无论他们怎样抄袭我,

可永远抄袭不了我的思想。

由他们剽窃、盗用吧,

费尽了心机,他们依然是望尘莫及。

若是你有幸创作了一套很了不起的广告方案,你就会看到,不久另一家广告公司便会盗用。这确实令人恼火,可是你千万不要烦恼,还没有什么人由于盗用别人的广告而树起了一个品牌。

"模仿可能是'最真诚不过的抄袭形式',但它也是一个品德低劣的人的标志。"

二、实效性的原则

1865年,诺贝尔在汉堡建立了诺贝尔公司,并在德国易北河畔的克鲁梅尔的山谷里,建造了一座炸药厂,产品远销澳洲、美洲和欧洲各国。后来他又在瑞典、英国、日本等9个国家兴建了工厂。为了消除人们对其产品的恐惧心理,他采用了到施工现场进行爆炸示范的广告宣传。1866年,诺贝尔带了炸药和他发明的雷管来到一个采石厂,指挥助手做好准备工作,并通知所有的人远离爆炸点。一会儿,只听惊天动地的一声响,一阵浓烟冲天而起,硝烟过后,矿工们围拢过来一看,巨大的岩石被炸成一块一块的,使开采极为方便,也减轻了工人的劳动强度。人们也看到,只要注意操作,炸药还是安全的。通过诺贝尔的现场爆炸示范,许多矿主认识到了炸药的用处,消除了顾虑,纷纷购买。广告取得了极大的实效。

可见所谓实效性,就是能带来现实的广告效果,能给广告主带来实际的收益。广告商是为广告主服务的，广告主出资购买广告商的劳动，是一种经济行为，是一种劳动交换行为，等价交换的结果应该是广告主得到百分之百的服务。通俗地讲，作为商业广告，广告主得到的服务（广告）应当是百分之百的为了促销而不是什么别的目的。评价一个广告创意是否是优秀的，其标准究竟是什么，通常有三种看法：(1) 广告界、消费者、广告主都认为是好的。(2) 既能达到促销目的，又受到广告界、消费者和广告客户的广泛好评。(3) 促销，但并没有引起舆论对广告本身的兴趣。对此，奥格威坚决地认为他是第三派，他认为："能够促销产品，而不是把人们的注意力引向自身的广告才是一则好广告。"他饶有兴味地举例说，马斯特雪也持类似的看法。他认为："广告应当反映的是广告主，而不是广告公司。我们没有，也不想有某种程序；我们没有，也不想有某种风格。我们全力以赴，集中精力寻求的是：什么才是广告的真正目标，什么样的传播战略才是最佳战略。因此，我们要为客户创作广告。广告是客户的，而不是我们自己的。"实效性原则还可以从广告的定义得到证明。美国小百科全书认为："广告是一种销售形式，它推动人们去购买商品、劳务或接受某种观点。"

格林沃尔德认为："广告是为了达到增加销售额这一最终目的，而向私人消费者、厂商或政府提供有关特定商品、劳务或机会等消息的一种方法。"日本川胜久认为："所谓广告，是为了预期的最大利益，以劝说买方为目标的大众情报宣传。"这样我们就看到，广告创意的最终目的只能是实效，表现在商业领域就是促销。英国广告人埃里克·克拉克直截了当地说："广告就是卖东西。"对此，广告大师伯恩巴克更毫不犹豫地声称："广告中的任何人，如果说他的目的不是销售所广告的商品，他就是一个骗子。"

综上所述，可以得出结论：实效性应当是广告创意的最高原则，它是广告所产生的根本原因，它也是广告之所以存在和蓬勃发展的惟一理由，它更是检验广告优劣的重要标准。

三、真实性原则

如果说实效性是广告的最终目的，那么，由实效性所决定的真实性则是广告的生命。广告的真实性原则可以从两方面理解：(1) 实事求是，也就是讲真话。讲真话不讲假话既是人类生活的根本准则，又是社会主义市场经济成熟形态的必然要求，也是一切文化艺术创作的基本前提，当然也是广告创意被消费者最终接受和促销的重要保证。列宁说："我们应当讲真话，因为这是我们的力量所在。"(2) 讲事实，通俗地说，就是摆事实讲道理。这不仅是广告创意的内在根据，也是广告促销的有效策略。奥格威十一条戒律的第三条就是"讲事实"，所谓讲事实，一方面，应强调广告的内容比表现内容的方法更重要。一个广告之所以能站立，最根本的是该广告所陈述的事实具有强大的说服力，而不是语言本身的技巧，日本和英国谚语"空袋子立不起来"讲的就是这个道理。日本松下集团电池广告，整个画面上半部是山间的水库，下半部用电池垒成水电站，广告语十分准确地说："松下一年生产售出的电池，相当于

×××万瓦的发电站某年发电的总量。"用事实来说明松下电池的销量。奥格威为劳斯莱斯所写的第一个广告用了719个字讲了一个事实,而没有一句夸张。他说:"我为劳斯莱斯汽车做的广告全是事实。没有形容词,也没有'高雅的享受'这类夸张的承诺。"但广告却获得了非常大的成功。

纽约大学查尔斯·爱德华博士说:"讲的事实越多,销售得也越多。一则广告成功的机会总是

尼康照相机的广告表现是一种尝试,几乎没有任何说词和夸张的画面技巧,而是自信地将照相机所有的零件都解构在消费者面前,让人们自己去得出结论。

随着广告中所含中肯的商品的事实数据量的增加而增加的。"相反,没有事实作为内容的广告,外在的夸张反倒成了累赘:正如克劳德·霍普金斯所说:"高雅的文字对广告是明显的不利因素。"另一方面,讲事实就是应尽可能地给消费者以实际的承诺。美国西屋公司的广告创意是:一间卧室里,准备睡觉的妻子对正在读报的丈夫说:"快点关灯吧!"丈夫随即摁下了台灯的开关,可灯泡仍光亮如初,于是丈夫把插头拔了下来,但灯泡还是亮着。无奈之下,他把灯泡取下放进木箱里,可灯泡依然发光。妻子不耐烦地催促丈夫,这位"无能的"丈夫无计可施,只是手执发光的灯泡呆呆地站在那里,这时,画外音响起:"西屋公司灯泡的寿命较其他灯泡的寿命长几百小时以上。"广告虽然夸张,但"几百小时"却是具体的承诺。实事求是的承诺是赢消费者信任的重要前提,所以奥格威说:"信不信由你。真正决定消费者购买和不购买的是你的广告内容,而不是它的形式。你最重要的工作是决定你怎样来说明产品,你承诺些什么好处。两百年前约翰逊博士说过:承诺,大大的承诺,是广告的灵魂。"

四、艺术性原则

如前所述,广告创意虽然必须遵循实效性和真实性原则,但广告毕竟不是产品说明书,广告还应有很强的艺术感染力。广告的艺术性原则是由广告的说服功能决定的。现代广告不仅仅是告知,更是一种劝导和说服,而劝导和说服是不能简单化的。"广告应有让别人停下来看它的力量"(埃利奥特·扬语),这就决定了广告原则上是一门艺术。正如伯恩巴克所说:"我奉劝你一句,……切勿相信广告是科学!""广告在根本上是说服……而说服的发生并不是科学而是艺术。"

美国纽约大都会博物馆作为世界现代艺术的神圣殿堂，就赫然展出了一件令人震惊的艺术品：世界名牌Levi's牛仔裤的pop广告。这是一个没有牛仔裤的牛仔裤广告，整个画面用照相写实呈现出一个全裸的充满古典浪漫美感的臀部，只用虚线勾勒出牛仔裤口袋的形状，传达了一种无与伦比的感受：Levi's牛仔裤像你的皮肤一样服帖（见下图）。这种创意所表

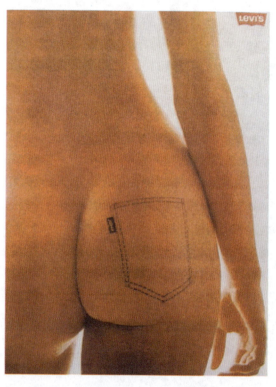

达的不仅仅是商品信息，更是一种高超的艺术智慧，给人以极大的视觉冲击和精神的感染，完全称得上是艺术品，而且是艺术品中的上品。与Levi's牛仔裤众多惊世骇俗的广告创意相比，这则广告具有最卓尔不群的艺术品性。牛仔裤暗示的是什么呢？性感。牛仔裤象征的是什么呢？叛逆。牛仔裤追求的是什么呢？服帖——像皮肤一样的服帖。创意思路就在这三者之间找到了最令人惊叹的统一，仅仅一个淡淡的牛仔裤口袋印，就可以将"无"变成"有"、将皮肤变成服饰、将性感变成美感、将物质变成精神、将最商业的广告变成最风雅的艺术。难怪它会被严肃的现代艺术博物馆收藏。在这被载入史册的广告创意作品背后，我们看到了智慧的力量，看到了思维过程中性质超越的魅力，它可将物质世界的通译性和多元转换的可能性发挥到怎样登峰造极的地步。

广告创意的艺术性也是由广告传播的特殊性决定的，与其他许多信息发布形式相比，广告发布的时空效益比最大，也就是说广告应当是用最少的钱在最有限的空间中传达出最高效的信息。如报纸广告必须在高度密集、目不暇接的广告群中，用有限的版面创造出一鸣惊人，使人过目不忘的作品。电视广告更是真正瞬间的艺术，几十万乃至上百万巨额投资（如香港地区普通的广告片制作费为30万港币，而像云丝顿、总督、万宝路、健牌、特醇轩尼诗、马嗲利等品牌的广告动辄就需百万以上）被高度浓缩在几十秒的瞬间内，这就不得不对广告的创意设计和制作提出了极高的艺术要求。事实上，广告片的拍摄利用比是非常高的。（如香港广告片多数是用35厘米底片拍，底片割舍比例比其他电视片高，曾经有过拍摄10000尺底片才取40多尺的记录。而通常一部电影几大本也不过9000尺。正常情况下，电视纪录片的拍摄利用比为1∶5，而电视广告片要达到1∶100。可见破费之巨，令人震惊。）这也就对广告

片的艺术质量提出了近乎残酷的要求，而这种要求首先就反映在广告的创意上。

广告创意的艺术性更是由广告的文化价值决定的。广告通过艺术象征营造出一种令人神往的疑似情境，将人们带入一种如诗如梦的艺术境地，再经过广告的重复播出，如水滴石穿一般，让人们在不知不觉中接受广告的象征性暗示，从而产生对某一特定产品的广阔而超时空的联想。这样，艺术象征性的本质（某种东西的含义大于其本身）便淋漓尽致地在广告创意和传播中获得了注解。

广告，只有在它具备了高度的艺术性时，才可能实现它的造梦功能，才可能达到它超值的传播价值。

某一外国网站的广告，在恐怖的震慑中人们看到了一行文字：——开始中蕴含着结束。

五、合理性原则

广告创意是一种创造性劳动，需要发挥人类最伟大的天赋——想像力，用最大胆、最异想天开的手法去创造奇迹。然而，这种想像力和创造力又不是无节制的、荒谬的，它还必须遵循一定的规律，掌握一定的分寸，这就是广告创意的合理性原则。也就是说，广告创意既要遵循广告本身的特殊规律，又要遵循艺术创作的一般规律，还要符合人类思维的普遍规律。任何违背生活逻辑的胡思乱想都不能算是真正的创意。诚如美国波立兹调查公司总经理阿夫朱德·波立兹所说："想像力是一项基本的及必要的条件，创作力则表示着高深的想像力，只不过要严守规则及顺时应变才能发挥而达到目的。"R.雷斯说："否定原则，就会倒向随意性。特别是那种用'原则性'包装的随意性，恰恰是'广告中最危险的字眼'"。

可见，广告确实需要大胆想像，但还需要小心表现，胡适当年"大胆假设，小心求证"的思想方法在广告创意制作上同样是适用的。香港广告名人黄霑就非常认同这一点，他提出了自己的座右铭："胆大不妄为"。

这里所说的"不妄为"主要指合理性，要符合生活真实和艺术真实。即使是一些超现实的想像，只要是在合理生活逻辑范围内，就也可能是一个成功的广告。

荷兰名牌电视机——飞利浦曾制作了这样一则电视广告：

一只逗人喜爱的小猴子，对着电视屏幕中黄澄澄的香蕉，显得那样垂涎欲滴，整个过程没有声音，也没有文字说明，但此时无声胜有声，电视机的高质量被淋漓尽致地表现出来了。

1996年戛纳广告节获奖作品中有一则电视广告也很富有创意，画面上一个人正在作惊险的"飞刀"表演,其目标是人的活生生的手掌,只见刀光闪转中,一把把锋利的刀直插手指缝。最后一把刀不偏不倚,竟深深插入手背,正当人们为之震惊之时,另一只手伸过来将一张报纸连同被刀插入的手掌一起揭开,原来这是一张惟妙惟肖的复印件。给人以意料之外的惊叹。

有一幅音乐会的招贴广告,简短醒目的标题下方有一个洁白如玉的石膏女子头像,色彩流畅的五线谱悠然飘过双耳,她那神圣庄严的脸上挂着一颗晶莹的泪珠——激动人心的音乐竟然使石膏像感动得流泪了。作品的高明之处在于,石膏像流泪在现实生活中是不可能的,但这超现实的想像又恰恰在艺术夸张的情理之中,它符合了人类的内心情感,因而也是符合艺术真实的。

就像这幅伊莱克斯吸尘器广告,尽管这是夸张的表达,但人们却并没有质疑它的不合逻辑,因为这是一种更高明的创意,它符合人们内心的欲望,因此也同样是符合艺术真实的。好的创意所孜孜追求的就应当是这种效果。(见右图)

左面三幅较为著名的创意广告招贴同样探讨了艺术和广告内容间的关系。法西斯的钢盔所掩盖着的竟然是不堪一击的气球。"创世纪"的上帝和亚当之手变成了眼睛,孩子饥饿的嘴需要的是实在的援救行动。

人类的想像力虽然是无限的,但想像一旦转化为现实的艺术表现却不能是随意的。广告创意不但要符合艺术真实,更要顾及广告本身的特殊限制,有些在艺术中公认的手法,在广告中不宜随意借用。

例如含蓄、神秘、朦胧在艺术表现中是最被推崇的,罗丹说:"神秘就像空气一样,卓越的艺术仿佛浴在其中。"法国现代派诗人彼埃尔·让·诺夫在《一个诗人的辩解》中为诗作这样的艺术注释:"任何一首诗,只要它是真正的诗,那么它就永远是一个谜。"然而,广告却永远不能像谜一样让消费者如坠雾中。

西安南洋公司精心设计了一家珠宝店的路牌广告,画面朦胧而优美:远处是耸立的埃及金字塔，近处是一队游人骑在骆驼上，缓缓走向沙漠深处的远方。整个画面充满了异国风味，洋溢着古色古香的情调，充满了远古的神秘感，很有艺术境界。只可惜画面完全不能让人联想到金银首饰和珠宝玉器，因为画面上根本没有出现任何所诉求的商品，也没有文字提示。虽然该创意获了奖，但却丝毫没有促销效果，大多数行人从这幅广告下走过时只是赞叹广告朦胧的意境美，却没有人想到珠宝店。因此，无论这个广告有多么深远的意境，它仍然是失败的，还是奥格威说得有道理："不要和读者捉迷藏"，而应该"把广告诉求对象的注意力引向产品。"

下图公益广告的创意就达到了艺术性与合理性、含蓄与现实的统一。这是一个被炸断腿的广告牌，它用无声的呐喊向人叙述了一个无可辩驳的事实。

可见，广告永远只能是广告，它既要尽情发挥人类的天才，又必须认识到自身的特殊性，把二者有机的结合起来，需要有一个度，需要掌握合理性原则。

总之，广告既是一门艺术，又是一门科学，广告创意必须同时遵循艺术创作和科学认识的规律，只有有机地把握和灵活地运用广告创意的五项原则，才能做到"从心所欲不逾矩"。才能真正把现实主义和浪漫主义结合起来，创作出不朽的佳作，让广告具有"影响人信仰的力量"。

本章提要

1. 在市场经济和当代媒体技术的双重影响下，广告获得了空前的大发展，广告作为一种产业形式已经形成。由于广告已经近乎成为现代各类媒体的主要经济来源，由于广告已经深入到我们生活的几乎所有细节，因此，广告已经成为一个重要的文化现象，它正在全方位地介入我们的生活，并对我们的消费方式、审美习惯、时尚态度以及文化观念等意识形态产生空前的影响。如何对待这一新的话语系统和文化格式，研究它的演变过程和方向以及由此产生的巨大社会影响，将是一个重要的理论和现实课题。

2. 广告创意作为广告的核心和灵魂，具有三个鲜明的特征：从发生学意义上看，表现为极为丰富的想像力；从外在属性看，表现为强烈的视觉和听觉效果；从内在特质看，应当具有让人为之心动的力量。

3. 创意在广告中的特殊地位主要由于：一方面创意能使广告受到超值的关注，从而实现有效的信息传达；另一方面创意能使广告对象产生使用价值之外的文化增值，从而满足消费者日益增长的精神消费需求。

4.广告创意作为科学性和艺术性的结合体,应当具有鲜明的创作原则,它既要符合科学性和合理性等效益原则,又要具有强烈的艺术特质,从而实现广告主的意志和社会公众接受意志的统一。

练习与思考

1. 广告作为产业正式登上历史舞台,其经济上的原因是什么?
2. 如何理解创意在广告中的地位?
3. 广告创意的特征和原则是什么?

小组讨论

1. 广告究竟能在多大程度上影响人类文明的进程?广告对人们观念和意识形态的影响表现在什么地方?
2. 从后现代角度分析,广告作为一种日益普及的次文化现象,将给我们带来怎样的伦理和哲学思考。

广告创意教程

第二章

广告创意与民族文化

知识要求

☞ 了解文化与文化圈的区别与联系
☞ 探索广告创意与文化背景的关系
☞ 明确文化差异在广告创作中的重要性

技能要求

☞ 了解文化的含义及其层次
☞ 在广告创意中能注意民俗习惯、宗教信仰、语言习惯的差异性
☞ 能有效地将价值观、审美观的民族差别贯彻到广告中去
☞ 在创意过程中能灵活地把握各民族色彩偏爱

广告是一种文化现象，具有二重性。一方面，作为商品生产和市场经济的必然伴随物，广告具有全世界的共性；另一方面，广告又总是针对特定的，具有共同的地域、共同的经济生活、共同的语言和共同的文化心理素质的消费群体，以特定的语言进行传播的。因此广告常常具有鲜明的民族个性。一个好的广告创意就像一个好的艺术创作一样，必须深植于民族文化的土壤，用最鲜活的民族语言，透过人类共同的心理表层，打入根深蒂固的深藏在人的潜意识背后的"民族记忆"和"种族记忆"，从而达到一种让人心领神会的效果。因此，深入研究广告受众的文化背景，并通过这一背景准确地把握消费者的生活方式、消费习惯、价值观念、审美倾向和表达方式就显得十分重要。

第一节 广告创意与文化背景

广告所面对的每一个消费者都是在给定的文化环境中成长并且在给定的文化背景中生活的。这种背景文化将在语言形式、思维习惯和价值观念三个层面上构造人的文化性格，并进而影响消费者的生活方式、消费习惯、审美感受和价值判断。由这一庞大的无所不在的观念系统和价值系统所锻造出来的每一个人，都将被深深打上自己文化的烙印，以至于在每一种欲望形式和每一次购买冲动的背后，都可发掘出深藏着的文化基因。欲望本身可以是物质的，但欲望的实现形式却永远是文化的，广告创意必须善于发掘和引导欲望背后的文化动机。

什么是文化？近代第一个在文化人类学中引用"文化"（culture）这个名词的是英国人泰勒，他在其1871年出版的《初民文化》一书中，开宗明义地说："文化乃是当个人为社会一分子时所获得的包括知识、信仰、艺术、道德、法律、风俗及其他才能习惯等复杂的整体。"美国实用主义者杜威在《自由与文化》中也说："人类日常生活上的联系和共同生活的条件，这一种错综和复杂的关系，我们总称之为'文化'"，"这种文化是一个错综的风俗习惯的结晶体，具有维持现状的倾向。"功能学派大师马林诺斯基在《科学的文化论》中则认为："文化

显然是完整的全体，其中包括器具与消费货物，各种社群的宪章，人们的思想与工艺，信仰与习惯等。"

国学大师钱穆在《文化学大义》中提出文化是七大要素的配合，他说："我们屡次说过，文化指的是人类生活之总体，而人类生活则是多方面各种部门的配合。人类文化逐渐演进，则方面愈广，部门愈杂，但扼要分析，我们仍可将人类生活之诸形态分划成七个大部门，我们此刻称之为文化七要素。古今中外各地区、各民族一切文化内容，将逃不出这七个要素之配合。……此文化要素，一经济，二政治，三科学，四宗教，五道德，六文学，七艺术。此已包括尽了人类文化所能有的各部门与各方面。"

综上所述，可以看出：

第一，文化是整体性的。它是多种要素的综合整体，这一整体的内涵极其丰富，大致可以分为四个层次。

(1) 器物，这是文化的物质层面，是人类文明的物化形式。

(2) 行为方式，包括人与自然的关系和人与人的交往方式，以及反映这些关系的全部法律和规则体系。

(3) 价值系统，即深藏在行为方式以及各种规则、规范等符号背后的观念，包括世界观、人生观、道德观、审美观。

(4) 思维方式，这是文化的内核，它影响并决定着人们的行为方式和社会价值系统。

第二，文化是有差异的。由于人类种群所面临的生存环境不同，由这一环境（首先是地理气候环境）所决定的文化也不同。马林诺斯基在《什么是文化》一文中说："无论我们考虑一个非常简单的初民文化，或者是一个极其复杂而高度发展了的文化，我们都曾碰到大量的设置，一部分是精神的，一部分是物质的，这些设置都是人们用以应付他们所面对的种种具体的特殊问题的。而这些问题则都源于人具有隶属于各种器官需要的身体，以及他所居的环境。这环境一方面是他的朋友，因为它为人类的创造提供了原料，一方面又是他的敌人，因为它也庇护了许多与人为敌的力量。"由于各自所面临的自然环境不同，所要解决的问题和问题的解决方式不同，先民们在各自的生存环境中，经过百万年前赴后继的抗争和磨难，自然形成了各具特色的文化类型，各种文化类型之间既有共性的一面，又存在着极大的差异。对文化类型进行划分有着不同的标准，大致可分为两种。

一种是从性质上进行划分：如英国人甄克思（Jenks）在其《社会通鉴》（*A History of Politics*）中将文化分为游牧文化、农耕文化和工商文化三种。素罗金则把文化分成感觉的、理觉的、混双的。从宗教角度可以将文化划分为基督教文化、佛教文化和伊斯兰教文化等。

一种是从地域上划分，也就是通常所说的文化圈。文化圈有范围大小之分，最早汤因比把人类文明（亦可理解为文化）分为20多种，这20多种文明又可归纳为7种母文明，即安第斯文明、玛雅文明、埃及文明、巴比伦文明、克里特文明、印度文明和中国文明。近现代大都以生存空间划分文化圈，表现为：

大文化圈：按洲别划分为亚洲文化、欧洲文化、美洲文化、非洲文化等。

文化圈：以各国家为单位划分为中国文化、日本文化、印度文化等。

亚文化圈：以地区和民族聚居区为单位划分为各种特色文化。

随着历史的发展，科学的进步，人类交往的加强，地域概念逐渐被淡化，文化圈又有了新的内涵，进而出现了次文化圈和亚文化群的概念，依据信仰、年龄、性别、阶级、阶层、职业、教育、爱好等划分不同的群体，并以此进行社会学和经济学上的量化研究。这种细分对广告策略的设定同样具有重要的参考价值。

然而，广告除了要研究小范围的、具有特定消费需求的受众外，由于现代广告借助科学手段所形成的传播特点，又决定了广告必须对受众面有一个常态的界定。也就是说，应当在大文化圈和亚文化群之间寻找一个合适的受众范围，使之既不因范围过大而丧失可操作性，又不因范围过小而失去受众特点的稳定性。从这一角度出发，似乎应当将这一范围限定在以国家为边界的民族文化层面，这种民族文化与外部文化之间有着明显的差异性，而在本民族内部，又具有极大的文化上的共性。就共性而言，广告应当认识到某一民族的文化对其每一个体的影响极其深远。文化不仅为人们提供了共同的语言，还为人们提供了看待问题、解决问题的基本观点、标准和方法，文化不仅使人们建立起是非标准和行为规范，还为人们预设了对事物的反应方式和机制。这种本民族文化内部的共性，又恰恰造成了本民族文化与外部文化的差异性，而文化之间的差异以及由这种差异所导致的心理偏见是十分强烈的，这就要求在文化交往包括广告宣传中必须重视这一差异，甚至文化禁忌，做到"入乡随俗，入境问禁"。

第二节 文化差异性与广告表现

一、民俗习惯

在长期的历史发展过程中，由于生存环境的不同，各民族自然而然形成了自己独有的风土人情、民俗民约。"广告创意如果是建立在对一个国家的风俗民情充分了解的基础上，往往可能产生事半功倍的效果。电影《红高粱》在美国评奖展映时，中国的创意策划人员想出一个巧点子，在电影院门口向每一位电影观众免费发放一件红布做的中国古式小马褂，每件成本仅1.5美元，但宣传效果奇佳。因为每一位得到小马褂的美国人都兴高采烈地当场穿上，电影院即刻成了一块红高粱地，给人强烈的视觉冲击，特别是电影放映结束后，一股红色巨流涌到街上，又成了一片红色的海洋。美国人个个都成了红高粱的义务宣传员。这一创意之所以成功就在于它抓住了美国人猎奇和爱好表现的民族情趣（对内向的中国观众来说，也许没有人会傻乎乎地穿上这种小马褂）。因此，民风民情用得巧，可见奇效，但没把握准，也可能搞砸。美国骆驼牌香烟有句享誉全球的名言："我宁愿为骆驼多行一里路"，即为了此烟，宁可走到鞋底见洞。画面是烟民在镜头前高跷二郎腿，皮鞋底赫然洞穿。然而这一广告做到泰国，便出了问题，美国人本想适应当地风俗加点泰国的情调，就选泰国最驰名的寺庙作为背景，让"骆驼人"穿着见底的破鞋悠然吸烟，谁知在泰国的风俗里，脚底乃是最污秽之处，绝不可在人前如此高跷，脚底朝天更是肆无忌惮，无礼至极。更何况寺庙乃至尊圣地，高扬洞穿之鞋简直是大逆不道。广告一出，泰国人举国激愤，骆驼牌只得落荒而逃。

有些民俗看似小事，但常常会引起特别的反感，如狗在许多国家是惹人喜爱的"正面形象"，有人还为它写过一篇感人肺腑的《狗的礼赞》，用小狗做广告在西方国家屡见不鲜，甚至还可用拟人手法让狗开口说话。但是，如果这样的广告出现在南非，则可能出乱子，甚至可能引起民族暴乱，因为南非不仅在广告上，即使在漫画里，如果用动物模仿人讲话，都会有人认为是妖怪。这种对某一事物的特殊看法常常使不明就里的广告遭致失败。中国兔牌樟脑在澳大利亚的受挫也是由于这一原因。

二、宗教信仰

在各民族的文化差异中，宗教信仰上的差异是最深刻、最持久因而往往也是最敏感的，它也是文化禁忌的主要根源。稍有不慎即会因之酿成大错。1985年3月3日，埃及内政部长下令，查收并全部销毁市场上出售的中国鞋。这是由于天津鞋厂生产的白鸽牌女鞋，其鞋底的防滑图案花纹与阿文"真主"二字极其相似。与此类似，20世纪90年代初，美国一家电器公司在泰国做广告也"触了雷"，广告为了夸张地表现收录机的音响效果，竟然创意出让泥塑木雕的释迦牟尼佛祖被美妙的音乐陶醉得睁开双眼，手舞足蹈起来。美国人自以为别出心裁，妙趣天成，可是信奉佛教的泰国人却难以接受自己的至尊佛祖如此轻狂，这简直是极大的污辱，是对泰国人神圣宗教感情的亵渎，这一广告理所当然地遭到了泰国人的强烈抗议，立即被停播，并且该公司还不得不向佛教徒和泰国人民进行了公开赔礼道歉。

宗教信仰所导致的禁忌是细致而广泛的，有时会深入到许多生活事件的内部，对现实产生影响。欧洲冻鸡出口阿拉伯就因为有血和用机器宰杀而被全部退货。当然，宗教信仰作为一种文化，由于它对宗教信徒的影响巨大，因而，只要创意得当也可收到奇效。比利时一地毯商突发奇想，在其制作的地毯中央嵌入一个精致的指南针，只是这个指南针既不指南又不指北，而是专门指向伊斯兰教的圣地——麦加，这一招自然大得圣徒们的欢心，买地毯者趋之若鹜。日本精工公司曾推出一种穆斯林表，该表最富创意也最能打动教徒的是，这种表把世界114个城市的当地时间转换成穆斯林圣地麦加的时间，并且每天定时鸣叫五次，提醒教徒按时做祈祷，由于这一创意准确地把握了穆斯林宗教生活的内在需要，终使产品销路大开。

三、语言习惯

语言是民族文化的基本元素。各民族的语言在长期的使用过程中逐渐积淀下了许多符号之外的隐喻和象征意义，这就给语言之间的转译带来了困难，某句话或某个单词一旦脱离了原先的语言环境，就可能在新的语言环境中被赋予新的意义，有时则会被误读。日本的"We Love V．D"广告之所以在美国闹出笑话，就是因为"V．D"虽可被看作是录像设备的英文缩写，但在美国语言系统中第一个反应出的信号则是Venercal Diease——性病的略语。美国克莱斯勒汽车公司也曾犯过类似的错误，他们把在美国国内很有号召力的广告主题口号"达特就是力量"（Dan—tiopower）直译为西班牙语，从而使自己在西班牙几乎无地自容，因为西班牙人认为这句话是表示购车人缺少性活力而竭力想获得这种活力。名表Rolex的中文翻译在香港没有获得预想的效果，也是因为转译问题，中文译为"劳力士"，直取其音，而忽略其意，直觉上使人觉得劳力士是劳力人士戴的手表，这与一些香港人对身份、地位较为看重的时尚不合拍。当然，要想有一个好译名确实不易，特别对汉语而言，因其有各种谐音，加之方言的谐音及无数的引申意义，更是难上加难，有时鱼和熊掌无法兼得，如美国饮料Tseven被译为"七喜"，似乎颇合人意，但"七喜"的谐音在上海方言中却是一个十分不雅的称呼，应算是忌语。

四、价值观念

由于各民族在政治制度、宗教信仰、生活方式等方面有着差异，这些差异经过长期的历史积淀，逐渐内化为一种观念。不同文化背景中的人们由于观念不同，对事物的理解和反应方式也就不同。作为大众传媒手段的广告一旦跨越了文化圈，就可能引发不同的价值和意识形态间的碰撞。一些看似极其微小的事情也可能导致大相径庭的理解。英国总督香烟进入我国香港地区时，其创意口号是"想做就去做"。广告的内容从广告界的眼光看，似乎并没有什

么特别的错误,其中一个广告描写一对年轻夫妇,厌倦了烦闷的城市生活,跑去了乡间,小两口享受返璞归真的恬静世界。另一个广告是三个年轻人,抛开枯燥刻板的工作,一起去学跳伞。广告主题刻画出年轻人应有一股冲劲儿:想做就去做,暂且忘记一切凡嚣俗务去追求自己的理想。广告的原意似乎是给予观众一个短暂的逃避和幻觉,带他们进入一个脱离现实的环境,以便松弛一下生活重负下的心灵。然而香港社会各界特别是教育界、宗教界以及各种妇女儿童组织却对此产生了不同的理解,认为"想做就去做",这一口号内含有一种无原则、无责任、无道德的极端个人至上主义的倾向,在年轻人思想观念尚未完全成熟,各种行为准则尚未确立的情况下,"想做就去做"无异于是一种煽动,可能会对年轻人产生不良的影响。当时在整个社会掀起了一场抗议风潮,导致在"电检处"(香港地区电影电视检查处)的干预下,终于使总督香烟的广告标语在1983年1月1日起改用"应做就去做"。

可见,不同的文化有不同的价值观。在广告传播的过程中,有一个价值观导入的问题,每一种文化都有自己的价值理想,也都会有一个对外来文化及其价值观的"市场准入"问题,对广告而言,创意本身也必须考虑跨文化的市场接受度。

五、审美感受

人类的审美感受既有共同性又有差异性,不同的文化圈,由于思维方式、语言形式、哲学精神的不同以及由此而导出的神话体系、艺术特质和美学原则的差异会在很大程度上影响到人们的审美判断,使审美感受带有民族的差异性。例如在艺术上西方重表现,中国重再现,西方人讲究"形",中国人追求"意",中国的审美理想不太欣赏那种赤裸裸的质感暴露和惨不忍

睹的杀戮。表现在绘画上,中国作品的平和淡雅,迥然不同于西方的浓墨重彩及充满物性主义的感官刺激。正如中国的茶叶广告往往以平和恬静来营造一种文化氛围和审美境界,这种审美境界断难接受西方某冰镇饮料以令人毛骨悚然的骷髅来刺激口感的审美趣味,正因为审美感受存在着明显的民族差异,广告创意必须对其有所顾及。

有时这种审美差异仅仅表现为细微的不易察觉的感受,如美国的高露洁牙膏在中国的电视广告,其中一个电视片是以人头扮作一颗颗牙齿,确实极富创意。但笔者曾对一些牙膏的直接购买者——家庭主妇进行随机了解,其中一些人认为这则广告虽然新奇,但并不能给人带来审美快感。因为牙齿本应清洁、整齐漂亮,而涂满白色粉末的人头以及张开血口说话的镜头并不能给人带来清洁舒爽的感觉。这种冷荒诞的艺术处理手法在西方后现代艺术中是常用的,但在中国特别是在口腔中,这种表现手法仍需谨慎使用,以适应受众的审美习惯。同样

文化差异是深层的、巨大的，一些微小的细节往往会演变成颠覆性的大忌。

道理，中国的审美趣味所认同的形象在西方人眼里也可能大打折扣。一般而言，中国情趣不太欣赏那种坚硬的粗糙的岩石（如古希腊雕塑），而更喜欢娇小、光滑的玉石，西方则相反。这一审美差异表现在广告上，西方人就难以接受中国的"雪蛙牌"食品，对中国人来说，也许小巧玲珑，嫩绿滑爽的青蛙是可爱的，但西方人却不这样理解，他们觉得出没于阴冷的黑色土地上的青蛙，那青苔似的，冷冰冰、滑溜溜、粘糊糊的外形跟癞蛤蟆差不多，令人产生肮脏的感觉。

六、色彩偏爱

人类对信息的接受主要通过听觉和视觉。研究表明，视觉是信息来源的主渠道，大约80%以上的信息是经由视觉得到的。视觉信号主要由色彩和图像构成，其中色彩又是最具差异性和刺激性的，因为色彩对人的视觉造成的刺激最为丰富。法国学者盖伊·墨奇说："要是你对一件很平常的黄衣服看上一眼，哪怕只是一秒钟，那么，在短短的一刹那，你的视网膜中的电子大约要振动500万亿次——这个振荡数要远远超过四大洋的波涛在4000年里冲击世界所有海岸的次数总和。"可见色彩在视觉接受中的重要性。因此，色彩在广告中具有重要的象征意义，是广告制作和传播过程中最值得注意的因素之一。

托马斯·U．斯坦利曾列出七种理由来解释为什么在广告画中要运用色彩：

（1）吸引人们对广告的注意力。

（2）完全忠实地反映人、物、景。

（3）强调产品或宣传内容特定的部位。

（4）表明销售魅力中的抽象质量。

（5）使广告在第一眼就给人以良好的印象。

（6）为产品、服务项目或广告作者本身树立威信。

（7）在人们记忆里留下更深的视觉印象。

这里，斯坦利更多地是从工具和技术意义上阐述了色彩对人的刺激注意功能，然而色彩还有第二大功能，即情感调适功能，这也许是更重要的功能。如果说第一大功能更多表现为全人类的共性的话，那么第二大功能即情感调适则明显地呈现出人类的差异性。不仅不同的性格、年龄、教养、性别，会导致不同的色彩观，而且不同的阶级、不同的民族和人种同样会对颜色表现出不同的好恶和情绪反应。

广告创意需要研究的是两个方面：

第一，技术上的共性。即色彩怎样引起人们的注意和反应。如彩色为什么通常比黑白更引人注目，在诸多彩色中为什么黄色又格外抢眼。怎样把握冷色暖色对人的情绪调动的度，如红色为什么会刺激起人的攻击性，怎样把握它所激起的进取、冲动、反叛乃至革命的度。

第二，文化上的差异。即色彩怎样适应这种消费意义上的差异并有效诱导人们的情感。如果说人类对红色的共性反应是人的自然属性决定的话，那么，中国古代社会对黄色的高度敬畏则主要是社会因素决定的。这时色彩已经和其他语言符号一起构成了大文化体系，具有了一种强烈的象征意义。全世界各民族由于生存环境、奋斗经历和文化构造不同，其对各种色彩的理解就具有了文化上的差异，广告创意必须了解和适应这种差异。

如美国可口可乐商标一直以自己鲜明的红色波纹在全世界传播，多少年来人们几乎产生了对红色波纹的特殊敏感，只要一看见这种颜色的波纹，就会条件反射般地联想到可口可乐。应当说红色作为可口可乐的象征色已经基本定位。然而，可口可乐在阿拉伯地区竟然不得不放弃自己长期坚持的传统特色，改换绿色为包装色，以适应阿拉伯人对绿色的偏爱。因为对在沙漠地区生存的民族来说，绿色代表绿洲，是生命的原色。所以，在这种情况下，广告的色彩只得无条件服从受众的特殊心理需要。又如中国的爆竹一般是用于喜庆场合和驱邪避灾的，当然是以中国人特有的吉祥色——红色作为包装，然而，中国的爆竹出口德国时，就被要求改换成灰色包装，因为灰色是德国文化所习惯的颜色。

总之，各民族文化的差异性在色彩观上有着明显的表现，广告创意应当了解和熟悉这些差异，只有准确地适应和表达这些差异，才能恰到好处地达到广告宣传的目的。

中国人强调喜庆，金黄色的匾额与红色的对联条幅很和谐地镶嵌在古典的飞檐翘壁之中，这是中国审美所习惯的构图和色调。图为上海豫园商城。

与中国热烈的暖色调偏爱不同，德国人更倾向于灰色和深蓝，大片低调的颜色与巨大而单一的建筑平面相结合，折射出了德国人内心深处的简单和沉稳。图为上海麦德龙大卖场。

我国各民族色彩爱好与禁忌见下表；世界各国色彩爱好与禁忌见下页表。

我国各民族色彩爱好与禁忌

民族	爱好的颜色	禁忌的颜色
汉族	红、黄、绿、青	黑、白多用于丧事
蒙古族	橘黄、蓝、绿、紫红	黑、白

续表

民族	爱好的颜色	禁忌的颜色
回 族	黑、白、蓝、红、绿	丧事用白
藏 族	以白为尊贵颜色,爱好黑、红、橘黄、紫、深褐	淡黄、绿
维吾尔族	红、绿、粉红、玫瑰红、紫红、青、白	黄
朝 鲜 族	白、粉红、粉绿、淡黄	
苗 族	青、深蓝、墨绿、黑、褐	白、黑、朱红
彝 族	红、黄、蓝、黑	
壮 族	天蓝	
满 族	黄、紫、红、蓝	白
黎 族	红、褐、深蓝、黑	

世界各国色彩爱好与禁忌

洲别	国家与地区	爱好的颜色	禁忌的颜色
亚 洲	中 国	红、黄、绿	黑、白
	韩 国	红、绿、黄、鲜艳颜色	黑、灰
	印 度	红、绿、黄、橙、蓝、鲜艳色	黑、白、灰
	日 本	柔和色调	黑、深灰、黑白相间
	马来西亚	红、橙、鲜艳色	黑
	巴基斯坦	绿、银色、金色、鲜艳色	黑
	阿 富 汗	红、绿	
	缅 甸	红、黄、鲜明色	
	泰 国	鲜艳色	黑
	土 耳 其	绿、红、白、鲜艳色	
	叙 利 亚	青蓝、绿、白	黄
	沙特阿拉伯 伊 拉 克 科 威 特 伊 朗 也 门	绿、深蓝与红白相间	粉红、紫、黄
非 洲	埃 及	红、橙、绿、青绿、浅蓝、明显色	暗淡色、紫色
	贝 宁		红、黑
	博茨瓦纳	浅蓝、黑、白、绿	
	乍 得	白、粉红、黄	红、黑
	利 比 亚	绿	
	毛里塔尼亚	绿、黄、浅淡色	
	摩 洛 哥	绿、红、黑、鲜艳色	白

续表

洲别	国家与地区	爱好的颜色	禁忌的颜色
非洲	尼日利亚		红、黑
	多哥	白、绿、黄	红、黄、黑
	（其他）	明亮色	黑
欧洲	挪威	红、蓝、绿、鲜明色	
	瑞士	红、黄、绿	
	丹麦	红、白、蓝	
	荷兰	橙	
	奥地利	绿	
	爱尔兰	绿	
	捷克	红、白、蓝	黑
	斯洛伐克	红、白、蓝	黑
	罗马尼亚	白、红、绿、黄	黑
	瑞典	黑、绿、黄	黑
	希腊	绿、蓝、黄	黑
	意大利	鲜艳色	
	德国	灰、蓝	
美洲	美国	无特别爱好	无特别禁忌
	加拿大	素净色	无特别禁忌
	墨西哥	红、白、绿	
	阿根廷	黄、绿、红	黑紫、紫褐相间
	哥伦比亚	红、蓝、黄、明亮色	
	秘鲁	红、红紫、黄、鲜明色	
	圭亚那	明亮色	
	古巴	鲜明色	
	尼加拉瓜		蓝白平行条状色
	委内瑞拉		红、黄、蓝

本章提要

1.作为一种大众传播性质的文化现象，广告总是与受众的接受心理紧密相连，而受众又是隶属于一定的文化背景的，因此必须对各种文化的差异性进行必要的区分。

2.文化既有共性又有差异性，文化的差异性从整体而言包括器物、行为方式、价值系统、思维方式四个层面，可以从性质上和地域上对以上差异进行分类分析。

3.从广告创意角度而言,各民族文化的差异是深刻和全方位的,其中最值得关注的主要有:民俗习惯、宗教信仰、语言习惯、价值观念和审美感受以及色彩偏爱。应当在实践中逐渐学会准确地分析这些差异,从而实现最有效的广告传达。

练习与思考

1. 什么是文化,文化的差异性表现在哪些方面?
2. 价值观和语言习惯的差别还有哪些?请举出几则广告实例加以分析。
3. 对各民族的审美偏爱,特别是中西方审美差别进行归纳,并举例分析其在广告中的表现。
4. 收集和梳理各国色彩好恶的偏差。

小组讨论

1. 收集全世界各民族对红色的文化和历史感觉,红色会产生怎样的心理反应?红色的色阶差异在各民族间的差别,红色所相应的对象物(如墙面、地毯、衣服)在人们的审美反映中有何区别?
2. 从发生学意义上寻找形成上述差别的原因。

广告创意教程

第三章

中国传统文化心理与广告创意

知识要求

☞ 了解中国文化的原生态和次生态特征
☞ 懂得广告创意与民族文化结合的极端重要性
☞ 初步学会从文化学角度分析广告创意案例
☞ 习惯于从中国次文化形态具体思考创意原则

技能要求

☞ 了解中国文化中的群体取向和权威意识对广告创意的影响
☞ 懂得中国传统的自然观和知识观在广告创意中的表现
☞ 学会有分寸地根据中国性道德习惯进行广告创意的构思和设计

国际广告学会会长亚历山大·希罗蒂曾说过:"中国是世界上人口最多的国家,一个有着多种繁杂的社会习惯和商业做法的国家。"显然,要想做中国的广告,要想在骨子里打动亿万中国消费者,没有对中国文化和中国人心理的了解是无从入手的,美国运通公司的中国广告就特别注意了这一点。通行世界的美国运通公司信用卡在中国正式推出前,虽早已通行全球,但中国市场对之并不熟悉,然而,这一次运通公司的广告策略,并不采取通行的大张旗鼓、大吹大擂或者特邀名人做推销等办法。他们细心地研究了当时中国高层消费市场的特点,发现了中国社会特有的公费消费阶层,特别是公费出国者。最终决定以这部分人为重点,展开了有极强针对性的广告宣传:

画面:三张中国人(以汉语拼音将姓名印在卡上)使用的运通卡,成"品"字形排列。

标题:小小一张卡,能比黄金更珍贵吗?

正文:黄金固然珍贵,然而当您出国公干时,拥有美国运通公司信用卡,将远胜携带黄金和现款。美国运通公司信用卡,处处备受欢迎礼遇,既方便又安全,实在是身在外地时不可或缺的财力及信用凭证。

对公司组织而言,美国运通公司信用卡正是处理公干消费事宜的最佳方法。因为采用美国运通信用卡的单位,将会按月收到"月结总览表",所有公干和业务应酬的消费记录将详列表内,精确齐全。此外,选用美国运通公司信用卡,更毋须事先准备大量现金以供雇员公干消费,令资金可灵活运用。既安全,又方便。

美国运通公司信用卡更是个人荣誉及身份的象征,会员所享有的专有权益与服务,远非其他信用卡所能比拟,包括:

全球各地超过200万家以上的特约商号接受使用运通公司信用卡。其中包括饭店、餐厅、商店、百货公司、医院、汽车租赁公司及航空公司等,使您一卡傍身,世界通行。在国内,现已有超过1500家商号接受使用,分布27个省市及自治区的120个城市内。

美国运通在全球超过130多个国家设有1500多个旅游办事处，为会员提供全面的服务，包括提供应急现金，补发新卡及各种旅游服务等，完善周到。

……

美国运通信用卡，

一卡傍身，世界通用。

通篇文字平淡无奇，却摸透了中国人的消费心理，金卡既照顾了公费出国者携带、报销、过海关的方便，又为公费消费的隐蔽性提供了保障；既设想到了在国外的礼遇、待遇，又满足了某些中国人爱慕虚荣，炫耀身份的传统心理；最后还不忘说明一下运通公司在全球130多个国家设有1500多个旅游办事处，几乎句句打到要害。不说别的，单就运通公司本身的目的而言，这则广告创意是成功的。成功的要诀就是了解中国的文化，迎合了部分中国人的心理。那么，什么是中国文化？中国文化又有哪些特征？由这些特征所决定的中国人的民族心理又有哪些特点呢？

第一节 中国文化的原生态特征

每个民族的文化都深藏着并从多方面显示出自己的特征，这种特征是从深厚的民族生活的土壤里生长出来的。就中国传统价值观的源头而言，中国古代文化的基本特征可以从三方面理解：

一、大陆文化

从文化或文明产生的初始条件看，地理环境常常起着决定性的作用，它是一个民族的文化形成某种特定类型的前提性因素。从地理环境的差异看，人类大致可以区分为大陆民族和海洋民族，希腊、罗马、斯堪的纳维亚诸国、英吉利、日本都是典型的海洋民族。

海洋国家的生存环境是：小小的海岛提供给他们的生存资料是非常有限的，这就迫使他们向外扩展生存空间，而大海又给他们对外扩展和交流提供了十分便利的条件。这样，一方面拓展空间的历史需要养成了海岛民族的扩张性和外向的性格特征。另一方面，长期频繁的民族和国家间的交流又导致了商业社会的形成，由商业文明又促成了自由、平等、法制的萌芽，进而又加速了都市文明的形成，科学、教育、文化和公共事业逐步兴旺起来。总之，海岛文化系统始终处于一种比较动态和开放的状态。如埃及、巴比伦与希腊间，希腊与罗马间，就古代而言，就曾多次发生规模巨大的文化交融现象。

中国的情况却不同，中国处于半封闭的地缘环境，东濒浩瀚太平洋，北临茫茫大草原，西北横亘漫漫戈壁，西南耸立着世界上最险峻的青藏高原。这种一面临海，其他三面陆路交通

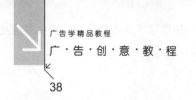

不便利，而内部回旋余地又相当开阔的环境，造成了与外部世界相对隔绝的状态，这对中国文化类型的形成，影响是巨大的。

由于中国古文化系统从半封闭的大陆性地理环境中获得了比较完备的"隔绝机制"，所以，虽然从秦汉到隋唐，中原文化曾与中亚、西亚的草原文化以及南亚次大陆的佛教文化进行过颇有声色的交流，但中国古文化始终保持着自身的风格和系统，而没有出现类似印度文化因雅利安人入侵而被摧毁，埃及文化因亚历山大大帝占领而希腊化，罗马文化因日耳曼民族南侵而中绝那样的"断层"。

由于中国古代文化始终保持着独立的、一以贯之的发展系统，加之古代中国人对外部世界知之甚少，这使得中国人直至19世纪中叶以前仍把自己的国度当作世界的主体。这种特定的氛围，使中国人形成了颇富尊严感的"自我意识"，铸造了独具风格的世界观念和文化心理。古代中国的哲学、文学艺术和科学技术，无不受到这种世界观念和文化心理的制约。

二、农业文化

中国的温带背景和东南季风性气候以及天造地设的两大水系，使中国先民的主体早在大约六千年前后，就逐渐超越狩猎和采集经济阶段，进入了以种植经济为基本生产方式的农业社会。"禹、稷躬稼而有天下"（《论语·宪问》）。中原地区的古代部落常能够统治天下，是发展农业的结果，这与游牧民族的酋长靠硬弓骏马制驭诸部大异其趣。后来，中国更素称"以农立国"，列朝统治者都把"重本抑末"作为"理国之道"。这就使得中国古代文化在很大程度上注定是一个农业社会的文化。中国文化若干传统的形成，都与此相关。例如民族心理的务实守常、中庸等精神，便是从农业社会派生出来的一种趋向。"国民常性，所察在政事日用，所务在工商耕稼，志尽于有生，语绝于无验。"（《章太炎政论选集》下，汤志钧编，中华书局1977年版）章太炎的这一描述，刻画了以农民为主体的中国人"重实际而黜玄想"的民族性格。正是这种民族性格，使中国自周秦以后的两千余年间虽有种种土生的或外来的宗教流传，但基本上没有陷入全民族的宗教迷狂，世俗的、入世的思想始终压倒神异的、出世的思想。而中国封建文化在十五六世纪以前所取得的高度成就，也不能不归因于中国农业社会的发展与成熟，归因于中国农民和士人非宗教的理性主义精神。

农业社会的生存方式又导致中国特有的政治秩序和政治观念的形成。由千百个彼此雷同、极端分散而又少有商品交换关系的村落和村镇组成的社会，需要产生高高在上、君临天下的集权政体和统治思想，这便是所谓的"东方专制主义"和儒家意识形态。这对后世文化价值观产生了极大的影响。

三、宗法文化

《荷马史诗》生动地展现了古希腊发生过的奴隶主民主派推翻氏族贵族统治的斗争。而中国关于上古社会的历史记述以及神话传说却表明，我们的先民跨入阶级社会的门槛，是氏族首领直接转化为奴隶主贵族；以后，又由家族的奴隶制发展成宗族奴隶制，而不是像古罗马那样由家庭奴隶制转化为劳动奴隶制。这样，氏族社会的解体在我国完成得很不充分，因而氏族社会的宗法制度及其意识形态的残余大量积淀下来。又由于自然经济的长期延续，特别是农业社会长期定居式的生存方式和繁衍方式，给宗法制度、宗法思想的继续流衍提供了丰厚的土壤。

氏族社会的宗法制度本来是一种习惯的历史的事实，但进入阶级社会以后，却由统治阶级及其知识分子加工改造，使之理论化、固定化，铸造成一整套宗法制的政治伦理学说，深刻影响了中国人的国民性和两千多年的文化。

这种宗法制度下的文化首先表现为对血缘关系的高度重视。中国人亲属间称谓的区分之细，在世界上是罕见的。中国历代皇朝都依照"立子以贵不以长，立嫡以长不以贤"的原则继位，便是从宗法制度派生出来的血缘至上的继统法。

宗法制度下的文化又表现为对祖先的顶礼膜拜。"天地君亲师"五位一体，是中国人普遍敬奉的神主，但"天地"是虚设的；对"君"的崇敬是从对"父"的崇敬中引申、借代过来的；至于"师"，也享有类似父亲的尊严，并且师还是"孝亲"观念的灌输者。因此，"天地君亲师"的核心和枢纽在于"亲"，"孝亲"成为中国道德的本位。正是在这一意义上，黑格尔把中国文化的主旨概括为"家庭精神"。

宗法制度下的文化还表现为对传统的极端尊重，政治上讲"正统"，思想学术上讲"道德"、"心传"，文学上讲"文统"，艺术学派乃至于手工业行帮也讲"家法"、"师法"。从积极方面而言，这大大强化了中国历史和中国文化的延续力，使得中国历史和文化成为世界上少见的不曾中断过的典范；从消极方面而言，一味迷恋传统的宗法意识造成了中国人向后看的积习和守成的倾向，造成了对传统、正统、正宗的迷恋和对先王圣者的盲目崇拜意识。正如巴尔扎克所说："中国人在他们的发明上是静止的，对五千年以来获得的东西是保守的"。

上述中国古代文化原生形态的特征，又决定了中国文化的次生形态的价值特征，并进而影响了中国人的民族性格、思维方式和语言形式，构成了中国人价值观念和行为方式的整体系统。了解这一系统及其各子系统的特征，对于广告的创意和制作来说，是不无裨益的。

第二节　中国文化的次生态特征与广告创意

一、人伦价值观——群体取向

中国与西方人伦价值观的最大分别就是西方以个体为中心，强调个人自由、个人奋斗和个人责任，并以此建立起相应的法律制度、宗教精神和自由经济机制。强调个人为自己的行为负责、个人直接向上帝负责、个人服从全社会的公共契约。中国却是以群体（家庭、家族、团体、阶级、政党、民族、国家）为中心，强调群体利益、群体团结和自我牺牲，并由此建立起以仁爱为核心的社会道德系统和以等级服从为前提的社会规范体系。这种以群体利益为取向的价值体系有许多表现形式，从广告关照的角度而言，主要有：

（一）重视家族人伦，偏爱情感广告

中国伦理政治的核心是仁，中国社会结构的基础是家。"格物致知，诚心正意，修身齐家治国平天下"标示了中国人通达理想境界的道路：由格物——修身以达到"仁"，并以此齐家治国平天下，以达到小家与群体大家(国家)的理想统一。因此，中国人对"家"有着特殊的感受。

1.家的存在需要子嗣的继承和延续，中国人对传宗接代，抚养和教育孩子有着比其他民族更强烈的意识。孩子的消费是家庭中最大的成本投资，以孩子为主导的广告特别能吸引中国父母的注意和认同。

针对中国人对孩子特别的关怀甚至溺爱，许多国外公司进入中国之后，便很快改变自己的广告和营销策略。如美国肯德基炸鸡店，在世界其他国家并不是以孩子为主要目标消费者群，但在中国却改变了主攻方向，专门围绕孩子进行营销和广告宣传，几乎每个月甚至每个星期都推出新奇的能吸引孩子的贴纸、手表等小玩意儿，孩子再拿到学校和小伙伴们交流，又做了义务小广告员，带出滚雪球似的消费效应。正因为肯德基公司迎合了中国人溺爱子女的民族心理，才使其获得了意想不到的惊人效益。

又如有一则广告是这样的：

画面：一小学生在大巴士前跑过。

正文：每天，晨曦初上，

你背着沉重的书包，

揉着惺忪睡眼，

踏上了未知的征途。

每天，黄昏初临，

你拖着疲惫的身体，

怀着愉悦的心情，

奔向了温暖的家中。

每一段路，都不易走，

而你必须独行，

每一个路口，

都使你如同受惊的小鹿，

不知该逃向何处。

孩子，我衷心地盼望，

有一天，

你能慢慢地走。

人人开车礼让，创造和谐明天。

"福特六和"关心您！

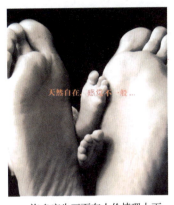

许多广告画面在人伦情理上下功夫，凡是能充分地表现出舐犊之情的广告，总容易打动人心。

通篇用类似公益广告的形式，以淡淡的伤感打动了天下父母心，最后一句才点出主题，让人在深有同感的情怀中接受广告。台湾地区一则推销钢琴的广告更使人心悦诚服："学琴的孩子不会变坏"。一句话，激起和契合了父母对子女的潜在期望和深深的爱。培养孩子是中国父母最大的心愿，广告就必须去满足受众的心理需求。

2.家庭伦理中，父母对孩子的爱又是以孩子对父母长辈的孝为回报的，因此，以孝为诉求点，同样是中国广告的特色之处。

上海一家房地产公司在众多让人看腻了的自吹自擂的房地产广告中，独树一帜，设计了一则以孝为主题的情感广告，给人以深刻的印象，见右图：

面对含辛茹苦把自己拉扯大的现在已经风烛残年的亲人，拿什么回报呢？对成功人士来说，结论是不言自明的。

威力牌洗衣机广告在这一主题的创意上同样是感人的：

画面上女儿从城里回来了，给母亲带来了威力洗衣机，配上诗一般的语言：

"妈妈，我又梦见了村边的小溪，梦见了奶奶，梦见了你，妈妈，我给你捎去一件好东西。"——威力洗衣机，献给母亲的爱。

坐在小椅子上的成功的儿子，问母亲想要什么样的房子，此情此景，实际上是每个中国文化背景下的成功者最大的享受之一。

作为家的象征，母亲、母爱在所有人伦亲情中是最深刻、最具体的。用母爱暗示产品的功效只要比喻得当，常常也能打动人。如儿童鞋的广告："像母亲的手一样柔软"，资生堂护手霜的广告:"妈妈的手,爱心的手",都属此类。

3.家的外延进一步引申,由小家到家族到更大的群体。中国人对故乡、故土、朋友之谊、师生之情又别有一番情感,使惟情主义的广告诉求有了强大的民族心理基础。表现在广告上,使孔府家酒的"家"变成一种心灵深处的家乡情怀。台湾兄弟大饭店借一位去台老兵孤独地思念着故乡的心情,推出以乡味乡情为感情诉求点的广告颇得人心:

> 我们的心,永远记得故乡的口味,
> 总是重复读着故乡的书信,
> 我们的眼,永远辨得出故乡的口味,
> 一如我们的脸,
> 总在梦里,对着故乡的情人。
>
> 我们的嘴,永远熟悉故乡的口味,
> 一如我们的心,
> 总像流云,朝着故乡的方向。
>
> 我们的舌,永远恋着故乡的口味,
> 一如我们的心,
> 总在夜里,缅怀故乡的亲友。
>
> 四个月,四年或四十年,转瞬消逝了,
> 或许,故乡的人、事、物,已不复往昔,
> 但是,熟悉的乡味与乡思,
> 依然扣人齿颊,怀念不已。

中国群体社会的人伦之情,又常以墨子的"兼相爱"而推广到"老吾老以及人之老,幼吾幼以及人之幼"的全社会范围,使人伦之情有了更广的释义。好的创意往往会抓住人心中尽管潜藏已久,但只在瞬间萌动的一丝爱意,一丝怜悯。下面这则广告——《谁来陪伴他们》较能体现这种情况:

画面:草地,远山,长椅上坐着一老翁孤独地面对着远方。

大标题:谁来陪伴他们?

正文:有一天,你也将垂老,
　　　有一天,你也将卸下生活的征袍,
　　　数着寂寞长日,
　　　度过漫漫晨昏。

如果，你愿意放慢匆促的脚步，
品啜一下纵横交错的人生，
方知英雄迟暮竟在咫尺之间。
如果，你愿意挪出年轻的关怀，
即使屈指片刻，
换来的殷殷相嘱，
更让您恒久难以纾遣，
SONY 高级收录机，
CFS—71S 音质超卓，功能杰出。

这幅广告所暗示的是同样的情景，当今时代老人最需要的不是物质本身，而是精神，其中包括家的具象物——满堂的子孙。

总之，在中国人心中，家是神圣的，它既是小家，又是我们族类的大家，它既是具体可感，又是朦胧地潜藏在人们灵魂深处的一种渴望，因此，"家"是最能唤起中国人某种感动的符号。北京印象公司的《回家》做到了这一点：

"或许你因为终日忙碌而没有时间回家，别忘了家里还有年迈的母亲在等着你回去，哪怕你只是抽空给她打个电话……"

1993年母亲节前夕，北京地铁的车门上突然贴出这样一则广告，画面上，夕阳中母亲形象的剪影，洋溢着温馨和慈爱，引得行色匆匆的乘客不由得低头陷入沉思。可以肯定地说，当天晚上他们中许多人都会送一份意外的礼物给自己的母亲。一位晚报记者感动之余，马上采访了制作广告的北京印象广告公司。许多人看了广告、看了报纸，谁能不感激这份无偿的关怀呢？谁心里不揣上一种春风拂面的暖意呢？谁又不感激和记住"北京印象广告公司"这个名字呢？

"今日心源素"像许多类似的保健品广告一样，把诉求对象集中在人伦情感上，通过一个不善表达的儿子对父亲的关爱来传达商品信息。但创意还是有点别扭。

椰岛鹿龟酒更是竭尽全力"倾情宣传"，演绎了一个又一个亲情故事，这是中国广告最容易联想到的创意。

（二）从众行为

从众行为是指在群体的影响下，改变个人意见而与多数人取得一致的行为。从众行为的根源主要有：(1) 对群体的信任；(2) 对偏离的恐惧；(3) 群体意见的一致性；(4) 群体的规模；(5) 群体的专长；(6) 群体的内聚力。

从众行为是人类的一种普遍行为，然而中国人的从众倾向远较西方人强烈，这主要是由于：(1) 几千年群体社会的生存方式使中国人对群体有了一种适应力；(2) 长期的集体主义的伦理教化使脱离群体的个体行为失去了道德支持；(3) 个人在群体中可以逃避责任并借以获得"法不责众"的心理保护；(4) 封建专制条件下特别严酷的生存环境使人产生巨大的偏离的恐惧。因此，中国人由政治上的从众发展到思想观念的从众和风尚习俗的从众，进而发展到生活方式的从众和消费方式的从众。在中国，看热闹、凑热闹特别风行，人群的集聚往往是以集聚本身为号召的。元曲《货郎担》也说到当时的广告："无非是赶几处沸沸腾腾热闹场儿，摇几下桑琅琅蛇皮鼓儿，唱几句韵悠悠信口腔儿"，人就自然集中起来了。直至今天，一见流行就跟上，一见排队就疯抢，这样一种无个性消费的社会心理基础就是从众心理。过去这种心理是被动的，是由偏离的恐惧造成的。那时的逻辑是：大家都这样干，大家都这么说（"文革"中），大家都在买（1988年上海抢购吸尘器、近年来上海抢购房产等），我也只能这样。现在这种心理是主动的，其逻辑是：这是当前流行的，一定是时髦的，所以必须跟上潮流。其实时髦在本质上应是一种求异，是对大众化的反叛。但在中国，时髦是一种趋同，是对大众流行的模仿。因此，在中国做广告特别青睐"流行"二字，什么"今年流行款式"、"国际流行发式"、"最新流行减肥药"，只要一说流行，似乎就赶上了潮流，就有了感召力。

《新民晚报》1996年9月10日登出："'今年婚礼流行'，花园别墅开派对，12888元××宾馆。"其实大家心里明白，这种派对婚礼，全上海仅此一家，可他们竟敢用"流行"二字，实在是他们摸透了国人的从众心理了。由此看来曾国藩所谓："众之所趋，势之所归，虽有大力，莫之敢逆，故曰挠万物者，莫疾乎风，风俗之于人心，始乎微而终不可御者也"，似乎更像是在说中国人的消费从众心理。

（三）崇尚礼节

与西方相比中国民间有着悠久的送礼传统，其特点是：

1. 送礼对象广泛。从朋友之间的迎来送往，到婚丧嫁娶的礼金收受，从师生间的真情传递，到官场和生意场上的贿赂和利益交换，无不以"礼"的形式出现。

2. 送礼的物质分量重。在西方，送礼往往只是一种表达友谊和理解的辅助形式，常常只具有一种象征意义，因此礼品的物质价值并不一定很高。中国人互相之间送礼的物质分量与其实际的支付能力相比，却大大高于西方和世界其他民族。在送礼之前，人们往往首先考虑的是礼品的贵重程度和它所要达到的实际效果的平衡。也就是说，中国人更多地注意礼品的物质意义而忽略了象征性的感情交流和传达。

造成中国人过分崇尚礼节的主要原因是：

1. 中国农业文化长期稳定的群体生活与西方商业社会颠沛动荡、漂流四方的个人奋斗为主的生活方式相比，更多了一份人伦感情。西方海岛国家风云变幻的自然环境迫使人们与自然抗争，把争取人在自然界中的位置看得高于一切。中国农业社会相对稳定聚居的生活方式导致人与人的关系高于人与自然的关系，以礼寄情成为加深人伦关系的重要形式，如养生堂龟鳖丸就以"礼重情更重"作为宣传语。

2. 宗法社会以血缘为纽带的社会组织形式，在早期艰难贫困的生存条件下更需要也更易于实现人与人之间的互相帮助，因此，在诸如婚丧嫁娶等人生重大事件面前，送礼本身已经更偏重一种借贷、预支的社会集资功能。经过长期的历史发展，这一功能被继续保存了下来。另一方面，宗法血缘社会的家族制和家长制形式与海岛商业利益原则相比，在利益的分配上更多了一层模糊的感情关系，与西方社会家庭内部吃饭算钱、住宿结账相比，在中国，无论是父母长辈对晚辈的感情表达，还是晚辈对父母的孝敬，实际上常常是以"礼"的软形式对财富进行重新分配。这是一种朦胧的带有感情色彩的权利和义务的特殊实现形式，是一种中国特色的结账方式。

3. 长达两千多年的封建专制传统和中国特有的政治生活方式对民间社会生活的强大影响，使盛行于官场的"送礼"风习毒化了整个社会风气。从国与国之间皇帝对所谓番属国的恩赐到番属国对宗主国的进贡，从上级对下级的赏赐到下级对上级的"孝敬"，无不是以"礼"的形式，进行的权利与物质的互换和利益的重新分割。这使送礼本身逐渐失去了它的情感载体作用，而异化为一种无孔不入的全社会的利益交换方式。

正是基于此，当今中国消费的很大一部分才会以"礼"的形式来实现。这导致许多商品将广告创意的基点定位在"礼"上：如金帝巧克力在"送礼精品"的定位下，创意设计了"最佳瑞士风，只给最爱的人"的广告主题，使产品在群雄争霸的巧克力市场占据了一个位置。这与巧克力在西方销售时，更注意强调"只溶于口，不溶于手"的使用功能是大异其趣的。

上海东方商厦的定位策略在众多的商厦中就显得很富有创意。由于东方商厦是上海著名的以销售进口高级名品为主的商场，其商品售价水平与中国当前的平均支付能力有着明显的差异。但是，如上所述，中国又是一个礼品消费的超级大国，在人

中国广告的相当一部分是以礼品形式作为宣传、包装和设计的出发点，这是一种无所不在的送礼文化造成的，这也是中国消费市场特有的现象。

情和面子的强烈氛围中,惟有作为礼品时,中国人的消费才可能是不惜代价的,因此高级进口名牌只有在礼的包装下才具有市场潜力。正是基于对中国这一民俗的深刻认识,东方商厦才以"礼在东方"进行战略性创意定位,所有的电视、报纸、招贴、POP 广告、礼品包装、马夹袋的设计等均以"礼在东方"一统江山,这在万商云集的上海,是十分别致的,这一创意给东方商厦的整体造型带来了特色,也带来了实际销售效果。

(四)道德追求

与西方高度离散型的个体社会结构相比,中国群体社会人际关系的调适方式与西方截然不同。西方是以法制和宗教两大手段进行调节,而中国则是以道德来调节,侧重于唤醒人的内在良心。千百年来,中国儒家伦理的道德出发点是内圣,由内圣到外王。惟有进行内在心灵的道德超越,达到灵魂的尽善,才能外服百姓万邦。因此,内在道德是外在征服的根本途径。中国的商家同样深谙此道。旧时的广告、店招,常常以仁义诚信标榜,如"同仁堂"、"普善堂"、"积善堂"、"博善堂"、"功德林"、"仁济医院"等等。都想以"仁"字来冲淡商业的铜臭,给消费者以好感。因为中国人有一种本体上的对道德良知的认同和渴望。

直至今天,广告中的温情总能打动消费者内藏的道德情感,从而对该商品产生好感。江中草珊瑚含片电视广告的创意设计就内含了这种温情主义道德观,让人产生一丝感动,再通过移情作用,将这份感动自然地过渡到广告的真正主角——草珊瑚含片上。

上海奥美广告公司创意设计的"百服咛"以找一个做好事不留名的人为题,演绎了一则中华民族传统美德剧,同样触动了人们在惟利是图的商业社会中内心仍然保存的一份对人类互助友爱、默默奉献的感激之情。(见下图)所以这则广告才会获得1996年上海优秀广告电视、广播一等奖和报纸二等奖的殊荣。可见,恰到好处地表现人类的善良美德,比较容易被中国消费者接受,也比较能使人对产品本身产生信任感。

上海奥美广告公司以情感人,创作了许多以"情"为核心的广告,这则广告创意当时取得了广告主、广告受众、媒体、学院派评奖人甚至主流意识形态等多种力量的认同,不能不说它是符合中国文化精神的,它点中了中国人的情感穴位。

二、社会价值观——权威意识

与西方民族相比,中国人具有较强的权威崇拜和等级观念。这是由于:

一方面,相对封闭的地缘条件限定了中国人的世界意识。长期以来,人们一直在一种"普天之下莫非王土,率土之滨莫非王臣"的地理背景中生存,导致对国家、王权、等级的千古不变统治秩序的认同。

另一方面,封闭定式的大河农业生活是专制集权帝国产生的温床,出于对外族入侵的防御要求和对整个黄河水系整体治理的历史需要,中国大河农业文明很早就完成了对民族力量的集结,产生了中央集权的统一帝国,而没有走上西方海岛国家政治、经济多元化的道路。由此,长期在一种强大的、先定的政治秩序和相对稳定的农业方式下生活,中国人的社会历史观和社会价值观就不可避免地打上了权威意识的烙印,这一烙印的特点是:

(一) 权威意识

一切凌驾于单个个体之上的组织形式及其派生物都成了中国人的崇拜对象。这种崇拜是一个整体,包括:国家崇拜、皇权崇拜、圣人崇拜、书本崇拜、正统崇拜、历史崇拜等。其中对广告创意而言,特别值得注意的民族崇拜形式主要为:

1.国家崇拜

古代中国的国家崇拜表现为对国家上层建筑的臣服和恐惧。随着文化的发展和近现代革命的洗礼,中国人的国家意识转化成了对故土,对国家和民族的强烈感情,对国家和民族尊严的终极关怀。广告创意若能契合中国人这一深层心理,往往会产生意想不到的效果。美国通用公司雪佛莱"子弹头"进入中国时,广告标语一反常态地既不讲雪佛莱的高性能、高质量,又不吹嘘自己的销售额和售后服务,而是打起了"感谢你,中国"的大旗。这一创意的原始主意是美国通用公司在中国的广告代理——奥博公关公司北京代表处的张必宏出的,当他把这个主意告知美国总部后,通用总部的答复是:妙极了,立即照办。这一巨幅标语在北京和天津打出后,获得了极大的轰动,很快成了新闻媒介关注和市民议论的焦点。一位广告界人士说,美国"通用"这一招既赚了钱,又赢得了中国人的心,真是一个绝妙的好主意。事实上,国外许多产品广告进入中国时都很善于运用这一题材,以满足中国人对国家和民族尊严的保护心理。西门子移动电话通信公司的中国广告词为:

> 古老文明,
>
> 人类共创,
>
> 西门子通信技术,
>
> 人类共享。
>
> 长城烽火,

> 传信万里，
>
> 西门子移动电话，
>
> 一触即发。

新技术对中国文明的进入并不咄咄逼人，而是迂回地将中国文明的伟大创造融入字里行间，这确实是明智的。施乐复印机的电视广告之所以在第34届纽约国际广告节上，从来自47个国家的7000多条电视、电影广告作品中脱颖而出，获得决赛权并进入前四名，其主要原因之一，也是由于把历史和现实、光荣与梦想融进了同一个画面：

经年累月伏案抄写经文的中国古代和尚——发明活字排版印刷术的宋代科学家毕昇——1938年发明静电复印技术的美国人切斯特·卡尔逊——身披袈裟又手提公文包的"当代和尚"在宇宙里自如地操作复印机。古今中外，上下几千年，纵横数万里，被如此举重若轻地组合在短短几十秒的画面之中。看似不经意，却明明白白地展示并阐明了"古代文化与科技的继承和发展，中外文化与科技的交流与融会"的观念。从画面之间明畅如行云流水一般的衔接转换，到画面的袈裟与公文包、宇宙与复印机、画中有话，其中暗喻的是中国与世界，古代文明创造与当今技术革命间的历史逻辑，令人回味无穷。这则广告无论创意还是表现技巧，都堪称大手笔。

总之，从接受心理学角度观之，中国人对上述特定广告表现手法的接受，正是因为这些广告暗含着可能被中国人创造性接受的条件，即从这种暗示中获得一种深层的心理联想，这一心理正像中华牙膏所巧妙表达的："四十年风尘岁月，中华在我心中。"

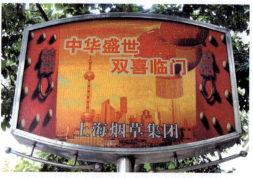

在香烟广告被明令禁止的情况下，上海烟草集团的几则香烟广告却巧妙地打了擦边球，这一社会宽容的背后，毫无疑问有着巨大的历史接受心理的支持，"爱我中华"四字的深处是 一种群体性的民族认同意识。（这两幅广告分别摄于上海外滩立交桥和昆明路）

祖国永远是各族人民心中最崇高的字眼，特别对于近代以来灾难深重的中国人民而言，它更具有宗教般的神圣性。杉杉西服在国庆节来临之际做的这一广告（我爱你，

中国),无疑是最容易打动人的,特别是在报纸整版的商业广告中,这才是最吸引眼球的文字。

2. 权威崇拜

由国家崇拜而导出的对国家权威及其派生物的崇拜是中国人权威意识的一大特点。这种崇拜包括:

(1) 对国家的人格化身——皇帝的崇拜。几千年来皇帝或皇权崇拜在中国有着深厚的社会基础,较之西方及全世界大多数的宗教国家,由于我们没有创造出自己的宗教神——上帝,因而世俗权力的最高代表就被赋予了人格神的光圈。既代表了国家和法律,又成了民族意识和精神凝聚的象征,具有了宗教的偶像功能。这种具有宗教性质的皇权崇拜,使皇帝的个人意识和好恶成了世俗社会一切价值和审美的终极标准,从古代社会的"上求材,臣残木;上求鱼,臣干谷;城中好高髻,四方高一尺;城中好广眉,四方且半额",到"文化大革命"中服装、发型、颜色的全国统一,无不印证了这一传统。直至今天在商业以及广告的宣传和包装中,仍然大量充斥着皇帝、皇品、龙等标牌甚至宫廷用膳和用品的大量假性复制。在旅游业,皇帝以及名人足迹和题词更是中国特有的旅游资源,是广告发掘的金矿。

这是香港国际都会的标志设计,一个充满现代感的古老的龙,具有完全的现代设计理念,只有用全新的思想去发掘古典美的宝库,才能涌出取之不尽的创意。

GE公司进入中国时,在宣传上也充分利用了中国人心灵深处的审美资源,在龙身上实现了其梦想的点睛之笔。

(2) 对国家权力及其派生功能的崇拜。由于几千年中国的官营官商传统和几十年政企不分的经历,中国经济生活中未能发育出健全的民间行业组织和专业协会及其评价系统。因此商品的性能和质量认证在古时常常是以皇帝和名人的随机评价为转移。在今天,这种认证则大量地通过政府权威部门的鉴定来实现。消费者由对国家权威的崇拜而认可国家权威部门的鉴定(这样可以减少受骗上当的几率),因而导致企业和产品的广告宣传过多地依赖于此。许多广告的最实质部分都是宣传该产品曾获得省级、部级鉴定、得到省优、部优、国优产品的称号,并以此获得产品本身的权威和品牌效应。如某汽车厂新推出的卡车电视广告,以一枚巨大的"国优"奖章开始并作为衬托伴随数秒钟;广东产的"××"床垫广告也一口气列出5个奖章证书;某酒广告也以"第29届布鲁塞尔金奖"结束。此类现象中恐怕得以"××牌"

借助于某种行政上的权威评价，获得质量上的信誉，在今天的市场经济环境中仍然有其存在的合理性。（此照片于2004年在杭州火车站拍摄）。

洗衣机广告最为突出，它用较大的篇幅列出了这些证书、荣誉：××市第一家洗衣机出口基地、轻工业部优质产品证书、国家经贸委优秀新产品奖、××市名牌产品称号、××市优质产品证书。这种处理看上去似乎增加了产品的可信度、权威性。但究其原因还是崇上心理与借势压人的官本位意识作祟。

（3）对国家意志的载体——传媒的崇拜。由于历史和现实原因，中国传媒大都是以国家和组织形式主办的，正是基于这一点，人们对这些传媒的商业内容抱有很高的信任度。因为在人们的观念中，报纸、电台等是国家办的，是代表国家的，报纸上说的总没错。报纸、电台等传媒所代表的行政级别越高，可信度就越高，广告的效果也越好。因此，在高级别的传媒上做高投入的广告，往往会收到比较好的效果。西泠冰箱在《文汇报》的头版整版广告和酒类广告在中央电视台黄金时段的疯狂竞标就充分说明了中国人对传媒等级的认同程度。

（4）对外来文化及其物质载体的崇拜。中国人的权威崇拜由于是非宗教性的，本质上不是一种信仰而是一种迷信。这种源于对权威的恐惧和寻求安全需要的社会迷信，从早期的生存策略逐渐发展演变为一种思维定势，受此影响，中国人的崇拜对象辐射到了社会生活的各个方面，不仅有对皇帝、皇权、国家、圣人、名人的崇拜，更有对历史、传统、正统、正宗的观念崇拜，近代以来，又逐渐形成了对西方文化及其物质载体的崇拜。这种崇拜在社会的各个层面都有表现。在理论界、学术界，只要说某种观念或理论正是当今西方学术界风行的，就似乎得了尚方宝剑，在国内学术界也立刻风行起来。而要想贬损某一理论，只要说这种理论在西方正在走下坡路或已经过时，对方就受到了致命的打击。在社会生活中，许多人更是惟西方是从，早些年魔方的风行和牛仔裤的大规模流行便是一例，甚至可乐的风行，从某种角度而言也是青年人对美国文化的认同。正如怀特所说："可乐代表美国的精华，喝一口可乐就等于把这精华灌注于体内，可乐瓶装的是美国人的梦。"年轻人对可乐的接受正是由于可乐广告对美国文化的造梦功能契合了年轻人潜意识中对美国文化的崇拜。为了迎合和利用这一盲目的崇洋心理，许多广告就着意刻画和营造一种西方气氛和风格，以达到对消费者的某种诱导。如房产广告中对所谓的欧陆风格大肆渲染，汽车、高尔夫球、健身器材、服饰、化妆品以及旅游、饮食等广告中对西方生活方式和审美观念的无原则推崇，都有意无意地利用了一些中国人的崇洋心理，甚至在商品包装设计上，明明是中国产品，也非要以英文字母标出。至于商品、商场、店家的冠名中用所谓的哈立克、曲奇、拿破仑、克里斯汀等洋名洋招者更是铺天盖地,如汪洋大海。以至于连中国自己的中秋月饼竟也出现了洋名,什么"圣爱娜广月"、"维邦月饼"、"日本式迷你月饼",不一而足。这里,不仅有广告创意对民族心理的适应问题,更有一个对正确消费观念和文化意识的引导问题。

(二)等级观念

中国封建专制统治的政治架构是极其森严的等级秩序。这种等级秩序由秦而下,历经两千余年,为各朝所承袭,并愈演愈烈,到晚清时期,等级秩序及其观念已经渗入到了政治、经济、文化和社会生活的一切领域,逐步演变为一种深刻的文化存在。以至世间的一切,无论星辰日月、飞禽走兽还是花鸟鱼虫,一旦进入这一政治架构的视野,便成为特定的等级符号,具有特殊的等级意义,成为等级尊卑的识别工具。

明洪武二十四年(公元1392年)朝廷规定,各级官员朝服上所绣鸟兽图案必须严格按尊卑秩序排列,凡文官,均绣禽鸟,一品绣仙鹤,二品绣锦鸡,三品绣孔雀,四品绣云雁,五品绣白鹇,六品绣鹭鸶,七品绣鸿鹄,八品绣黄鹂,九品绣鹌鹑,杂职绣练鹊;武官则绣猛兽,一品绣麒麟,二品绣狮,三品绣豹,四品绣虎,五品绣熊罴,六品和七品绣彪,八品绣犀牛,九品绣海马。可以想见,这种等级尊卑的象征符号历经数百年,在意识深层如何形成人们对禽兽的等级偏见,以至于今天的广告及企业标识大都用上品级的仙鹤、锦鸡、孔雀、凤凰等,而鲜有用黄鹂、鹌鹑、练鹊的。

中国文化等级中至尊者为龙,因此许多商品都以龙、凤为创意对象。

严酷的封建秩序及其对符号的垄断也强化了颜色的等级观念。隋代制定的"品服衣"制度,以后一直为各代所沿用:最高统治者——皇帝的礼服为"拓黄",平时服朱,三品以上服紫,四、五品服绯,六、七品服绿,八、九品服青,一般庶民则只能穿白衣、青衣(蓝色或黑色的布衣),所以童仆又称"白衣人",婢女称"青衣"。

在生活起居上,封建等差更是森严。如轿子,在清代,凡亲王坐的明轿,其定制必须木质、镏金、不置帷幔,盖、辕、杆均漆成朱红色。清初还规定到如此详细的地步,亲王明轿只能宽3尺3寸,直杆、横杆、撑杆只能各2根,不得超出。其余各品级的官也都有相应的标准,就连抬轿的人数也作了规定,郡王以下、贝勒以上用8人相抬,辅国公以上则允以4人相抬。

同样,清时的伞扇之制也极为严格。亲王用红罗绣四季花伞、红罗绣金瑞草伞、红罗绣四季花扇、青罗绣孔雀扇各两把;郡王则无四季花伞,其余同亲王;贝勒无红罗绣金瑞草伞、红罗绣四季花扇,其余同郡王;镇国将军用杏黄伞、青扇各一把,五品以下的外官用蓝伞、青伞各一把;杂职与武职六品以下则无伞。不同地位的人,所用伞、扇的颜色、质地、形式各有区别，不可僭越。

在封建社会，中国也是世界上仅有的以建筑形式区分人的等级的国家。就住宅名称而言，皇帝的称宫，以下按人的等级分别称为府邸、公馆、第、宅、家。各等人住宅的间架、高度、屋顶、彩画、装饰都有不同的等级规定，就是一组建筑之内，正、侧、厢、耳、门、厅、廊、偏各房也各有等级，不得次高于主。如明清两朝规定，六品官以下至庶民，住宅正房只准三间，五品六品五间（所以北京城内大片住宅区里大都是三五间的房屋）。至于五品以上的高官，其府第更是等级森严，甚至连门钉都有规定，门钉数量越多，等级越高。如清代规定：皇家宫苑门扉金钉9路，每路9颗（至今紫禁城内各门门钉都是横竖9路），亲王府的门扉金钉竖9横7。往下逐级减少，到侯一级就横竖各5颗了。

人活着如此，人死了也不例外，对坟园占地面积、坟丘高度、墓碑形制、神道石刻以至棺椁祭器都有相应的等级规定，如据《白虎通·崩薨》记载："天子坟高三仞，树以松，诸侯半之，树以柏，大夫八尺，树以栾，士四尺，树以槐。"又据《唐六典》载："五品以上之碑，螭首龟趺，趺上高不过九尺，七品以上立碣，圭首方趺，趺上高不过四尺。"

几千年森严的等级秩序及其外在的符号系统强化了中国人的等级尊卑观念。这种等级观念在新的社会环境中仍然残留着它的影响，在商业消费和宣传中，

以金钱的多寡作为新的等级标志，已经成为许多创意人最热衷、最省力也最容易被广告主接受的模式。

也常常暴露出这种深层的民族心理，在轿车广告和房产广告的宣传上，等级塑造和诱导往往成了重要的促销手段。有些商品为了争上等级，更不惜以价格作最后的手段，以强行制造等级。如极品泸州老窖2888元一瓶、五粮液10000元一瓶、上海"男士令"衬衫5999元一件，中国昆明"高丽"时装店更是推出了标价百万元一件的羊毛大衣，以示其商品及其店家在中国羊皮销售上的至尊等级。这种做法已经破坏了正常的商品和广告竞争，是封建等级观念的恶性发展。

与此相应，中国的广告中也充斥老大、霸王、第一、王朝、大王等最高级别的定语，以此来显示自己君临天下的地位。甚至连以"永和"这样温和的经营之道标榜的台湾地区豆浆连锁店竟然也不惜以大王自居。（见左图）

既然已经"永和"，却还念念不忘"大王"，外在的悖论反映的是骨子里的东西，"外圣"是表象，"内王"才是本性。（摄于上海控江路）

（三）强烈的博彩心理

在中国，搓麻将的人口占总人口的比例已经相当惊人，特别在我国台湾、香港地区以及较为富裕的东部和南部省区，麻将已经演变为某些成年人业余生活的主要方式。造成好赌的原因是复杂的，从历史上看，主要是由于：

1.严酷的专制和封建等级制极大地限定了人们的生存方式，以血缘为纽带的宗法继承关系和官官相护、裙带风、世袭制强化了森严的封建等级秩序，这就历史地阻断了下层千百万劳动者以自己诚实劳动和智慧改变自己命运的机会，结果就形成了一种强烈的社会渴望，人们希望平等、自由，希望摆脱那种先天的血统束缚，而赌博正是宣泄这一愿望的最好形式。因为在赌博中，参与博弈的双方暂时是平等的，骰子的运转是随机的、自由的，它并不遵循先定的秩序和安排，它不承认万古不变的血统和与生俱来的压迫，它蔑视一切必然性的力量，它用令人心动的转动冲击着历史给人的不公正的命运，它暂时地唤醒了沉睡在人类意识深处的被群体观念长期窒息了的个体的尊严和对平等、自由的内在渴望。因此，赌场成了铁板森严的等级社会中的一块飞地，成了平复人们心灵创伤的精神圣地。

2.与海岛国家可以向外扩展寻求新的生存空间和草原牧业文明通过迁徙发现新的牧场相比，中国农业文明的生存空间是既定的，因为土地是不可能被发明和创造的，只能一代一代继承，这种相对限定的生存方式，影响了中国人对财富和利益获取方式的看法，既然不能以勇敢和智慧向大自然索取，那就转而向内从社会夺得，于是人与自然的矛盾就转化为人与人的矛盾，在财富（如土地）总量限定的情况下，人们转而追求财富的重新分配。而赌博就是在不增加总量的前提下对利益的重新分割。以此理解，赌博在本质上可以看作是早期农业文明财富分配方式的缩影和重演。

在这种背景下所形成的中国人的赌性，经过数千年的延续和积淀，仍然强烈地影响着现代的人们，致使许多商业推销和广告宣传就大量迎合着这种民族心理，无限制地推出各种令人目不暇接的金奖、大奖、特别奖。上海著名的大千美食林刚推出"吃月饼，赢金牌——9999千足金"的广告，超级麦溶片又打出"每周五人大奖摇、摇、摇，各奖3000元"的广告。

百事可乐一推出"七喜摇钱数万家，百事多福迎财神"的300万元"天天对奖，天天重赏"的设计，可口可乐马上应战，推出"金奖连环迎奥运，二十连环大抽奖"的宣传攻势。（见右图）各行各业，各种商品似乎惟一的销售思路就是大奖，NEC寻呼机"幸运旋风重重奖"，刚一露头，波密订货热线就连续八周打出"8888波密发狂奖不尽，多媒体电脑大出击"的旗号……

这种千篇一律、铺天盖地的以奖促销，不能不说是对中国人赌博心理的迎合，这其中虽也有新思路不断涌出，但从整体上看，却是对广告创意智慧的扼杀。

三、自然价值观——天人合一

与西方海洋文化人与自然的敌对关系和征服关系不同，中国温带的农业文明及其长期稳定的自然耕作方式是以人与自然和谐相处为前提的，反映到哲学上，中国哲学的终极理想之一是追求天人合一的境界。这种天人合一观认为：首先，自然与人，物与我在本质上是属于一体的。程明道说："天人本无二，不必言合"，因此，"天道人道只是一道"。其次，认为天地万物按照自己的本来状态发育发展，生灭循环，这是宇宙的根本之道，是万物之本性，人只能体认自然的本性，而不能加诸自然。庄子的"无为"自然观就提出："不以人助天"(《庄子·大宗师》)，"无以人灭天"(《庄子·秋水》)。再次，师法自然而后相辅，最终归顺自然。老子提出"人法地，地法天，天法道，道法自然"。《周易大传》中《象传》说："天地交泰，后以裁成天地之道，辅相天在之宜，以左右民"。《文言传》说："夫大人者，与天地合其德，与日月合其明，与四时合其序，与鬼神合其吉凶"。都是强调人与自然和谐相处，向自然学习，依照自然的规律。这种天人合一的自然观对中国人心性的影响是深刻的。

(一) 崇尚自然

中国人天人合一的自然观，视自然宇宙及万物皆为有情，即所谓"天地含情，万物化生"(《列子·天瑞篇》)。对自然抱着一份心心相印的感情，庄子的"观鱼之乐"，苏轼的"其身与竹化"，辛弃疾的"我见青山多妩媚，料青山见我应如是"，以及程明道因窗前茂草而见"造物生意"等，都反映了中国古人对自然宇宙有情的看法，反映到文学艺术上，以自然为表现主体，将人的感情溶入自然景物之中以达到主客交融，物我合一，天人无隔的大境界是中国文人的最高追求。陶渊明的"采菊东篱下，悠然见南山"，元好问的"寒波澹澹起，白鸟悠悠下"，以及王右军的《兰亭集序》等都是中国古代文学中"天人无隔"的典型，体现了中国人特有的审美价值。此外，梅、兰、竹、菊、鹏、鹰、燕、草、木、霜、雪、高山、流水等一切自然物均跃然纸上，成为艺术家的重要题材。"明月照积雪"、"大江日月流"、"澄江静如练"、"五绳低建章"、"池塘生春草"、"秋菊有佳色"等等，"俱千古奇语，不必有所附丽"。顾恺之有《鹅鹄图》、《筒图》、《鹜鸟图》等名作，都是独立的花鸟画。甚至一块石，一株草、一棵藤，一抹淡云，一缕青烟，一座古桥都成为立轴的好材料。可以说，中国画自六朝以来均以"自然"为主要题材，以物为点景。尤其在山水画中，间或在溪畔或桥上描一人物，这只是点缀而已，其目的在描写广大无限的自然风景，这与西方以"人物"为主要题材，以"自然"为点景恰成鲜明对照。西方绘画艺术从古希腊时代一直到文艺复兴时期，没有一幅不以人物为主题，间或人物背后描一点树木景物，亦不过点缀而已。相反，中国艺术，无论诗、词、赋、画,都强调物我一律的"自然观照"。反映到今天的广告创作上,以自然美景传达出天地造化的力量以唤起人对这一造化的无限深情,往往能达到特殊的效果。如《深圳特区报》有一篇题为《广告美谈》的文章,其中一段说:

最近,电视台播放过一则企业广告,画面是湍急的河流、巍峨的高山、繁茂的森林和广袤的草原,伴奏音乐则给人以深远辽阔、如诗如梦的感觉。图像和音响效果的完美结合,牢牢地抓住了观众的注意力,以为这是一部波澜壮阔的历史剧的片头,于是急切地等待着剧情的展开。谁知这"剧情"却只有一句含义深刻、令人回味无穷的话:"原野,最初也是最后的选择。""剧"的结尾道出的庐山真面目是:"深圳原野实业股份有限公司"。整个广告过程,通过音乐和画面,仿佛把人引入了朦胧遥远的生命诞生地——原野大地。让人重新体悟到一种生命的创生和对生命的母体——自然宇宙的感激之情。

杭州西子湖畔历来有天堂之称,它是自然美和人文美的最佳结合,是中国智慧最推崇的审美理想之一,因为它反映了国人内心深处对天人合一境界的追求。图为杭州旅游文化所认同的梦幻境界。

生灵和大地原本一体,心性自然是相通的。如张载说的:"天地之塞吾其体,天地之帅吾其性,民吾同胞,物吾与也"(《张载集·乾称篇》);朱熹谓"天地以生物为心者也,而人物之生,又各得夫天地之心以为心者也。……此心何心也,在天地则盎然生物之心,在人则温然爱人利物之心,包四德而贯四端者也"(《仁说》);王阳明谓"仁人之心与天地万物为一体,诉合和畅,原无间隔"(《答顾东桥书》)。广告所唤起的正是这种心物合一的境界,

也只有这种境界,才能让人领略自然宇宙的生物气象,感受到天地的仁爱与广大,使人的生命趋于至善,使人的精神得到提升。而这一人生与自然相和谐的境界,一直是中国人文精神所追求的目标。

(二)和谐安详

正因为在人与自然的关系上不是外向的、扩张的、攻击性的,受此影响,中国人的内在精神在总体上是平和的,安详的,表现为:

1.静态的。长期相对平静的农业生活方式熏陶了中国人的心智,道家的"无为"观和禅宗对外部物质生活的精神超越养成中国人对一种宁静生活秩序的爱好,中国人不太习惯剧烈的外部冲突和动荡,更适应一种内在心境的安宁。中国人的审美趣味不太欣赏太阳的大动,而更喜欢月亮的宁

静；与这一民族心态相适应，无论是中国的电影、电视、MTV，还是广告的表现方式，都与西方截然不同。我们不太习惯那种令人目眩的对画面的瞬间切换和声嘶力竭的呐喊，我们更欣赏一种静态的、渐进的、唯美的画面和音乐表达。我们不太习惯那种超现实主义的恶性刺激。如西方一则宣传专治乳腺炎的药品的电视广告节目，让一个患乳腺炎的妇女找医生看病，电视中出现了这位妇女流着脓血发烂的乳房的镜头，画面又是以大特写推出，高度质感的腐恶被直观放大，十分恶心。其虽然达到了吸引注意的效果，但却毁灭了人心中的美感。

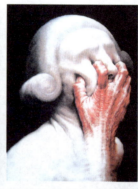

西方人的视觉经验中对惨不忍睹的恶性效果有一种奇怪的需求，社会对这种类型的表现方式也给予了很大的宽容，这是中西文化的一个显性差异。

2.祥和的。正因为中国不是向外追求冲突与对抗，而是向内寻求灵魂的安宁与平静，因而中国人并不欣赏那种血淋淋的暴露和惨不忍睹的屠杀。一个鲜明的对比是：西方的上帝——耶稣被钉在十字架上鲜血淋漓，遍体鳞伤，奄奄一息；而中国的菩萨却雍容尊贵，气宇轩昂，红光满面，一副乐呵呵的样子，两种完全不同的民族象征符号，暗示着两种文化不同的民族心理。西方文化强调的是万死不辞的进取和悲剧性的毁灭，中国文化追求的是以柔克刚的融合和生命的安详。表现在广告上，中国人对喜庆氛围有一种偏爱，不管是皇品排骨鸡面对人声鼎沸的老式茶馆、饭店气氛的营造，还是喜临门酒对鼓乐齐鸣的婚礼场面的渲染，都是以一种特殊的祥和热闹的气氛为背景来烘托的。在这喜剧文化氛围的背后，是人们对早期群体人伦生产方式的向往和对吉祥命运的祈祷。祥和不仅是一种外在的氛围，更是中国人对幸福和生命本质的认识。既然不能通过外在的征服获得欢乐，就只有向内祈求命运的如意，与这种心理相适应，中国的广告中有着大量的以吉祥为诉求的作品。

上海有宝大祥布店、协大祥布店、大鸿运饭店、永顺祥礼品店，北京则更有特色，中药店有"同仁堂"，烤鸭店有"全聚德"，饭店则有"鸿宾楼"、"又一顺"、"东来顺"等等。由于店铺对这方面名号的需求很旺，清人朱彭寿干脆在其著作《安乐康平室随笔》里把名目繁多的吉祥字号取义，编成一首七律诗：

顺裕光隆瑞永昌，

元亨万利复丰祥。

泰和茂盛同乾德，
谦吉公仁协鼎光。
聚益中通全信义，
天恒大美庆安康。
新春正合生成广，
润发洪源厚福长。

直至今天，国内广告仍喜欢以吉祥招徕顾客，上海豫园商城的黄金首饰广告就以"老庙黄金给您带来好运气"作宣传。法国人头马进入中国也一改"人头马一开，好事自然来"为"好运自然来"以招徕顾客。麦当劳更是以"六六六大顺！你就是其中之一。"用这种对命运特有的祈祷语作宣传，以契合中国人的心理。

摄于上海城隍庙

四、知识价值观——思维方式

思维方式不仅指思维的形式和方法，更是与每个时代实践活动的对象、目标相一致的思维的内容与形式、结构与功能的统一体，是由一系列基本观念所规定和制约的，被模式化了的思维的整体形式，是特定的思维活动形式、方法和秩序的总和。各民族由于所处的生存环境和所面临的问题不同，对问题的反应方式也就不同，由此而形成的总体思维方式也就不同。以西方作参考，中国人的传统思维方式主要有如下特点：

（一）功利性思维

中国古代学问与西方学术相比最大的特色之一就是"致用"原则。早期希腊人探究世界最大的目的是好奇，他们有一种对思维和理性的爱好，对智慧本身的热情，而不太注重学术成果的功利价值。中国人潜心学问的最终目的，不是建立抽象的知识体系，而是为了"经世致用"。儒家理想主义者格物致用的最终目的是为了修身齐家治国平天下，以达到一种全社会的功用，因此，中国智慧追求的是知识和学问的结果——实际的使用价值。这种知识论上的功利主义逐渐形成了一种追求实惠的功利主义价值观。受这种价值观的影响，中国人的消费心理比较容易接受一种小恩小惠的、琐碎的、相对节俭和实利型的推销宣传。如上海冠生园的广告：

星期六的吃法

星期六是上海社会里一个很快活的日子，也是游、宴的最适当的时候。等闲地虚度了，那是很不值得的。假使在这天，亲友中没有什么特别有意思的事可做，我们还是讲求实惠，图

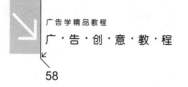

谋口福为佳。但是口福怎样去图谋呢？喏，最好到南京路冠生园饮食部去，任意拣些。

广州酒菜，经济菜品，太空食品，诸侯卤味，三蛇龙凤会，奶粉猪油包，星期美点，或广州锅饭，伊府大面，水饺馄饨，或牛奶可可，电炉浜格，香蕉夹饼，冬令原盅补品等。 随意吃吃，或腻友小叙，或宴会亲友，尝尝天下至味，这真是再快乐没有的啊！

广告恰到好处地适应了中国市民社会特有的智慧，撩拨了一种具有较大普遍性的市民趣味。

1991年11月26日《报刊文摘》上的《现代家庭报》广告更表达了一种贴心的实惠感：

现代观念现代风　　　　现代知识现代味

想想：实用！　　　　　《现代家庭报》

为民办报，心系万千家，发行量在全国同类报刊中领先。她专门研究各种家庭多层需要，精心设计近百个栏目，使人一报在手，收益似多报。

品品：实在！　　　　　《现代家庭报》

以心换心，得道自多助。首家实行评报有奖，月月公布，集中社会智慧办报，这是她广受欢迎，连年载誉全国十佳报纸行列的重要原因。

算算：实惠！　　　　　《现代家庭报》

率先实行偿报于民，报坛传佳话，凡保存全年报纸无损缺，按七折回收，这样一年只需半包烟钱，就可以全家享用。

多姿多彩　　独家特色

（二）具象性思维

中国人不太习惯那种抽象的演绎逻辑，不愿意进行希腊式的永无止境的纯粹的概念推理。中国人更习惯于用一种非逻辑的通感直接把握事物的本质。这种思维方式不需要对事物进行概念的提取和抽象，只借助于对具体物象的整体性把握，从而获得一种高于逻辑的直觉体验。因此中国人更容易对一种非抽象的经验事实发生兴趣，并直接推出判断。

在食品广告中，中国人对所谓"挡不住的感觉"，就感觉很玄。相反，宋代诗人苏轼的"馓子"诗，如作为广告却更易引起中国人的食欲：

纤手搓来玉色匀，

碧油煎出嫩黄深。

夜来春睡知轻重，

压扁佳人缠臂金。

诗中不但展现了先"搓"、后"煎"、再"缠"的生产过程，更具体地将"纤手"、"玉色"、"碧油"、"嫩黄"等极富质感的色彩呈现在人们面前，"夜来春睡知轻重，压扁佳人缠臂金"，更是用拟人的手法将馓子描绘成美丽佳人的玉臂，而且这香酥的玉臂在"芙蓉帐暖度春宵"

中更别有一种伸手可触的精神上的实感。

台湾地区《联合报》一则题为《捐血》的广告诗同样是以具象化的语言,将人类崇高的行为"视觉化"。

> 让自己的血球,
>
> 在他人的心脏脉管内,
>
> 感动太阳的生命。

献血永远和高尚、奉献、爱、生命联系在一起,本来是有一定的抽象性,但这则广告诗却把这种充满爱的液体生命量化为一种更有实感的血球,在他人的心脏和血管里脉动,给人一种强烈的生命与生命互相交融的震撼感。

五、性价值观——中西差异

性是广告特别值得重视的课题之一。许多国际性的广告组织和广告商,通过大量的广告实践及对广告心理的研究,得出的结论是:性、美女、金钱是对人的视觉最具有冲击力的三大要素。印度哲学家奥修认为,人类对性不仅有最高的注意,而且有着最深刻、最持久的记忆。他说:如果追问你许多年前在火车上曾遇到过一个人,你可能已经忘记这个人的名字、相貌、衣着、国籍、年龄、地位……但你永远不会忘记他的性别。为什么所有的东西最终都可能从记忆中抹去,惟有性别保存下来了呢?那是因为对性的知觉根深蒂固地深植在你的灵魂里,就这一点而言,性观念及其民族差异在广告表现中具有重要意义。

中西性观念的差异主要表现在:

(一) 对性的基本态度

长期以来,西方人重视性行为本身,强调性行为的运动过程,即获得性快乐。中国人重视性行为的结果——生育,把性行为作为手段,认为只有以生育为目的的性行为才是道德的。

由于性是人类得以生存和繁衍的基本条件,就终极意义而言,人类的生命是通过无数个体间的性活动得以延续的。因此人类的目的是性活动的结果——生育,至于个体间的性生活和由此带来的快感则只是人类的手段。中西性观念的本质差异在于:在中国,个体的目的与人类(群体)的目的是同一的,都是将生育作为目的;而在西方,个体并不认同人类的目的,个体往往是将人类的手段(即性活动及其快感)视为目的,而生育和由此而带来的种群的繁衍只是性活动的自然结果。一个意外的收获,并不重要,重要的是个体是否快乐。

二者的差异表现在婚姻观上,西方认为婚姻的目的是性。康德对婚姻的定义颇具代表性,康德提出:"婚姻是男女方性的相互作用的法律协定。"这种把性本身作为婚姻的终极目的的价值观暗示了西方社会对性的哲学认识:"性是性的目的。"正是基于这种价值观,黑格尔才会说:"性关系客观上是有生命的自然界的顶点。"费尔巴哈也才会说:"自然界的美全都集中

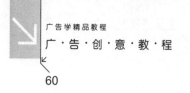

于，而且个性化于两性的差异上。"

相反，中国人认为婚姻的首要目的是生殖。在中国人的词汇中，不但很少涉及性，更具有象征意义的是，把性器官（sexual organs）称为"生殖器"，这并非文化之笔误，它深刻地反映了一种潜藏着的性观念，即性器官的全部功能仅仅是生殖。反映到刑法上，《孝经·五刑章》规定"五刑所属三千，而罪莫大于不孝"，而"不孝有三，无后为大"，于是"无后"便顺理成章地成了万恶之首。

因此，中国人很难接受广告中出现不利于传宗接代的词汇和暗示，更难以理解英国人竟将吉菲牌避孕套的广告做到撒切尔首相父母的头上，这其中的性观念差异是巨大的。

（二）在性爱的投入程度上

西方人常陷入本体性的狂热，置其他一切人生目标于不顾。中国人常表现出策略性的冷静，在人生目标的抉择上易将性爱作工具性权衡。

西方人对性爱的超功利投入甚至在最具保守性的圣经中也难隐其端，《旧约·雅歌》第八章六至七节）就直言不讳地说："爱情所发出的电光是火焰的电光，是耶和华的烈焰。爱情，众水不能熄灭，大火也不能没。"也许，正因为有包括宗教在内的西方文化为性爱提供道德上的庇护，有整个西方为美丽绝伦的海伦掀起的一场长达十年之久的战争所树立的历史样板，英国爱德华八世才有勇气去完成一场宁要爱妻不要社稷的"革命"。这场"革命"也恰到好处地为叔本华的宣言作了注脚，叔本华说："爱情事件是和平的原因，也是和平的目的。"

相反，在古代中国，除了生殖，性本身并不具有本体性价值，从历史角度看，它更具有一种工具意义。因此，西方可以为女人挑起战争，中国却宁愿用女人换取和平，昭君出塞、西施献身就是这一性爱观念的逻辑结果。

在西方，当罗素在自传中说："对爱情的渴望，对知识的追求，对人类苦难不能遏制的同情心，这三种单纯但又无比强烈的激情支配着我的一生"时，他无意间表达了一种西方的价值顺序。

相反，中国人常将爱情和事业割裂，并牺牲爱情以成全事业。大禹十三年治水三过家门而不入的传说，所透出的集体潜意识就是一个象征。于是在中国，为了成全事业，将爱情作抵押便演变为一种广泛的社会行为准则，并被中国道德所认可；当事业和爱情不能两全时，"舍不得娇妻，做不得好汉"便成为一种极端的伦理导向，并塑造出特定的中国人生哲学，即"好男儿不近女色"，因为"情之溺人甚于水"。因而在中国人的广告中，将爱情、性作为人生最重要的追求目标来宣传是不合国情的，因为它有悖于中国人的传统价值观。

（三）在性的表达方式上，西方崇尚直率、暴露，中国偏向含蓄、回避

自从古希腊时期把性从神学中解放出来之后，西方社会便提倡一种轻松愉快的给人带来肉体和精神享受的性观念和性活动方式，西方的绘画、雕塑、音乐、舞蹈以及社会生活的各

个方面对展示性特征表现出持久的热情。如雕塑，当中国的作品还在宗教题材和五权的象征符号（如狮、龙）之间徘徊时，西方的兴趣早已集中到充分发掘和展示人类的性特征上，并特别突出了胸部、臂部和腹部的造型，以至达到了登峰造极的高度。与此形成强烈对比的是，两千年后的中国，军阀孙传芳竟还禁止美术学院的学生看"不穿裤的姑娘"。这就提示了一个与西方截然不同的传统，即中国意识并不鼓励暴露性特征，倾向含蓄，常用娴静、端庄、文雅等具有羞涩含意的语言符号赞美女性，甚至提出"若要俏，常带三分孝"。这种审美感受更潜藏着深深的性回避意识，即不直接表现性特征，否则就是一种淫恶。

表现在广告上，西方热衷于大肆暴露性特征，一则"说得到，做得到"的广告倒是颇富创意，一幅巨大的海报，上面画着一位穿着三点式游泳衣的漂亮女郎，向过路行人微笑，身旁写着"第二天我把上边的脱去"，当好奇的人们第二天去看时，果然上面的已被脱去，露出健美的胸脯，女郎身旁又有一行新的说明："两天以后我把下面的脱去"。两天以后，人们再来到这一海报面前时，映入眼帘的是一个转过身的女郎，已经一丝不挂，修长的身材在晨曦中闪过健美而富有性感的光芒。下面又出现一行字："未来的海报广告公司说得到，做得到。"这种广告也只有在西方性文化背景下才能说得到，做得到，正如澳大利亚某旅游广告，可以将自己国家拟人化为美女，在招贴画上印着一个胸脯丰满的裸体女郎，并配上相应的文字："澳大利亚真美丽。"相反，中国广告，即使是女性商品广告，也不能坦而言之，而以含蓄的方式表达，则更易被接受。如恒安实业有限公司生产的安乐牌卫生巾广告，就是以"我是谁？我要做什么？决定在我。"这种特有的中国方式来表达，虽然过于含蓄，但以中国智慧理解起来并不困难。陕西的一种妇科药品"三八妇乐"进京销售，在媒体上做广告时，为了避免直露而绞尽脑汁，终于想出一句广告语："你知道我在等你吗？"这则朦胧的广告同样引起了广告评论界的注意。

相反，西方在性广告的表现方式上，却大胆直露得多，下面几幅广告就是一例：

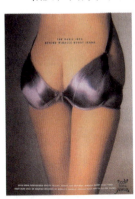 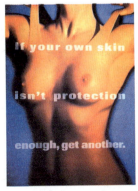 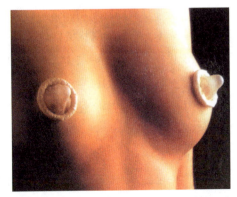

许多服装广告都是以最直接的性作为宣传点，其表现形式也非常直接，虽然在东方人看来这似乎具有诱惑意味，但对于有着几千年视觉惯性的西方人而言，可能并不含有色情的成

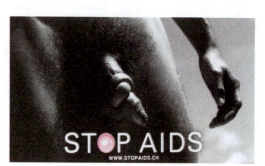

预防艾滋病的宣传广告以特有的西方审美模式进行构思。在这方面，东方人的表达方式可能会更含蓄些。

分，这是一种深层的文化习惯。

广告创意在涉及到这一题材时，应当考虑民族的接受心理，而不是盲目地照搬西方，否则将不能获得最细致准确的传达效果。

总之，性是一个民族最敏感的神经之一，它隐隐地但又极其深刻地影响着人们的生活方式和历史进程。西方文艺复兴是从冲破中世纪宗教禁欲开始的。中国"五四"新文化运动初期，"冲破礼教束缚，争取恋爱自由"的口号，同样成了人性解放最具感召力的旗帜。各民族文化之间的交流，性观念的碰撞常常是最具冲突性的，在广告的创意制作上，必须充分注意它的敏感性，中国人一般比较忌讳中国女影星与西方男子过于亲热的广告镜头，这其中蕴含的深层心理是值得仔细探究的。

六、语言文字——中国文化的重要特色

语言和文字是人类经过悠悠岁月而发展起来的社会工具。它是一个民族文化得以发展延续和传承的直接载体，同时也是民族共同体（不是种族的、也不是部落的）的重要标志之一。由于它是伴随着人类实践活动而产生的，因此在一个民族的语言文字中凝聚着这个民族的心血与智慧，我们可以从中窥见该民族发展的历史以及这个民族文化的基本特征。

中国的语言文字从全世界范围看，具有极为鲜明的民族特色，仅以中国文字为例，其迥然异趣的个体特征为广告创意提供了最鲜活的土壤。

（一）字形

就字形而言，几乎世界上所有的原始绘画文字，都已发展为拼音的音符文字了，只有我国的文字还保存着比较原始的状态。每一个图画形式的方块字，经过几千年的演变一直延续到现代，基本上的象形块状结构被保留了下来，这在全世界是绝无仅有的。它一方面给中国文字的现代操作带来了困难（如计算机处理、储存、检索等），但另一方面又给广告的图形和格式创意提供了无穷的机会。

1.中国的象形文字经过数千年的发展演变，从陶文到甲骨金文，中经"真、草、隶、篆、魏"，直至今天千姿百态的变体，其中最内核的结构始终被保持了下来，这一凝聚了无数中国人（特别是书法家）智慧的文字，已经嬗变成了一种艺术。中国的书法和篆刻艺术在全世界各种文字中是独一无二的，专门研究字形的文字学也是世界其他文字所没有的。中国文字的这一特殊性使文字本身有了巨大的审美价值，许多广告的包装正是以中国文字这一特有的形式美来设计的，如下图：

2.中国文字的单体方块结构和一字一音节的特点,给语句的构造和表达提供了韵律美和节奏美的可能,因此在汉语广告中,要善于利用"押韵"来提高效果。语言的节奏是由音色、音量、音高、音长四个要素构成的。由音色形成的节奏,主要表现在押韵上。

押韵就是在汉语句子的每句或间句末尾使用同韵的字,使读音和谐,例如:

东西南北中(zhong),好酒在张弓(gong)

——张弓酒广告

押韵在广告词的设计中,具有以下的作用:

(1)"押韵"可以突出广告词的节奏感,使读音和谐,响亮悦耳,进一步加强广告词语的音乐美感,起到一种渲染气氛,强化宣传效果的作用。

(2)在广告词中有意识地交替运用韵母相同或相近的字,使它们经过一定距离的间隔之后,反复呈现出来,形成一种同素相应,前后呼应的音响回环往复,产生诵读顺口、易背易记的效果。在广告词中运用押韵的技巧,可以采用排韵、隔韵、转韵的方法。

①利用"排韵"的技法,设计好简短明快的广告词语。

"排韵"即文字的每一行末都要押韵,要求较严,故又称"打铁韵"。广告词中采用"排韵"的技法,可以起到节奏停顿有力,韵律和谐,琅琅上口,语气贯通的良好效果。广告词中使用"排韵",有两种方式:一是声母、韵母完全相同,仅声调不同。例如:

有字有画,边看边唱;

卡拉OK,家庭剧场。

——三洋卡拉OK音响广告

此则广告词中的"唱"与"场"字同为"江阳"韵,仅声调不同。又例如:

戴海霸,风度佳!

>戴天霸，添身价！
>
>——天霸、海霸手表广告

上文广告词中的"佳"与"价"字，同押"发花"韵。此类押韵中除声调不一样的例子外，也有声母、韵母、声调三者完全相同的例子，例如日本三菱牌轿车广告词中的后两句：

>司机驾三菱，保证受欢迎；
>
>车主买三菱，包你笑盈盈。

②采用"隔行"韵的技巧，写好较长的广告词。

隔行韵即第一行文字字末将韵母点出，然后第二、四、六、八行尾字韵与它相押，故又叫"起韵"。在广告词中使用"隔行韵"的技巧，一般要用在文句较长，内容较多的广告词的设计中。例如：

>脏衣成堆不用慌，
>
>皆因洗衣有凤凰。
>
>品茶听歌曲未了，
>
>衣头竿上照阳光。
>
>——凤凰洗衣机推销广告

上则广告词中"慌"、"凰"、"光"押"江阳"韵。"慌"字将韵母"uang"点出，"凰"、"光"字接着押韵。

③运用"转韵"技巧，写好易于流行的广告歌谣。

转韵是文学中的诗歌、韵文分节或分段时换用几个韵辙的一种方法。在广告中，有时采用歌曲的形式，歌曲具有音节欢乐，节奏感强，容易记忆，流传迅速等特点。广告歌谣的词语，一般也必须押韵。由于有些歌曲较长，在变化过程中所押的音韵就不能始终是一个，而必须转换。例如：

>你拍一、我拍一，
>
>新一代的学习机。
>
>你拍三、我拍三，
>
>学习起来很简单。
>
>你拍四、我拍四，
>
>包你三天会打字。
>
>你拍五、我拍五，
>
>为了将来打基础。
>
>…… ……
>
>你拍八、我拍八，

学习游戏顶呱呱。

你拍九、我拍九，

二十一世纪在招手。

——中山市"小霸王"中英文电脑学习机电视儿童歌

上述广告儿歌中第一句"一"与"机"押"一七"韵；第二句中"三"与"单"转押"前言"韵；第三句中"四"与"字"又转押"一七"韵；第四句中"五"与"础"改押"姑苏"韵；第五句中"八"与"呱"转押"发花"韵；第六句中"九"字属"姑苏"韵部，"手"字属"由求"韵部，韵部相近，仍属押韵。

④运用"重言"的技巧，形成广告词中音的重复与和谐，以增强广告词的感染力。

重言，也叫叠字，是两个相同的字组成的词语。"重言"在古代已有。例如"青青河畔草，郁郁园中柳"中的"青青"、"郁郁"就是"重言"。由于重言的两个字音的声母、韵母相同，因此，重言词也具有押韵的作用。广告词中采用重言，一可起到强调的作用，二可利用字音的重复，取得读音节奏感强，音律和谐的效果。

重言在广告词中的运用有两种形式，其一为汉字的重言，例如：

字字句句有分量，

张张照片有冲击。

——法国《巴黎竞赛》杂志广告

看看生活，看看世界。

——台湾地区大专学生摄影比赛广告

丝丝闪光，丝丝芬芳。

——威娜斯化妆品广告

蓝色的爱，清清的世界。

——海鸥洗衣粉广告

上述广告中的"字字"、"句句"、"张张"、"丝丝"、"清清"，均属于"重言"。

⑤运用重复同一个字或词音的技巧，创造精干、顺口、响亮的广告词。

"押韵"理论中的"韵脚"，可以是韵母相同或韵母相近的字。在广告词的设计中，我们可以反复使用同一个字的韵音，来设计出反复、重叠的音节，达到文字对仗，韵律一致，增强句子的渲染力。例如：

都乐、都乐，

愿天下都乐！

——"都乐"冰柜广告

看得乐、听得乐，

唱起来更快乐！

——日本TVC卡拉OK录像机广告

万家乐、乐万家！

——万家乐电器系列广告

好胶卷、好相纸、好照片。

——福达照相用品广告

天上彩虹，
人间长虹。

——长虹电视机广告

不怕货比货，
就怕不识货。

——BBC电视画面创作系列广告

美食天堂，
购物天堂。

——新加坡旅游广告口号

横看、直看，
都是SONY最好看。

——索尼电视机广告

上述广告词中，重复使用了同一个"都乐"、"乐"、"好"、"堂"、"看"等词或字的音，以取得词语加强和音律和谐的效果。

可见恰到好处地运用韵律和排比往往能营造出中国文字特有的节奏感，达到增强注意和记忆的效果。

3. 中国文字的单体排列方式使中国文字具有极大的平衡美和对称美的潜质。几千年来，中国智慧运用这一潜在的优势创造出了无数优美的文体，工整的对仗句和对联即是其中最具有群众性的一种，这一表达方式在广告中被广泛运用，常常能达到出奇制胜的效果。

相传明皇朱元璋曾为某阉猪业主题有一联：

双手劈开生死路
一刀斩断是非根

其气势之磅礴、寓意之奇巧，无以复加，使本不起眼的阉割业，竟也被赋予了特别的人生意义。

北京老字号中药铺"同仁堂"悬有一联：

灵气秘授

琼藻新裁

此联出自中国书法家协会主席启功之手,书法雄浑苍劲,联语深奥古雅。到同仁堂买药的顾客对其无不仰目而视,赞叹不已。颇有意味的药店联还有:

只愿世间人无病

哪恐架上药生尘

对联中虽没宣传什么"妙手回春"、"药到病除"、"灵丹妙药"之类,但人们从字里行间却品出了店家的一片真情。

又如:

神州处处有亲人不论生地熟地

春风来时尽着花但闻藿香木香

此联不仅表现出了医药行业的性质和精神,更通过对仗工整的词语把"生地、熟地、藿香、木香"四味中药天衣无缝地嵌入联中,突出了行业的特色,灵气顿生。

浙江普陀县朱家尖岛一条商业街,家家门上挂对联,如一理发店的对联是:

幽香袭人人不由己进店

春风吹我我又年轻出门

对联使整条商业街文化气息袭人,使本来普普通通的一条街远近闻名。

河南省名酒"状元红"在香港上市时,曾由代理商中广公司和《商报》合办征联活动,并聘请作家任真汉等5位知名人士为评选人。上联是:"千载龙潭蒸琥珀"。上联一出,各界应者踊跃,几日里便收到约1500幅,而且各具巧思。结果有下面5联获优异奖:

十年蚌石变珍珠

几回鸡塞听琵琶

深宵牛诸下丝纶

六么琴操入琵琶

几回丽馆醉醇醪

"状元红"产于河南,据说创始于明朝末年,已有三百多年的历史。通过这次征联,"状元红"在港的销路大开。现在市场上销售的"状元红"标签上便印有"千载龙潭蒸琥珀,十年蚌石变珍珠"联,即那次征联所得。

1981年1月15日《羊城晚报》上刊出了"翠园酒家"征集下联的广告,并说明以三桌酒作为选用一幅下联的奖赏。上联是:

翠阁我迎宾数不尽甘脆肥浓色香清雅

这是"翠园酒家"开店之初,请85岁高龄的朱国基先生撰写的。征集下联的广告登出仅半个月,除西藏和台湾以外的全国各省市均有人踊跃应征,港澳和新加坡等地也纷纷来稿,

最后共收到下联3200多件。经专家评选,花城出版社编辑何启光的下联独占鳌头,其下联是:

园庭花胜锦祝一杯富强康乐山海腾欢

"翠园"二字嵌得自然贴切,清淡典雅,既符合酒家的经营特色,又具有浓厚的时代气息。此征联一举,使得这个地处偏僻,规模不大,默默无闻的"酒家"竟在短短的时间内名闻海内外,顾客络绎不绝。

酒楼茶馆是中国人休闲会聚的好去处,常需要一种意境来感召客人,对联则往往能起到意想不到的广告效应。相传四川某茶馆的对联极有意味:

为名忙为利忙忙里偷闲且喝一杯茶去
劳心苦劳力苦苦中作乐再倒二两酒来

这与另一茶馆联:

四大皆空坐片刻无分你我
两头是路吃一盏各自东西

有异曲同工之妙,两幅对联都把芸芸众生的孜孜营求和其中甘苦表露无遗,具有极强的感召力。

对联在我国行业广告中运用极广,其中不乏脍炙人口,广为流传的上品之作,本文割之不舍,特辑如下:

刻字店联:

笔行神至龙纹画
刀走力到金石开

事业如今刻鹄
文心自古雕龙

刀笔不是刀笔吏
掌印不是掌印人

电话局联:

只用耳提不须面命
睽违两地晤对一堂

邮局联:

涉鸭头波传鱼腹简
盼渭北树寄江南梅

当铺联：

以其所有易其所无四海之内万物皆备于我
或日取之或日勿取三年无效一介不以与人

瓷器店联：

规模在竹苑金熔而外
声价居鲁壶秦缶之间

摆渡船联：

夕阳桂楫寻诗客
运水兰槎载酒人

旧货店联：

我岂肯得新忘旧
君何妨以有易无

桐油店联：

此是春华秋实事业
并非东涂西抹文章

砖瓦店联：

炼尽阴阳出火坑
留将青白在人间

钟表店联：

刻刻催人资警省
声声劝尔惜光阴

小诊所联：

良医同良相
用药如用兵

酒楼联：

酿成春夏秋冬酒
醉倒东西南北人

婚姻介绍所门联：

上联：寻寻觅觅韶华转眼飞逝
下联：犹犹豫豫知音再度难逢
横联：莫失良机

上联：白玉犹有瑕求人十全十美哪里遇
下联：青春岂无限择偶千挑百拣几时休
横联：看剩下谁

眼镜店联：

悬将小日月
照彻大乾坤

裁缝店联：

一寸布一寸丝物尽其用
不自高不自大量体裁衣

帽店联：

头寸自家寻大小深浅须合意
式样烦君多留意老少各随时

竹器店联：

虚心成大器
劲节见奇才

莫将石器论君子
能解虚心是我师

竹木而外有余剩
崖壑之中必弃材

古玩店联：

玩物岂真能丧志
居奇原只为陶情

秤店联：

秤虽小掌管人间烟火
店不大有关国计民生

枕席店联：

梦到邯郸酣更好
制作洴墅妙如何

旅馆联：

红日坠西行客身倦堪止步

群鸦噪离人马疲乏可停骖

雨衣店联：

任是滂沱至大道
偏能坦荡到光天

棉花店联：

聚来千亩雪
化作万家春

印染店联：

鹅黄鸭绿对冠紫
鹭白鸦青鹤顶红

磨坊联：

乾坤有力资旋转
乐马无知悯苦辛

毛笔店联：

轻竹一杆握生死
羊毛半寸扫千军

粮店联：

谷乃国之宝
民以食为天

粥店联：

薄煮红桃千朵艳
芳倾绛雪一瓯香

豆腐店联：

君子淡交禅参玉版
僧家真味品重香厨

理发店联：

新事业从头做起
旧世界一手推平

虽然毫发技艺
却是顶上功夫

磨砺以须问天下头颅有几

及锋而试看老夫手段如何

4.中国文字的方块结构和象形字体给词句的拆并带来了极大的方便,活字印刷首先在中国发明就是一个证明,这说明中国文字和句式是一种活体建构,可以变幻出无穷妙趣,这是其他文字通常所不具备的。这种得天独厚的文字演化也给中国人的广告智慧提供了创意的余地。

广告语言研究者聂仁忠曾发现在我国边陲的一家文化味很浓的小饭店里,墙壁上悬挂着一幅耐人寻味的字画,如图

白底红字,光彩夺目,其外形结构之精巧令人啧啧赞叹。就这幅字画而言,可看出汉字字义字形的共生共存,文字因素和图画因素的高度融合,真正让人领略到文化艺术杰作的快感。这四个字是"吾味足知"。作者把口字作为一个共用的偏旁部首,让每一个字都用上一次,回环成句,趣味盎然。远看似乎是一方印章,一枚古钱;近观却见字字分明,但是,就在您驻足捻须,把字认清,其义将明之时,左顾右盼该时该地该情该景,稍加联想,你会惊讶这分明是这个饭店的一幅绝妙的广告。

"吾味足知"——只要您来吃一吃,吾店的风味就令君足知了。

"味足知吾"——若您来店饱餐足味后,您就自然会知晓吾店的饭菜手艺。

"足知吾味"——老客每每光临,自是深知吾店风味的。

"知吾味足"——吾店货真价实,原料上乘,风味十足,若您光临品尝,定会印象深刻,念念不忘!

"吾知足味"——全文倒读则是吾知道饭菜足味了,有一定水平了。

可以想见,如果这家小店饭菜确实风味独特,顾客登门饱餐之后,再联系"吾味足知"的字画细细揣摩,自然余味无穷,愿意常往了。

中国文字的奇妙组合在句式中有着广泛的天地,在商业广告运用上最早获得知名度的是北京"天然居"饭馆,其"客上天然居,居然天上客"的回文联,曾倾倒无数文人墨客,从而达到趋之若鹜的广告效果。广东省潮州市韩江酒楼的一副对联也颇有意思:

韩愈送穷刘伶醉酒
江淹作赋玉粲登楼

该联巧用名人典故将"韩江酒楼"四字天衣无缝地嵌入对联,很有特色。嵌字联是中国人较易运用和理解的一种文字技巧,在广告中也是常见的,如北京王致和臭豆腐店的对联:

致君美味传千里
和我天机养寸心
酱配龙蹯调芍药
园开鸡跖锤芙蓉

对联的头一个字恰巧拼成"致和酱园"四字,让人会心。

较难的是上下左右全都能读出意思的组合形式。《甘肃广告报》1986年2月28日登出的某饮料厂的宣传广告就是一个难得的例子:

可	以	解	渴	也
以	解	渴	也	可
解	渴	也	可	以
渴	也	可	以	解
也	可	以	解	渴

乍看,这只是一个五次文字方阵,细品却拍案叫绝。不仅头尾能读,中间也能读,不仅可以横读,也可以竖读,行行有新意,确实难得。像这样的广告,当然能引起观众的兴趣,并长久地记忆。

右下图为陕西关西地区某面馆的招牌,叫biang biang面,源自关西人食的一种面,关于这种面,民间传说有一段顺口溜:"一点顶破天,黄河两头弯,八字张大口,言字往里走,你一扭,我一长,中间坐着马大王,心字底,月字旁,一个钉钉挂衣裳,坐个车车到咸阳。"将之用到店招上,真是聪明,从中也可看出中国文字的奇特魅力。

(二)字音

就字音来说,中国文字是注音字而非拼音字。欧美各国的语言多是复音节,是通过字母拼合而成,这样的复音节语,一个字不能同时代表多音。而中国字因为是单音节关系,故有一音多字和一字多音的特点。这也给利用谐音进行广告创意提供了可能。

江苏中华多宝集团的珍珠口服液将"日久见真情"的"真情"巧改为"珍情",虽一字之差却无半点牵强,竟有天造地设般的贴切,不仅使人联想到珍珠,更联想到珍珠口服液背后的一片珍贵的情谊,使原句的"日久见真情"更平添了一份深意。上海虹桥小城的广告语"微利是图"也很有意思,一个"微"字恰到好处地点出发展商既不恶狠狠地惟利是图,又不搞虚心假意的"大放血"、"大跳楼"之类的呐喊,反倒给人一种实在感。

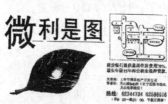

谐音广告是中国广告语言的一大特色。它是对人们原有的习惯用语进行谐音置换,特别是对人们心领神会、稔熟于心的形容词进行同音不同字的更换,往往能起到一般语言所达不到的效果。

第一,加强记忆。谐音广告是将人们暂时还很陌生的语言信号与人们熟知的语言进行对接,这就容易使新的信号很快进入人们原有的信号系统,与人记忆库中的信息发生"联网",从而成为原有的记忆程序中的新成员。最早能促使记忆的谐音广告是电话号码等数字语言,如旧上海的出租汽车公司云飞公司,电话号码是30189,毫无章法可循,当时登报悬赏征求电话号码的谐音,结果从上万份应征稿中选出一句妙语:"岁临一杯酒"这琅琅上口的吉祥语,使云飞公司从此生意兴隆。上海出租汽车公司的电话号码2580000也正是因为有了"让我拨四个零"的上海话谐音,几乎被全部上海人所熟记。又如过去的414毛巾,顺势用广告语"试一试",也取得了良好的效应。

第二,加深印象。陌生的东西之所以陌生,因为它暂时还未进入我们已经习惯的信号系统,然而太熟悉的东西也同样难以引起人们的注意。正如黑格尔说:"一般来说,熟知的东西所以不是真正知道了的东西,正因为它是熟知的。"而如果将二者结合起来,则可能如雷鸣电闪般刺激人们的注意。谐音广告正是在人们烂熟于心的无数成语中加进一点异质,从而触动人们的某种感觉。较早进行形容词谐音创意的是台湾地区的广告,华力灭蚊器一句:

默默无蚊的奉献

这则广告语具有强烈的震撼性效果,简直把中国文字的全部奥妙都呈现出来了,理解者无不为之倾倒。同样别出心裁的谐音广告还有:

"闲"妻良母　　(台湾海龙洗衣机广告)

胃病患者,治在四方　　(广东四方脾胃片广告)

有杯无患　　(哈尔滨磁化杯广告)

"咳"不容缓　　（桂龙咳喘宁广告）

"酱"出名门，传统好滋味　（某酱菜广告）

　　这类广告在总体上给人一种新鲜感，从中体会到一种特有的中国式的幽默。然而这种广告只能少而精，不可多而滥。滥用谐音，简单模仿不仅少了一份智慧美，更有可能带来语言污染，造成不良的社会影响。近年来谐音广告日渐增多，不免良莠不齐，鱼龙混杂，常见的有：

随心所浴　　（淋浴器广告）

百衣百顺　　（电熨斗广告）

饮以为荣　　（酒广告）

有痣之士　痣在必得　（医疗广告）

霉况而下　　（除霉剂广告）

百礼挑一　　（礼品广告）

鸡不可失　　（饮食店广告）

步步为赢　　（鞋类广告）

无鞋可击　　（鞋类广告）

肠治久安　　（药品广告）

有口皆杯　　（饮料广告）

衣衣不舍　　（服装广告）

一箭如故　　（箭牌口香糖广告）

到处安家乐户　　（万宝电器产品广告）

趁早下斑　请勿痘留　（美容霜广告）

骑乐无穷　　（自行车广告）

食全食美　　（饭店广告）

码到成功　　（打字机广告）

　　这些广告中既有独出心裁的神来之笔，但也夹杂一些牵强附会的生涩之作，触犯了创意之大忌。

　　(三) 字意

　　就字意而言，汉语存在一字多义或一义多字的情况，这就造成了中国文字寓意深刻的特点。一个字通过引申，可以增加它的含蓄性，并使内涵深远，虽然增加了解读的困难，但也给文字的双关运用带来了无穷的魅力。中国文字表达和解读需要讲究情景和语境，如"道"字，本意为"道路"，但它同时又可引申为法则、规律、原则、道理、道义、道术、道德、学说及思想体系等等。

　　古代联语中最突出的一字多义的例子是：

海水朝朝朝朝朝朝朝落
浮云长长长长长长长消

这种一字多义的特点恰恰给中国广告语的创意带来了无穷玄机,深圳中外合资利捷精细化工有限公司推出的广告语:

再现领袖风采　　(三点牌衣领净)

也很有意味,用"领袖"指涉衣服的领子、袖子,只要用了三点牌衣领净,领子和袖子洗干净了,自然就联想到领袖、名人的风采,这样的双关语广告确实值得回味。

20世纪90年代初新加坡国家中文报纸同时登出一则广告,标题是:

难道你不要脸吗?

广告的画面是一名身材苗条的女模特儿,手持一束鲜花,把整个头部、脸部都遮掩起来,惟有标题语赫然刺目,给人以强烈的震动。因为"不要脸"三个字连在一起在中文语言里具有强大的刺激性,是一个极其敏感的字眼。因此一下子就达到了广告的刺激注目的效果,接着人们才会想到"脸"这个字眼的本原意义,由此又想到美容,最后顺理成章地将"不美容等于不要脸"联系起来。广告机智大胆,看似危言耸听,细想想又不无道理,实在应算是不可多得的有趣之作。

中国的口子酒广告语也有非同一般的双关效果:

过日子还是离不开这口子

看似平淡无奇的大白话,却将口子酒提到了真正生活伴侣的高度,只有中国人才能品味出这其中深含的意趣。

与之相类似的是超天美容霜广告语:

真相大白

占了极大版面的这四个字强烈地吸引人们关注,等弄明白"真相"乃相貌之"相","大白"乃脸白之"白"时,不由会心一笑,赞叹广告用心玄妙。

可见,对中国文字的一字(词)多义性,如果把握得当,倒也能创意出令人会心的广告语,如:

打字机广告:"不打不相识"。

移动电话机广告:"把握良机"。

BP联网通讯广告:"一网打尽"。

牙刷广告:"一毛不拔"。

排油烟机广告："专食人间烟火"。

所有这些，无意间都透出了一种中国式的幽默和只有中国人才能体会的特有的中国智慧。

中国文字的谐音在广告创意中有着无穷无尽的发散余地，这也是中国广告创意人员一笔特有的财富。

反对侵犯知识产权的公益广告，也颇有意思。

本章提要

1. 中国传统文化心理是广告创意最深厚的思想渊源，中国传统文化博大精深，是一个多层次的统一体，从原生态的特征分析，主要由大陆文化、农业文化、宗法文化三大块形成总体架构，其内涵极其丰富，由此三大构造又引申出中国文化的次生态特征。

2. 仅从广告创意角度而言，中国文化的次生态特征主要由下面一些内容构成：人伦价值观——群体取向、社会价值观——权威意识、自然价值观——天人合一、知识价值观——思维方式、性价值观——中西差异、话语系统——中国特色的语言文字。所有这些都蕴含了强烈的传统文化特色。

3. 以上每一种特定的次文化形态及其具体表现形式都对广告创意产生了深刻的影响，我们不仅应当从整体上把握文化与民族心理的性质、关系和特点，更必须从生活细节中发现其背后的文化传承和社会意义，准确地在广告创意的执行过程中贯彻无所不在的文化精神，使广告传达具有更科学的设定和进入人心灵的力量。

练习与思考

1. 仅就广告创意角度而言，中国文化有哪些特定的次生态特征？
2. 从中西文化对比角度对中国文化的次生态特征之细节进行归纳和补充。
3. 每一特征中的细部特点对广告创意有着怎样的具体影响？
4. 由这些影响所导出的广告创意的原则有哪些？如何创作出符合中国人特定文化心理的广告作品？
5. 请分别将每一次生态特征的延伸部分（如社会价值观中的权威意识以及更细微的国家崇拜、权威崇拜等）所对应的广告表现形式进行更大的扩充，收集各方面的实例。
6. 以上述文化心理特征为原则，进行模拟或实战性广告创意训练。

小组讨论

1. 中国文化的特征还可以从什么角度进行归纳和抽象？
2. 中西性文化的差异有哪些？在中国，广告创意应当如何恰当表现"性"？

广告创意教程

第四章

广告创意与消费心理

知识要求

☞ 了解广告创意与接受心理的关系
☞ 掌握消费需要和购买动机对创意的影响
☞ 熟悉广告创意与认知心理的关系
☞ 清楚心理注意与心理记忆的各项原则

技能要求

☞ 学会用心理学的方法分析消费与需要
☞ 懂得消费行为过程中广告策略的运用
☞ 争取从心理学角度准确掌握创意的度

从整体上说，导致消费者购买行为的因素是非常复杂的，但一切因素最终都要通过消费者的心理活动来把握并作出抉择，因此，消费者的心理是广告应当关注的重要焦点。广告大师赛费尔特说：广告是一种对人们心理施加影响的形式，它通过运用有意义的方式来促进人们对其本身目的自愿接受、自我实现和传播。一个好的能促进购买行为的广告创意总是离不开对消费者心理的分析和理解，这些心理因素包括：消费者的接受心理、消费者的认知心理以及消费者在各种复杂情况下所表现出的特殊的心理倾向和习惯。

第一节 创意与接受心理

商业广告的最终目的是通过让消费者去接受某种说服信号，从而实施符合广告特定导向的购买行为。从广告角度看，这一过程表现为：产品——（通过）广告——（刺激）需要——（激起）欲望——（导致）购买。从消费者角度看，这一过程又可描述为注意(attention)——兴趣(interest)——欲望(desire)——记忆(memory)——行动(action)，国外将这五个词的英文字头拼为AIDMA，称为消费者心理分析的AIDMA法则。在这两个过程中需要以及由需要所产生的欲望是决定性的环节，需要不但决定了对广告刺激的选择性接受，还决定了注意的方向和感兴趣的程度，最后正是被激发起来的内在需要导致了消费者的购买行为，因此"需要"是消费心理研究的前提。

一、需要及其特征

所谓需要（need）是指人们对内部缺乏状态的自动平衡和缺乏物择取的倾向。

首先，需要是人们内部不断出现的缺乏状态。这种缺乏状态对于主体的主观愿望而言是客观的，是由种种原因造成的客观趋势。人的缺乏状态有生理的、心理的和社会的种种。

其次，需要是由缺乏状态引起的主体自动平衡倾向。缺乏状态是需要产生的前提，但不是所有的缺乏状态都能成为需要，由缺乏状态到需要，中间有一个转换的环节，就是自动平衡。人主观上对缺乏状态达到一定的意识水平，就主动解除缺乏状态，使缺乏得到满足。没有对缺乏的一定的意识和平衡过程，"缺乏"照旧是"缺乏"，不学文化，照旧不识字。需要是"缺乏"尚未得到满足的一种状态，表现为自动恢复平衡的心理倾向。

再次，需要是伴随主体的自动平衡倾向出现的择取倾向。生命体对缺乏状态的平衡，必须有对缺乏对象的选择和获取，才能实现平衡。自动平衡倾向必须有择取的倾向相伴随，才能使"缺乏"及相对缺乏的"平衡"这些体内状态转化为需要。如因缺水导致体内平衡破坏而产生一种恢复自动平衡的要求时，喝水就成了强烈的需要。这种需要的内容相对于主体而言是客观的，但择取倾向本身却是一种心理状态，具有主观性，既可择取白开水，又可择取可口可乐。

需要，不仅人有，其他动物也有，但人的需要和动物的需要是有本质区别的，区别主要表现在需要什么和怎样满足需要。这两个方面都取决于人类的生产活动。因为我们在考察人的社会心理时，一方面固然要从"有生命的个人的存在"看问题，看到"这些个人的肉体组织以及受肉体组织制约的他们与自然界的关系"，但另一方面，更应"从这些自然基础以及它们在历史进程中由于人们的活动而发生的变更出发"，这样，"当人们自己开始产生他们所必需的生活资料时，他们就开始把自己和动物区别开来"（马克思语）。

从人类生产活动及其社会历史角度看，人的需要具有以下特征：

（一）人的需要是多方面的复杂的统一体

人类社会及其文化的复杂性和丰富性决定了人的需要是多方面的。这种多方面的需要可以从很多角度进行分类：

1. 从性质上划分：有生理需要和心理需要，物质需要和精神需要，生存需要和发展需要。

2. 从社会性上划分：有个体需要和群体需要，生物需要和社会需要。

3. 从强度上划分：有硬需要和软需要，刚性需要和弹性需要，可替代性需要与不可替代性需要。

4. 从时间上划分：有短期需要和长期需要，当前需要和将来需要。

5. 从产生条件上划分：有偶然需要和必然需要，突发性需要和持续性需要。

6. 从情绪上划分：有感性需要和理性需要，具体需要和抽象需要，直感性需要和幻觉性需要。

7. 从接受方式上划分：有主动性需要和被动性需要，可激发性需要和非激发性需要。

8. 从可能上划分：有能满足的需要和不能满足的需要。

总之，人的需要是千变万化和错综复杂的，同一种消费冲动的背后可能潜伏着各种需要，各种需要有时是相互矛盾的,有时又是和谐统一的。如当一个人意外地得到200元收入时,也许各种潜伏着的需要就被激活为购买动机,她想看一场电影,然后买张CD,或者约好友去吃一顿。她又想买双鞋或者给母亲送点营养品……各种需要同时涌出,最后她也许买了一双心仪已久的皮鞋,虽然只满足了一方面的需要,但买鞋本身也可能同时满足了多种需要,包括使用价值和审美价值,物质的和精神的,实惠的和虚荣的等等各种角度的需要。人的需要是一个复杂的统一体,各需要之间既有横向联系又有纵向联系。从纵向联系看,人的需要是有层次的。

(二)人的需要是有层次和先后顺序的

在人类需要理论的研究上,马斯洛的"需要层次论"具有相当大的影响。马斯洛所设定的人的基本需要具有五个层次,见下图:

1.生理需要。包括饮食、性、排泄、睡眠等。生理需要是基础,在其他所有需要中占绝对优势。具体地说,例如一个人所有需要都没有得到满足,那么,生理需要最有可能成为主要动机,即对于一个同时缺乏食物、安全、爱和自尊的人,食物需要可能是最为强烈的。但是,生理需要及其局部目的一旦得到相对满足时,它就不再是决定行为的活跃因素。满足了的要求不再是要求。这时其他(更高层的)需要会立即出现,这些需要(而不是生理上的饥饿)开始控制机体。

2.安全需要。包括免受恐惧和焦虑的困扰,对体制、秩序、法律、规范的依赖,对保护者实力的要求等。比如,家庭内部争吵、殴打、离婚都是令家庭成员恐惧的;父母对孩子大发雷霆、恫吓、威胁,会使孩子惊慌失措、惶恐不安。当安全需要得不到满足时,人们对安全的各种需要会控制肌体,调动肌体的全部能力为其服务。

3.归属和爱的需要。当生理需要和安全需要都很好地得到了满足时,爱、感情和归属的需要就会产生了。渴望同人们有一种充满深情的关系,渴望在团体和家庭中有一定的和适当的位置。社会的流动性、家庭的分崩离析、代沟、传统的乡村或亲密的消失,以及美国式的友谊的肤浅都加剧了人们对接触、亲密、归属的需要。

4. 自尊需要。这种需要分为两类：一类是对实力、成就、优势、胜任、自信等的欲望；另一类是对名誉或威信，对地位、支配、重要性、高贵或赞赏的欲望。自尊需要的满足导致一种自信，会使人觉得在这个世界上有价值、有力量、有位置而必不可少。但这些需要受到挫折，会产生自卑、弱小及无能的感觉，导致丧失基本信心。最稳定和最健康的自尊是建立在来自他人的当之无愧的尊敬之上，而不是外在的名声、声望及无根据的奉承之上。

5. 自我实现需要。一位作曲家必须作曲，一位画家必须绘画，一位诗人必须写诗，否则他始终无法安静。"一个人能成为什么，他就必须成为什么，他必定忠于他自己的本性。这一需要，我们可以称为自我实现的需要。"（马斯洛语）满足这一需要的方式，个体间的差异是最大的。

这种由低到高、由生理到心理、由物质到精神的递进关系也直接反映了人类历史的发展顺序。正如恩格斯在马克思墓前所说：马克思发现了人类历史的发展规律，即历来为繁茂芜杂的意识形态所掩盖着的一个简单的事实：人们首先必须吃、喝、住、穿，然后才能从事政治、科学、艺术、宗教等等，所以直接的物质生活资料的生产，便成为基础，人们的国家制度，法的观点，艺术以至宗教观观念，就是从这个基础上发展起来的，因而，一个民族或一个时代的一定的发展阶段，也必须由这个基础来解释。

随着社会的发展和生活水平的提高，社会的整体消费方向也同步呈现出了由低到高的推进。广告创意必须了解和适应这一过程。香港维他奶创意的不断更新就是一个例子。

早在1937年，罗桂祥先生到上海出差，听了一位美国人的演讲，题目是"大豆，中国的奶牛"，启发了他制造豆奶的意念——要以豆奶取代牛奶，为当时还处在饥寒阶段的劳苦大众提供比较廉价而又丰富的蛋白质。所以当时的创意定位是人的第一需要——营养，故取名"维他奶"。虽然从本质上讲，所谓的"维他奶"应归类于饮料，但社会整体低水平的生活并不能促使人们掏钱买饮料来解渴，要想解渴，喝白开水同样能达到目的，因此，以营养为号召更有吸引力。直至20世纪50年代，尽管维他奶已正式用汽水瓶加汽水瓶盖上市，但在宣传上仍然特别强调与奶类似的营养价值，当时提出的口号是："饮维他奶，更高、更强、更健美。"到了70年代，香港社会发展已开始步入小康阶段，人们生活水准的逐步提高促使消费需求发生了变化，由生存需要向享乐需要发展，营养不再是首选，加上美国可乐饮料的冲击，香港人对"维他奶"仅仅局限于营养不再有兴趣，再加上那些饮"妈妈指定喝的"维他奶一族已成长为青年，当他们可以自己选择时，在社交场合就不太愿意饮用"奶"品以让人将自己看作长不大的孩子。于是，罗桂祥先生决定更换广告创意。在李奥贝纳和扬·罗必凯两大公司的竞争中选用了扬·罗必凯的战略创意——从以营养为主转为以饮品为主，强调"维他奶"是一种时髦而又受欢迎的汽水，并且有益健康。这就既迎合了主流消费群体——追求享乐型的年轻人，也兼顾了看重营养的老人和孩子等惯性消费者。随着广告战略的不断体现和广告创意思想的不断成熟，最后，维他奶终于又推出了一句在香港家喻户晓并成为人们口头禅的广告语："点只汽水甘简单"（意为：不只是汽水那么简单）。这句不简单的广告创意之所以广受青睐，就在于它把维他奶看作是汽水，可以解渴享受口感，但又不仅仅是汽水，它还有富含营养使你健康的功能，最后，它还内含着一种不简单的情趣和新生活方式，正如另一则广告所唱的："今天心里，轻松开朗，实在唔简单"，使轻轻松松喝维他奶成为时尚青年的一种新象征符号。这就更使生理和实用功能的不简单升华为一种社会性赞扬，从而满足了人们对生活（包括地位、能力、智慧、名声、尊严等）不简单的渴望和一种幻觉中的精神需要。

这一广告的成功从本质上说，是由于其把人的几个层次的需要都涵盖了，也就是说被广告所宣传的维他奶满足了人们从生理需要到发展需要的诸多渴望。

（三）需要的显在性和潜在性

一个经常被传播的例子是：很多年前，南太平洋的一个岛屿，来了两个分属于英国和美国的皮鞋推销员，他们分别在岛上考察了一天，结果却不一样，英国推销员垂头丧气地发现这儿的居民祖祖辈辈根本就不穿鞋，也就没有对鞋的需求，只好匆匆返回。美国推销员却惊喜地发现岛上10万居民是一个巨大的市场，于是画了一张广告，没有说明文字，画面上是当地模样的壮汉，脚穿皮鞋，肩扛着虎、豹、狼、鹿等猎物，非常威武，当地土著居民看了广告以后，纷纷打听哪里能弄到脚上穿的那新奇的东西，一个市场就这样被打开了。

可见广告的真正功能不仅是满足人们现有的各种需要，更在于发现和挖掘出潜在的需要，因为任何现存的显在的需要所面临的总是一个相对饱和的市场，只有开发出潜在的需要才可能迅速占领第一市场，从而赢得时间和效益。

因此，与显在需要相比，潜在的需要是一个巨大的变量，具有无限的可开采性。在随身听问世以前，人们对所谓的高质量声音并没有什么特别的需要，对随身听更是一无所知。当索尼公司推出第一批随身听时，他们打出的广告口号竟是："声音进化了"，并以此来刺激年轻人潜藏着的对新鲜事物的心理需要。为了推广和强化这种刚刚被唤起的社会需要，索尼公司又设计出新的策略：让一些漂亮的女大学生穿着牛仔裤、T恤衫、骑着新潮的山地车，个个耳戴随身听，在大街上招摇过市，强行塑造一种新的青年形象，接着是听外语和喜欢音乐的大学生，随后是追时髦的先锋青年，最后是更大的社会群体——被卷入，都将随身听当作新一代青年的象征符号。最终，形成了全社会乃至全世界城市青年对随身听的巨大需求，完成了对市场的爆发式的开拓和占领。

在许多情况下，消费者并不十分清楚自己真正需要的是什么，但某种需要或欲望却真实地潜藏着，这时，广告提醒就显得十分重要。特别是一些超越了物质和生理的需要，就更值得细心挖掘，并通过广告将之诱导出来。好的广告总是能满足人们内心更高的精神追求。

广告创意与消费心理

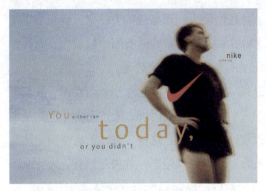
要么今天，要么就别干

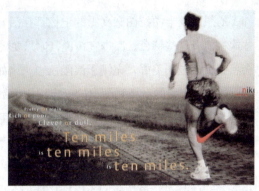
无论聪明还是愚笨、富有还是贫穷、漂亮还是普通，十英里就是十英里，就是十英里……

耐克鞋的这两则广告完全跳过直接物质利益的诱惑，也没有对鞋本身作技术性的描述，而是从精神角度切入人们的心灵。它在提倡一种精神，一种人类永恒的进取精神。

就像右下这幅阿迪达斯的广告创意，同样将着眼点放在了鞋的物质属性之外。甚至人都没有，但是你分明感觉到了一个人，他在晨曦中长跑，他已经精疲力竭了，但他仍在坚持，在心里，他默默地对自己说：再坚持到路牌那儿，再坚持到车那儿，再坚持到……人类就是这样一步一步走向成功的。整个画面没有过多的视觉元素，但在温暖的、淡淡的阳光下，人们却能体会到一种高于物质的东西，正是这种看不见的精神性的存在引领我们人类穿过漫漫

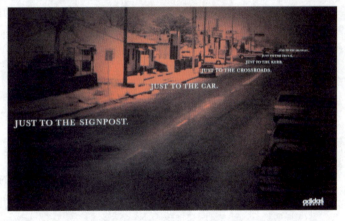

长夜。消费者虽然没有得到最直接的关于阿迪达斯鞋的信号，但是却得到了更重要的东西——一种普遍的精神。当然，只有像耐克、阿迪达斯这样无人不知的大品牌才有资格这样做，任何不着边际的普遍性都不会淹没其品牌本身，相反只会加强它的知名度和提升它的品格。

正是广告通过自身表现出的独特形象，传递出产品的感性和文化价值等精神成分，满足了消费者的直接欲望、深层欲望和无意识的需要，使人们由于繁忙的现代生活所造成的烦躁、忧虑、孤独等情绪得以消除或平衡，并且会在需求和激情之下，产生改造世界的欲望。这里可以用法兰克福学派的"乌托邦式冲动"或"乌托邦式欲望"对此进行解释。"乌托邦式冲动"是与普遍性的商品化过程相对立的理论。法兰克福学派的"弗洛伊德马克思主义"使他们把欲望——仍然没有得到满足的一切，也就是弗洛伊德所说的在今天的"文明"中越来越不可能得到满足的东西——作为革命性力量来理解。在这种力量中，儿童时代的满足带来的乌托

邦式幻想以及半柏拉图意义上的记忆都存活着,并且迫使人们用激进的方法来改变世界。某些饮料便有这些特色。广告宣传说,你只要喝这种饮料,不仅有妙龄女郎依偎着你,而且你会感到生活极其美好,充满了浪漫色彩,诸如此类的夸张广告比比皆是。

这样,直接的欲望和深层的无意识需求都得到满足。你可以梦想一个妙龄女郎,甚至更进一步幻想全部生活发生改观,四周都是美丽的人,你有充足的时间,无忧无虑,也就是说世界上所有的一切都在这种乌托邦式的状态下改变了,变形了。这些广告,正是在悄无声息地告诉你:难道你所渴望的不正是这种乌托邦式的对世界的改造吗?如果是这样,为什么不用我们的产品呢?虽然我们不能许诺任何东西,但这些产品起码含有改变精神状态的成分。在这种无意识的欲望中,最强烈、最古老的愿望仍然是集体性的。例如,永久的青春,自由和幸福等。在表明这种欲望是集体性的同时,还幻想着对整个世界的改变。正是这些广告告诉我们什么是人们无意识的欲望,使我们知道人们对一个乌托邦式的社会有什么样的设想。正是广告人最好的表现了"乌托邦式的冲动"。当这种冲动变成一种现实力量时,将可能推动历史(参见杰姆逊《后现代主义理论》,唐小兵译,陕西师范大学出版社,1986年版)。

总之,需要是人类进步的伟大酵母,着力于刺激需要的广告则是文明的加速剂,正如美国一位广告人所说的:"美国之所以伟大,是因为这个国家制造了各种不同的需要,而又要不断翻新,永远没有满足的时候。"

二、购买动机与广告刺激策略

(一) 实现需求到欲望的转化

需求是导致购买行为的基础,但需求在一般情况下,并不一定直接导致购买行为,只有在需求的基础上,由于内外因条件的激发而产生一种强烈的欲望,才有可能形成购买冲动。当我们口渴时,我们产生对水的需求,这种需求有时可以暂时克制,有时可以简单喝些凉水解渴,但这种实际存在着的需求一旦遇到外部刺激(如广告)就有可能导出强烈而明确的欲望,结果掏钱买了一杯冰镇的可口可乐。因此,需求和欲望不同,需求是欲望的前提和内因,欲望是需求的结果和外化。美国广告专家沃森·邓恩也认为需求和欲望是两个不同的概念,广告是促使需求向欲望转化的重要手段。他说:"我们的需要是比较易于满足的,但我们的欲望则要通过广告宣传加以刺激。比如说,我们对于运输的需要既可通过一辆1950年生产的、运行状态良好的汽车来满足,也可以通过最新型的汽车来满足。但是我们的欲望则驱使我们卖掉旧车买新车。我们的行为是直接或间接地通过欲望而形成的。"

可见对于人们的需求有不同的解决方式,而广告就是把需求转化为强烈购买欲望和明确购买目标的手段。

广告在刺激需求向欲望转化的过程中,可以发挥的作用和采取的具体手法是多种多样的,其中包括：

1. 广告应极力打破消费者的心理平衡

社会心理学研究表明，人有一种对心理平衡的常态需求，当心理一旦失去平衡时，就会产生一种欲望，要求重新恢复平衡。心理的平衡与非平衡往往是在人际关系中展现的，心理学家费利兹·海德曾提出一种平衡理论（均衡理论）。他用P—O—X三者间的关系说明态度内部的平衡关系和态度的转变。其中P一般指态度的主体（即态度持有者），O指另外一个人，X则指态度的对象。他认为，人们在生活中不希望有认识失衡的心理状态，都希望自己和认知对象X的关系、和他人O的关系是协调的、平衡的。当三者之间的关系都是正的（肯定的）或二负一正时，就出现了不平衡，不平衡状态会产生心理紧张，为了减少这种紧张，便产生了一种恢复平衡的力。

现代广告常常从引申意义上借鉴这一理论。如当观察对象（O）拥有某种名牌（X）的产品，而我（P）没有时，三者之间各种可能的复杂关系就会导致不平衡，以至产生"别人有，我为什么不能有"的恢复平衡的力量，这力量便可能导出购买欲望。

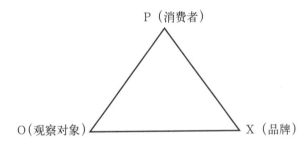

广告常常是将观察对象设定为明星、名人，以此造成广泛的不平衡心理，从而激起购买欲望。

2. 广告应寻找激发消费者的待命需求

人在本质上属于难以满足的"需求动物"，人世间一切千奇百怪的需求都潜伏在每一个体的意识中，处于一种待激状态，这种需求可称为待命需求。消费者根据自己的支配能力将一切需求进行排序，将其分为当前需求、近期需求、远期需求和遥远的幻想需求。这些积淀着的多种需求等待着各种可能性的出现，即便是最具现实性的有支付能力的当前需求，也同时有许许多多需求与之并列，处于待命状态，如相对于一千元的支付能力，消费者就会有许多相应的待命需求，如想买一套时装，或者一件首饰，想为女儿买一台学习机或者给丈夫买一套西装，又想买台热水器或者更换一张写字台，甚至想和家人一起去旅游，千百种需求同时涌出，但都处于一种待激发的状态。广告就要在各种处于均衡状态中的待命需求中激发出对某种产品的购买欲望。也就是说，消费者有时并不十分清楚自己要买什么或应先买什么？这种随机性就给广告特别是POP广告提供了用武之地，国外的消费动机理论中，巴甫洛夫模式和弗洛伊德模式也支持这种随机性消费方式。巴甫洛夫模式认为消费者购买产品，乃是一种机械式的"刺激—反应学习（stimulus response learning）"模式的结果，这种模式认为消费者是懒惰的、不专心的，常依过去习惯购买东西，因而含有自发性和例行性的意味。

弗洛伊德模式认为，消费者的购买行为，是由于受到情绪与潜意识的影响所致，是一种自我开心的行为，旨在伸张或保护其人格，所以基本上是不可预期的行为。

这两种模式都告诉我们，当多种处于待命状态的需求同时并存时，怎样通过适当的提醒把其中某一种需求激发为更为强烈的欲望，从而导出购买行为，是广告要做的工作，特别在高随机性购买领域（如中低价商品），户外广告和商店的POP广告就有着更明显的先入为主的刺激优势。研究表明，有81%的消费者是随机购买的。

（二）购买动机的类型及其广告策略

人们的动机彼此都有差异，但有些则是多数人所共有的。心理学家、广告作家玛尔汶·哈特威克认为，人有"八大欲望"（即八大动机）：（1）吃喝；（2）安逸；（3）免于恐惧和危险；（4）高人一等；（5）讨好异性；（6）为亲人谋福利；（7）社会赞同；（8）长命百岁。据此，沃森·邓恩将动机分为四大类。

1.有意识的和下意识的动机。乔治·霍斯利·史密斯根据人们在行动中自己有意识的程度，把动机分为三类：（1）有些动机消费者乐于和人讨论（比如，买一种点心，比较经济实惠）；（2）有些动机人们企图隐藏，很少和人讨论（例如，某人进行股票投资，很少向别人透露）；（3）有的动机忌讳别人知道（如男女隐私）。皮尔·马丁诺曾说过："每一个人心里，都有一个秘密的个人意识的世界。"大多数心理学家认为，人的行为大部分是受下意识支配的。

有意识的动机是一种受人的意志调节控制的动机。所以不仅要使广告信息引人注意，而且要使之进入人的长期记忆中，这样才能便于人们分析评价信息，产生一定的动机或欲望。一个一闪而过、过目即忘的广告，很少产生有利于作出购买决策的有意识的动机。因此，对有意识的动机，必须提高消费者对广告的记忆程度。为此，广告主可采取下列措施：

（1）利用直观的形象的信息传递，增强消费者对事物整体映像的记忆。直观、形象的事物比抽象的更易于理解和记忆。尽管直观形象只能形成人们的感性认识，但它却是领会本质的起点，是记忆的重要条件。直观、形象的事物，使人一目了然，容易记忆。在广告宣传中，可以用商品的动态速写，服务环境的模拟图像，用实物或实物模型、实物照片来展示商品的形象特征，这些都能使消费者对商品信息形成深刻的记忆。

（2）利用简短易懂的语言来概括广告内容，提高信息接收和贮存的效率。消费者储存在记忆中的信息，在一定的条件下，是可以借助于表象和词语恢复起来的。表象是人脑对当前没有直接作用于感觉器官的，以前感知过的事物形象的反映。表象具有直观性和概括性特征，是事物被概括后的一种形象。但是这种概括是有局限性的，利用词语能更准确反映事物的形象，它是对事物最简便、最经济的记忆工具。精炼、准确、易懂的语言，在一定条件下比形象更容易记忆和保存。因此，要使广大消费者牢固地记住信息，必须充分利用语言的概括能力和反映能力。

（3）利用信息的适度重复和变化重复，加强与巩固神经联系痕迹。人的记忆有一个明显特征，即对一个事物的初次接触，在大脑里留下痕迹不会很深，由于其他事物的干扰会很快遗忘。解决这个问题的有效办法是，对接受的信息进行适度的重复。通过反复刺激消费者的视觉听觉，能加深信息的印象，延长信息贮存时间，加强和巩固大脑神经联系的痕迹。但同一形式的过度重复，又容易引起大脑皮层的疲劳，甚至使人感到厌烦，所以在广告宣传中不仅要有适度重复，还要有变化重复。利用广告媒体、表现形式、发布时间、地点等方面的变化，重复广告信息的内容，使人有新奇感，就能提高人们的兴趣，加深对广告信息的理解和记忆。

在广告宣传中也要重视下意识动机的作用。在许多场合，人们的行为被下意识所支配，因此广告专家提出一句口号："要善于进攻下意识"。外部信息往往通过无意注意对人的下意识发生作用。广告形象在不知不觉中被消费者所接受，进入人的意识之中，就是在利用下意识进行广告活动。1958年美国人曾把这个理论运用到广告中，想利用人们对某一事物的下意识潜伏作用，达到其广告目的。他们在新泽西一家电影院里做实验，方法是：每隔几分钟，就让一个不清新的形象（即某一广告）在银幕上出现，时间相当于1/4秒，只是倏忽一闪而已。经过多次反复出现，给观众留下深刻的印象。实验持续6个星期，观众4万多人，结果使广告产品——爆米花销量增加一半。进攻下意识，发挥潜移默化的作用，时间长了就能给人留下深刻的印象。这种无意识的印象累积就会产生一种清晰的认识。下意识本身不能产生购买动机，而是通过下意识的积累形成一个鲜明的有意识的动机，例如，上海华联商厦的"穿在华联"这一简单的广告语，通过多次反复，经常刺激人的下意识，时间一长，人们就形成了有意识动机，要买高档、流行服装，就应该到华联去看看。

2.基本性动机和获得性动机。基本性动机是人们共有的基本需求所引起的动机，如饮食、睡眠等就属于此类动机。获得性动机是因个体差异或外部环境所引起的特殊动机。如有人除了吃喝，还要吸烟，后者就是获得性动机。

这两种动机，到底有什么差别？尼尔·密勒和约翰·道拉德对这个问题进行过研究，他们认为两者的区别是：

（1）获得性动机与人们固有的动机相比较，其区别在于它更难以定义和说明。在这里作者实际上已经说出了它们之间的本质区别，基本动机是人先天就有的，获得性动机是后天学习得到的。孩子生下来就要吃喝，但他并不会吸烟。

（2）获得性动机的满足与基本动机满足方式相比较，前者更易于随客观条件而变化。一个国家或一个地区人们的有些基本动机满足方式,几百年甚至几千年不变。例如,汉族人的食品以粮食为主,从古到今没有根本性的变化。但获得性动机如娱乐,随文化变迁、外来影响却经常在变化。

(3)获得性动机的满足方式与基本动机的满足方式相比更不稳定。这一特征与两种动机满足方式不同有密切关系。基本动机满足方式的稳定性,反过来又加固了动机的稳定性;获得性动机满足方式的变异性,也使获得性动机更加变动不定。动机本身的特性与满足方式相互作用,相互影响,使它们固有的特征更加明朗化。

针对这两种动机的特点,可采取相应的广告策略。这里的关键是,广告中如何利用传统与时尚的相应特点。

时尚是在社会上自发形成的一种短期的流行模式,或者说是在一个时期内相当多的人对某种生活模式的随从与追求。时尚与传统相比有三个明显的特点:第一,传统具有守旧性,时尚则以"标新"为主要特征。第二,传统是长时间不变的,时尚重在"入时",过时就不再时兴。第三,我国传统讲究节俭,时尚讲求高消费。传统与时尚的这些特征与基本动机、获得性动机在许多方面有相应之处。所以对基本性动机,广告应强调传统美德、传统思想、传统文化、传统价值观的科学成分和合理因素。这种广告观念,在现实生活中,人们已在自觉或不自觉地加以运用。例如,一些中草药制品、酒类都十分重视产品的传统。像杜康酒、古井贡酒都强调产品的历史悠久,都有一个引人入胜的传统故事,以调动人们对传统的留恋。在改革开放的今天,洋货、洋思想涌入中国时,有许多企业重新宣传国货,主张挖掘和提倡传统文化。在流行音乐铺天盖地而来的时候,上海市政府利用大众媒体大做广告,为高雅艺术、传统文化高声呐喊;在充满洋腔、洋味的娱乐市场上,广州的文化圈吹来了少数民族的乡土艺术风。我们并不简单地提倡"古董国粹",但在营销中,在广告里来一些"传统文化",只会有益,不会有害。

时尚每日每时都在空气里蔓延,像毒品一样在我们的血液里流淌。

获得性动机借人们的"从众"心理,对时尚起到了推波助澜的作用。时尚的传播形式基本上有两种,第一种是自上而下的"瀑布式"传播。它从社会上层的优异者开始向社会下层的普通人流行。例如,法国小姐、贵妇率先使用了某些新奇的产品,社会下层中力所能及者就开始模仿学习,在"从众"心理推动下逐步普及,针对时尚的这种流行方式,可利用社会上层的知名人士做广告,借他们的影响来传播时尚。例如,日本一家糖果厂生产的巧克力销路不好。当法国电影明星阿兰·德龙访日时,他们邀请他访问该厂。阿兰·德龙无意中说了一句"没想到日本也有这么好的巧克力"。厂家借这句话做广告,销售量大增。时尚传播的第二种方式是"滚雪球"。使用某种新奇商品者,不一定是高层知名人士,而只是普通人,但"大家都说好",也就流行起来了。在这种情况下,广告主要有一定的识别能力,认准了就制造,通过各种形式的新产品广告,也可以使这种商品成为"时尚"。

3.理性动机和情感性动机。理性动机是消费者根据自己的经验、知识所形成的理智型购买欲望。持理性动机的消费者在购买商品之前,要收集商品的有关信息,了解市场行情,经过周密思考和分析,才形成购买决策。情感性动机是源于消费者个性心理特征、情感体验所产生的购买欲望。持情感性动机的消费者在形成购买决策的过程中,不十分重视商品的理性利益,他们利用丰富的想像力和联想力,决定买与不买。

对持理性动机的购买者,广告应该主要采取理性诉求手法,向消费者说明产品的理性利益:包括产品的功能、可靠性、经济性、外型等内容。一般产品的广告宣传都离不开理性的诉求,但对持理性动机的购买者来说,理性诉求更为有效。

对持情感性动机的购买者,主要利用情感性诉求手法,调动他们的兴趣,使之产生购买欲望。消费者的情感有积极情感和消极情感。针对不同的消费者和产品采取相应的情感设计,这是激发情感性动机的有效途径。消极情感包括恐惧感、罪恶感、羞耻感等。促使人们去做他们应该做的事,或劝告人们终止他们不应该做的事,都可以利用消极情感诉求。有关恐惧感的研究和应用,比其他消极情感更为普遍。例如,香港一家医药商店推出一种治头痛的药,他们的设计是:一个人背后站着一个手持利斧的恶魔,作向下猛劈状,此人双手抱着头,其痛苦的形象跃然纸上,如何消除痛苦?请用"××止头痛药"。某保险公司的广告:台风大作,海潮汹涌,随之而来的是墙倒屋塌,财产流失。然后公司劝告人们,为了避免或减少财产损失,请参加家庭财产保险。一般地说,广告信息的有效性随着所呈现的恐惧程度的提高而增强。但应该明白,人们对恐惧有不同的容忍程度,超过一定的限度,广告的说服性效果就会减弱,甚至会完全消失。如上述保险公司广告,假如它说台风一来,该地区人民的生命全无保障,家毁人亡,无一幸免,那还参加什么财产保险呢?

人类的情感是非常丰富和敏感的,对于那些超越日常视觉习惯的物象,常常会引起强烈的情绪波动,这时的记忆和注意也将在瞬间达到最高状态,广告创意常常就是为了达到这样的效果,如右图公益广告,小孩子的头颅如此的缺损,这种强烈的视觉刺激可能会久久地留在观察者的心里,从而在开车时提醒自己不要犯同样的错误,导致同样的结果。

类似的视觉效果在广告创意中有着很高的使用频率,如下页左图,以一种接近恐怖的形式来激起人们的某种情绪,吃了这种食品后竟然连嘴巴都粘连上了,可见这是怎样与众不同的东西,能给你

带来什么样的生命感受,当然是一目了然了。

4.可控动机与不可控动机。人的动机多种多样,内容非常复杂。广告工作人员主要是研究与人们购买行为有关的动机,对其施加影响。这类动机,属于可控性动机。抽烟喝酒是人们的动机,广告主要了解人们的口味和品牌偏好,给予说服性诱导。但一个学者想在某个领域里有所成就,这样的动机与烟酒联系不大,烟、酒厂商对它很难给予影响。企业广告对这类动机难以控制,可不予理会。当然可控与不可控只是相对的,问题的关键是企业的产品、劳务与某种动机的关联程度。如果我们把动机与企业产品、劳务的无关紧要的联系都考虑在内,可以说人的动机都会与企业活动发生关系。换句话说,企业的广告策划,主要放在对可控性动机的研究和应用上,而不是面面俱到。

广告的最终目的是促成消费行为,也就是购买。购买有两种。一种是即兴购买,这种随机的即兴购买受户外广告和商店POP广告影响较大;另一种是理性购买,一般表现在耐用消费品上,消费者从最初接受某商品信息到最终决定购买,有一个比较复杂的酝酿过程。这一过程又可细分为五个阶段:注意—知觉、兴趣—探索、咨询—评估、决策—购买、使用—评价,如右图所示:

三、消费行为过程及广告策略

在进行市场调查和广告创意的过程中,除了必须从整体上了解消费者心理活动的基础——需要外,还应该更深入地了解"需要"是怎样转化为欲望,并进一步发展为购买行为的。正因为广告的最终目的是促成购买行为,而不仅仅是发现需要,因此量化地研究消费者从潜在需要到最终实施购买行为的全部心理过程,并在每一个环节上影响这一过程,是广告创意成功的关键。

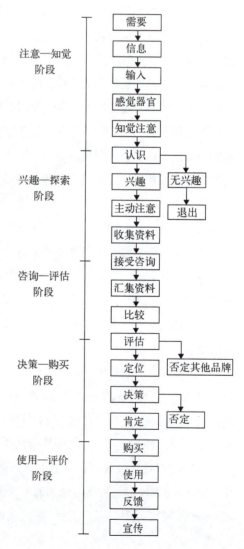

(一) 影响的因素

导致消费者掏钱购买商品的动机是非常复杂的,影响购买动机的因素更是多方面的,国外在这方面的研究,其中比较常见的说法有科特勒和阿姆斯壮以及康宁汉的观点。康宁汉将影响消费者购买决定的因素归纳为下列四大类:

社会文化因素	社会影响	个人因素	过去购买经验
文化	关系团体	动机	购买决策
		理解与学习	
社会阶层	家庭影响	经济影响	

科特勒与阿姆斯壮更细化地把对购买决策的影响因素分类为如下图所示:

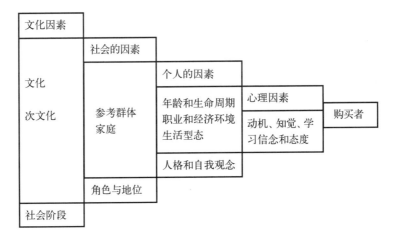

综合上述两种观念可以看出,对消费者购买决策具有普遍性的影响大致有四种:

1.文化影响。每个人都在一定的民族文化背景中生活,他的价值观、道德观、审美观、消费观以及面临的问题和对问题的反应方式,都受制于这个大背景。正如西方消费者一般不会像中国河南永城的消费者那样,由于听信关于闺女必须给娘家父母买双布鞋才能躲过灾年的谣传而大肆抢购黑布鞋,同样,中国的消费者大概永远也不会对日本的和服产生购买力。关于文化的影响,本书第二章有详细阐述,本节不再赘述。

2.社会阶层的影响。在市场区隔中,国外一般将消费者的富裕程度进行分层,可以分为:巨富阶层、新贵阶层、功成利就阶层、奋发图强阶层、一般大众阶层、缺乏专技阶层。每一阶层的消费者不但存在着现实购买力的巨大差距,而且在生活观念、审美判断和思想方法上也存在着巨大的差异。

正因为存在着这些差异，已经形成和正在形成中的各个阶层，其价值观及其行为方式对归属于某一阶层的个人消费者而言，影响是明显的，这些影响主要表现在：

在阶层内部，个体之间有着相当大的消费共性。每一个阶层，一般来说，都有自己特定的购物范围和选购标准，巨富和新贵绝不会对抽奖和折扣降价广告发生兴趣，一般大众阶层也不可能对"极品"及其广告宣传动心。在阶层外部，阶层与阶层之间虽然存在着很大的差异性，但层级间互相影响也是不可忽视的，其影响的方向一般为：

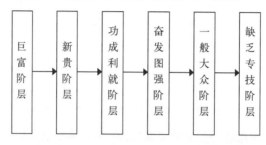

即强购买力阶层影响弱购买力阶层，表现为弱购买力阶层对强购买力阶层的消费水平和消费方式的模仿和攀比。影响的强度以相邻阶层间为最大。阶层间相隔越远，影响度越小。相应的广告创意定位应以相邻阶层的比较和诱导最为有效。

3.**群体影响**。美国心理学家 W．巴克说："人是最喜欢群居的动物之一。我们的观察和我们自己的经历都证实了人喜于结群的倾向是多么普遍。例如，一个学生能历数他所参加的群体，如学生组织、运动队或学生会等。他会说起与同学们一起听课，提起经常和他玩耍的亲密朋友。他肯定还会提起他的家庭、他的宗教派别、政治组织和种族分歧。其他人，特别是中产阶级的成员，无疑也会提到他们参加的各种组织。"

人总是主动或被动，有意或无意地隶属于各种群体，受到群体行为和价值的影响，人会主动或被动地认同群体的判断从而改变自己，这在心理学上称"去个性化"。作为消费者，其购买行为同样会受群体影响而导致一种"去个性化"消费。

这种"去个性化"消费在一些特殊时期，由于受到群体的巨大压力和示范往往会以一种非理性的形式出现。如我国"文革"期间人们服装、发式、装饰等惊人的一致性，使大家的消费完全变成无差别消费，从而达到极端的全社会的"去个体化"。1989年抢购风潮时，上海许多消费者抢购吸尘器也属于一种群体性的非理性消费。

4.**家庭影响**。家庭在购买决策中的影响作用是十分关键的，它属于一种内部的、最后的决定性影响。因为所有的外部各种影响所诱导出的购买欲望最后都要在家庭成员中得到评判和认同，这是由家庭成员的亲密性和经济共享性决定的。在中国，家庭的影响力比西方国家更为突出，特别在耐用消费品方面，各家庭成员从各自不同渠道汇集信息，经过对比、权衡，形成一致的意见，从而转变成真正的现实购买力。

（二）影响的强度

人所从属的群体，其广度和深度是不一样的。从大文化圈到种族、国家、民族、城市、社区、邻居、亲朋以及各种社会团体和组织，人同时工作、生活在各种群体中，受到各群体的影响。

如右图所示。

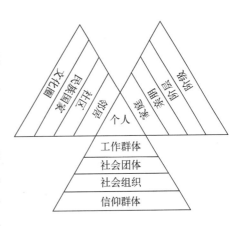

从中我们可以看出，群体对消费者购买决策的影响，其力度由外向内、由松散到紧密、由大到小逐级增强。国外研究表明，除在政治或宗教风暴时期个人受到所隶属的群体影响极为强烈外，在一般情况下，个体最容易受到与自己最密切和最相近似的群体的影响，如家庭、工作群体（同事）和经常接触的朋友圈以及邻居，由于相互之间有很强的信任度和较大的价值可比性，因此这些较小的群体的行为方式和购买习惯，对个体行为影响往往是最直接最有效的。

群体对消费个体的影响在不同类型的商品上其强度也存在着较大的差异。鲍恩和马场房子分别用同样的测试手段对不同的商品进行调查，得出结果如下图：

	对商品的影响				对商品的影响		
	比较弱（-）	比较强（+）			比较弱（-）	比较强（+）	
对品牌的影响	比较强（+）	衣服 家具 杂志 冰箱 香皂	汽车 香烟 啤酒 药品	比较强（+）	化妆品 米 茶	汽车 电动脚踏车 酒 和服 立体音响	对品牌的影响
	比较弱（-）	肥皂 桃子　罐头 洗衣肥皂 无线电收音机 电冰箱	空调 速溶咖啡 电视机 （黑白）	比较弱（-）	盐 砂糖	空调 女用电发剪 脱毛剂	

（鲍恩调查）　　　　　　　　（马场房子调查）

从上图中我们可以看到，人们对有些商品如米、化妆品、家具等需要量并不会因为受群体的影响而产生大的波动，总是维持在一个大致的水平上，但对它们的品牌却较为关注。而对另外一些商品如盐、砂糖等的品牌就不太挑剔，自然也就较少受群体影响。这些影响的强弱变化同样也是和广告的影响力成正比的。

（三）影响的方式

从心理学的角度而言，群体的影响一般是通过感染、模仿进行的。

1. 感染

俄国心理学家安德列耶娃认为，所谓感染是指个体对某种心理状态的无意识、不自主的屈从。这种屈从不是通过不同程度自觉地接受某种信息或行为模式表现出来的，而是通过传播某种情感状态，或按帕雷金的说法，是通过"心理调整"表现出来的。这种情感状态往往具有突发性，在一些特殊的场合，通过某种富有感召力的渲染，人就会产生一种"感染反应"。许多公益性广告和政治竞选广告就常常希望通过情绪感染来达到瞬间传播和立竿见影的效果。商品广告中，贵重物品和理性消费品一般不用感染手法，而一些普通商品，包括消闲、娱乐和节日装饰品，在强烈的节日气氛和热闹的群众集会场合，采取有感染力和煽动性的广告和销售手法有时是很有效的。除了通过特定的环境和气氛来感染消费者外，一些好的广告和销售创意也能起到持久的感染作用。香港一家玩具厂商推出"椰菜娃娃"就是一个别出心裁的好创意。他们生产的所有娃娃的面孔、发型、服饰和身材各不相同，而且每个娃娃都有电脑选择取自童话故事中的名字，最有趣的是在娃娃的屁股上还打出该娃娃的出生年、月、日，并附有"出生证"。在经销时，店内贴出告示："椰菜娃娃"是"不卖的"，只能"认养"。只有愿意"认养"的"父母"——顾客发誓把布娃娃当作自己的孩子并表示会精心照看之后，才有资格办理认养手续，厂方还向顾客许诺：娃娃周岁，厂家将给娃娃寄生日礼物，以后每逢生日，厂家都将准时给娃娃寄生日贺卡。这一创意引起了人们极大的兴趣，那些有幸"领养"到"椰菜娃娃"的消费者将自己的"孩子"抱到他们的小群体中，立刻受到了人们的赞叹和羡慕，正因为这一创意蕴含着伟大的人性力量，因而深深地感染了每一个人，"椰菜娃娃"一时成为千家万户都想拥有的"孩子"，很快市场就火暴起来，短短一年就销售500万个，并且持续数年，成了玩具行业中的一大奇迹。

2. 模仿

模仿是群体内部和外部人们之间互相影响的普遍形式，表现为个体在接受别人行为特点的基础上对这些行为特点和各种范例进行复制。"模仿理论"是由G.塔尔德首先提出来的。这个理论基本上可以概括如下：模仿是社会发展和社会存在的基本原则。由于模仿的结果而产生了团体的规范和价值。模仿是更为一般的"世界重演规律"的一个具体情况。这一规律在动物界是通过遗传实现的，而在人类社会中则是通过模仿。模仿是进步的源泉，因为社会中的发明是不断地进行的，大家模仿这些发明，而后，这些发明和发现进入社会结构，并通过模仿被再次掌握。模仿是无意的，并可被看作是"催眠术的范畴"，是"一个大脑的陈腐了的东西由另一个大脑的感觉层再现"。

在消费行为中，模仿是流行的前奏，一旦煽起模仿的热情，购买就会如瘟疫一般展开。牛仔裤的风行就是一种典型的全球范围的模仿，首先从美国，由电影对西部牛仔裤的发现和塑造——底层社会先锋派的模仿——商业价值的发现和广告对牛仔裤的叛逆性格的重塑——整个20世纪六七十年代反主流文化中青年人对外在标记的寻求和风行（牛仔裤成为新的逆主流文化的符号）——上流社会确认（美国卡特总统开始在竞选期间穿牛仔裤以赢得底层群众和叛逆青年的好感，西方青年精神领袖萨特穿牛仔裤的宣言式效应）——商品价值的重新发现和在整个西方世界的推广——借着高位西方文化对第二、第三世界的辐射力，牛仔裤更具有了强大的示范性——第三世界国家模仿风潮终于启动（传媒和西方旅游者——城市青年——内陆农村青年）——终于完成了一次服装业的"启蒙运动"和"十字军东征"。所有这一切，都根源于人性中某种潜在的不安和骚动，然后借助于模仿完成了一次集体大宣泄。

模仿在不同年龄段的强度是不同的。心理学研究表明，儿童比成年人具有更为强烈的模仿性，这是由儿童的成长性和社会化发展所决定的。利用儿童的模仿心理进行促销是一个值得探讨的课题，如果暂时排除对儿童身心发展的导向性，仅仅从销售角度看，肯德基的创意策略是成功的。肯德基的最大主顾群体是6～13岁的少年儿童，针对这一年龄段的儿童极强的好奇心和模仿心理，肯德基的销售策略是：

第一，促销的重点对象是少年儿童，因为肯德基炸鸡的消费水平暂时还不能成为普通中国成人的家常便饭，而中国的父母却常常愿意满足孩子较高的消费需求。

第二，向每次消费金额达到一定标准（如肯德基套餐）的顾客免费赠送一件礼品。

第三，礼品虽价格不贵，但必须新颖独特，具有很强的外观上的诱惑力，而且绝不可能在任何其他商店买到（这就区别于某种商业促销所送的礼品往往是能花钱在别处买到的廉价物品）。

如1996年初，在上海，肯德基所赠礼品是一只具有透镜效果的色彩鲜艳、造型奇特的儿童手表，表面夹层还有一只小巧的会滚动的肯德基公鸡。得到礼品的儿童把手表戴在手上，到处炫耀，成了免费的广告宣传员，对其他儿童是一种很大的刺激，特别当小学生在班级里将这种手表一亮相，立刻引起同学们的羡慕和强烈的模仿要求，于是"吃"肯德基炸鸡的要求骤然上升，一时全市各大肯德基店人满为患，竟排起了近年来上海罕见的长队，成为当时市民一大热门话题，有的小学一个班级50人中竟有40多人带上肯德基手表，笔者曾为此在一所小学三年级学生中作过调查，结果是：

吃过肯德基炸鸡的人数占总人数的98%；

经常吃肯德基炸鸡的人数占总人数的48%；

主要是为得到与同学一样的礼品（手表）的人数占总人数的55%；

认为别人主要是为得到手表才吃肯德基的人数占总人数的67%；

如果麦当劳也有同样奇特的手表，仍坚持只吃肯德基的人数占总人数的42%；

如果麦当劳有手表，肯德基却没有，仍只吃肯德基的人数占总人数的9%。

可见孩子们对肯德基炸鸡的需求除了特殊的好口味外，更隐蔽的动机是为了得到与同学一样的吸引人的礼品，而这一动机的内在驱动力则是强烈的模仿心理。

第四，肯德基礼品不断地周期性的推出，而且决不重复，使小顾客们始终保持对其礼品的新鲜感和浓厚的兴趣，并以此产生持续不断的模仿效应，从而达到促销的目的。

第五，从战略上看，肯德基事实上培养了一代消费者。这代消费者在他们的成长过程中和肯德基建立了某种联系，特殊的口味和曾经给他们带来乐趣的、新奇的礼品随着岁月的流逝渐渐化作童年的回味，等他们长大成人之后，肯德基与其他同类快餐业相比，仍将会保有感情上的优先性。所有这些，可能会成为肯德基继续发展不可多得的无形财富。

第二节　创意与认知心理

一、注意

引起注意不仅是广告成功的起点，更是广告成功的一半，这是因为与其他信息相比，广告在整体上属于不易被注意的信息。

首先，广告不是事件，不具有新闻性，人们可以对某一政治事件或体育事件等产生兴趣，这是因为新闻适应了人们的心理期待，满足了人们对外部世界的好奇心，广告由于不是对某种突发性事件的客观报道，而仅仅是出于主观目的自己"制造"出来的，因此对其人们不可能达到对新闻那样的关心和注意程度。

其次，广告不具有戏剧性。与电影、电视剧、戏曲、文学等艺术形式相比，广告缺乏内在的过程和结构，不能构成持续完整的戏剧效果，虽然也可能是一门艺术，但也只能是一门被忽视的艺术，不易引起心理兴奋和全身心的关注。

再次，广告信息传递的不可预期性和瞬间性，很难形成集中注意。如电视广告，它的插播性质和转瞬即逝的特点使广告的被注意具有极强的随机性，这就对广告创意提出了极高的要求。

最后，广告内容的功利性和广告信息对人们心理空间的过分侵占使人产生心理抗拒，抗拒的直接形式就是对铺天盖地的广告的漠视和视觉听觉的麻木，正如当一堵墙上只有一张广告时，它被人们看见了，而当墙上贴满了广告时，人们却什么也看不见了。由此可见，广告要想发挥作用，首先要让人们看见（听见），让人注意。引起注意是广告的第一目标。

（一）注意的特点及其形式

注意是心理或意识对某一对象的指向和集中。当人们的意识处于不注意状态时，其感官对外界刺激物是"一视同仁"的，此时视觉和听觉等都处于分散和无指向状态。一旦对象物的刺激强度增大和激发了人的心理期待时，感觉系统便会迅速集中并指向某一特定的刺激物，这时便产生了心理注意。注意程度有深浅之分，一个微雕大师在雕刻到高潮时，会像医师做眼科手术那样屏气凝神把主体的全身心都投射到同一个焦点上，甚至脚趾都参与，以达到汉语中"翘企"的高度注意境界，禅学上称之为"制心一处"。

因此"注意"有两个鲜明的特点：

第一，指向性，即认知系统的选择性。一旦形成注意，意志和意志所控制的感觉器官就会指向目标物，接受目标物的信号并进行一系列的心理加工。

第二，集中性，即各种视觉、听觉（嗅觉、触觉）以及内部的心理活动甚至外部生理知觉都向某一特定目标物集聚。这种全神贯注的状态是排他的。高度的注意甚至可能阻断对其他刺激信号的输入，导致听而不闻，视而不见，以至鬼使神差，答非所问。

注意的指向性和集中性显示出人的心理活动的可控性，即人可以有意识地选择注意方向和注意对象，并调动一切心理因素对该注意对象进行认知和记忆，从而提高主体对信号的接受效率。广告正是借助于对消费者注意心理的研究来区分不同的注意形式，找到激发消费者注意力的方法，最终提高广告信息发布的效率。

心理注意从形式上一般分为无意注意和有意注意。

第一，无意注意。

无意注意又称随意注意，指事先没有预定的目的，也不需要作意志努力的注意。例如，大家正在开会，专心听某人讲话，突然听众中站起一人，大声发表不同的看法，这时所有在场的人都不由自主地将眼光转向他，这就是无意注意。

无意注意取决于内外两方面因素，从外部而言，取决于当前刺激的突然变化，刺激从无到有突然出现，或者从有到无突然消失都可以引起我们的注意；刺激的突然增强或突然减弱，也会引起我们的注意。就内部而言，不随意注意取决于刺激和主体需要的关系，凡刺激和我们的需要有直接关系，就可以引起我们的注意。例如：两个完全不同职业和专业兴趣的人，同时走过一条繁华的商业街，各种不同的外部刺激信号均等地刺激他俩的器官，但最终他们所得到的信息却有着很大的差别，这就是观察主体的内在因素对刺激作出的不同反应。总之，无意注意就如实验用的反射板，不同材质的反射对同一种刺激会作出不同的反射效果，而同一种反射板，面对不同强度的刺激也会作出不同的反应。商业广告无法逐个预测消费者的心理差异，因此，只有着力研究外部的刺激形式，从而唤起广泛存在的无意注意。

第二，有意注意。

有意注意又称不随意注意，指主体有意识、有目的、有选择地对目标物及其关联事物的关注。例如，某人想买一台电脑，他就会有意识地注意各类电脑广告，这样，在众多的报纸广告或电视广告中，虽然各种商品广告的刺激强度相同，但与电脑有关的广告却能非常突出地引起他的注意，进入他的收集范围。这种不是由于广告的外在刺激强度，而仅仅是由于观察主体自身的需求所导出的特别注意就是有意注意。商品广告对有意注意类型的广告设计，一般并不强调简单的外部刺激，而是着重于对产品性质、性能和服务的详细介绍，并着力于通过广告所营造的文化内涵来增加产品的精神价值。

（二）刺激消费者注意的方法

由于大多数消费者对广告的功利目的和夸大其词存有戒心，由于广告本身并不具有真正的新闻价值和持续的艺术欣赏价值，又由于广告对人类生活的过度入侵，因此在总体上，人们对广告抱着一种忽视态度，面对扑面而来的广告大潮，面对始终处于积极主动进攻状态的广告刺激，人们的接受心理反而相应地处于一种被动状态，意识在铺天盖地的广告面前并不具有进取心，感官的临场兴奋程度并不高，人们对广告的注意基本上是一种无意注意。

对广告创意者而言，消费者普遍的无意注意和过度密集的其他广告信息干扰是一种严酷的挑战，正如美国广告专家鲍尔和格雷瑟所认识到的：在美国每人每天平均要接触到大约1500个广告，而实际感受到的广告只有70个，最终真正留下深刻印象的广告只有12个。要想使自己的广告成为这1/12，确非易事，广告创意者所面临的不仅是来自广告同行的广泛竞争，更要应对已经被无数广告刺激弄得麻木迟钝的感官的挑战，除了继续投入"广告刺激——感官兴奋——逐渐麻木——加大刺激——再兴奋——再麻木——再刺激……"这无穷的循环的竞争外，广告已别无选择。要想生存，广告就必须首先"抓住大众的眼睛和耳朵"，使人注意到自己。激发注意的创意点子也许是无限的，但基本方法却是可循的。

1. 增大刺激物的外延

研究表明，人的视觉在同样性质和同样强度的对象物面前，总是被空间外延更大的图像所吸引，而且注意的程度随图像大小成正比。针对这一视觉特征，外国广告常常设计出超大规模的广告画面或实物广告，以吸引视觉注意。美国恒德利公司曾以全球首条拉链牛仔裤Leelol-2为原型放大制作了一条长达23米的巨型牛仔裤，这条迄今为止全世界最大的牛仔裤不仅有8层楼那么高，而且重达380公斤，前袋可容纳两名职业篮球运动员，后袋之大相当于一张10人用的餐桌，缝线总长有10公里。1996年10月，这条牛仔裤在北京赛特购物中心前广场上展出时曾引起了很大的轰动。

上海《新闻报》1993年在上海第一百货商店大楼上悬挂了一幅用广告布制成的巨大的《新闻报》，整个版面面积近500平方米，覆盖了整幢大楼。这一广告在上海商业最繁华的钻石之地迎风而立，其空间幅度远远超过了南京路上的一切商业广告。该广告不仅以压倒优势赢得了极大的注目效果，更产生了一种深潜的文化与商业化的力量对抗，震撼着人的心灵。这就是巨大的视觉效果所产生的冲击。试想，如果让版面缩小到1/100，那么，它的力量也许就要缩小到1/1000。这里，巨大的形式起了决定性的作用，正如车尔尼雪夫斯基所说的：一切崇高美都和大相联系，或形象上的巨大，或力量上的巨大。

上海延安路一双眼睛惊讶地看着质变中的城市文明

左图为上海延安路上某建筑工地的广告，一张巨大广告幕布原来仅仅是为了遮挡尚未竣工的建筑物，但是却引起了上海市民的广泛注意，因为它的创意真是不错。一双大大的眼睛惊讶地看着上海日新月异的变化，给人以较为强烈的视觉冲击。

之所以能有这样的画面效果，最主要是"大"，巨大的信号传达出了倍加的刺激强度，与人们的心理期待形成了巨大反差。

右图同样能给人以很大的视觉冲击，这是某地铁自身的广告，一个巨大的野兽正想跨过城市的河流，它是想让人联想到地下铁路网络，一个四通八达的巨型交通系统，它能让你方便地到达任何地方，就像巨兽一样以最自由的形式、最便捷的方法抵达目的地。

地铁的方便，使人们出行就像巨兽一样随心所欲

值得指出的是，刺激物的大小是相对的，是指在特定视野内刺激物的相对比例。如报纸广告，所占版面的大小对注目率具有决定性影响。日本经济新闻社曾对报纸广告的注目率做过一项调查，他们将影响广告注目率的各种要素总括为16个项目：

①日期（星期）；②刊载版面；③面积大小；④与新闻报道的相关位置；⑤位置A（左、右两侧）；⑥位置B（上、中、下）；⑦广告的种类；⑧业种；⑨诉求对象；⑩广告内容；⑪商品图片；⑫非商品图片；⑬插图；⑭是否只有文字；⑮文字、照片、插图、留白的比率；⑯标题的大小。

结果发现，不管男性还是女性都将版面的大小列为影响注目率的第一要素。（见下页表）

可见，在一切相关刺激中，刺激物的空间大小对视觉的冲击是最大的。有趣的是，早在1922年，日本一份地方报纸《福岛新闻》就曾推出一本达250页厚的广告研究书刊，其中专门介绍了当时美国广告界的一项研究成果，即认为一次性的版面比分割并多次刊出的版面效果更佳。以杂志为例，"跨页广告一次"与"四分之一页八次"的版面大小虽然相同，但前者的广告效果却为后者的四倍半。"全页广告刊登一次"亦为"四分之一页刊登四次"的两倍半。由此可知，大版面的一次刺激比小版面的重复刺激更具有注目的效果。

虽然大版面可以获得高注目率的效果，但是，这毕竟是以广告经费的大比例支出为代价的，而广告创意所要做的却是在广告经费所限定的特定的版面（包括其他形式的广告物）中，

男女注目率系数排列

男性	女性
①版面大小	①版面大小
②业种	②非商品照片
③刊载版面	③业种
④非商品照片	④刊载版面
⑤位置B(上、中、下)	⑤日期(星期)
⑥日期(星期)	⑥文字
⑦位置A(左、右两侧)	⑦位置B(上、中、下)
⑧文字	⑧广告类别
⑨商品照片	⑨位置A(左、右两侧)
⑩插图	⑩比率
⑪广告类别	⑪商品照片
⑫比率	⑫相关位置
⑬标题	⑬插图
⑭诉求对象数	⑭广告内容
⑮广告内容	⑮诉求对象数
⑯相关位置	⑯标题

在诸多同样版面的广告中脱颖而出赢得更大的注意，因此其他的刺激要素同样是值得探讨的。

2.增大刺激物间的对比度并突出图底关系

这是地铁里两幅非常醒目的广告，这是干什么的呢？请看下图。

人的视觉感觉对同质的刺激并不容易兴奋，人们一般难以从一大群同质广告中突出地注意个别广告。因此，要想使自己的广告被特别注意，就应设法使自己的广告从背景广告(其他同质广告)中挣脱出来，与其他广告形成强烈反差，从而将其他同质刺激信号变成为自己广告作衬托的背景。例如在一大片贴满彩色广告的墙体出现一幅冰清玉洁的黑白广告，或者在报纸广告版那密密层层的文字中辟出一块净土(适当留白或黑底白字等)，都能达到强烈的反差效果，以引起注意。

这是耐克的广告，广告语是：made to move,

那些诡异莫测的动作、那些似幻似真的影子，在满目彩色时尚的地铁广告海洋里，显得十分夺目。

这种视觉注意的心理原则是：一切信号在视觉中的呈现都要有一定的背景。背景影响和调节人们对物像的认识。换句话说，人们看见一个图像，是指人们看见了在一定背景中的图像。因此，在视觉的选择中"图底关系"的确是起着十分重要的作用，所谓确定"图底关系"，就是确定哪些形象是从背景中突现出来而构成"图"的，哪些是仍然留在背景上构成"底"的。

只有形式上的强烈反差才能使自己从背景中突现出来，这种效果从本质上说是一种免费的扩大版面，是将其他同一形式的广告强迫性地置换成一种"底色"，因而是非常经济的。关键是怎样获得这种超值的创意。事实上，许多好的广告都在有意无意地运用这种"背景衬托"法。

如上海乍浦路美食一条街，数百家大同小异的用现代装潢材料堆砌起来的金碧辉煌的门楼群中突出一幅远古场景，那荒凉的山岩和若隐若现的恐龙化石，表现了创意者卓尔不群的智慧，它带来的甚至不仅仅是注目效果。

报纸广告也一样，杉杉集团的招聘广告在形式上也形成了一种压倒力量，它的出现同样是把周边的报纸招聘广告变成了一种"背景"。

上述二例，实际上并非高深莫测，仅仅是有针对性地寻找反差的方向，从而形成自己的创意。一般而言，形式上的对比和反差不复杂，下面列出的只是一小部分，关键还在如何巧妙地挖掘和配置。

  彩色——单色 写实——写意 西式——中式
  光亮——灰暗 清晰——朦胧 现代——后现代
  平滑——粗糙 典雅——狂野 严肃——荒诞
  直线——曲线 豪华——古朴 唯美——丑陋
  对称——非对称 浓艳——淡雅 正统——滑稽
  和谐——冲突 浪漫——保守 空白——充实

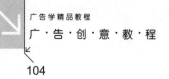

平面——立体	微小——巨大	运动——静止
规则——混乱	金属——竹木	柔软——坚硬
聚集——分散	轻盈——厚重	透明——不透明
连接——间隙	液态——固态	古典——现代

3. 加大广告刺激的时空密度

广告总是在一定的时间和空间内发挥作用的。所谓时间密度是指广告在一个相对定量的时间内重复出现的频率，如报纸连续刊登同一广告的次数和间隔期，在电视上同一个广告的播出频率。恰到好处地掌握广告播出（刊出）的时间密度，是赢得注意的重要条件，过长的时间间隔，会大大稀释人们的注意力，但过于密集地在同一个时间段内重复播出又可能达不到最佳的价值效率比，从而既浪费了广告费又可能引起观众的反感。

所谓空间密度是指同一广告的空间布点，例如在一条马路上，同一种灯箱广告相互之间的间隔距离与广告牌的面积应当设计成一种怎样的关系才能最大限度地调动人的注意。进一步又可探讨更深入的关系：即在同样的经费条件下，究竟是以增大单体面积，从而减少数量分布，还是缩小单体面积以便增加数量，用以更密集的散点分布，这些都需要根据不同的道路性质等情况进行通盘考虑。

百事可乐与可口可乐在上海南京路的争夺大战就颇能说明这一点。1996年开始，凡是到过南京路的人，都会注意到一个十分抢眼的现象即以西藏中路为界，东西南京路布满了同样格式的百事可乐和可口可乐的广告牌，这实际上成了我国路牌灯箱广告的一个新现象。这场南京路争夺战的发动者是百事可乐，他们的创意思路和总体策略考虑是：

第一，正因为南京路是中国最大的城市——上海最繁华的马路，俗称中华第一街，也是全世界人口最密集的马路之一，日纵横流量达几百万人次，所以广告若能占领南京路，不仅有实际的传播效果，更有极大的象征意义，因此是"兵"家必争之地。

第二，正因为南京路的重要性，导致南京路已经成为广告的海洋，所有的商店招牌和各种路牌灯箱广告已经密密匝匝地挤得水泄不通，似乎已无插针之处。因此，一般形式的灯箱广告其效果将因这种过度饱和的广告内存而递减，甚至可能如石沉大海般被完全淹没。

第三，一定数量的广告经费如果平均分散到包括南京路在内的多条马路，虽然空间范围扩大，但其注目效果可能会过于稀释，甚至连"广种薄收"的目的也达不到。惟有集中优势兵力于一条马路，才可能收到事半功倍的效果。

第四，南京路过于紧密的空间不宜设置特大型户外灯箱广告。而小面积广告又难以在令人眼花缭乱的广告海洋中被注意到，因为任何单独或过于分散的中小单体灯箱广告都可能被消极地溶入杂乱的视觉背景中，从而显不出"图底关系"。

第五，由此，基本思路应该是集中经费于南京路，以统一格式的灯箱为介质，对最繁华路段进行地毯式轰炸,从而在视觉上造成整体板块效应。具体做法是:将广告牌设计成1.5米直径的圆形灯箱,以区别于其他广告灯箱的方形块状体,从而有利于图底关系的初现。然后以20~30米的间隔沿南京路两边以同一视觉高度设置数公里的圆形灯箱。由于形状、视线高度和色彩的统一,这样,在人们的视觉中,所有的百事可乐广告就连成了一体,从而完成了图底关系的建构。百事可乐使广告脱离了南京路纷乱繁杂的视觉背景,远远看去像两条横卧在南京路的巨龙,给人以强烈的视觉冲击。这一创意设计完全达到了注目效果,甚至有一种压倒一切的霸气,逼使人对百事可乐产生一种"强大的帝国"的联想。

正因为百事可乐在南京路的这一灯箱广告设置具有强烈的占领感,才导致可口可乐广告公司也不惜代价以同样的形式在南京西路再造两条红色的巨龙,以抗衡百事可乐广告对人们视觉的侵略,从而取得一种感觉上的平衡。

可见,科学地加大广告的时空密度,是赢得注意的重要手段。必须给予高度重视。

今天,百事可乐与可口可乐南京路广告之争已经结束,再也看不到壮观的场面,但我们从上图雄壮的画面中仍然能感知当时巨龙般的景象。上图为国庆节期间南京路的国旗,给人一种庄严而神圣的感觉。

4. 利用刺激物的动态

运动和相对静止本身也是刺激物间的一种对比,只是这种对比有着更为强烈的效果。正如晴朗的夜空,尽管有数亿颗星星同时映入眼帘,但只要有一颗流星划破夜幕,就会极为醒目,很容易被注意到,可见人的视觉对动态刺激有着极强的分辨力。

心理学研究表明,人的视觉对视野(心理学称感觉野)中的静态光信号一般呈现出惰性反应,即对直射信号被动接受,但对动态信号如天幕中的流星,却会对其运动轨迹连续跟踪。这一视觉跟踪本身并不需要意志努力,但视觉感觉却由此兴奋起来。针对这一视觉特征,广告创意,特别是户外广告的创意就常常从动态刺激着眼。

如上海南京路上曾有一块广告牌,其图像是用数万片小金属薄片拼成的,由于小薄片并非固定,而是悬挂在小钉子上,微风一吹,数万薄片频频颤动,使整幅画面立刻流动起来,加之不同角度的光闪效果,给人以强烈的视觉刺激。正因为动态画面在一大片静态的户外广告牌中有更大的视觉引力,所以近年来,国外广告常常在户外设置超大屏幕的电视幕墙。1996年秋,日本松下公司在全美最具宣传效果的时代广场安装了一个83平方米的超大型全景电视,以此和广场楼上的超大型户外灯箱广告相竞争。动态广告有时并不需要太多的投资,只要构思巧妙,照样可以引人注目,日本东京大街上一个商店门口,有一个三尺多高的漫画人站在三个汽车轮胎上,一旦充气,"人就胀起来",手上拿着"我家轮胎好"的宣传牌,一泄气,人又有气无力地缩下去,样子十分可笑,这样一胀一缩,颇为惹眼,吸引了许多观众。1996年8月,上海最大的书市——文汇书展期间,偌大的上海展览中心千商云集、万人涌动,各书店、书商都花钱做了广告,但惹人注目的要算上海"书香广告"了。书香广告社定制了几百套印有"书香广告"字样的白色T恤衫,免费送给所有的工作人员穿,随着工作人员不断走动,前胸后背几百个醒目的"书香广告"标志似乎充满了大厅,给每一个购书者留下了深刻的印象。这一广告花费不多,收获却不小,确实是一个好创意。

5.利用人们熟悉的信号

经验表明,人们对自己熟悉的信号有一种特殊的敏感性,正如当一个人身处异常热闹的环境中时,他对周围发出的各种同样强度和频率的声音并没有什么特殊的知觉,事实上,许多声音都被当作杂音,成为整体噪音的一部分而没有被过滤并注意到。然而,如果有人叫他的名字,他可能立刻听到了,虽然他并没有做意志努力,但这一熟悉的信号却很容易地进入了他的听觉并被意识到了。可见,过去的经验,特别是那些已经非常熟悉的信号,在同样的刺激条件下会更容易地被感觉到。广告要想赢得注意,也应善于利用人们的"心理熟悉反应",即用人们熟悉的形象去构造画面、设计情节。美国一家食品公司推出的燕麦片广告是:几碟燕麦片旁,立着一尊温柔、美丽的维纳斯雕像。经过微妙修饰的维纳斯依然是那样仪态大方,楚楚动人,所不同的是神情略带幽怨,望着那碟燕麦片,流露出一种可望而不可即,无可奈何的情绪,广告语是:"假如她有双臂的话……"(意为有了双臂就可伸手取到那碟燕麦片)。广告一经推出,立刻吸引了人们的注意,因为它巧妙地激发了人们储存的记忆。人的心理总是想了解自己所熟悉的事物,特别是那些曾经非常熟悉的事物一旦发生了新的变化,就更会吸引人们对之加以关注。因此可以说,上面这则广告如果不是用断臂的维纳斯而是另一个人们并不熟悉的美女,则不会引起特别的注意,相反如果仅仅是用原来的维纳斯,而不加上任何内容,也将难以达到有兴趣的注意。惟有将熟悉的形象和新异的变化结合起来,才能达到更好的注意效果。

Metlife(大都市人寿保险公司)的杂志插页广告就体现了这种创意思想,经过漫画变形处理的可爱的小狗以人们熟悉的蒙娜丽莎的姿态，一本正经地呈现在你面前，当你迅速翻动杂志上那些千篇一律的呆板广告插页时，这幅特别的画面也许会使你停下来，看看究竟是怎么回事，只要做到这一点，广告已经成功了一半。顺着这一创作思路，可以很容易地发现，那些曾经震撼过我们心灵的古典名作，竟是广告创意取之不尽的宝库，那些深深地烙印在我们记忆里的作品，只需稍加点化便可成就一种新的创意，给人以美的遐想。

下面这些图片就是一种尝试：

用《拾麦穗者》原画，趣味性地表现捡垃圾的公益广告。

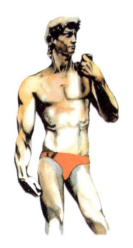

名人名作只要表现得当，总能让人会心一笑，只是不要牵出产权纠纷。

登月的脚印已经成为一种视觉上的无形资产,许多广告都可利用。

美国画家詹姆斯·惠斯勒1872年以母亲为模特的名画,被创意人篡改成如此滑稽可笑的广告,原本高贵矜持的惠斯勒夫人在得知Sun Alliance支付给他的养老金数目如此之大时,因过度惊喜,竟仰面厥倒。不知画家和老妇人地下有知会怎样想。

6. 突出观众的利益点

左图广告词具有极大的刺激性,最重要的是它的发布时间,当时正是美国轰炸我驻南斯拉夫大使馆事件发生不久,全国人民群情激昂,到处是抗议游行,仿佛中美冲突一触即发。某报纸上赫然登出了这样的广告语——中国宣战。这是一个极端敏感的字眼,这是关乎每一个中国人本体利益的字眼,所以当时街头报贩举着这张报纸时,理所当然吸引了所有的目光。原来是某企业的广告,要向中国城市水污染宣战,人们大笑之余,不得不佩服创意者的良苦用心和"胆大妄为"。

的确,在很大程度上,视觉能看到什么和不能看到什么,并不取决于视觉本身,而是取决于观察者想看到什么和不想看到什么。一项有趣的实验可以说明这一点,拿着一张印有几十种实物(如小刀、帽子、面包、汽车、香烟、书……)的广告图片,给被试者看数秒钟,然后要求被试者将看到的物品,尽可能地回忆出来。正处于饥饿中的穷苦孩子,测试的结果是:几乎所有的孩子都看到了面包,有的还能准确地描绘出面包的形状和色泽;而另一对照组富人的孩子,他们看到面包的比例大大小于穷人的孩子,而看到新奇的玩具的比例却高于穷人的孩子。可见,尽管是随机注意,仍然有着很大的选择性,选择的重要依据就是人的利益点。同样道理,只有触动了人们利益的广告才能具有更大的注目效果。新上市的减肥药"三雅轻乐酥"虽然毫无名气,但与众多昂贵减肥药相比,却有着价格上的优势,于是广告就把着眼点放在人们关心的价格上,打出了广告语:花一分钱能办到的事何必花二分钱。

广告语果然一下子吸引了那些既想减肥又不甘心被高昂价格"宰"的消费者的注意,迫使人们停下来仔细研究该减肥药的功能和效果。

有一则鼓励人们参加储蓄的广告标题是这样的:从5角到1000元。

1000元是5角的2000倍,巨大的差距使人感到意外,可能的利益又敦促人们进一步细读下文,5角钱怎么能变成1000元呢?原来如果每天存5角钱,5年以后,连本带息就可以取回1000元。虽然仅仅是一种新的算法,但广告词却以很大的诱惑力吸引了人们的注意。(当然,此类手法不可滥用。)

利益是一个十分广泛的概念,涉及人的一切潜在需要,好的广告总能以适当的方式给人的切身利益以某种提醒,从而激起相应的注意,有一则广告是这样的:荧光屏上出现了一对母女,一位护士正把她们带进检查室,旁白说:"这母亲患有糖尿病,她的女儿也极有可能罹患同样的疾病"。当护士抽血时,旁白又说:"美国有1100万人患糖尿病,可能你就有,尤其年逾40且体重过重时,就应去检查。本广告由辉瑞制药公司提供。"

同样的广告语在电视和40余种报刊上登出,虽然广告费高过400万美元,但是,受这种惊人的提醒而迅速行动起来去作糖尿病检查的人却猛然激增,与此同时该公司治疗糖尿病的药销量增加了15.4%,赚回来的钱远远超过了广告费。

看来,刻意寻找出消费者的关心点,又能做到与众不同,这样的广告便能引起特有的注意,舒利兹公司的啤酒广告便是一例:

别的啤酒公司竞相以"质纯的啤酒"大加宣传其品质之际,舒利兹公司却在广告中打出以"敝公司的啤酒瓶都经过蒸汽消毒"为标题并辅以透明玻璃室内啤酒在清静空气中冷却的照片。文案中还不厌其烦地说明啤酒瓶以机器反复洗过4回、酿酒的水是来自4000米深的纯净地下水,此外,为它带来浓醇口味的酵母是经过1018回试验才开发出来的,并且介绍了其母细胞的制造过程。结果此广告为其商品带来的极大的成功。

这则在啤酒广告史上有着重要地位的广告成功的关键之一,便是创造性发掘了消费者潜在的利益要求。

7.追求刺激的新异性、奇特性

广告说到底没什么别的招,就是新奇,只要你做得与别人不一样就行,所有的广告人挖空心思想做的就是这个。右图是电通广告公司自身的广告,其广告语就这么简单——这即是广告。

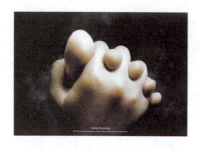

左图同样是某广告公司自身的广告,这也许是一个更简单更直接的创意表达,惟一的目的就是通过新奇和差异引起瞩目。的确,只要稍微特别一点,就会吸引眼球。

日本本田公司为了开拓自己的摩托车市场,曾做了一系列的广告,让棒球明星出场吹捧,或让摇滚歌星登台游说,然而均不理想,本田公司很困窘,走投无路时甚至想请美国总统尼克松骑在摩托车上亮个相,却遭到拒绝。在这"生死攸关"的紧要关头,他们挖空心思想出了一个怪异的广告:

1988年初,电视荧光屏上出现了一幅崭新的广告,它以闪电式速度,在黑色背景上交替出现拙劣笔迹书写:"我是谁?狗能思索吗?我长得丑吗……"等等让人看了莫名其妙的一连串问题。这从很大程度上吸引了好奇的年轻观众。与此同时,从背景后面传来各种稀奇古怪的声音,有的像玻璃在碰撞,有的像炸弹爆炸,还有的像儿童在偷笑。到了最后,广告才映出关键性的话题"最新型的本田50型摩托车——即使尚未尽善尽美,但绝不会有什么问题"。可说是"千呼万唤始出来"了。

这则广告迎合了青年人喜好怪异事物的心理,受到了众多年轻人的推崇,连日本雅马哈公司的摩托车广告经理也不得不承认,它不但为本田开拓了广泛的市场,也为整个摩托车市场打开了销路,引起人们对小型摩托车的普遍关注。

怪诞、奇特的广告之所以能吸引注意,是因为人类普遍存在着与生俱来的好奇心,好奇心使人类永不满足,好奇心使创造生生不息。广告作为一种高度创造性的劳动,更应大胆探索一切好奇的表现手法,以此激发受众的好奇心,从而赢得注意。

汽车排气管竟然被用来做汽油的广告,说明不合格的汽油对车的伤害就像吸烟对人体的伤害。其实要是做戒烟广告可能还要好些。

这是超市内水泥地面上的糖果广告,乍一看还以为是掉在地上的几粒糖,逼真的效果令人叫绝。

广告以好奇吸引注意的基本形式主要有三类：

第一，语言文字的独出心裁

北京奥美广告公司征聘人才的广告就颇有新意，它一改以往广告千篇一律的广告语如"欢迎加盟"、"为您提供施展才华的机会"等等老套，而是在报纸上醒目地打出黑体字：

  寻找稀有的动物

广告下面列有六种动物，分别根据每一种动物的特性给予了人格化的特征：企鹅是彬彬有礼；黄牛是工作勤奋；猴子是脑筋灵活；鹦鹉是口齿伶俐；孔雀是追求漂亮；猫头鹰是不怕熬夜。读者一看便知，这种稀有动物是具备上述六种特征的人，这种广告理所当然地会受到好奇者的注意。另一则招聘广告也颇有意思，广告语是：

  只求"三心二意"之士

细读全文才知三心乃"热心、信心、耐心"，二意是"创意、诚意"。这种初看使人觉得荒谬，再看才会心一笑的广告，正是击中了人的好奇心。如某理发店广告，耸人听闻地打出"我要你的脑袋"的标语，一下子就吸引了路人的注意。可见，广告语对人们传统的正常认知的违反恰恰激起了认知的热情。正如当人们第一眼看见正规、严肃的报纸上竟然登出大标题："上海人偏心"时，惊异、好奇心会驱使你详细读正文。原来这是一则房地产广告，由于上海西南部已经成为城市开放重点，上海发展的重心正向西南偏移，而徐家汇环线广场正位于重心地区，在此地买房当然会物超所值。"偏心"一词看似悖谬，弄清原意之后，又不得不叹服这二字确实既形象生动，又准确、贴切，令人拍案叫绝。

文字广告要想获得注意有时并非易事，有人在挖空心思之后，竟然用倒写来调动人的好奇心，美国某百货公司的广告便是如此：

如果你超过35岁……你需要

  西东的价廉 （倒念一下）

你是否感到枯燥而了无生趣？你是否经过人群甚至连一个口哨都没听到？你是否失落了焕发的容光和轻盈的步伐？不要烦恼！你的年纪实在不应如此。你所需要的就是从奥尔巴克百货那里得到西东的价廉。

如果你正好35岁……就生日快乐！

  奥尔巴克百货公司 纽约·钮渥克·洛杉矶

同样是文字，放在右面这幅图像里就显得特别有分量，图片和文案的结合产生了新的意境，让人不得不佩服创意人的哲学智慧和伦理品格，有时，吸引眼球和引起震动的不一定是

看他的眼睛，

他有自己的文化，
有自己的语言，有对家庭的责任···

活在同一地球上，请保护动物

刺激的画面本身，而是文字与画面的最佳结合。

第二，图像信号的好奇怪异

人的视觉受好奇心驱使往往特别青睐那些荒诞悖理的图像信号，一遇到这类信号，视觉所连接的心理感觉便会兴奋起来。广告若能创意出相应的图像，就很容易吸引观众的视线，如左图《番茄酱》广告是一幅美国广告摄影名作，展现了一位男士陷入"番茄酱"中而大叫救命的荒诞而幽默的场景，看了让人捧腹大笑，但发笑之余又会悟到正是这种品牌的番茄酱诱人的滋味才会使人深陷其中。

《女丝袜》广告摄影更具想像力，摄影师大胆地把穿着女丝袜的靓女想像为沙丁鱼，并通过剪辑把她们塞进沙丁鱼罐头，造成了强烈的视觉冲击，广告不仅引人注目，而且给人留下了深刻的印象。

左下图奔驰车的广告同样用了一种较怪异的组合，以此来强调它的安全效果。当然，右下图牛奶广告也许更有意思，两滴牛奶竟被处理成两颗牙齿，可见此牛奶的补钙和助长作用如何地了得。创意人的想像真是厉害。

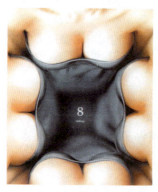
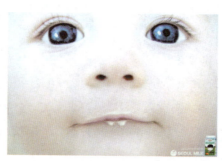

当然，怪异的图像数不胜数，比如下面这些广告与图像设计，他们在吸引人眼球注意上也能达到相应的效果，但是否能给人良好的心理印象却又另当别论了。

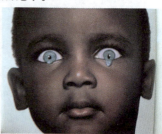

第三，制造荒诞不经的事件广告

对一些规模不大的中小型商业企业，一些缺乏知名度或刚刚打入市场却又想迅速赢得社会注意的企业及其产品，以及一些在经营方式和产品性质上没有明显的优势或特色的企业，似乎更适合以非常规手法制造引人注目的事件，以期获得短期的轰动效应。

日本大阪当今最大的餐馆"吃光"是1970年重新开业的，当时影响很小，急需重振声名，董事长山田六郎是一个惯于奇思怪想的人，鉴于当时罢工风潮此起彼伏，他干脆利用罢工大做文章，把"欢迎罢工"，"我们欢迎攻击"等条幅公开贴出，这种令人啼笑皆非的做法不仅立刻吸引了路人的注意，更由于新闻、杂志等传媒的竞相报道而使"吃光"顷刻间名噪日本。更为有趣的是，这个喜欢"闹事"的董事长为了扩大知名度竟突发奇想，雇人租了10多头牛，并一本正经地给每头牛穿上红红绿绿的礼服，在牛背上放满了洋葱、马铃薯、青椒、番茄、鸡、鸭、鱼、海藻等各种各样的菜。他亲自带头，牵着牛在大阪市招摇过市，吸引了千万过往行人驻足观看，随后报纸电视又为之大肆报道，免费为其作广告宣传，这种出人意料的怪事一经传播，"吃光"的知名度随之大增，生意也越做越红火，第一年做了7000万日元，第二年做了1.5亿日元，第三年做了4亿日元，第四年竟达到18亿日元。

又如预铸房屋刚刚开始出现在美国市场时，人们普遍对其怀有不信任感，认为不牢靠，容易坏，因此销路不理想，美国Nreson广告公司接受了厂商的委托，着手设计了一幅旨在打开销路的广告。这则广告是：大象站在预铸房屋顶上。开始，厂商并不认为会有什么轰动的效果，然而，当在报纸上刊出这幅广告画面后，形势出人意料地好转，预铸房屋以惊人的速度畅销。后来，日本在推出此类房屋时，厂商也大量印制了由巨大的搬运机拖预铸房屋而其纹丝不动的海报，到处张贴，于是在日本也掀起了购买预铸房屋的热潮。

法国一家钟表公司，聘请特技演员为该公司做了一则极为惊险的广告。这个特技演员竟一只手攀悬巴黎火车站上的巨钟达一分钟之久。钟楼高达15层，这是一个为观众当场表演的广告，博得观众纷纷喝彩叫好。该店还把这个惊险的场面摄制下来，制成广告，进行广泛的宣传。

1988年日内瓦国际汽车展览会上，一模拟者表演机器人的各种动作，如同真的机器人一般，惟妙惟肖，使在场的观众无不为此而惊叹。这位表演者名叫让·吉奥瓦尼，是比利时人，他受欧洲IVECO汽车公司聘请，专在这届展览会装扮机器人，为该公司做活广告。25岁的吉奥瓦尼是理发师，由于职业特点，他每天连续站立数个小时，吉奥瓦尼苦练机器人动作已达6年之久。因他在展览会的高超表演很能吸引观众，很多公司都乐意高薪聘请他在有关大型展览会上做活广告。

总而言之，引起注意是广告的第一步目标，也是广告的"广而告之"功能的直接体现，它应当是广告工作者追求的起码目标。但是，并不是一切能引起注意的广告都能达到预想的效

果，在广告策划与创意过程中，还应具体把握轰动效应的度，注意区分不同的文化背景。

例如在西方，广告画面可以将一只巨大的蜘蛛放在人的脸上以造成强烈的视觉刺激，（见左图）但在中国，人们的审美习惯并不能普遍接受这样的刺激，这种画面引出的只能是令人恶心的效果。同样，中国的国情暂时也很难接受一些特殊的有政治意味的轰动效应，上海第一八佰伴落成开业时，竟以演员扮演毛泽东来接见千万消费者，并哗众取宠地作促销演讲，这种所谓的创意策划显然是不符合国情的。

因此，怎样创意出好的能引人注目的广告，以及是否能引起轰动效应的广告都是有益的？这些问题都需深刻而全面的把握，这就要求创意人要有很强的对民族文化和各种社会因素的综合把握能力。

第四，利用突发事件引发联想

突发事件具有极大的注意价值，广告创意如能及时抓住这些事件顺水推舟，常常能达到事半功倍的效果。

英国一女孩失踪了，这件事在英国引起了轩然大波，一时成为媒体和民众极为关注的焦点，某牛奶公司甚至将女孩头像印在牛奶盒上，达到了很好的宣传效果。

1991年海湾战争爆发，美国25万军队迅速在海湾集结，媒体上天天是有关海湾战争的报道，百事可乐公司竟然大胆创意，将广告做到了美国军用飞机上，画面上两位带着白纱帽的阿拉伯人实在看不懂。

美国总统克林顿与莱温斯基事件被炒得沸沸扬扬的那段时间，也是许多广告人动足脑筋的时候，特别受到业界关注的是左边这幅广告，这是治疗头疼药的广告，看了让人忍俊不禁。

左下图吉列剃须刀的广告也具有一种别样的幽默，当时萨达姆刚被抓住，一脸大胡子的形象每天都出现在全世界的电视屏幕上，具有极大的视觉关注价值，广告创意人当然会不失时机地抓住这次机会。果然这个广告一出现，很多人甚至互相告知，网上朋友间也将其作为最有趣的图片大肆转发，这一切都使广告效益倍增。

利用突发事件进行广告创意可以获得极高的成本收益率，这是因为事件本身的注意价值已经被部分地转移到了其延伸产品上，也就是延伸到了广告宣传上，人们会自然地将注意部分地转移到与突发事件相关的事物上，并且会产生较大的记忆效益。右图这幅广告也颇有意思，它是一家英国鞋店的店招，走过路过的人都为店主的巧思赞叹。因为当时菲律宾前总统马科斯夫人穷奢极欲的生活刚被揭露出来，全世界都在为她竟然拥有3000双最高级的鞋而愤慨，专制政权背后是这样令人发指的腐败，所有这些都成了广告吸引人们注意的"无形资产"。可见事件广告确实有其实用价值。

二、记忆

广告作用的发挥，在很大程度上有赖于人的记忆。因为大多数情况下，从广告刺激到实施购买有一个时间差，也就是说，人们一般不会在看到广告之后立刻去购买广告中的商品，因此就必须考虑怎样使广告留在人们的记忆里。

由于广告刺激是大量的，人们在生活中随机接触到的各种各样的广告，依客观刺激强度和主观需要程度，有些被记忆储存了下来，当人们在商店货架上挑选商品时，那些被记忆储存下来的广告便会发挥作用。在一大堆陌生的商品中，消费者也许会突出发现一件自己曾经在广告中看过的商品，这时，对购买来说该商品就有了超出其他商品的优势，因为人们总是对自己熟悉的东西投以更大的信任。

不仅如此，有调查表明，被有效记忆的商品名称与那些人们毫不知晓的商品名称相比，其促销作用往往超过人们的预料。松下电工曾开发了一种耐火板，取名为"松下耐火板"，然而销售额却超乎想像的低。照理说，按市场比较分析，如此优惠的价格，如此优良的质量，完全应该是畅销的，况且它们还有强有力的销售网，为什么就是卖不出去呢？后来终于找到了症结——名称不易记忆，于是将"松下耐火板"改成"厨房看守"。想不到一下子使该商品取得了极大的成功。因为"厨房看守"的名字既形象又具体，而且其作用又是不言而喻的，所以这个名字很快被人们记住了，如果建筑人员或木匠打开图纸，当翻到厨房周围时，他们往往就会将"厨房看守"标在图纸上。到建筑商店去进货时，采购人员往往也是挑那些容易记住的、名称几乎可以脱口而出的商品。既然制品名称、商标都已由顾客指定了，那么，除了"厨房看守"之外，店家还能自作主张拿给顾客别的商品吗？但是假如仍然采用的是"松下耐火板"这个名称呢，按日语应该写成"N（松下）"、"V.F（耐火）"、"B（板）"，即"NVFB"。若是再加个编号，就叫做"NVFB-100号"，建工人员在向商店订货时，很难一下子记住这个号。木匠更可能忘记。结果只有翻开记事本查找，但在尚未查到这个名称之前，如果先找到了其他公司生产的同类产品，于是随手就会挑名称易记的产品订货。而因为只有"厨房看守"的名字能脱口而出，所以订货的人就越来越多。

正因为能够被广大消费者有效记忆下来的广告是促进购买的有力因素，广告创意设计就必须认真探究记忆这一心理现象，以提高广告的可记忆性。

（一）什么是记忆

记忆是经验的印留、保持和再作用的过程，它可以使个体反映过去经历过，而现在不在面前的事物。记忆这个词，按信息加工理论的说法，是指对输入信息通过编码、复习而予以储存，并在一定的条件下进行检索的过程。

记忆是人类活动得以进行的重要保证。几乎可以说没有记忆，就不可能进行活动。因为在绝大多数的情况下，反应要在刺激消失以后才发生。例如某个刺激物一消失，你就马上忘掉了，那就几乎什么事也干不成。事实上，严格地说，一个人一辈子所对待的事物，真正属于当前的很少，主要是属于过去的，哪怕是半秒钟前的过去。严格意义的"现在"是一种微分极限，即使所谓"心理上的现在"，其上限也只有十秒左右。这就是说，真正属于人们当前接触到的客观事物的比重是很小的。人所有的一切"现在"最终都会成为"过去"而被记忆储存下来。记忆是一切高等动物当前行为的基础，更是人的社会化得以实现的"心理"前提。

（二）记忆的种类

宇宙间的任何东西，当它接受了别的东西的影响以后，总要发生或多或少的变化，这种或多或少的变化，又总要在它的身上留下一些或深或浅的痕迹。例如，亚麻籽油受到光照可以变成树胶状。短时曝光虽然不引起任何可见的变化，但如果以后再曝光，则曾经受过短时曝光的亚麻籽油，就比从未受过光照的亚麻籽油变成树胶状需要的曝光时间短一点。这似乎表明亚麻籽油能对曝光经验有所"记忆"。物质现象是这样，心理现象更是如此。人的各种心理活动都会在我们的神经组织上留下一些痕迹。所以任何心理活动都有记忆。而且也只有心理活动留给神经组织的痕迹，我们才称之为记忆；别的痕迹作用则不能称为记忆。人的记忆可以从不同的角度进行分类：

1.按记忆的内容或记忆印象的性质来分，有形象记忆、词语记忆、情绪记忆和动作记忆

（1）形象记忆：其内容叫做表象，所以也可以叫表象记忆，指主体对所感知事物的外部特征和属性的储存、再现。也就是当我们与某一事物接触后，在该事物已经离开眼前时，我们还可以在脑海里把它的各种外在属性浮现出来的那种情况。如我们见到一幅广告宣传画，隔了一段时间以后，我们仍然能够回忆起那幅画的版面大小，所表现的主题、构图形式、颜色和某些特别突出的部位等。形象记忆或表象主要由听觉和视觉形成，但并不是其他感觉形式就毫无作用，人的各种感觉、知觉都可以形成表象，包括味觉、嗅觉、触觉、动觉、体觉。如关于苹果的表象就可以包括它的气味和滋味。又如饥饿和呕吐的表象，就是以体觉为基础的，

而打太极拳的表象，就是以动觉为基础的。

形象记忆在广告记忆中起着重要的作用，大部分的广告是以形象记忆为主要内容的，因此，必须对其予以高度的重视。

(2) 词语记忆：是指对蕴含在语言信号中的意义的记忆，有时也称逻辑记忆和意义记忆。包括用概念、判断、推理等思维形式所获得的对道理、定义公式和规律的记忆。词语记忆是成年人记忆的重要形式，一般而言，也是人们学习和掌握知识的重要形式。词语记忆在广告活动中并不具有普遍意义，大多数的广告由于它的瞬息性和篇幅的有限性，并不具有逻辑推理的优势，一般消费者也不会有兴趣对某一常用商品的广告进行细致的分析和逻辑推敲。因此，只有少数贵重的专业化产品，适合运用推理形式设计广告。

(3) 情绪记忆：指某种曾经体验过的感情和感受经过相当长时期的间隔仍能忆起，也即人不仅能回忆起自己曾经看到过和听到过的某件事，还能回忆起当时看见和听见某件事时的感情状态。常常有这样的情况，当初所经历的事件的细节和具体表象已经淡忘，但当时所产生的情绪却能长久地留在记忆中，一经触发，仍可清晰地体验到。

情绪记忆在广告传播中有着不可忽视的重要作用。广告虚拟环境的营造和广告精神价值的呈现往往得益于人的情绪记忆，如雀巢咖啡广告所营造的精神氛围和那句自然而又富含深意的广告语——"味道好极了"，就常能唤起人的情绪记忆，从而促进消费。日本一家酸奶厂设计了一则广告语：

甜而又酸的奶具有初恋的味道。

这则被称为具有划时代意义的广告，从本质上看，实际上是创造性地发掘了人类普遍而又极其美好的精神体验，这种天使般神圣的体验深深地烙印在每一个初恋者的记忆中，成为永恒的精神财富，广告语正是成功地激发了这种情绪记忆。

情绪记忆所包括的内容有爱、恨、喜悦、痛苦、厌恶、恐惧、绝望等各种情绪感受。要有效地调动起某种情绪体验并不容易，相反，不利于广告目的实现的某种情绪却常常会碰到，某些单调而又过于频繁重复的广告就常令人反感。例如在几次重大的世界拳击赛直播中，雄牌服装虽然花巨资赞助使人感激，但由于广告播放过于密集，特别是在比赛达到高潮的一分钟休息间隙，当人们急于想看看重播的慢镜头和选手的特写镜头时，却被一再重复的广告一次次地打断，广告无情地剥夺了人们的心理期待，实际上也是给广告留下了致命的创伤。人们当时的厌恶情绪将会长久地保留在记忆里，事后《新民晚报》等传媒所刊出的文章对这一恶性重复给予了抨击，并说许多人当时都说以后即使买西服也决不买雄牌，这样的结果当然不是广告所预计和希望的。可见对情绪记忆的把握是广告必须认真对待的问题。

(4) 动作记忆：指曾经做过的运动或动作的记忆。例如对曾经会骑自行车的人来说，即使多年不再骑车，然而一旦重新骑自行车，保留在记忆中的动作要领和平衡感又会重现。运

英国著名的电视美食节目主持人、海鲜专家里克·斯坦在伦敦海鲜节开幕式上接受记者采访时，灵机一动做了一个将鱼放在眼睛上的动作，真是绝了。

动记忆在广告传播中也有一定的作用，某种特殊的商品以相应的动作可以恰到好处地传达一种信息，并使人记住。如邦迪牌创可贴广告那富有弹性的手指动作就极具表现力，给人留下深刻的印象。

这是以色列一个动态的广告，有意思的是它是在天上动，而且是在太空里动，牛奶的广告做到太空中，一滴牛奶在空中缓缓飘浮，给人以极大的视觉震撼，许多媒体都对其竞相报道，达到了更大的广告传播效应。

这个动作对于当时不可一世的希特勒法西斯政权真是最好的讽刺，物理动作本身有着强大的社会学意义，关键看你能否发现和创意。

2. 按记忆储存的时间来分，有瞬时记忆、短时记忆和长时记忆

（1）瞬时记忆：又称感觉记忆。这种记忆的保存时间极短，心理学上一般以毫秒计，最长也不过一二秒钟。其特点是当感官如视觉接受某种刺激以后开始兴奋并成像，当刺激停止后，感觉中的图像并不会立即消失，而是有一个滞留期，这种记忆往往是无意识的。瞬时记忆的实际例证是视觉暂留，电影画面传递的连续性和非连续性的统一就是对瞬时记忆所导致的视觉暂留的现实运用。

（2）短时记忆：其信息在头脑中储存的时间比瞬时记忆长，一般以秒计，大多在10~60秒之间，而且记忆的保持随时间的延续而递减。心理学家L.彼得逊1959年曾描述了记忆内容随时间延长而衰减的曲线，说明时间间隔越长，则记忆信号遗忘就越多。（见右图）

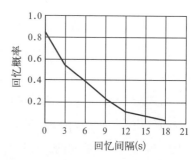

此外，短时记忆的容量也很有限，用一次呈现而不予复习机会的系列性材料来测定，通常只有7±2个单位。也就是说，对一组无意义的随机排列的数字或文字而言，信号量越少越容易记，超过9个则不易被短时记忆。当然，若能将文字排列出特别的意义，则不受此限制，但仍然是字数越少

越易于记忆,也便于将短时记忆转化为长时记忆。

(3) 长时记忆:是指信号有效储存时间超过1分钟,直至数日、数周、数年甚至保持终身的记忆。长时记忆与短时记忆有着很大的区别,主要表现在:在功能上,短时记忆是为了立刻对某事物进行操作,因此是操作性的。而长时记忆是备用性的,它并不需要立刻呈现出来。我们储存在长时记忆中的信号,不用时处于一种潜伏状态,如果要用,必须使它再回到短时记忆中来,用完就又储存到长时记忆中去。在容量上,短时记忆是有限的,而长时记忆几乎是无限的。在编码形式上,短时记忆的信号可以是无序的,并且与瞬间记忆相比,其编码形式已经从视觉优势更多地转为听觉优势。而长时记忆则更注重意义的识记和编排,有时,一句简单的话语,可以因为它的特殊意义而被人终身记忆。

广告在记忆方面所要达到的目的就是把瞬间记忆转为短时记忆,然后将所有的短时记忆再转为长时记忆以至永久记忆。从而使人对所广告的商品保持长久的好感。日本一些广告常常在这方面下工夫。1988年元旦之夜,由上海电视台直播的上海三菱电梯有限公司(日资)成立一周年文艺晚会上,传出一个消息:凡1987年元旦出生的市区小公民可得到上海三菱公司赠送的礼物,地点设在闹市中心某处。翌日,公司总经理亲自将礼品送给第一位来领取礼物的孩子家长,并和最先到达的5位孩子家长合影留念。此举短短几天,牵动了许多人的好奇心,街头巷尾议论纷纷。《解放日报》记者赶来采访,次日作了题为"上海三菱电梯公司销售出奇招"的报道。共300余位孩子家长在受礼之余,也说出了他们的心里话:"上海三菱公司,关心我们的孩子,将来孩子也要为三菱公司出力。";"上海三菱公司能热心为下一代健康成长投资,相信其实力雄厚。"事实证明,仅一周内获得的订货意向已超过往常的5倍,最值得注意的是公司经理认为增加销售远不是这项公关广告活动的目标。公司的目标是:展望二三十年以后的将来,这些同龄人会以自己童年的经历和深刻的潜在意识影响一大群社会成员。

另一家日本著名的大公司,在其2000年对华广告战略策划书中,建议企业在对华的广告中采用童声和女孩声音或儿歌形式。策划书称:现在中日电器水平有差距,而20年后将基本上处在一个并驾齐驱的阶段,那时谁的无形资产大,谁的牌子亮,谁就是胜者。用儿童做广告,就是为了让中国的孩子从会听话的第一天起就开始收听日本广告,这样到他们20岁时,正好是日本电器的消费者,其用心不能不引起我们的关注。

(三) 增强广告记忆的方法和策略

经验表明,人与人之间在记忆范围、记忆保持时间和记忆方式上存在着很大的个体差异,不同的年龄段也有着不同的记忆力。但是,除了这些个体差异以外,人类的记忆能力和记忆形式还存在着普遍的共性,广告创作还是可以通过对人类记忆共性的挖掘,找到强化人们记忆的方法,从而提高广告的被记忆率的。这些方法包括:

1. 精简记忆材料的数量

人们对大多数稍纵即逝的广告的记忆主要是短时记忆，即便是长时记忆，一般也是首先进行短时记忆再进入长时记忆的。而短时记忆的容量是有限的。如前所述，米勒（Miller G. A.）的实验表明，短时记忆的容量大约为 7±2。意思是在短暂呈现的条件下，大脑能接受的数量至少 5 个，至多 9 个，平均 7 个。也就是说，当刺激物的数目超过 7 个时，大脑短时记忆会对多出的信号进行排斥而只保留 7 个，以信息量为单位计等于 2.5 个的进位单位，下图是所述结果的曲线，表示通道容量作为刺激数目的函数。

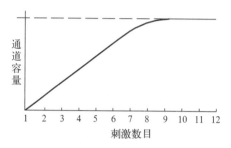

此外，记忆材料的多寡还会影响到记忆的效率。艾宾浩斯曾做过一项实验，发现人们在识记 12 个无意义音节时，成诵所需读次数为 16.5；识记 24 个无意义音节，成诵所需读次数为 44。这就表明记忆材料的增加与记忆次数的增加不是成比例的，记忆材料增至 2 倍，记忆次数就相应要增至 2.67 倍。国外广告心理学家的研究还发现，广告标题在 6 个字以下，读者的回忆率为 34%，在 6 个字以上，则只有 13%。可见，广告语特别是广告标题应当奉行精简原则。

一个明显的事实是，历史上一切重大的事件也许会随时间而淡化，但那些隽永、简洁的口号却永远铭刻在人类的记忆里：

  "放了我的人民吧！"   （《圣经·出埃及记》）
  认识你自己   （古希腊德尔菲地方的铭文）
  自由 平等 博爱   （法国革命时期的口号）
  记住缅因号   （美西战争中美国的口号）
  打土豪分田地   （中国民主革命时期的口号）

当然，简洁明了、琅琅上口的广告也同样能强化记忆。例如

  味道好极了   （雀巢咖啡广告）
  只要青春不要痘   （台湾地区某祛斑霜广告）
  让我们做得更好   （飞利浦电器广告）
  今年二十明年十八   （白丽美容皂广告）

这些口号或广告之所以被大家所熟知，其中一个重要原因就是简洁，我们可以设想如果将上面的广告语扩充成一句几十个字的广告，即使再有深意，恐怕也难以被人记住并推广。

其实好的意图,并不需要更多的语言,世界著名的IBM公司只有两个字:"思考……"便足以让人深思了。

2. 利用形象记忆的优势

广告不同于一般的科学知识,广告本身有限的信息容量也决定了广告识记有别于主要以抽象逻辑为主的科学知识的识记。对广告而言其信息大多是以无意注意的形式被摄入记忆的,并且常常是经由短时记忆再转入长期记忆的,因此,鲜活的形象更有利于广告这一特殊记忆形式。如那些减价广告,或者可以表述为打对折,或者可以说减价50%,或者也可以声称半价销售,但都没有美国一折价广告更形象,广告画面是一把剪刀正对着一张美元准备一剪为二,强烈的视觉形象给人留下了深刻的印象。

要想告知消费者减价或减负等,最好的办法就是用图像直接表示。

日本一家建筑公司的名称竟是△□○,据"△□○公司"的总经理称:他当初创建了建筑总公司后,在考虑企业名称时,充分运用了形象思维和抽象思维这两种思维方式,当看到屋顶时,便联想到"△";当看到门窗时,便联想到"□";当看到人的脸面时,便又联想到"○",而这三种形状经过演绎归纳也恰恰就是宇宙的原初形态,因此他非常高兴地用此来命名自己的总公司,并以其做广告。这一形象语言产生了很强烈的视觉效果,当然就大大加深了人们对它的记忆。

香港街头的广告牌千姿百态,这是日本SONY公司的最新一款500万像素的超薄型照相机的广告牌,这一广告的最大特点是直接将广告牌做成该款相机的模型。由于在众多的平面广告牌中他特别凸显,理所当然获得了较多的视觉关注。

具象性的符号总能获得更强烈的注意。左图啤酒广告也蛮有趣,在汗衫上贴一张塑料薄膜,里面放一点啤酒,液体的啤酒在衣服上不断流动,不管走到哪儿,旁边的人都会以好奇的眼光盯着看,简直是一个流动的活广告。

在食品和饮料广告中,彩色的极富质感的广告画面会让人产生一种条件反射,那些被相应刺激起来的品尝欲望会强化人们的记忆功能。当然形象记忆并不仅仅局限于视觉形象,听觉、嗅觉、乃至触觉、味觉都可以是形象的,如美国一些杂志做产品广告时就带有气味,在印刷过程中,采用"微束包"的工艺,把集中起来的各式气味储存在页面的广告宣传处，读者只要用指甲轻轻划破一下，就有与产品相吻合的气味释放出来。例如介绍杜松子酒时，就有杜松子酒香溢出，使你食欲顿开；介绍香水与护面霜之类时，又会有各种不同的香味任你选择，这种逼真的形象刺激比一般信号更能进入人的记忆。除了实体形象外，文字描述本身也有一个形象化的问题，也即第二信号系统也可通过形象化描述刺激人的感官，从而加深记忆。雪碧广告的"晶晶亮，透心凉"，在人们的脑海里所呈现的就是一种真实可感的图像，是一种伸手可触的具象。台湾润肤油的广告语"日晒后，让你的皮肤也来杯饮料吧"，更会使你产生一种实实在在的对皮肤的"同情"。

3. 不断重复和提醒

信号在人的记忆中保存时间的长短不仅取决于信号刺激的强度，还取决于信号刺激的频率。也就是说，外来刺激就像是在人的记忆中划印痕，第一次也许比较浅，惟有多次重复才可能使印痕逐渐加深。人们常说的"重复是记忆之母"就是指的这个意思。以至于法国广告撰文家罗伯·加兰说："光是一句'主将再降人间'这句话就重复了2000年，许多基督徒都为之深信不疑。"可见，不管是多么了不起的话，光说一遍是不能指望在一般人心目中留下深刻印象的。对于那些并不涉及人生死存亡的广告来说，要想长久地留驻在人心中，就必须不断地重复。从国外一份研究广告效果的资料可得知，人们熟悉商品的程度和愿意购买商品的程度是与广告刊登次数成正比的，见下表：

杂志广告重复的次数对读者的影响

	熟悉商品的程度	
未登广告	15.2%	
刊登1次	18.1%	较未登广告组增加19%
刊登2次	20.7%	较未登广告组增加36%
	愿意购买商品的程度	
未登广告	9.1%	
刊登1次	11.3%	较未登广告组增加24%
刊登2次	13.8%	较未登广告组增加52%

当然，广告的重复发布应遵循人的记忆规律，盲目重复不但浪费金钱，有时还可能引起人的反感并导致记忆疲劳。那么，广告重复应当如何把握呢？首先，重复的节奏应先密后疏。由于人的记忆有一种对事物的最初遗忘较快，其后逐渐缓慢，随时间逐渐减低的心理规律。因此，广告发布初期应以密集轰炸为主，以造成强迫记忆，而后渐渐以间歇性提醒为主，从而始终保持一种记忆状态。其次，重复的内容应同中有异，因为长时间单调不变的信号刺激可能导致心理逆反。要想激起更佳的记忆兴奋，必须考虑在主题和关键信号相对稳定的前提下适当变换表现手法，以求多种信号殊途同归。如可以在不同的媒介物（报纸、杂志、广播、电

视、灯箱）上分别发布同一广告。即使在同一媒体上也可以不断求新求变，如李华野葡萄酒在报纸上所登的广告就围绕同一主题不断从各种角度去开掘，去寻找新的表达，始终给人一种新鲜的兴趣，这就加深了人的总体记忆。最后，重复的信号量可以逐渐递减，当人们对某一种产品的广告内容已经相当熟悉之后，为了保持记忆，仍需进行间断性提醒，但正因为仅仅是提醒，不是全盘灌输，故不需要每次都重复原广告的所有内容。"贝尔蒙多"牌鞋子的电视广告就是很好的一例：广告最初是一个完整的情节，映入人们眼帘的是两双皮鞋，一双是新郎的，一双是新娘的。这时响起一个女人（新娘）的声音："那你回答'是'"（欧美风俗，举行结婚仪式回答问话时说'是'），沉默。此时，新娘的高跟鞋迫不及待地伸到新郎的鞋子里。紧接着是男人（新郎）的高声应答"是"。结束时鞋子的牌子登台亮相"贝尔蒙多"。经过一段时间的播放，广告情节已为人们熟知，这时，电视广告开始简化，内容越来越少，时间越来越短，到最后只剩下一幅画面和一个单词"YES"，虽然信息量简化到了极限，但效果却不变，一听到"YES"就足以让人条件反射般联想起该广告，这样既节省了广告费，又达到了事半功倍的记忆效果。

4. 提高信息的有序度

记忆材料的有序程度与人的记忆一般是成正比的。经验告诉我们排列几十个无序的阿拉伯数字是很难被记忆的，但按人的习惯进行重新排列后，其记忆效率将会呈指数倍提高。因此，根据人类记忆这一特点，广告应尽量提高广告信号的有序度，其方法主要有：

第一，对信号进行组块加工，就是把广告中的信息进行组织和加工，以排列出新的便于分析、辨认、概括和记忆的结构。心理学上的块，是特指把几个小单位的信号组成一个较大的单位，通过组块，相对于原来的小单位来说，记忆容量可以增大。例如在下面这幅图中，甲组散乱地分布着9个圆圈，一眼看去不易正确估计；乙组，同样是9个圆圈，可情形就大不一样了，圆圈的数量一目了然；丙组，圆圈的数目大大增加，远远超出正常的短时记忆量，但是，就在展示的一瞬间，观看者也能正确地反应出圆圈数量。这是利用了组块的原理，把16个圆圈（小单位）组成了四块（大单位），而这四块又编成人们所熟悉的正方形。

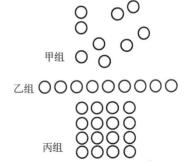

在广告中，数字、语言、图案等各种符号都可以应用组块原理来加深记忆。

第二，对信号进行韵律加工。由于中国文字先天具有的构造上的音韵美，中国人有着数千年浸润于诗词歌赋之韵律的传统，对文字的音韵和谐，特别对琅琅上口的押韵有着心理接受上的偏好，因此，在广告词的创作上，若能天衣无缝地达到形式上的押韵，则不仅能很快被人接受，也更容易达到加强记忆的目的。如：

　　东西南北中，好酒在张弓　　（张弓酒广告）
　　骑车九十九，还是骑永久　　（永久自行车广告）
　　柔柔的风，甜甜的梦　　　　（鸿运牌电扇广告）
　　天上彩虹，人间长虹　　　　（长虹电视机广告）
　　要想英文好，首选英汉宝　　（英汉宝中英电脑辞典广告）
　　走过路过不要错过　　　　　（街头广告）
　　星星知我心，冰柜数星星　　（浙江星星电器公司广告）
　　吃好醋好处多　　　　　　　（米醋广告）

这类广告词并不需要什么特别的意味，只要稍加押韵，就能体现出一种节奏感，从而大大地增强记忆功能。

5. 利用原来的记忆储存进行组接

记忆和注意一样有着很强的选择性，凡是那些与人们头脑中原有的信号网络相容的信息，就能比较顺利地被编入人的记忆库，也就是被记忆下来。所谓"原来的信号网络"，是指一个人的知识系统、观念系统和语言系统。它包括一个人头脑中已经排列好的全部记忆。这一已经形成的信号网络对外界新信号的接受是有选择的，只有那些能够被顺利编入旧网络的信号才能迅速地被记忆下来。对广告创意来说，消费者原有的经验和语言内存是值得挖掘的。例如，对人们耳熟能详的语言稍加变动就能达到事半功倍的注意和记忆效果。

有一则房产广告是这样的：

　　旧时王谢堂前燕飞入寻常百姓家
　　今日共富工薪房圆君多年安居梦　　（"共富新村"楼盘广告）

这个广告的前两句是引自唐代诗人刘禹锡的诗《乌衣巷》："朱雀桥边野草花，乌衣巷口夕阳斜。旧时王谢堂前燕，飞入寻常百姓家。"中的后两句。用古诗中的名句做广告语，不失为加深记忆的好方法。如："蓝梦席梦思"的广告语是：

　　　　　春眠不觉晓，还是"蓝梦"好

将孟浩然《春晓》中的"春晓"与"席梦思"联系起来，倒是自然贴切。

春兰集团广告语巧妙地将春兰两字嵌入略加改动的古诗中也别具一格：

　　　　　春来江水绿如兰

此外还有：

　　千呼万唤始出来，一鸣惊人赛格牌　　（赛格牌收录机广告）
　　不尽长江滚滚来　　　　　　　　　　（长江计算机集团联合公司广告）
　　北国红豆情，悄悄相思意　　　　　　　　　（红豆饮品广告）

除了古诗外，利用人们熟悉的歌词稍加改造，同样能取得较好的记忆效果。如"金牡蛎胶囊"广告语仅调整了一下《奉献》歌词的顺序，便营造了一种感人的氛围：

　　长路奉献给远方，玫瑰奉献给爱人

　　我拿什么奉献给您，我的爹娘

"明星护手霜"的广告更是用了家喻户晓的电视连续剧《渴望》主题歌的一句歌词：

　　好人一生平安，好手日日舒畅

让人在温馨的感觉中获得加强的记忆。

隆力奇系列保健品有奖销售的广告语是：

　　请把我的奖带回你的家

这是套用上海第一届国际电视节的主题歌："请把我的歌带回你的家，请把你的微笑留下。"同样用歌词表现的广告语还有：

　　太阳最红长虹最新　　　　　　　　（长虹电视机广告）

　　我想有个漂亮的家　　　　　　　　（上海装潢总汇广告）

不仅歌曲歌词，一切人们熟悉的口语、成语、影片名等都可借用来作为广告词，以增强注意和记忆，如海南养生堂"龟鳖丸"就借用孙中山先生的名句："革命尚未成功，同志仍需努力"而作：

　　癌症尚未征服　同志仍需努力

　　（养生堂龟鳖丸广告）

上海巨人集团的"脑黄金"广告词就借用了邓小平著名的战略口号："让一部分人先富起来"而提出：

　　让一亿人先聪明起来（巨人脑黄金广告）

浙江杉杉集团为了表明自己集团的创业精神，干脆就用邓小平的原话作广告词：

　　发展才是硬道理

画面配以万牛奔腾的壮观场面，给人

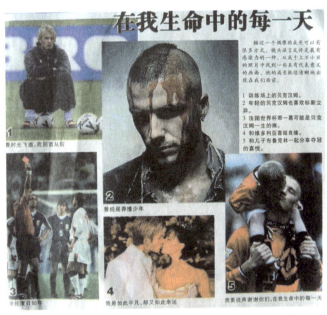

有一份报纸将贝克汉姆的几个生活片段用《在我生命中的每一天》的歌词串联起来，亦不乏情趣。

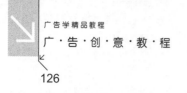

以强烈的动感和整体冲击力，从而加深记忆。

与这种强烈的动感相反，"沙田公寓"为了强调自己环境的宁静安适，竟以苏联著名电影的名称作广告语：

这里的黎明静悄悄

所有这一切人们熟悉的话语，都是广告创意借以发掘的重要宝库，凭借着这些话语，广告不仅强化了自身的可记忆性，同时也达到了更好的传播效果。

6. 引导人们的主动思考

经过积极主动思考的事物，总是比未经思考而漫不经心接受的事物更容易记住。因此，若能制造悬念让人在思考中加深记忆也不失为一种好方法。一般的广播广告，由于没有视觉图像，很难让人记住，而一则孔雀牌手表的广告设计却很独到：

女：世界上什么东西最长又最短，最快又最慢；最能分割又是最广大的；最不受重视，又是最可惋惜的？它使一切渺小的东西归于消灭，它使一切伟大的东西生命不绝。

男：法国思想家伏尔泰的这个谜语曾经把多少学者难倒，亲爱的听众，您也动动脑子，猜猜这是何种珍宝？

女：噢，您不知道？那就请您佩戴上孔雀牌手表，它会帮您解开这个谜底，这就是时间的奥妙。

男：也许，您也知道时间的重要，可您怎样掌握时间的分秒？国家一级名表——孔雀牌手表，会帮您夺得准确无误的分秒！

这则广告的有趣之处就在于调动听众来思考，先是让听众去猜伏尔泰的谜语，继而再推销孔雀牌手表，在解释谜底的基础上，又提出"怎样掌握时间的分秒"的问题，让听众在自己寻找答案的过程中牢牢地记住孔雀牌手表。在这方面更具有创意的是美国Bud Light淡啤酒的广告策划。淡啤酒曾是美国啤酒市场上一种独特的产品，自从"美乐"（Miller）于1974年首先上市以来，已经发展成主要品牌。直到1982年Anheuser-Busch公司才引进Budwiser Light淡啤酒想与"美乐"竞争。但因为"美乐"是当时市场的领导者，它的商品名称几乎等于同类商品的代名词，以至于凡是在酒店里当消费者要"淡啤酒"时，老板总是给他们"美乐"淡啤酒。因此，要想打破这种事实上的垄断，就必须让消费者在酒店里指名要Budwiser Light淡啤酒，而这又必须首先让消费者记住自己的品牌名称。于是广告创意者首先就将Budwiser Light简化为Bud Light，然后设计的电视广告是：

一个顾客走进一家酒吧，向酒店老板要一罐淡啤酒，而嘴里说："给我一把火"，这时，画面上出现了火焰及一只小狗跳过火圈的镜头，这时顾客才发现是因为自己说错了（在英文中，"Bud Light"的Light意思可以当"轻淡"解释，有时也可以当作"火"来解释），然后才说："我的意思是给我一罐Bud Light"，这种用误读的方法先抑后扬，让人们在反常的思考中一下子记住了广告所宣传的产品，确实是一种聪明的加深记忆的方法。

本章提要

1.广告创意的重要原则是准确把握消费者的心理，从接受心理和认知心理角度全面探究消费者的购买动机，从而创作出与消费者心理期待一致的广告。

2.人的需要是一个多层次的统一体，在每一个细分层次上了解人的内在需求，从而作出准确的创意定位。

3.从购买动机出发，探讨如何具体打破并激发消费者的待命需求，探讨消费者的基本性动机和获得性动机、理性动机和情感性动机，以便作出创意决策。

4.人的消费行为是一个从注意—知觉到兴趣—探索，到咨询—评估，到决策—购买，到使用—评价的完整过程，在整个过程中，人的购买行为始终受到文化、社会阶层、群体、家庭等多种因素的影响。

5.从有意注意和无意注意角度探索刺激消费者购买的方法，分析增大刺激物的外延、对比关系、时空密度、动态形式、寻求利益点等，并在此基础上对创意进行正确定位。

6.仔细研究消费者的形象记忆、词语记忆、情绪记忆和动作记忆的特点和性质，从而提出一整套切实可行的创意策略。

练习与思考

1.人的需要还可以从哪些角度进行层次划分？

2.消费动机是个复杂的统一体，如何区分和把握各种不同性质的动机？

3.人的购买行为除了受制于文化、阶层、家庭等影响因素外还受哪些因素的影响？

4.怎样利用人的各种记忆特征，准确地采取相应的创意策略？

小组讨论

1.消费者究竟在多大程度上是个理性购买者？购买行为是怎样被广告诱导的？为什么消费行为会受制于某种广告的宣传？

2.从卡尼曼的"前景理论"角度，分析上述消费行为的根源。（请上网检索、研读2002年诺贝尔经济学奖获得者卡曼尼的相关理论）

广告创意教程

第五章

广告创意的过程与创新思维

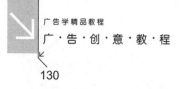

知识要求

☞ 了解广告创意的具体过程
☞ 探索创造性思维的方法

技能要求

☞ 掌握广告创意过程的每一个节点
☞ 熟悉创造性思维的路径
☞ 懂得引发创意的具体手段

创意是现代广告的灵魂，是广告运作中最具有革命性的一环。一个广告得以站起来并为人们所赞叹的最本质的东西就是创意，将一个有追求的广告人折磨得死去活来的不是制作、不是经费，甚至也不是广告主挑剔的要求，而是创意。有没有创意，不仅是衡量一个广告，也是衡量一个广告人甚至一个广告公司优劣与否的重要尺度。不幸的是，如此重要的创意却没有自己的公式。也许创意的真正本质是神秘的，人们永远不可能用流水线的形式将创意产业化，但是广告创意人还是可以通过对创意过程和创意方法的了解和把握去逐渐逼近这一本质。

第一节 广告创意的过程

无论创意多么神秘和充满随机变幻，作为人类的创造性劳动，其思考过程总还是可以呈现一定的轨迹，因而是有规律可循的。包括广告大师在内的许多思想家们对这一轨迹的不同描述可以帮助我们了解这一过程。

英国心理学家华莱士在总结世界著名的科学发明和各种人类的创造活动的基础上，提出了"创造过程四阶段理论"，认为："无论在哪一个领域，无论其规模是大还是小，创造过程一般都必须经历四个阶段，即准备期、酝酿期、顿悟期和完善期。"

1. 准备期

首先是指发现问题、筛选问题以及从中确立欲优先解决的问题的准备阶段。这时，发现问题的准确性、鲜明性、有用性及独特性是关键。只有问题选准了，才能防止盲目性和做无用功。准备期的第二个涵义是，当选中某一个问题后还要进一步从各种角度对该问题进行审视，以准确地捕捉适于解决该问题的思路，准备相关的知识，收集有关的经验，分析有关的事项（或事件），创造有关的条件，并预见可能遇到的困难、挫折和后果。这个阶段，往往是心理和精神高度紧张的时期。

2. 酝酿期

其主要的特点是"松弛"下来，使心理状态从紧张的"动态"到解脱式的"静态"，亦即

"将活动的重点从意识区转向无意识区"。这时的主要任务不再是吸纳新的相关信息和知识（虽然不绝对排斥），而是消除一切无意识地产生的障碍，恢复潜意识的自由、舒展的活动状态，促进异质因素的相互提携、相互渗透、相互合作，使潜意识和有意识的相互作用获得强化。这是孕育灵感和触发顿悟的时期。

3．顿悟期

这个时期是指经过酝酿之后，创造性思路如柳暗花明似的豁然开朗。它常是以"突发"式的醒悟，"偶然性"的获得，"无中生有"式的闪现或"戏剧性"的巧遇为其表现形式的。如果说酝酿期是创造过程中量的积累和循序渐进，那么，顿悟期就是创造过程中质的突破和循序跃进……它是创造过程中的质的转折点，使整个创造过程上升到一个新的更高的层次。

4．完善期

在这个阶段，有意识的功能又开始发挥"主导作用"，从散在的思维状态恢复到集中的思维状态。这一阶段需要对最初闪现的出色的思想、崭新的观念、奇异的构思立即捕捉、即时甄别、迅速追踪和抓紧完善。这时，稍微的迟疑和疏忽，都有可能导致得而复失、灵思奔逸的后果。完善期也是论证期，是对创造成果及其价值的鉴定期。包括逻辑上的论证和实践价值的论证。这时，还要提出明确解决问题可资实行的实践方式或方向，以免使好的创造构思沦为"空想"。

加拿大内分泌专家应力学说的创立人塞利尔提出的创意七阶段理论，用人类的生殖程序对创意过程进行概括，不仅形象生动，同样具有很大的启发性。这七个阶段是：

1．恋情

指对问题的探索和自然奥秘的揭露抱有一种强烈而持久的愿望和热情，只有像人求偶那样对创新目标进行超常的精力和智慧投入，才能接近目标。

2．受胎

指有针对性地发现和提出问题，并在问题所设定的范围内广泛深入地搜求有关的信息、知识，为新思想的产生提供资料。

3．孕育

既是新思想、新观念、新酝酿发育成熟的过程，又是对这些新创意进行修正、补充、发展和完善的过程。像孕妇那样，这是特别地需要"阶段性营养合理构成"的时刻。

4．阵痛

这是新思想、新观念即将诞生的阶段，是这个"新生命"在智慧的腹中开始躁动的时刻，伴随着的是紧张、惶恐和令人窒息的兴奋。

5．分娩

这是创新智慧痛苦而又幸福的"分裂"时刻，一个"高峰体验"的极乐时刻。

6.查验

像对新生婴儿那样对刚诞生的新创意进行必要的逻辑梳理和实验论证。

7.生活

让经过逻辑验证的"新创意"进入实践，在实践中逐步发展并接受进一步的检验。

美国的发明头脑风暴法的奥斯本博士也把创意过程归结为七个阶段：

（1）定向

强调某个问题(类似于波普尔的"问题")。

（2）准备

收集与该问题有关的材料。

（3）分析

对所有材料进行有选择的整合和分类。

（4）观念

用特定的观念对材料进行有意义的组合分解。

（5）沉思

在"松弛"的精神状态下对问题和材料进行富有想像力的思考。

（6）结合

把思考中出现的各种闪念进行综合把握。

（7）估价

对思考的新成果进行逻辑和价值判断。

美国著名广告创意人，汤普生广告公司高级顾问詹姆斯·韦伯·杨在总结多年广告创意经验的基础上，写出了《发展点子的技巧》一书，提出了"创意五步骤"理论。所谓创意五步骤是指：

（1）收集基本资料

就广告创意而言，有两种资料需要收集，即特定的资料和一般性资料。所谓特定的资料是指与所广告的商品或服务直接关联的基本要素和信息；一般性资料则是指个人生活中一切使人感兴趣的素材。

（2）消化资料

比喻创意点子的形成过程就像吃东西一样，要先咀嚼再消化。这一步骤是将收集到的各种资料与广告的目的结合起来进行反复的多角度的拼接与联想。

（3）充分酝酿

在此阶段将停止直接广泛的联想，而对所有出现过的各种思想火花进行甄别、归并和提高，将一切疑点逐步摒弃，思路开始向最可能引出好的创意点子的方向集中。

（4）创意诞生

据说，如果已真正完成前面三个阶段的工作，在此阶段自然就能形成新创意。因为在此阶段没有任何逻辑的方式可以解释那个真正的创意点子是怎样在资料随机组合和联想中诞生的，换句话说，灵光的突然闪现只是前面三个阶段的自然产物。

（5）强化并发展创意

并不是所有的新创意都是完整的，通常还需依各种不同的情况对其加以修正和调整。在此阶段，需特别提醒，许多创意者想出了好的创意点子，但却常因不能忍受最后的修整过程而失去成功的机会，然而这一过程却是产生真正创意点子的必由之路。

我国台湾地区著名广告研究专家樊育志先生则将广告创意过程巧妙归结为PAIHIAE法，这一名称系由广告创意过程中涉及的相关英文单词的首字母组合而成的。这些关键词是：

P	preparation	准备
A	analyze	分析
I	incubation	熟悉
H	hint	启示
I	inspiration	灵感
A	assessment	评价
E	elaboration	苦心（亦可译为雕琢）

以上各种阶段划分，是从不同的角度进行的描述，其内涵在本质上是相同的，事实上任何真正的创意过程大致总要经历准备、酝酿、突变、完善几个阶段，只是各人因自身的条件不同，在各阶段有着自己特殊的表现形式罢了。

第二节 广告与创造性思维

广告创意作为一种创造性的思维活动，其真正核心是思维的突变。要想获得这种思维的飞跃和突变虽然不是一件容易的事，但如下一些思维形式和方法却是人们一直在苦苦探索的。

一、想像与联想

想像力，可以说是人类思维能力进化的最辉煌的成果，也是人类文明进步的精神前提。马克思曾充满激情地赞扬道："想像力，这是一个有力地推动人类发展的伟大天赋。"苏格兰哲学家杜尔德·斯特华特说："想像力才是人类活动最伟大的源泉，也是人类进步的主要动力。……毁坏了这种才能，人类将停滞在野蛮的状态之中。"科学巨人爱因斯坦也说："想像力比知识更重要"，"想像力……包括了整个世界"。因此可以说，无论是在政治、经济、军事，还是在科学、文学、艺术（包括广告）的一切领域都似乎应验了拿破仑的一句话："想像力统治着世界。"

想像有两种：一种叫再造想像，另一种叫创造想像。有一则书刊的广告语是这样的："《罗密欧与朱丽叶》是一部伟大的典型的爱情的悲剧，也是青年莎士比亚的抒情诗。

在风景如画的意大利蓝天之下，在风暖花香的南国月明之夜，在互相仇视的两个古老贵族的家庭环境中，展开了热烈、坚定、强烈、不幸的爱；惟其热烈，所以它冲破一切藩篱；惟其坚定，所以它在幸福和死亡之间找不到一条中间的路；惟其强烈，所以它把两颗年青的心永远系在一起；惟其不幸，所以爱的陶醉之后紧跟着就来了死亡。德国戏剧作家勒辛格说，这是他知道的惟一的由爱本身完成的悲剧。

德国革命诗人C.郎道埃尔则赞美说，不论在任何时代，对任何民族、任何阶级，这都是永远年轻，永远活泼的爱的悲剧。其中成为千古绝唱的阳台上的一幕达到了莎士比亚青年时期艺术的巅峰。"

当你读完这则广告后，会自然地在脑海里浮现出一幅欧洲文艺复兴的圣地——古意大利的风情画，那迷人的夏夜和苍茫暮色之中，曾经演绎过的一场凄惨的爱情悲剧。这种经由文字符号而建构起的一种具体场景的想像就是再造想像。再造想像就是通过语言描述而在头脑中出现了相应的表象。广告语是用文字写的，但可以使读者想像出其中人物和各种情节的形象，对语境进行形象化的再造，这就是再造想像。

创造想像是指用思想对各种原来形象进行重新拼接，从而在整体上产生一个既不同于现存事物，又符合内在逻辑的新的表象组合。《生存智慧论》的作者金马先生曾描绘了一则惊人的类似公益广告的雕塑，从中我们可以体悟出什么是创造想像：

葱葱郁郁的丛林，那是大山的秀发；

陡直高悬的峭壁，那是大山睿智的额头；

漫坡盛开的樱花，那是大山健美的脸颊；

淙淙流淌的小溪，那是大山正在倾诉的心声；

…… ……

一尊庄严典雅的"自然神"，天工出色的造化。不过，她好像还缺少点什么？或许这是大自然这个俏皮而又多智的导师给人间留下的问卷。

大山的倾诉好似带着强烈的希冀，还带着一丝幽怨。

她到底还缺少点什么呢？

多少个世代过去了，大山依旧不无缺憾地继续倾诉着……

忽然，一个艺术的精灵感悟了大山的希冀，听懂了大山的心声。原来，大山还缺乏一双通灵达古的眼睛。于是，在大山的"额头"下，有人悬挂了各宽12米、高7米的两只眼睛。

大山突然像从梦呓般的倾诉中苏醒了。她像一个洁美无比的天使，用温情脉脉却又不乏警觉的眼光俯视、环顾着前来拜望的人群，好像是在把人们搂在她温柔的怀中谆谆告诫：人类如要体面潇洒地生存，绝不可以不计后果地玷污和损害大自然的一草一木——人类赖以生存的基地。

这是出现在日本山区的一座借景生情、借景出新的立体雕塑。其构思之巧妙，其借景之气魄，其效果之出色，其意境之深邃，均使人叹为观止。这真不愧为地灵人杰的天衣无缝的合作。

将眼睛组合到巨大的山体上，让山复活成人，这种想像可以说丝毫不比埃及人组合狮身人面像——斯芬克斯的创造性逊色。这就是创造想像，运用思维的力量将完全不同的两个事物结合起来，创造出一个新的事物。这里创造想像的材料虽然是自然的、现存的，但它们的结合却往往是巧夺天工的，蕴含着一种神奇的力量。想像不是简单的幻想，而是符合生活逻辑的创造。正如黑格尔所说："如果谈到本领，最杰出的艺术本领就是想像。但是我们同时要注意，不要把想像和纯然被动的幻想混为一谈，想像是创造性的。"作为一门艺术，广告需要真正的创造性想像，广告的实质力量不是图像本身，而是图像背后的创造力，正如人们对Levi's牛仔裤裸体广告的赞美，其实并不是赞美图像本身，而是赞叹潜藏在图像语言背后的伟大的想像力，是赞叹人类不朽的创造力。只有那些富含创造性想像的广告才能称为"上品"。

想像的最普遍的形式就是联想。所谓联想，就是用想像将不同的事物及其属性联系起来的一种思维方法。由于客观物质世界中的万事万物是普遍联系的，这种事物之间的普遍联系反映到了人的头脑中，就会形成心理和观念上的联系。因此，由一种事物及其特性而想到另一种事物及其特性，或者由一种观念符号触发而想到另一种观念符号或经验内容，人们称之为联想。巴甫洛夫的条件反射学说认为，联想是神经中已经形成的暂时联系的复活。也就是说："暂时神经联系乃是动物界和我们人类本身最一般的生理现象，而且它同时又是心理学者称之为联想的心理现象，……这二者完全是融为一体，彼此互为吸收并完全同一的东西。"因此，人们也常常把条件反射的建立看成是一种联想的形式。

古希腊哲学家亚里士多德认为，一种观念的发生必然伴随以另一种与它类似的，或相反的，或接近的观念的发生。这种在空间上或时间上的接近、对比和类似的观念的联系，被称为三大联想律：接近律、对比律和类似律。这三种联想律在广告创意思维中有着广泛的运用。

（一）接近联想

指由不同的事物或现象之间的比较接近的方面所导出的联想。今天在国际市场已负盛名的日本"西铁城"手表，在新表刚问世不久，就力图在世界人口第二大国的印度打开自己的市场。一天，印度河边某一群村落，在一阵狂风大作后，天上竟然下起了奇特的"金币雨"，人们拾起一枚枚沉甸甸的金币，深信这是佛祖释迦牟尼给人们带来的福音，很快，电台、报纸等新闻媒介把"天上掉金币"的消息炒得沸沸扬扬,传遍了整个印度。当时正在印度推销"西铁城"手表的田中三郎听了这个消息后,突发联想,一个广告妙招旋即形成。第二天,"卡拉奇下了一场西铁城手表雨"的新闻又一次旋风般地席卷了整个印度,使原本陌生的"西铁城"一下子在印度人的脑子里扎下了根,借此广告,"西铁城"可谓旋风一般占领了印度广阔的市场。

接近联想是一种较为广泛的联想形式,它往往是从事物间比较相近的属性或者特征出发,进一步引申出新的意义,如下图,这是"绝对"伏特加酒的广告,这一广告有一整套系列的表现形式,都是以类似酒瓶的形式来传达"绝对"伏特加酒的无所不在。

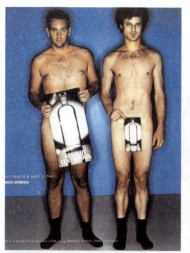

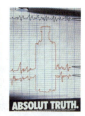

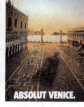

模仿花花公子,"绝对"伏特加

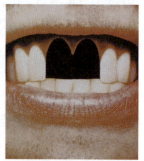

大洋底来人:专用潜水手表　　某品牌的护理用品,具有极强的吸水性　　与麦当劳接近的联想

(二)对比联想

即在特征和属性上相反的事物间容易发生联想。我国台湾地区的一则推销《企业管理百科全书》的广告,将乍看起来毫不相干的书与酒进行对比,以此来衬托书的价值就很有意思,这则广告是这样的:

标题：书与酒

副题：价格相同，价值不同

画面：一套《企业管理百科全书》，一瓶酒

正文：一套书的价格只相当于一瓶酒，但价值及效用却大为不同。尤其，花一瓶酒的代价，买一套最新的管理知识和有效的管理技巧，使你的企业能够提高效率，增加利润，快速成长，无论如何都是值得的。

因为，酒香固然令人扑鼻陶醉，但不过是短暂的、刹那的美妙。

书香，却是咀嚼的品味，历久弥新，源远流长。

一本好书，能为你带来智慧和启示，让你解惑去忧，触类旁通。

所以，与其花钱买醉，不如斗室书香。《企业管理百科全书》，正是为每一位经营者精心设计的，它是140位经理、学者智慧的结晶，由20位专家联合编纂。拥有一套《企业管理百科全书》，任何企管新知，伸手可得，真正是对付经济不景气，与同行业竞争最有力的武器。

对比联想在更多情况下表现为一种反向对照，就是将两种性质互相接近的事物放在某个环境里进行比照，以此凸现其中的某一事物，这种方法在广告创意过程中运用较广。下面一些创意就是这种手法的具体运用。

某应用软件通过强烈的视觉对比形式向人们宣告，科技的发展远远超过生物进化的速度，我们为你提供最科学的解决方案。

《财富》用鲜明的对比告诉人们：我们的读者不是躲在屋檐下等车的老朽，而是在雨中奋力前行的最有活力的一群人。

某啤酒以最激烈的形式向人们宣告：经过所有的品尝，最后的结论只有一个，那就是我们的啤酒。与这种强势的对比稍有区别的是，大多数的对比创意一般是用两相对照的形式，以免得罪更多的同类商品，这类创意常常也能产生强烈的效果，如下页图，同样是啤酒的广告，

其针对的看似某一种酒,却一样是抬高自己,打击一大片。

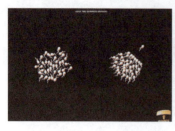 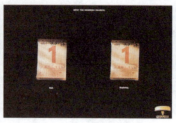 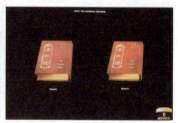

其对比的方式是,喝我们的酒是一种人,喝别的酒是另一种人,这是完全不同的两种人,别人是一团乱军,而我们是一支最威武雄壮、来之能战、战之能胜的队伍;同样的日历,同样的一天,对别人而言是结束,对我们却只是开始;同样一本《金瓶梅》,别人只是阅读,而我们却能"写",可见,什么人在喝我们的啤酒,岂不一目了然。

海尔洗衣机在进行差异化策略运作时,也曾用对比的形式将恒源祥的品牌标志进行对比,以此证明海尔洗衣机最适合洗羊毛类织品,像妈妈的手一样柔软。

(三) 类似联想

类似联想是指形式和内容上相似的事物容易激发联想。福特汽车现在已是世界上很出名的汽车,但是当初福特汽车的广告创意却是煞费苦心的。当承担福特汽车广告的创意者尝试了每一种可能,写下一系列文字,但最终却未找出一个圆满的答案时,他心灰意冷,将手中最后一张稿纸缓缓撕成两半,突然间,他的眼睛亮起来,这撕纸的声音与车内的噪音相比如何?当他将这两种都非常熟悉的声音联系在一起考虑时,一切都变得简单了!此时此景,用得上中国的一句古诗:"众里寻他千百度,蓦然回首,那人却在灯火阑珊处。"一个创意,一个前所未有的富有表现力的创意诞生了:

和撕纸的声音相比,福特汽车的声音变得悄然无声。

当然,更多的类似联想是以直接的形式表达两种事物的相似性,下图Levi's牛仔裤广告以惊人的创意对类比联想作了深刻的阐释,将皮肤与牛仔裤的布料进行大胆的类比,这是

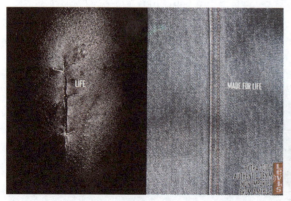

两种完全不同的生命形式,一个是上帝创造的,一个是我们缔造的。Levi's牛仔裤竟然是这样的牛,广告创意做到这份上,真是一种享受。

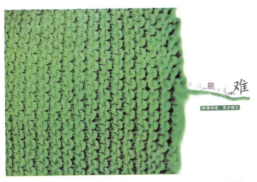

保护绿色的公益广告用毛衣来表现，两者间的相似性不仅是颜色，更从其广告语可看出"拆起来容易织起来难"。

这是一个很早以前的获奖作品，它同样用创意的原则，发现了电池与寿星间的相似性。

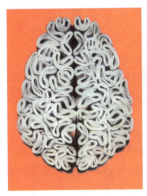

书与大脑几乎没有任何外在的相似性，但经过智慧的构建，两者太像了。

滴酒变成晶莹剔透的钻石，尽管有些牵强，但却存在着品质的相似性。

在创意人面前，不是缺少相似，而是缺少发现，鞋与鲨鱼的相似性浑然天成，穿上这鞋当然应有带着杀气的感觉。

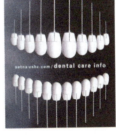

寻找事物间的相似性作为一种思维方法具有广泛的用途，创意人可以在几乎一切事件上发现相似性，甚至连袜子与仙人掌都看上去有些像，于是柔软剂的广告就可以说，用了我们的商品就不会让你的袜子像仙人掌一样起毛。鼠标也可以排列成牙齿的形状，于是网上医疗任你点击。最令人叫绝的是佳得乐饮料，它将一种内在的相似性揭示了出来，借以说明喝了佳得乐，简直就像补充了生命之源，真是绝妙的联想。

联想是人类的一种特有的思维方式，实际上，一切由此及彼的想像都是一种联想。因此，联想并不仅仅局限于以上三种，在生活中，还普遍存在着多样化的联想形式，如因果联想、推理联想、情感联想等等。有时，广告创意还需同时利用几种联想。日本产业能率大学教授在其《广告心理学》一书中还特别提出了一种映像心理联想，这也是一种多重联想，他举丰田车广告为例：1979年丰田车在其新上市的广告中，让刚刚走红的日本影星山口百惠穿着鲜亮的红鞋子为丰田车做电视广告。刚刚走红的山口百惠与即将走红的丰田车、红鞋子与轿车，颜色与语义发生了神秘的联系，加之由于日本人熟悉的安徒生童话中的"红鞋"以及当时在日本广泛传诵的野口雨情的童谣"红鞋"等的综合影响，许多人都不由自主地会在心中产生遥远的国度、西洋、儿时的情景、真挚的情感、新鲜向上的追求等联想，从而使丰田车建立起了自己的广告形象。

二、灵感与直觉

灵感与直觉是人类创造性思维中最奇妙的现象。翻开人类文明的创造史，我们在不同的时期，不同的领域中，几乎都可以看到灵感的存在，它像闪电一样划破思想的夜空，引领着人类的精神。

爱因斯坦在回忆他1905年6月写作狭义相对论论文的情景时对他的好友贝索说，在这之前，他已经进行了好几年的思考和研究，然而那个决定一切的观念却是突然在脑子里闪现的。一天晚上，他躺在床上，对于那个折磨他的谜，心里充满了毫无解答希望的感觉。他的眼前，似乎没有一丝光明。但是，突然黑暗里透出了光亮，答案出现了，他马上起来执笔工作。五个星期后，他的论文写成了。他说："这几个星期里，我在自己身上观察到各种精神失常现象。我好像处在狂态里一样。"1873年一个春天的夜晚，列夫·托尔斯泰不停地在书房里徘徊着，他在苦苦地思索着长篇小说《安娜·卡列尼娜》的开头。这部小说的内容和情节，他在前一年就想好了，但是苦于找不到好的开头，一直没有动笔，现在他仍然苦思无绪。这时他偶尔走进大儿子赛尔盖的屋子里。赛尔盖正在读普希金的《别尔金小说集》给他的老姑母听。托尔斯泰拿起这本书随便翻了一下，他翻到后面一章的第一句："在节日的前夕客人们开始到了。"他兴奋地喊起来："真好！就应当这样开头。别的人开头一定要描写客人如何，屋子如何，可是他马上跳到动作上去了。"托尔斯泰立即走进书房，坐下来写了《安娜·卡列尼娜》的头一句："奥布朗斯基家里一切都乱了。"就此，文思泉涌，一发不可收拾。

哪里有人类的创造活动，哪里就会出现令人神往的灵感之花，这是一条古今中外概莫能外的创造规律。这些令人神往的灵感之花，尽管在各个不同的领域有各不相同的表现，但就认识活动的一般要素而言，它们都具有使创造者本人都感到疑惑不解的奇异性。对这一奇异的精神现象，许多学者都进行过分析和描述：

黑格尔说:"想像的活动和完成作品中技巧的运用,作为艺术家的一种能力单独来看,就是人们通常所说的灵感。"

别林斯基说:"灵感是一种痛苦的、可以说是病态的精神状态,它的征候现在已为大家熟知。……灵感是一种不是被人的意志,而是被与此无关的某种影响所唤走的灵魂的精力。"

H.奥斯本说:"在这个术语的一般用法上,我们常常指的是一个人(在他自己或者别人看来)仿佛从他自身之外的一个源泉中感受到一种助力和引导,尤其是明显地提高了效能或增进了成就,这时候我们势必会说这个人获得了灵感了。"

广告大师大卫·奥格威也以自己的亲身体验谈道:创作过程要求的不止是理性。大多数独创的构思甚至无法用文字来表达,是不可言传的。它是"一种意念,受制于直觉,受潜意识启发,是经过不断地探索和实验所产生的"。大多数生意人都不能作独创性的思考,因为他们不能摆脱理性的桎梏。全心全意的想像力被束缚住了。

总的来说,人类的灵感思维虽然有着多样化的表现形式,但基本的过程却是相近的,可以概括出如下特征:

(一) 非预期的突发性

费尔巴哈说:"热情和灵感是不为意志所左右的,是不由钟点来调节的,是不会依照预定的日子和时间迸发出来的。"达尔文曾经回忆说:"我能记得路上那个地方,当时我坐在马车里,突然想到一个问题的答案,高兴极了。"数学家高斯也兴高采烈地说,他有一难题求证数年而未获解。"终于在两天以前我成功了……像闪电一样,谜一下解开了。我自己也说不清是什么导线把我原先的知识和使我成功的东西连接了起来。"对这些突如其来的灵感,普希金在抒情诗《秋》中作了十分生动形象的描述:

> 诗兴油然而生:
> 抒情的波涛冲击着我的心灵,
> 心灵颤动着,呼唤着,如在梦乡觅寻,
> 终于倾吐出来了,自由飞奔……
>
> 思潮在脑海里汹涌澎湃,
> 韵律迎面驰骋而来,
> 手去执笔,笔去就纸,
> 瞬息间——诗章迸涌自如。

(二) 不受意识控制的非自觉性

从灵感激发机制的一般程序看,无论是随机的外界偶然事件发生,还是积淀意识提供的内在机构的直接控制,都是不受意识控制的。这样就形成了灵感这种精神活动特有的非自觉性。

罗丹在《回忆录》中谈到《流浪的犹太人》这件作品的产生过程时写道:"有一天我整天都在工作,到傍晚时正写完一章书,猛然间发现纸上画了这么一个犹太人,我自己也不知道它是怎样画成的,或是为什么要去画他。可是我的那件作品全体便已具形于此了。"这种奇异的非自觉性常常使一些创造者相信真有什么"天启"、"神助",其实它不过是潜藏在人脑中的一种特殊理性。

（三）心物感应活动的不可重复性

灵感活动是发生在认识高级阶段上的一种心物感应活动,是主观的心与客观的物在特定的条件下的一种突然沟通。由于每个人所处的环境,所碰到的外界机遇绝不会是完全一样的,各不相同的心,各不相同的物,再加上各种不同的心物交感条件,这三者合起来就产生了灵感创造活动的不可重复性。对此,别林斯基十分深刻地指出:"两个人可能在一件指定的工作上面不谋而合,但是在创作上绝不会如此,因为如果一个灵感不会在同一个人身上发生两次,那么,同一个灵感更不会在两个人身上发生。这便是创作世界为什么这样无边无际、永无穷竭的缘故。"

（四）认识过程的跳跃性

物理学家德·波罗意认为:"当出现了摆脱旧式推论的牢固束缚的能力时,在原理方法上均为合理的科学,仅借助于智慧的突然飞跃之途径,就可以取得最出色的成果。人们称这些能力为想像力、直觉和敏感。"创造性的灵感,正是智慧在摆脱常规的形式逻辑思维方式的束缚后冒险的突然一跃,它是在跳跃性的认识突变方式中实现的。

（五）反常规的独特性

在认识成果上,应该说认识的灵感方式和传统的形式逻辑思维方式都有创造性,区别仅在于前者具有反常规的独特性,具有突破传统思想的开拓性,后者则只能在不超出前提知识的条件下进行创造。形式逻辑的线性思维方式,优点是可靠性程度高,弱点是易受传统思路的束缚,因而在遇到需要突破传统的课题时,就不得不让位于非线性的灵活的灵感方式。正因为如此,不少有创见的科学家都热情地赞叹灵感、直觉特有的反常规的革命性、独创性。萨尔顿说:"科学总是革命的和非正统的,这是它的本性,只有科学在睡大觉时才不如此。"福克则说:"伟大的,以及不仅是伟大的发现,都不是按逻辑的法则发现的,而都是由猜测得来的,换句话说,大都是凭创造性的直觉得来的。"

灵感和直觉的激发是一个迎合了多因素、多环节、多联系、多层次的复杂的大系统,其图示为:

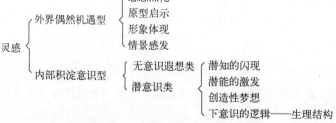

思想点化 这种灵感的触发信息是在阅读或交谈中偶然得到的某种闪光的思想提示。例如奥地利音乐家舒伯特一次走进一家小酒店，随手拿起桌上的《莎士比亚诗集》读了起来。忽然他拍桌自语道："啊，有了，有旋律了！"伟大的生物学家达尔文有一天躺在沙发上阅读英国经济学家马尔萨斯的《人口论》作为消遣，当他读到马尔萨斯关于繁殖过剩而引起生存竞争的理论时，大脑里好像电光一闪，突然想到：在生存竞争的条件下，有利的变异会得到保存，不利的变异则被淘汰，由此促成了生物进化论的形成。

原型启示 传说我国春秋时代最优秀的工艺匠鲁班就是从被茅草边缘的细齿割伤而得到启示，去创造锯子的。与此类似，格尔塞在啤酒店受啤酒气泡溢出的启示，构成了"液态气泡室"模型；威尔逊看到太阳照耀在山顶云层上所产生的光环，受到启发后制成了云雾室——一种研究放射性物质的仪器。

形象体现 列宾画扎布罗什人，曾研究了档案中的大量历史资料，作了不少探索性草图。一天，他去找一个人，当门一开，里面传出了"哈哈哈"的笑声，他立即告辞回去，重新勾勒草图，一群正在笑的扎布罗什人使他长期酝酿的主题终于"活"了起来。

情境感发 这种情形主要发生在包括广告在内的艺术灵感中，它的触发媒介不是某种具体的信息，而只是一种气氛、一种情境。在这种气氛、情境的感发下，作家、艺术家大脑中的有关创作素材，包括已沉积在潜意识中的信息都会十分活跃地涌现出来。俄国作曲家格林卡的著名歌剧《伊凡·苏萨宁》创作中断时，突然受到一幅绘有家乡房舍版画的启示，在他脑海里立刻浮现出壮丽的俄国冬景图，产生了动人的旋律。雪莱谈到他的诗剧《解放了的普罗米修斯》的创作时说："我的这首诗大部分是在万山丛中卡拉古浴场残留的遗址上写作的。广大的平台，高巍的穹门，迷魂阵一般的曲径小道，到处是鲜艳的花草和馥郁的树木。罗马城明朗的晴天，温和的气候，空气中活跃的春意，还有那种令人神醉的新生命的力量，这些都是鼓舞我撰写这部诗剧的灵感。"

潜知的闪现 这种灵感现象的触发信息来自积沉在大脑意识阈限下的潜存知识。如门捷列夫有一天动身离开彼得堡去办与元素周期律研究毫不相关的事情。他坐在候车室里，很快就要上火车了，他竭力不去考虑任何跟他出差无关的工作。然而就在这时，他心里突然闪现了未来元素体系的思想。契诃夫也以他的创作体会描述了这种灵感现象："平时注意观察人，观察生活，……后来在什么地方散步，例如在雅尔达的岸边上，脑子里的发条就忽然咔地一响，一篇小说就此准备好了。"

潜能的激发 这种灵感现象就是我们通常所讲的急中生智。它是人脑中平时未发挥作用的那部分潜在的智能在危急状态中的突然激发。曹植七步成诗，就是这种智力激发的典型。曹丕继位，曹植不满，拒不奔丧。曹丕便派兵将他擒来，限他七步成诗。急难中，曹植百感交集，结果应声而成千古绝唱：

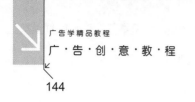

煮豆燃豆萁，豆在釜中泣，
本是同根生，相煎何太急！

现在风靡世界的"背越式"跳高技术首创者美国运动员理查德·福斯伯，11岁那年在上小学体育课时，一次老师点名叫他跳高。当时福斯伯思想正在开小差，在慌乱中匆匆奔向横杆，结果却是面向老师、背对横杆，并在一急之下，把老师教的姿势都忘了，于是他急中生智，索性顺势就地腾起，奇迹般地跃过了1.15米的横杆，倒在沙坑里，引得同学们哄堂大笑。他的体育老师慧眼识才，及时帮助他完善这种独特的跳法。经多年训练，福斯伯终于在1968年墨西哥奥运会上用"背越式"征服了2.24米的高度，打破了当时的奥运会纪录。

创造性梦想　19世纪美国著名发明家赫威想发明缝纫机，但多次试验均未成功。一天夜里他梦见国王向他发布一道命令，如果24小时之内不创造出缝纫机就用长矛处死他。他看见矛尖有小洞的长矛慢慢在升起又慢慢地降下，一阵激动使赫威醒来，他当即设计了针眼靠近针尖的缝纫机，结果获得了成功。又如格拉茨大学的药物学教授洛伊，一天夜里在睡意蒙胧中想到一个极好的设想，马上用笔记了下来。翌晨醒来，他知道昨天夜里产生了灵感。可是怎么也看不清自己的笔记。他在实验室里整整坐了一天，面对熟悉的仪器，就是想不起那个设想。到晚上，他无可奈何上床睡觉，但是到了半夜他又一次醒了过来，还是同样的顿悟，他高兴极了。这回，他仔细地记录了下来。次日，他走进实验室，以生物学历史上少有的利落、简单、肯定的实验证明了神经搏动的化学媒介作用。

下意识的逻辑——生理结构　由大脑神经网络系统中的逻辑——生理结构引起的下意识的信息处理活动，常见于作家的艺术创作过程。这种精神状态一旦出现，作家、艺术家就会似醒似醉、意不由己、情不自禁地跟着自己创造的人物形象走，从而得到意想不到的创造性灵感。如列夫·托尔斯泰在谈《安娜·卡列尼娜》的写作时说："关于渥伦斯基在和安娜的丈夫会面后怎么扮演他的角色的一章，我早已写好了。我开始修改，可是，渥伦斯基完全出乎我的意料之外，毫不迟疑地开枪了。现在呢，从进一步的发展来看，这却是有机的必然了。"

总而言之，灵感的激发形式是多种多样的，处在紧张创作之中的广告人应当随时随地让自己的思想处在待激发状态，广纳信息、积极思考，以便迅速抓住转瞬即逝的灵感。

三、禅思与冥想

佛教进入我国以后，与我国传统的道教相融合，逐渐发展出了我国特有的教种——禅宗。禅宗的思想方法在人类思维方式上独树一帜，与逻辑推理的思维方式相比，禅宗的思考更注重内心的神秘体验，更善于灵活地把握禅机，触类旁通，举一反三，确实是创造性思维的一种特有形式。

禅思在思想的触发机制上有着自己独到的方式，这主要表现在：

(一)参话头,引出疑问

即通过提出问题,唤起疑念,并将其推向极端,激发起内心深处的一种意志力,突破思想的障碍,使"心"开启,求得觉悟。因此,所谓参话头,在禅宗看来是"悟心的妙法",禅师的很多公案就是采用这种方法导人致悟的。例如,唐代禅师赵州从谂曾向习禅者提出一个著名的公案:

问:"如何是祖师西来意?"师曰:"庭前柏树子。"

曰:"和尚莫将境示人?"师曰:"我不将境示人。"

曰:"如何是祖师西来意?"师曰:"庭前柏树子。"(《五灯会元》卷四)

后来,僧人问佛教的根本要义时,赵州也以"庭前柏树子"回答。在这里,"柏树子"的意义,只能体会,而无法诠释。赵州是想以"庭前柏树子"这一眼前事物遮断习禅者惯常的逻辑思路,使其感到自己的思维进程突然被打断,不知道有什么办法打破仿佛矗立在面前的一道墙壁,显得焦急万分。这时,便会在习禅苦心中唤起疑念,并用整个身心的力量加以钻研,全力以赴地去冲击面前的墙壁。在此过程中,便有可能超越理性思维的界限,意外地打开从未意识到的内心领域,突然获得"悟"。赵州的这一公案后来又成为弟子们的话头。有人问赵州弟子慧觉禅师:"承闻赵州有'庭前柏树子'的话,是否?"慧觉回答:"无。"问者随即揭明真相说:"往来皆谓僧问:'如何是祖师西来意?'州曰:'庭前柏树子'。上座何得言无?"慧觉回答:"先师实无此语,和尚莫谤先师好。"(《五灯会元》卷四)慧觉当然清楚赵州关于"庭前柏树子"的公案,但他同样知晓提问者是想就"柏树子"的意义来试验他的洞察力,所以他用大胆而明白的否定,无可争辩地证明了他是深谙其师精神的。可见,禅学是反对用"智"的理解即逻辑思维去求得"悟"的。

(二)接机锋,直指根本

即针对被教育者产生的各种疑问和某种"未悟"的认识,对症下药,提出一些富含哲理的偈语,一针见血,直截"顶门",从根本上解开疑问。曹雪芹在《红楼梦》第二十二回中曾生动地描述了这种接机锋的过程。宝玉在听曲后自认为看破红尘,写了一偈:"你证我证,心证意证。是无有证,斯可云证。无可云证,是立足境。"黛玉见了后,先笑道:"宝玉,我问你:至贵者'宝',至坚者'玉',尔有何贵?尔有何坚?"宝玉竟不能答。于是黛玉又道:"你道'无可云证,是立足境',固然好了,只是据我看来,还未尽善。我还续两句云:无立足境,方是干净。"宝钗道:"实在方悟彻。当日南宗六祖惠能初寻师至沼州,闻五祖宏忍在黄梅,他便充作火头僧。五祖欲求法嗣,令诸僧各出一偈。上座神秀说道:'身是菩提树,心如明镜台;时时勤拂拭,莫使有尘埃。'惠能在厨房舂米,听了道:'美则美矣,了则未了'。因自念一偈曰:菩提本非树,明镜亦非台;本来无一物,何处染尘埃?五祖便将衣钵传了他。今儿这偈语亦此意了。……"上面两例中的两组偈语一个比一个破得彻底,直指佛教的所谓"真如境界",诚如临济宗所说:"大机大用,脱罗笼,出窠臼,虎骤龙奔,星驰电激。"这就是接机锋的"彻悟"过程。

(三) 借类比,启示顿悟

恰当的类比,既有形象性,又有论证性。禅宗十分注意利用日常生活中的事理来喻证深奥的佛教哲理,从而启示顿悟。如马祖道一,开始在南岳传法院独处一庵,惟习坐禅,凡有来访者都不理睬。怀让见他很不凡,便去开导他。一天,怀让在庵前磨砖,道一不理他,怀让就一个劲地磨。磨了很久,道一忍不住问:"磨砖做什么?"怀让便乘机说:"磨砖既不能成镜,光坐禅岂能成佛?"道一马上离座请教法示,怀让便给以开示。言下道一豁然契合,顿悟了禅宗的教义。马祖道一顿悟后成为一方宗主,在传教方式上又有改进,他不仅限于说一些警句,而且常常利用各种动作,如打、画地、坚拂、喝及踏等,来帮助别人领悟。《马祖对话录》中记载了这样一个小故事:洪县的隋了和尚第一次去见马祖时问他:"西方来的菩提达摩有什么见解?"马祖说:"你先跪下。"和尚刚刚跪下,马祖就给他一脚。隋了顿时恍然大悟。研究中国佛教的专家卡特琳·德珀认为再也没有比这种含义既具体又直接、突如其来的启发更东方式的了。她在一本专著中写道:"马祖在他的弟子中传授悟的经验或促使其出现方面表现出一种异于寻常的教学之才。"

禅宗的思想方式说到底是让身心在一种极端自然的状态下追求觉悟。当精神处于完全不设防状态时,当用语言编织起来的概念和观念之网不再干扰沉思时,思想就会一步步逼近那最原始的真理,智慧便会在一种大境界里得到升华。广告创意达到极致时,便需要这样一种大智慧、大境界。

第三节 创意思维方法

人的创造力是人的各种智力因素的综合体现。智力是人适应、改造环境的认识能力和实践能力的总和,它包括感知、记忆、想像、思维等多种能力。美国心理学家吉尔福特曾提出了一个著名的智慧构造模型(见下页图),对人的智力结构作了较全面的描述。吉尔福特认为,智力结构分为操作、内容和产品三个维度。智力结构的第一维度——操作表征智能活动的基本过程,它包括认知、记忆、分散思维、辐合思维和评价五种智力活动类型。智力结构的第二维度是内容,它包括图形、符号、语意、行为四个方面。智力结构的第三维度是产品,它包括单元、门类、关系、系统、转换和含蓄六个方面。三个维度的各种元素组合起来,就可以得到 $4 \times 5 \times 6 = 120$ 个表征独特智能的立方块。吉尔福特宣布,他发现了77种智能。

创意思维活动所需要的创造性智能,主要成分是越轨发散思维,但同时也离不开认知、记忆、评价、循轨辐合思维,它是一种复杂的有特殊结构的智力组合,是逻辑思维与非逻辑

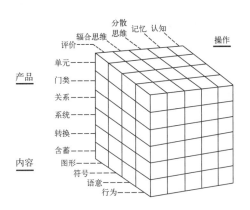

思维，常规思维与非常规思维的有机结合和辩证统一。

在对人的创造性思维的开发利用上，人们根据人类智慧的结构及其特点，有针对性地提出了许多行之有效的具体的创意方法，这些方法中比较突出的有：

一、"力行"创新思考法

这是一种以引发创新潜能为目的，综合了诸如脑力激荡术、分合等多种创造工程学原理的创新技巧，它吸收了工程师和企业家所采用的创造工程学系统的精华，以及艺术家所通常运用的直觉判断、直觉感受的方法，是一项行之有效的创新思考术，有助于派生创新性的成果。

"力行"思考法是由美国学者罗伯特·奥尔森提出的一个系统概念，其要点包括10种技术和4个相互关联、相互衔接、相互影响、相互作用的过程（或称为阶段）。创新性"力行"思考术的10种技术和4个过程是：

（一）集中要点 (mind focus)

即确定问题的存在，进一步试着细分为小问题加以解决。

（二）把握要点 (mind grip)

以便于从解决问题的目标中至少找出3个重点进行描述，然后对重点分别描述加以组合，加以遴选，使欲解决的问题的目标更趋于集中、明晰、确切。

（三）扩展重点 (mind stretch)

把拟解决问题的各种标准和目标加以排列，并试着将其扩展，同时记下由此而触发的新构想。

以上这3项技术属于"力行"思考术的"界定"过程，即对欲解决的问题做到准确地把握，"敷设"好引发创意的"导线"。

（四）提示思想 (mind prompt)

即广泛动员智慧伙伴进行智力参与，使解决问题的思路进一步丰富化、创意化。

（五）列举奇想 (mind surprise)

尽可能列出哪怕是自感最荒谬可笑的构想，以突破固有思维定势、思维局限，力争引发最富于新意的、合理的、可行的解决问题的方法。

（六）自由幻想（mind free）

竭力突破逻辑的界限，"强迫"自己在风马牛不相及然而可能存在内在联系的事物中寻找、激发新的构想。譬如，你可以写下一种物体的名称，并详细列出它的各种特征，之后利用这些特征作为新构想的"激发源"。

（七）综合妙想（mind synthesize）

将上述过程中获得的各种构想进行逻辑的组合，作为激发更高明的构想的基础。

以上4项技术属于"力行"思考术的第二个过程："开放"思考阶段。其目的是尽可能多地提供解决问题的构想和思路。

（八）统整构想（mind integrate）

回过头来再次检视试图解决问题的目标和标准，然后借助直觉选定自认为是最佳的构想。

（九）强化构想（mind strengthen）

严格列举构想的缺点，并设法加以克服、优化，使构想的可行性更趋于完善。

（十）激励构想（mind energize）

充分估计（适当夸大）构想所可能产生的最佳结果和最坏后果，以便提出防止不良后果出现的有效方法，做好克服最坏后果的充分心理准备。

以上3项技术属于"力行"思考术实施的第三个过程："确定"思考阶段。其目的是使解决问题的构想，经过充分地开掘，使其达到尽可能地富于创意、行之有效的状态。

"力行"思考术的最终结果是"付诸行动"。行动过程也是对既定构想进行实践验证的过程。在这个最后过程中，也许还会发现需要解决的新问题，甚至触发更佳构想，从而进入重新认识问题、界定问题的阶段，形成另一轮"力行"思考术的循环操作。有些复杂问题欲追求创意的解决方法，往往会引起这样的具有上升意义的循环思考过程。至于较为简单的问题，有时也可以借用其中的某一两项或几项技术就可以获得满意的结果，也不一定全要按照上述顺序去"力行"。也就是说，创新性"力行"思考术，也是可以创造性地、灵活地加以运用的，是不必完全拘于上述模式的。创新性"力行"思考术示意，见下图：

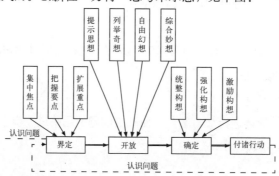

二、水平思考法

又称侧面思考法。假如遇到了这样一件事，该如何解决呢？

甲从乙处借了一笔钱，如无力偿还就得去坐牢，乙想讨甲的女儿做妻子，可姑娘却又不从，于是乙想出一个骗姑娘顺从的主意："现在我从地上捡起一块白石子，一块黑石子，然后装进袋里由你来摸，如果摸出的是黑石子，那你就得和我成亲。"这样的条件，姑娘不好再不答应。乙于是偷偷从地上拾起两块黑石子放进了口袋，不料却被姑娘发现了。这时姑娘该怎样做才是机智而又"正确"的做法呢？按照常规的、固有的认识程序和"正确"的处理方式以及诚实无欺的道德观念，姑娘鉴于乙的诡诈,(1) 可以拒绝摸出石块；(2) 可以揭穿乙的诡计；(3) 虽然对方诡诈，自己却不可如此，故只好违心地同乙结婚。但是，采用了上述任何一种"例行"的方式，显然都无助于问题以理想的方式获得解决。妙的是，姑娘也真的没有这样做，她的思路机智地从袋中的石子移到地面的石子上，她伸手到口袋里抓出了一块石子，但却不是抓在手里，而是让它自然地滚落到了地上，这时她就有了理由可以对乙说："呀！我抓出的石子是黑是白已是无法知道的了，那就看看口袋里剩下的那一块吧。当然我抓的肯定与口袋中的不一样。"这样，姑娘的处境立即实现了从"进退维谷"到"稳操胜券"的转化。因为乙已声明"装进了一块黑石子和一块白石子"，便不好这时承认自己搞了鬼，而姑娘眼见装进的是两块黑石子，那么抓出一块后，留在袋里的那一块自然肯定是黑石子了，而对乙来说，这却是无法反驳的失败证明。

姑娘"转败为胜"的智慧，确实发人深思，除却以机智对待实施诡计并丧失道德这一点的启示之外，姑娘的做法，实际上是体现了水平思考法的原理。

水平思考法是英国剑桥大学的E．迪博诺博士所创立的，其核心内涵是，当人们为创新的目标而进行思考时，大有必要离开一贯认为是正确的、无疑的固有概念。

迪博诺曾经做过这样一个试验，他出示由A、B、C三组图案组成的画板(见下图)。

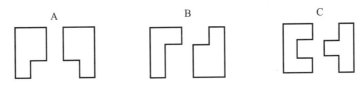

让受试者观看10秒之后拿开，然后让受试者凭记忆再把三组图案画出来。

结果有90%的人正确地画出了A图，60%的人正确地复现了B图，而只有10%的人正确地画出了C图。

为什么会有这样的结果呢？显然，A、B图是基本左右对称的图形，比较便于记忆；而C图左右图形变化较大，故难以记忆。这一现象的重要启示是：人们在记忆或思考问题时，往往习惯于从事物的外观形状出发，这种"常态"式的思维方式，是很难产生新的思维成果的。

这就好像对"水往低处流"这一现象的看法，如果拘泥于这个天经地义的"观念"，就不可能设想水在特定的条件下还会向高处移动的可能性，也就不会有可以将水引向高处的虹吸管的发明和应用了。

所谓水平思考是相对垂直思考而言的。垂直思考是以逻辑学和数学为代表的传统思维方法。它强调的是缜密、精确、严谨、成序，其思考的路径是线性的，即沿着线性思路一步一步地解析、演绎、推理、立论。迪博诺认为在许多场合这是一种过时的方法，因为它存在许多的局限性，"垂直思考"的缜密往往把人们的注意力引向现存事物的问题情境中，从中寻觅事物的错误，这虽说也是思维的一项重要的功能，但仅止于此，只会挑出事物的错误显然不够，也是不能促成旧事物转化为新事物的，所以是缺乏建设性的。而水平思考则不同，就好像试图从地面上挖掘清泉，一处挖不出时不是一股劲儿往下挖，而是换个地方再挖。因此，水平思考的特征，具有非逻辑性、非因果性，其超越性十分鲜明。迪博诺还对垂直思考法与水平思考法进行了对比解释：

1.垂直思考法是属于选择性的淘汰，而水平思考法是只管生产更多的东西而不是去选择或淘汰。

2.垂直思考法只根据一个方向去移动，而水平思考法，是依据生产出来的方向去移动，而非依据选择性的方向去移动。

3.垂直思考法是分析式的思考过程，水平思考法则属于刺激性的思考过程。

4.垂直思考法是连续性的，而水平思考法则可用跳跃的方式来思考。

5.垂直思考法必须在每一个步骤先有被确认的过程，而水平思考法却不必去确认任何一个步骤。

6.垂直思考法运用否定的结果来解释某些思考过程，而水平思考法在思考过程中，不需要用负面结果来解释。

7.垂直思考法是集中并排除其他相关因素以外的思考方式，而水平思考则是接纳各种不同角度共同思考的方式。

8.垂直思考法不论在种类或分类、分级的设定上都是固定的，然而水平思考法就没有这些限制。

9.垂直思考法根据大多数都一样的过程思考，然而水平思考法在这一点上和垂直思考完全不同。

10.垂直思考法是在有限的过程中思考，水平思考法则是尽可能朝各种不同方向去思考的方式。

水平思考的精华在于逆向地思考问题，冲破事物原有的框架，让事物按你的意图去变化、发展。"水也可以往高处流"，可以说对水平思考的逆流向做了绝妙的隐喻。这不是破坏性的，而是一种建设性的思维手段。它不仅可以引导我们轻快地走出似已穷途的困境（像上述那位姑娘那样），还可以帮助我们摆脱对种种所谓"正确观念"的盲目满足，面对那些定论似乎已经完美的事物做出新意频出的贡献。

总之，水平思考的原则可以归结为如下几种：

1. 从认知上的因素来引导新点子产生。
2. 寻找不同的方式去看一件事情。
3. 放松在我们做旧的垂直思考时的严密控制。
4. 运用机会和刺激的方式去引导出非连续性的存在状况。

根据这些原则，迪博诺找出了几种激发水平思考，打破垂直思考的模式：

1. 产生一种新的方式去描述现在的状况。
2. 挑战现在的认知。
3. 改革的行为。
4. 不需要强调一段时间的判断。
5. 打破一般普通的方式去思考。
6. 发展一个类推的模式。
7. 脑力激荡的运用。

这些方式是要从不同的角度去看事情，是非传统性的水平思考的模式。换句话说，就是将点子从下往上看，而且是从不同的角度来看。

迪博诺曾赴美国、加拿大、日本、保加利亚等多国讲学，传授科学思维方法。许多人正是由于聆听了他精短（往往只讲1小时）的讲演而顿开茅塞，通灵剔透，从而在事业及生活上获得巨大的成功。譬如，1984年奥运会组织者——奇才彼得·尤伯罗斯就自称是迪博诺关于水平思考讲演的受益者。

水平思考法的七个步骤是：

1. 借加、减兴趣思考法观察事物。即开阔视野，改善思维，以突破思维定势、"本能反应"和固有观念，广开思路，避免片面。

2. 尽力考虑全部因素。不忽视每一个细节和相关的方面，并力求使这些审慎的考虑、细致的"追究"形成系统，在心中一目了然。

3. 考虑后果和结局。这是对预见性的提示和对预测能力的要求。它要求创新者学会系统地运用想像力、预测力以及逻辑推理能力、分析判断能力。迪博诺认为，人类行动的后果可分为4个时间段：（1）即刻；（2）短期（1～5年）；（3）中期（5～25年）；（4）长期（25年以上）。预测能力的把握，对创新生涯影响巨大，即对即刻的和短期的后果的预测，有可能导致对长期结果的领悟。而且，人们往往可以发现预测的高度的"准确性"。

4.确立并列出包括目标、目的、任务在内的动机明细表。以便相应地做好准备，有针对性地掌握任务的性质和特点。

5.先考虑至关紧要的事情。在众多的创意构思或创新可能性中，选出紧要的和关键性的重点，以便能详细适当地、分清轻重缓急地进行工作，这是争取有所突破的关键一步。

6.取可取、可能、审慎的姿态。如果在考虑至关重要的事情的基础上，仍未达到创新目标，就可以考虑寻求超越常规思维模式以外的可能性，包括不排斥那些通常认为是不切实际的或是荒谬的想法，特别是可以把思维触角推及常规想法的相反、相悖的一面，然后寻觅可取的方法，经过审慎地考虑加以采用。

7.重视并乐于采纳他人有益的观点。不论其观点只能采纳局部、合理的内核、可资借鉴的形式，抑或只含有某种隐喻或启迪。特别是不要把貌似相悖的观点未加考虑就拒之门外，因为逆言中常有含金量极高的"富矿"。

上述七个步骤都有可资利用的相应创造技法。因此，水平思考法又是一种综合多种创造技法的创新思考系统，这对广告创意思维的建立有着实际的意义。

三、NM法

即优化"产生思想观点的头脑"的技法。NM是创造这种技法的日本学者中山正和姓名的罗马拼法的首字缩写。NM法探讨了认识发生的过程，特别是思想观念形成的过程，提出了人脑进化的自然程序即：

（一）[S O]（生命活动）

人脑通过感官诸如耳、目、口、鼻、舌等"接收器"收到刺激信号后，为"唤醒"应采取的与之相适应的行动，必须向行为控制机构——行动作用器发出指令性信号，实现这个程序的是完成接受刺激到输出指令的变换器——神经键面。S O的符号，即刺激（stimulus）和输出（output）的缩写。

（二）[I O]（印入脑海）

表达人类"自动地"记忆生存规则、规范，并能"自动地"重现记忆中的行为能力。K.劳伦兹发现鸟就具有这种能力。所谓人类的"潜在意识"正是指的这种情况。这是从印象印入到重现式输出的过程。I O的符号是印象（image）和输出（output）的缩写。

（三）[I S]（表象记忆）

表示已纳入神经键面的经验记忆，它是以表象记忆的形式完成的。当[S O]受到激发时，就会从表象记忆中进行扫描或自动地查找，以从中提取有用的记忆形象，作为行动的参考。I S，即表象记忆（image storage）的缩写。

(四)[W S](言语记忆)

表示人脑中独有的特征。是以言语形式把表象纳入神经键面，如记忆中的云彩、花果、坐立等词语即是。W S，即言语记忆（word storage）的缩写。

(五)[W R](言语补偿，或称"计算")

当言语记忆[W S]的程序完成之后，由词语形式记录的经验就作为表象储存起来，同时，也就可以借用言语回忆经验所印记的表象，从而知道相关事物的"因果关系"。这个"过渡"意义重大，因为一旦知道某些事物的"因果关系"之后，就可以诱发归纳能力，从中发现某些"法则"性的启示。

NM法在对大脑由外界信号刺激到语言补偿的全过程描述的基础上，又具体提出了较为实用的五种加工和组合信息的方法：

(一) T型

围绕对一个问题的"本质"（或称"关键"）尽可能地发问：例如"像……吗?""……像吗?"这种发问，是动员记忆中的表象信息进行类比，所以也称为类比提问。然后再围绕"这样会产生什么?"的问题发问，以便通过描述围绕类比的内容所产生的思考，把握与之相关的全部动态信息。T型法的目的在于使类比大量产生，以便提高其启示的量和价值，而对于类比本身的"质"却不必介意，因为"醉翁之意不在酒"。

(二) A型

是把有启示性的若干想法组合在一起，力争形成更有价值的启迪。这是一种通过异质信息的结合，诱导产生启迪合力的妙招。采用这种方法，其成功的前提，是设法保持表象记忆的"自在"状态。由于这种方法是要求表象记忆的空间（即大脑皮层的区域）中的结合，所以也称空间型。

如当要做健力宝广告时，可以将与健力宝饮料有关的一切信息都在空间排列出，每一种排列又都可演变出更多的相关信号，以至无穷，如下图：

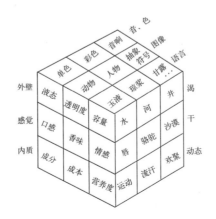

当思维在立体空间中游弋时，一旦发生有价值的信号碰撞，就可能产生好的创意。左图是1996年全国广告漫画大赛中获得银奖的作品，其创意思路是值得思考的。

（三）S型

也是异质信息结合的一种方式。它是试图将相关信息连续组合在一起，以促使因果关系的出现或明朗化。这种方式往往有助于制定出富于奇异色彩的方案来。

（四）H型

特别适用于技术发明，故又称为"工具型"。方法是对欲解决的问题的关键（即所谓"本质"）提出一个类比之后，穷追其背景可能搜捕到的一切想法。

（五）D型

也称为发现型。方法是从已经观察到的资料中提出异质的和不相关的东西，用A型法将二者加以结合。也就是试用这两种资料提出假说，然后再以这个假说对全部资料进行分类。如果这个分类可行，那么这个假说就有望成为这个资料的新假说。

四、创意七原理

这是日本村上幸雄提出的。在日本，创造工程实践中曾广泛使用过的各种技法达400多种，根据这些技术方法，村上幸雄和其他学者归纳出七大原理，这些原理对启发创意有着实际的意义：

（一）生动原理

这里的"生动"，主要指心态的年轻，泼辣，不老化、僵化、无羁绊、无框框，勇于探求，刻意求新，具有"智慧的巡回和飞跃的能力"。所谓创造性，也是生动性、年轻性、新生性的写照。创造的姿态，是青春优势的展现，是生命认识的活化，是更新世界能力的对象化。没有生动，就没有创造。生动，是新生的萌动，是新事物的显现，是新思的舞动，是新意的频出。

（二）刺激原理

寻觅有效的、独特的刺激方式是创造方法的前提性内涵，人的创造潜能往往需要唤醒，需要"触媒"，需要"煽动"，才能活跃起来，人才有可能进入创造过程，显现其能量。激发的手段是否高明，反映着一个人创造才能的优劣。譬如，NM法中有"本质"（即关键字）作为刺激源，所以，寻求刺激，从创造学的角度来看，乃是一种难能可贵的好品质。

（三）环境原理

环境既包含着以精神状态为标志的内在环境，又包含着个体赖以生存的外在环境。同内外环境的创造性统一，亦即当创造者置身于精神和谐、行为自如、主体活跃、意识状态宽松的环境中时，各种刺激源就有望化为激发创意和新思的"情报"，便有望"获得扩大创造的方向"。这里，个体的素质是否具备全面性，是否具备较高层次的生存智慧，决定着其对环境顺应因素的合理运用程度以及对逆境的阻抗力、调解力和消融力。故而，不是一切良好的环境因素对一切人的创造力的开掘都有正向作用，也不是一切恶劣的环境因素对一切人的创造力的发挥都必然起"致命"的扼杀作用，而是内外的辨证统一性对创造者的目标的实现起着决定性作用。

（四）比较原理

比较，可以联想，可以辨真伪，可以识美丑，可以发微末，可以精观瞻，可以引新论，可以触原质，可以获真形……比较，可以借助对应、类比、关联、结合、并列、认知、变换等多种方式达到自己的目的。从比较中萌生的新思、创见，基质往往比较雄厚，立论往往比较扎实，验证往往比较现实，效果往往比较醒目。

（五）构造原理

从生命的个体到人类社会以及各类事物，都具备某种特定的结构性，且大多鲜明而稳定。譬如，人及一切生物均为细胞的结构体，而社会则又是"人"这样的社会细胞的结构体。对事物认识的"结构化"，是逼近创造性的有效方式。所谓"结构化即创造（或结构比是通向创造之路）"即属此意。

（六）希望原理

希望是引燃创意的火种，创造是它引起的潜能爆发。所以，没希望，也不会有创造的行动。

（七）统计原理

统计原理以上述6个原理为基础。为的是从统计结果的显示和启迪中了解创造行为成功的概率以及提高成功率的途径。这在某些创造技法中有鲜明的应用，譬如智力激励中有"追求数量"的明确提示，以便通过尽可能丰富多彩的刺激材料或观点变更，获得新奇的高质量的设想，统计原理的娴熟运用，有望使创造活动朝着成功概率密度最高的方向（或路线）发展，并有望得到更多的富于创意的最佳设想和优秀计划。

五、BS法

即"头脑风暴法"（brain storming）的简称，是由美国人A.F.奥斯本于1936年首创的诱发智慧的联想，激励潜能外露的有效方法。这种方法首先风行于产业界，而后向其他学科、领域扩散，成为人们喜欢采用的启发新思、派生奇念、初构异想、开拓未知的手段。由于这种方法对参与者限制条件不严，组织实施方便，代价花费较小，"收获"往往可观，因此被应用得相当广泛，在创造力开发方面可以说功勋卓著。

"BS"法，采用确立主题、专题讨论的会议形式，通过无羁个体发散思维，进行潜能开掘，促成信息的激发，从而诱发尽可能多的、建设性的、富于创意的设想原坯，形成个体智慧无可匹敌的、综合多元创造思路的"创造思维群"。这种貌似专题会议讨论的创造力激发方式，其实含有独特的"个性"和功能。它虽然也定有专题，但对参与者的思维内容、发散方向却"毫无限制"，并且绝对不允许评论。这主要是为了有利于掀起头脑中的思维风暴，以便使之有足够的力量突破固有观念的重围，开辟思维的新天地，为会议集体提供鲜活异常、不同凡响的新思奇想。就是说，会议的目的，不是像通常的专题讨论会议那样，目的是剔除和清理不着边际的幻想、空想、臆想以及痴想，而是动员头脑中可能生发的一切构想，特别是唤醒平时休眠着的那些幻想、臆想、痴想等非逻辑化的、非理性化的想法，让创造力以原型的、整个的、不加矫饰的、不计功利的形式展露出来，使智慧的储备、使潜能的素质、使创造的个性得到全面、深入的提取和运用。

　　"BS"法，是个体智慧的集合法。这种方法使个体面临的不是挑战的局面，不是可能被评价的处境，故而没有荒谬与否的忧虑，没有受挫、失败的担心。这是一种创造力可以尽情释放的强大暗示力。一般会议讨论，正是由于缺乏这种暗示，极容易陷入公式化、模式化、从众化、表态化以及人格式的空洞无益的境地，"BS"法反其道而行之，它要创造的是只供欣赏、只供采撷的"智慧博览会"，会上的"智慧产品"在参展期间没有名、优、低、劣的区别，然而却都具有同等的被选择的机会。这是一种对智慧幼胚的宽容，它所得到的报偿是人们从中获得大量的富于创造性的新起点、新思路、新方法、新构想。

　　"BS"法的实施，一般由5～12人组成小组，以8人左右为最理想。可推举一名组长，一名记录。会场安排要有利于形成轻松愉快的氛围，主题最好于会议前几天通知。开会时可以通过对一个与主题不相关的问题的引发，以激励与会者进入智力受激的状态和形成有利于思维自由驰骋的氛围。然后进入主题发言。这时要畅所欲言，严守"自由思考"、"禁止评判"、"追求数量"、"结合改善"的"BS"法四大原则。会议一般进行40分钟到1小时。宣布会议结束时，可要求与会者继续思考，以便于进一步补充新的设想。

　　可见，"BS"法的特征，是在尽可能地释放创造力方面独树一帜，作用重大。它并不能取代某些解决问题的办法，而是能够对相关方法作出富于创造性的补充。从这个意义来说，集体智慧也不妨被视为为创造性地解决问题而实施的一种基础手段。

　　事实上头脑风暴法在广告创意思路的开启阶段，常常具有更大的实用价值。与其他科学研究和艺术实践相比，广告的创意制作更倾向于一种集体活动，广告公司的创意人员包括制作、调查、公关人员都对某一广告主题有所了解，他们可以从不同的角度提出自己专业化的见解，而这种见解和创意思想的碰撞对主创人员常常有着极大的价值。正如海涅所说：有才华的人之间的思想交流，如同钻石之间的摩擦一样，彼此传导着热量。

六、戈登法

采取会议形式采撷集体智慧，除奥斯本的"头脑风暴法"之外另一个颇具特色的方法是戈登法。这种方法是由美国阿哈德·里特尔公司的专家戈登创造的。

戈登在分析奥斯本的"头脑风暴法"的贡献时，发现了他所认为的"缺陷"，他指出，奥斯本在一开始就将目的提出来，容易使思维进入局限的状态，见解容易流于表面，也难有意想不到的突破；由于会议主题明确，会前通知使与会者有了准备，自己拿了"大主意"，又很容易诱发与会者"惟我高明"的潜在情绪，不自觉地封闭其他创新思路的沟通途径。戈登法则不同，它的妙处在于：提出"问题"时欲纵故隐，隐去"问题"的明确形态，只取近似的内涵加以"含蓄"的表达，使与会者不晓得真正的意图和目的是什么。这样，为的是把"思维的野马"引进广阔的"草原"，而不是驱入狭窄的"马厩"里。

戈登法的实施程序是：选择有驾驭会议思路能力与熟悉相关领域的会议主持者1人，与会者5～12人，以8人左右为最理想。然后是选定会议的主题。譬如，欲收集创造或改进新型剪草机的创意或创见，可以以较为"含蓄"然而导向"鲜明"的"切断"的意思为提案，却并不说明要"切断"什么，在什么范围"切"等等，而是尽力让与会者从"切断"的对象、需要、可能性、必要性等方面广泛的设想，从"切断"的技艺、绝招、妙意、奇思以及怪念头方面深入地开掘。从诸多貌似奇特、怪异和互不关联的"畅想"、"推论"、"呓语"……中，主持者应能敏锐引导，使会议形成有重点、有制约的讨论，并在接近会议结束的适当时候将本意和盘托出，以引发与会者进一步地在群体智慧基础上的创意思考。这样的会议一般需开3小时左右，为了使集体智慧得到最大限度的开掘和综合，会议可以连续召开几次，直到达成最满意的结果。

戈登法与奥斯本的"头脑风暴法"在人员构成方面的显著区别是：它要求主持者和与会者具有更好的创意启动力、创见孕成力和领悟亲和力，可以说，是一种较高层次的群体创造开发方式。它对于与会者的灵活性、机动性、感染性的要求尤为严格。

七、ZK法

这是日本学者片方善创立、发展的基于系统观点开发创造性的一种方法。ZK是片方善姓名的罗马拼法的首字缩写。

这种创造性开发技法的基本特点，是动员智慧集体的每一个人在尽可能地做到发动联想、丰富联想、触及联想的基础上，把握从集体联想的碰撞过程中已经显露出来的目标，然后借助每个人尽可能地发挥个体优势（包括性格倾向所引发的个体优势）加以思考，之后再观察事物，再次进行思考，如此反复，使富于个性创造的主观性与富于活力的被观察对象的客观性逐步趋于统一，以促使创新思想的产生。最后，再将各自产生的创新思想在集体中进行交流，并在实践中经过归纳整理使之进一步达到完善。

ZK法思考过程中所采用的思考手段主要有三种：

1.由感觉而产生的思考。这主要是由不明白为什么，对实际可感的事物的惊异以及某种氛围所引起的兴奋等引起的思考，其特点主要是由感觉受到激发所引起的。

2.由想像而产生的思考。这主要是为了挣脱现实的束缚或对抗现实的"贫乏"而采取的思考方式，目的是闯入想像世界，以触发新思想的萌生。

3.由现实而产生的思考。这是为了把新获得的某种思想具体化和把新触发的想像实际化而采用的思考手段。基于现实考虑以实现其创造价值。

采用上述三种思考方式，没有绝对的时间顺序的排列，实际上，第一、二种思考方式是经常交错采用的，它们合起来是为了实现"产生思想的联想"。第三种思考方式，实际上也是"实现思想的手段"。也就是说，这三种思考方式实际上反映了ZK法的两个应用阶段，说明这种方法，是把产生某种创见的联想的心理过程与实现某种创见的手段统一起来的开发创造性的方法。

ZK法的操作程序是按起、承、转、合四段式展开的。其展开程序如下表所示：

ZK法的具体步骤说明表

内容构成	展开阶段	步骤	采取态度	时间
诱导思想部分	Ⅰ（起）	联想的出发点（讨论会） 明确主题，形成融洽的气氛 ①提出问题 ②弄清问题的背景 ③分析问题 ④明确归纳问题	深刻感受 ↓ 开始	约30分钟
诱导思想部分	Ⅱ（承）	冥想和思索 诱导个人的思想，把与主题有关的联想结合起来 ①冥想和开发的思考（记入笔记） ②收拢的思考和开放的思考（记入笔记） ③归纳和累积（图表化） ④自我评价	开始创造 ↓ 创造	(3+4)×次 =56分钟， 约1小时
实践	Ⅲ（转）	相互作用（集体思考）相互启发地集体思考，让"承"的结果产生飞跃并结合 ①图表的集中并提示 ②审视图表 ③相互作用（记入图表） ④归纳和累积	创意 ↓ 创见	约1小时

续表

部分	IV（合）	产生实践的冲动（讨论会） ①选择最佳方案，向成果冲击选择最佳方案（按照评价高低的顺序） ②全体的再估价 ③实施创造	创造方案 ↓ 创造	约30分钟

图表化的样式有多种：如列表法、表格法、示意图、层次、候选图表法，等等。

  据上表，诱导思想部分，分为"联想讨论会"及"冥想和思索"，即"起"和"承"两个阶段。联想的出发点，是引起对问题的重要性的一致理解，激发起为创造性解决问题而保有的高涨热情。这种方法虽然也可以一个人运用，但一般都是组成5~7人的小组进行。要设法寻找能保持安谧、有利静心的环境。诱导"冥想和思索"，是竭力使人的联想力和主题结合起来，是为定性地使模糊回忆明朗化的一种手段。冥想一般可3分钟一次，然后可进行开放式的思考（指思考的方向是多样变化的思考）4分钟，这样，由7分钟组成一个"思维单元"如此可重复进行8次，约1小时左右。这个过程是ZK法的显著特征之一，对孕育创意、提出创见有关键性作用。

  上表中所列的"实践部分"，包括"相互作用"的智慧集约及产生实践冲动、选择最佳方案，即"转"和"合"两个阶段。智慧集约有助于产生认识上的飞跃、思考上的飞跃，所以也是总结思考成果的必要步骤；产生实践冲动基于最佳行动方案的择定，由于有群体的再估价为依据，因此，向最后的夺取成果的冲击也就有了更充分的动力。

  日本学者恩田彰指出，"ZK法与NM法等相比，它的首要的特征，是依靠反复进行冥想和思索，通过交互进行开放的思考与收拢的思考来展开创造的思考。这是ZK法所特有的东西。第二，是依靠加深个人的思考和集体讨论者的相互交流来促进联想，把这些思想系统地归纳起来。ZK法，是把东方式的冥想和西方式的系统思考结合起来的方法。"这些见解是颇为精辟的。

第四节 诱发创意的技巧

  广告创意与其他的一切创造性思维一样，有时需要一种触发机制来引发。这种触发机制并无成规，各人有各人特殊的方式，如著名的英国哲学家维特根斯坦喜欢在思考时闻一闻放在书桌抽斗里的烂苹果。广告大师奥格威则有自己的方式，他说："我几乎无逻辑性思考能力，但我和潜意识的联系却很畅通，这使我能从不同的领域中获得灵感，创出新的意念。我听大量的音乐。我很喜欢约翰·巴利科恩的作品。我长时间地进行热水浴。我从事园艺活动。我常和门诺教派的神职人员一起静修。我观察鸟禽。我常常散步乡间。"

然而尽管各人的创意思想的受激方式有所不同，甚至在一定程度上还带着神秘的性质，但创意思想的激发和诱导方式也并非是不可描述的，在许多情况下，还是有共性的，甚至可以归纳为技巧。正如美国广告学者狄龙所说的："我想，创意有着某种神秘特质，就像传奇小说般在南海中会突然出现许多岛屿。"但是："能不能发展成为一种定则或技巧，作为'你怎样得到创意？'这问题的答案。""我们的结论是：生产创意，正如同生产福特汽车那么肯定；生产创意，也同样是在大量生产作业的装配线上进行，而在此一生产中，人的心智也遵照一个作业方面的技术，这个作业技术是能够学得并受控制的；因而要实现对其有效的使用，就要'练习其技术'，这与有效使用任何工具的情形是完全相同的。"而这些技术，除了上文列出的一些创意步骤和方法还包括在创意思想的诱导上，一些带有普遍性的技巧，其中有：

一、睡眠休息

德国生理学家赫尔姆霍兹说，他的一些巧妙设想，不是出现在精神疲惫或伏案工作的时候，而常常是在一夜酣睡之后的清早或是当天气晴朗缓步攀登树木葱茏的小山时。科学家司各特说："我的一生证明，睡醒和起床之间的半小时非常有助于发挥我创造性的任何工作，期待的想法，总是在我一睁眼的时候大量涌现。"杨振宁教授说，他的灵感常常是在早上刷牙时产生的。入浴、散步、旅行，都是最容易使人放松身心的活动，从而也最容易成为诱发灵感的边界条件。宋代著名散文家欧阳修自称生平文章多成于"三上"——马上、枕上、厕上。古希腊学者阿基米德奉国王希罗之命鉴别用纯金做的王冠是否掺假，冥思苦想也找不到可行的办法，为了消除苦思的疲倦，他来到澡堂洗澡，就在他跨进澡盆，放松了思想之后，看到溢出盆外的热水，忽然有悟，跳起来边跑边狂呼："找到了！找到了！"在随后的实验中，他不仅揭开了王冠鉴别之谜，还总结出了有名的浮力原理。

二、文化娱乐

娱乐不仅能使人的思想得到放松，还可以使人在艺术形象中得到启示。高尔基在创作一部中篇小说时，初稿完成了，在修改时就是找不到一个能确切地表现一个重要形象的词。编辑部一封接一封地发信催稿，但是那个所需要的词"仍然没有，照旧没有"。这时来了一位朋友，看见高尔基这样心神紊乱地冥思苦想，就提议出去散散心，到杂技院去，看看戏法。高尔基听从了这位朋友的建议，就在看马戏时他突然受到触动，头脑中闪现了那个所要找的词。结果第二天那部小说就寄往彼得格勒出版了。与此类似，科学家泡利去看戏，走到戏院门前忽然灵机一动，脑子里出现了电子不相容的设想。德国数学家希尔伯特长期没有解出的一个数学难题，据他说也是在一次看戏时突然领悟。对脑的两半球的功能有更科学的认识后，人们有意识地将主管抽象思维的左半球与主管形象思维的右半球匹配起来，在它们的张弛互补中诱发"创意"。曾获得2360件发明专利的日本发明大王中松义郎，专门为自己准备了两个房间，一个房间内挂着各种山水画，一个房间放有各种音响装置和各式照相机。他周末要在这两间房里待上两三个小时冥思苦想，然后想听音乐，先放轻音乐，接着放门德尔松的乐曲，最后放交响乐。他在音乐中发散想像，产生了许多奇妙的构思，并在实践中取得了成功。

三、轻松交谈

除了像头脑风暴那样的小组讨论外，有时，无目的的随意而轻松的交谈也能促进灵思的萌发。果戈理在和同事们的一次笑谈中，听到了官场上的一件轶事，"沉思起来"，产生了写小说《外套》的灵感。在20世纪40年代的一天，李四光家里的狗跟着小猫钻洞，但是怎么也钻不进去，急得汪汪直叫，李四光的女儿跑来赶狗，李四光笑着说："你是不是学牛顿，在这个洞口旁边再开一个阿龙（狗名）可以通过的大一点的门呢？"当时正在研究地质力学的李四光这么一提牛顿，却启发他联系自己的课题想起反作用力，从而提出了"地应力"这个概念。

"今年20，明年18……"，这句妇孺皆知的广告语的创意，可以算作广告创意中的一个"典故"了。

生产白丽美容香皂的上海制皂厂找到了金马广告集团的总裁顾成先生，请他帮忙创意广告语，要在有限的财力条件下树立一种民族品牌，以差不多的价位与外国品牌香皂分割市场，无疑，这对广告创意人的压力很大。一个星期过去了，仍然毫无思路。一天中午，顾先生与电视台配音演员刘彬（也就是亨特的配音演员）在公司边一家私人餐馆一起用餐。两人边吃边谈，渐渐地谈起了民族品牌、肥皂市场与中国文化，谈到了许多人的心理，美容就是希望自己显得年轻，"留住青春"。说着说着，刘彬把话题扯到了谌容的一篇小说《减少10岁》上。紧接着一秒钟，顾先生说了声"有了"，就提笔在桌边的一张纸上写下了：

"今年20，明年18……"

四、药物刺激

"李白斗酒诗百篇"，人在饮酒时创作力最大。美国的爱伦·坡、英国的笛·昆塞借助于咖啡，来刺激自己的神经。1792年的一个寒冷的冬夜，正在抵抗奥地利侵略、保卫大革命的法国处在贫困之中，斯特拉斯堡市市长用仅有的一瓶葡萄酒招待法国军队音乐家德利尔。市长祝酒说："德利尔应当从这最后几滴酒中获得启示，谱写一首从人民的心灵中喷涌出来，给人民的心灵带来振奋的歌曲。"德利尔回到独居的寓所后，在酒意的冲击下，从一个公民的内心冲动和一个音乐家的琴键上，捕捉艺术灵感，创作出了著名的《马赛曲》。当然我们不能由此便认为乙醇、咖啡、鸦片之类，就是创意催化剂。但有一点是肯定的，那就是这些物品具有刺激神经、活跃想像力的作用。从这一点看，它们无疑是有利于创作灵感的诱发的。

五、气功入静

中国古代佛学早就认识到"定能生慧"。现在国内外有很多专家也认为，用气功或瑜珈术能为引发灵感创造有利的心理条件。北京市中医研究所的何庆年在山西省中医研究所接受脑电监测时，发现在紧张追求心算的结果、惟恐算错一步的情况下，大脑的工作状态反而不佳，脑电呈现异步化过程。相反，在气功入静的情况下，脑电呈现同步化增强，a节律增多。在这个基础上再沉心静气进行心算时，不仅a节律不受抑制，而且答案也正确，何庆年在日常静坐练功时还多次体验到：在气功入静的状态下，恬淡自如无所追求，大脑并不是处于一种抑制状态，而是呈现为更加有序的活动（脑电的监测证明了这一点）。而在这种摈除杂念的情况下，平日工作时遇到的有些反复考虑而难以解决的问题，便会偶然灵机一动映入脑海，腾然似有所悟，过去积存在人脑知识库中的信息更易提取和综合利用，从而形成相对满意的答案。

六、语言暗示

这是麦丘博姆（D. Meicheubaum）于1975年提出来的，他用三段启动法，借助于对创意极为有益的暗示语言，来诱导心理因素及个性因素向创新的意念集中，并产生一种来自内在的强大合力，以推启深层创造活力的闸门。三段启动，综合运用了三种不同的创造性理论的精华，包括：(1)创造性是一种杰出的处理信息的心理能力；(2)创造性是一种有分寸地退回到幽默而天真的思维方式的能力；(3)创造性是求新的态度特征和个性特征的产物。三段暗示语言的构成，巧妙地蕴含着具有上述三种特色的启迪性智慧，特别是当创新追求还未内化为一种和谐、自然的"习惯状态"或人生格调时，为及早进入这样的境界，不妨加以尝试。

三段启动的暗示语言材料包括：

A. 心理能力的自我陈述：

抓住问题；什么是你必须做的？

你要用不同的方式把因素结合起来。

运用不同的类比。

精心提炼观点。

变陌生为熟悉，进而变熟悉为陌生。

你在循规蹈矩——好，尝试新的途径！

你如何更有创造性地利用挫折?

好,休息一下吧!天知道什么时候观点会再来拜访。

慢些——别急——不必紧张。

太好了,你有了新观点!

这太有趣了!

那个观点就成了一个很好的精确答案!别急于告诉人。

B. 回忆方面的自我陈述:

放松控制,让你的大脑随心所欲地漫游。

不要联系,让观点奔涌而出。

松弛——任其自然。

让你的观点活动。

参考你的经验;从不同角度看问题。

让你的自我回归。

感到自己像个旁观者,任凭观点飞扬。

让一个答案引发另一个答案。

几乎像在梦中,觉得观点都有各自的活力。

C. 态度和个性方面的自我陈述:

力求创新,力求独特。

求疑求异。

想一些别人想不到的事。

凭思绪漫游。

突出自己的特色,你能富有创造性。

数量有助于提高质量。

甩掉内在的包袱。

推迟评价。

不要管别人怎么想。

别担心对与错。

不要说出你想到的第一个答案。

不要自我否定。

麦丘博姆所拟的上述暗示语言,囊括了与启迪创造性有关的、具有普遍意义的心理因素及态度因素,其中有些内容和提法显得有些绝对。尝试者不妨根据自身的特质对其进行必要的调节和增删,但切忌范畴的混淆,以力求获得满意的暗示结果。

本章提要

1. 从各种角度分析广告创意的具体过程,探索创意过程中各阶段的内容和性质。

2. 从想像与联想、灵感与直觉、禅思与冥想角度阐释创造性思维的性质和方法及其与广告创意的关系。

3. 力争全方位多视角地探索创造性思维的各种具体方法和手段,在各种实际方法的比较中找出最适合自己且具有可操作性的方法。

4. 在实践中摸索引发创意的可执行的技巧,从而更有利于创意的涌出。

练习与思考

1. 用吉尔福特的"智慧构造模型"进行某一广告的创意活动。
2. 列出尽可能多具有对比联想和类似联想性质的广告案例。

小组讨论

1. 严格按照奥斯本的头脑风暴法所限定的规则进行小组讨论,分析某一具有争议的创意案例。
2. 用同样的头脑风暴规则进行某一公益广告的创意活动。

广告创意教程

第六章

广告创意法门

知识要求

- 了解广告创意的普遍性方法论
- 学会从不同角度建构广告创意的方法
- 养成一种对事物和方法进行分类的习惯
- 掌握创意法门的实质

技能要求

- 学会自然的表现手法
- 懂得简单性创作原则
- 熟悉以小见大的创作技巧
- 掌握艺术创作的普遍原则
- 认识到具象性思维的重要意义

广告创意在本质上是一种思想的天马行空。也许在人类创新思维面前永远没有既定的法则和永恒的秩序，思维一旦纳入程序，真正意义上的创新便会休止。然而，一般来讲，一个能被大多数人接受的好作品往往有它的共同特点，这是由受众接受心理的共性决定的。因此，探讨这种共性同样有它的现实意义。从设计和创意角度而言，以下一些创意安排似乎更能获得观察者的视觉青睐。

第一节　自然原则

这里所说的自然是指维护对象物的自然属性，从对象物的自然属性中抽取新的视觉意义。如下图：

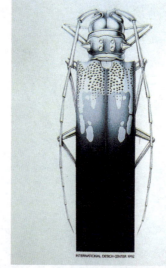

这是谁设计的？是什么人、哪一个公司设计的呢？如果往深里想，你一定会得出这样的结论：它不是任何人设计的，它的设计者只有一个——上帝。

这是我们熟悉的昆虫——天牛的照片，除了增加一点点金属感外，设计高手几乎没有人为地介入，所有自然的构造和触角都没有被电脑软件放肆地篡改过，然而这并不妨碍它成为一个震撼人心的作品——它是英国工业设计展的招贴广告。

正如人们所说的："没有艺术才是真正的艺术"，"没有设计才是真正的设计"。的确，最高明的设计是忽略设计的，最原汁的生活超越了一切设计。因为你永远创造不出这样一个富有生命质感的"天牛"，然而，在这一点上，人类并不是永远悲观的，人类心灵深处有一种"欲与天公试比高"的激情，将上帝之作设计为广告招贴恰恰反证了人类的自信，天工如此巧夺，这才是设计的最高境界。

于是，我们发现，一个获得普遍好评的创意常常是契合了人类心灵深处的自然感情，从最自然的物象上发现新的视觉意义往往是最难得的，但也最容易获得领悟者会心的赞美。一个有野心的广告创意人应当学会探寻这种近乎天启的资源。

一、直接从自然物象中寻找意义

从埃菲尔铁塔刚性的身体内部发现了一条柔美的内裤，深黑的骨架成了绢细动人的花边，粗犷与细腻、坚实与秀丽、阳刚与阴柔形成了完美的统一。只有最自然的慧眼才能发现隐藏在生活中的美丽片断。

为了表达这种网球拍强大的功能和无与伦比的张力，当然可以有很多办法，然而，从网球拍自身的精巧构造中发现埃菲尔铁塔般壮丽的骨架，真是讨巧至极。

竟然在姑娘的小辫子上也能发现麦当劳标志,麦当劳真是无所不在。

有谁能想到仅仅是一个罐子,经过色彩、灯光的渲染和极富创意的项链摆放,竟然可以演绎出如此具有生命质感的信号。

所谓从直接的自然物象中寻找,就是几乎不经过任何变形,而将自然物中所具有的天然造型和品质直接抽取出来并赋予它新的意义。这种创造的前提是:(1)我们身边的一切物象和视觉信号都有它特定的意义。(2)一切物象语言又都具有多重意境,可以互相转译。(3)在我们熟悉的表象下面可能藏着一个陌生却又令人惊喜的意义世界。

因此,广告创意在更多的情况下不是用电脑变幻出一个新的东西,而是在旧元素中发现新的解释。上帝能给出的元素已经全给了,剩下的就是对元素的重新结构、诠释和发现,这才是人的工作。寻找是一种探险,也是一种幸福,正如下图中的新解释,总能带给发现者新的惊喜。

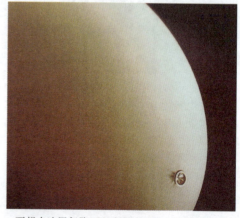

在一个极其普通的番茄里竟然躲着某种符号,到底是上帝的预先设计还是人眼的机巧比附?总之对于奔驰车来说真是要感谢大自然的无私馈赠。

要想表达胃气胀可以有很多手法,可是这幅广告却驾轻就熟地用人们司空见惯的气球来比喻。外形、光线、脐眼、胀气所有这些符号简直天衣无缝地诠释了主题,难怪各种广告杂志会争相转载,因为观赏者在它的背后看到了一种不动声色的智慧,一种自然的幽默。

　　哈尔滨啤酒《三潭印月篇》　　　　　　　　哈尔滨啤酒《苏堤春晓篇》

　　艺术对自然的追求可以有各种形式，其实，在许多表面的自然和不经意的背后往往都饱含着创作者的殚精竭虑，成千上万种图片、数百个一晃而过的闪念、多少辗转反侧的不眠之夜，最后，只有那种最自然贴切的发现才会让精疲力竭的广告人兴奋起来。相信哈尔滨啤酒《三潭印月篇》、《苏堤春晓篇》的作者如果不是仅仅从下面的广告中获取灵感，而是自己意外地发现的话，他一定像醉了般的幸福。

我们总能从啤酒泡沫、窗上的霜花和随风飘散的云朵中看到别的东西。

二、对自然物象适当安置以获取新的意义

　　千变万化的现象界给智慧提供的只是素材，对这些素材进行不同方式的配置和重组并且从中发现新的生活意义才是有趣的。正如下面这些广告所展示给我们的：

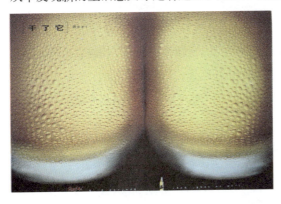 

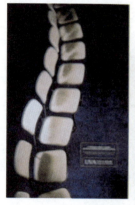

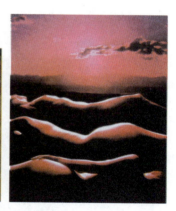

从啤酒杯的自然摆放方式中发现人体美，这虽然不是一件难事，却也可见创作者的良苦用心，生活中缺少的不是看，而是观察。

一双普通的鞋子，不需要经过艰难困苦的艺术加工，只是最自然、最随机的摆放，竟然活灵活现出一只美丽的蝴蝶和咄咄逼人的鳄鱼，一点不用力、一点不牵强，这就是艺术，这就是自然美。最重要的是，它不是一个让后来者捶胸顿足的空前绝后之作，它更提示了一种可能性：既然一双鞋也可以建构出新的意义，那么世界上千千万万种物象又可以结构出多少美丽绝伦的图景呢。

于是我们看到，几只椅子可以摆放出需要增加钙质的脊髓骨，一顶草帽幽默地撑起了男性的尊严，几个女性的身体也能幻化出摄人心魄的壮丽风景。元素只是元素，结构却可以做很多事情，就像达利竟有本事对女性人体进行重构，将"美女祸水论"深刻地演绎到荒谬的程度，令人叹为观止。

三、对原始的自然信号进行意义加工

请看下图：

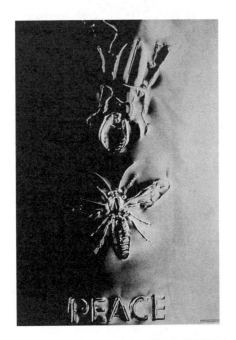

历史上有很多关于战争与和平的海报，可这幅无疑是最震撼人心的作品之一。几乎没有任何人为制作的痕迹，却传达了一种远为深刻的历史智慧，一切不义的战争和无谓的争吵从大尺度空间观之都是历史儿戏，正如《东周列国志》开宗明义所言："道德三皇五帝，功名夏后商周，……前人田地后人收，说甚龙争虎斗"，斗来斗去最后的结局也只能是《红楼梦》里"好了歌"所感叹的："荒冢一堆草没了"。

这也许是亿万年以前一个普通的瞬间，两个相互敌视的昆虫正准备一场生死大战，千钧一发之际,一滴硕大的树脂凌空而降,正巧将它们凝固住了,亿万年后一颗晶莹剔透的琥珀见证了这场即将发生的战争。直到今天,也许这类战争还在每日每时地进行着,然而,除了生物竞争中不可避免的食物链外,战争对人类社会而言究竟有着多大的意义是值得每一个人深思的。广告将一个历史切片以最自然的形式呈现给世人,其警醒意义是无与伦比的。

这就是艺术中自然主义表现的力量,一种没有艺术的艺术。

对原始信号进行意义加工就是将原有的物象形式以及人们头脑中的图像格式通过某种方式进行转换,使旧的信号产生新质的联想,从而达到广告创新的目的。

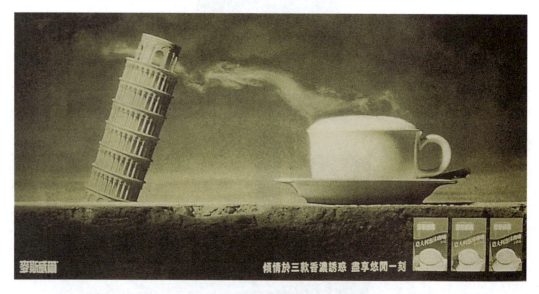

上图极其机智地将人们心目中的比萨斜塔拟人化,但这种拟人又不是用通常的广告手法让比萨斜塔戴一个帽子或者眼镜什么的,那只是一种表面的强加。这幅作品的高明之处就在于完全呵护比萨斜塔的自然形貌,仅用一杯咖啡和几缕飘香就能像万有引力一样让斜塔为之倾倒,实际上,是以一种静的方式让千年斜塔动起来,真正做到了"不着一字,尽得风流"。

这种不动声色的巧劲常常让人们拍案叫绝,就像你不得不佩服这则戒烟广告的神思,竟然找到了烟蒂与尸体在形态上的天然统一性,最自然随机的视觉符号,才具有最摄人心魄的魔力。吸烟的危害被淋漓尽致地揭示了出来,这是自然主义表现手法的又一杰作。

四、依事物的自然属性而动

设计者应当怀有一种对现实自然物的深刻尊重。每一个自然物体都具有天赋的神圣性，在电脑可以轻易地将现实自然变形、改造和打扮的当今时代，重新还原人类与自然的淳朴关系，尽可能顺应自然物的原始走向和脉络，是每一个有思想的设计人值得考虑的问题。在考量设计方案的时候首先想到的不应是控制，而是顺应，不是强加，而是给予。就像电脑完全可以将崎岖的山峰强加到勺子、小刀和钢笔身上，可那又有什么意义呢？相反，钥匙的齿却天然地具有山峰的特征，于是，最好的设计就是寻找到这样一个最适于表达的自然物，然后顺势而动，沿着其经络的自然走向进行价值附加，电脑运作只有在这种意义上才是精当的。下面左图吉普车的广告之所以百看不厌就在于创作者深刻地领悟了"顺其自然，归其自然"的奥妙。这才是设计人梦寐以求的高境界。下面几幅设计同样遵循了这一创意法门。

拥有这样一部吉普车，整个生活会像探险一样充满了新鲜和刺激。

这幅作品的真正品位在于它将母亲和大地天衣无缝地连接在一起，没有丝毫的牵强、做作。

创作者的高妙不在于广告本身的诉求，而在于他找到了同样生鲜自然的物象，将一小段植物根茎处理成一个新的视觉符号，自然、幽默、醒目、养眼。

右图的广告也遵循同样的创作法则。要想表现轮胎的强大功能，可以有很多手法，其中之一便是寻找具有同样功能的大家熟悉的东西来比附，一些软体动物就成了首选。只是把轮胎与吸盘稍作置换，一个活灵活现、自然天成的大章鱼便跃然纸上，一种强烈的、令人恐惧的吸附力冲击着人们的感官，观察者自然会将轮胎想像

轮胎广告竟然可以这样做，真绝了。

为黏着力巨大的吸盘，这种条件反射般的联想正是广告创作者希望得到的。

从自然中汲取灵感、尊重自然物象的原始品质、对自然物的属性和特质进行意义升华、尽量减低对原始物象的生硬介入，是广告人在创作过程中始终孜孜以求的，很多广告创意或多或少都表现了这种追求，如下图：

牛奶倒在杯子里形成了牙齿的自然形状，机智地暗示了牛奶与健牙的关系。

这是很多创作者惯用的拟人手法，应当小心谨慎，以免落入俗套。

远看是一把剃须刀，近瞧却是放在支架上的一台视频播放机，一种逼人的锐利扑面而来。

能经历千百次战火的考验，这样的轮胎没话说。

半个世纪前,可乐瓶已经找到了自然原型。

仅仅借用两只手的特定姿势,就可将地球人格化,好的创意真是智取巧夺,不费一枪一弹。

从萨克斯管的自然走势中发现女人丰满的腿,真是金特凯泽的造化。

传统剃须刀筒直像眼镜蛇一样恐怖,电动刀的安全性就不言而喻了。

仅仅打开易拉罐,嘴、舌头都是现成的,似乎还在笑,奇巧的构思真是意犹未尽。

在弗洛伊德的世界里,女性的包具有强烈的象征性,广告创意人竟然真的从包的自然曲线中发现了诱惑。

与轮胎相似的东西真是太多了。

这种偷梁换柱的手法在广告里实在太多了，重要的是不模仿，而是想出比它更自然的点子来。

袅袅升腾的轻烟将人带入乌托邦的幻觉中，烟的轨迹与女性的自然曲线吻合得丝丝入扣，浑然一体。

自然原则的遵循者总能在普通的生活细节里发现新的意义，其创作思路永远依事物的自然属性而动。就像左图这幅摄影杰作，其之所以能获得国际摄影大奖，绝不是因为它的构图、影调、器材、角度、颗粒等摄影技术，也不是由于模特本身的气质和表演技巧，事实上这些要素在这幅作品里并不突出。毫无疑问，惟一的解释就是——创意，遵循自然原则的创意。但是自然永远无法刻意求得，无论服装模特的表演技巧怎样炉火纯青，她也不能达到如此自然的程度。走在铁轨上的摇摆姿势虽由人设，但却浑然天成，这是最自然的姿态，她把女性的婀娜多姿淋漓尽致地展现了出来，它与T型舞台表演最大的区别就是不可复制性和不可重复性，这是上帝赋予人类最不可思议的品性，它超越了一切最精致的技术表演，它让人幻想起女人灵性中最自然的风姿。创作者为我们打开了又一扇自然之窗。

自然原则运用得当常常可以获得意想不到的效果，事实上近年来许多广告创意大奖作品，基本上都是自然原则的重要标本。下面一些作品，就是我们经常见到的，不管它们有多少不同点，获奖的原因怎么复杂，有一点是共同的，即都是流畅地运用了自然原则。瓶子里倒出厚厚的酱，这一人们司空见惯的物象可以被创意人提炼成如此恰到好处的舌头，这就是最自然的发现。正如下面两幅广告，只是把啤酒瓶盖子的造型作了最自然的想像和延伸，于是，震撼人心的作品就产生了。

广告创意法门

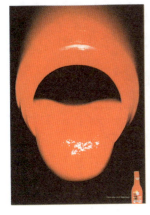
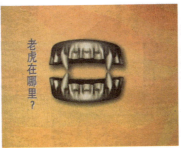

依事物原有的自然机理而动，这是一切创意追求的高境界。

自然原则是一种方法、一种境界，也是一种思维习惯，养成这种习惯，也许能更有效地创意出好作品，就像右图风景，一个新鲜的鸡蛋竟然也能像太阳一样，使我们的生活增添一种异样的风采。

第二节 简单原则

爱因斯坦说："解决之道很简单时，上帝在回应"。他有一个坚定不移的思想：科学逻辑上的简单性，是理论的正确性的重要标志。

的确，最伟大的真理常常也是最简单的真理。因为任何基本的东西都是简单的，宏伟事业的核心是简单的，人类文明的根基是简单的，人性的本原是简单的，宇宙的出发点是简单的，一切创造的起点也是简单的。毫无疑问，广告创意同样应当遵循简单原则。

一、简单是一种智慧

什么是简单？让我们先思考几道题目：

（一）四只甲虫

四只受过训练的甲虫，分别呆在边长为一英尺的正方形的四个角上，它们要跟着它们前面的另一只往前走。当"出发令"下达之后，这些甲虫就开始向位于它们前面的甲虫前进。它们就这样不停地往前爬，总是以位于它们前面的甲虫为目标。这使得每只甲虫都慢慢地偏向了右边，最后达到了这个正方形的中心，这是因为每只甲虫前面的另外一只甲虫都在往右偏，而每只甲虫后面的那只甲虫则都必须向右转,以和前面的甲虫保持方向一致(见下左图)。最后的结果是,这些甲虫很快就走出了螺旋形的路线,最终在正方形的中心会合。请问:每只甲虫走了多远?

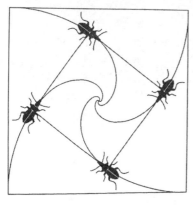 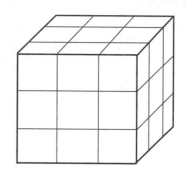

(二) 木匠的奇想

一个木匠正用电锯把如上右图所示的一个边长3尺的立方体,锯成27个1尺见方的小立方块。显然,他只要锯6次,就能很容易做到这一点。有一天他突发奇想,能否把锯下的木块巧妙地叠放在一起锯,而减少锯的次数呢?他能够做到这一点吗?

(三) 东坡的谜语

诗词歌赋无所不精的苏东坡有一次约诗僧佛印同游,兴致所至,出了一条谜语:"唐虞有,尧舜无;商周有,汤武无;古文有,今文无。"佛印猜道:"听时有,看时无;跳跃有,走动无,高的有,低的无。"东坡见佛印猜对了,说:"善者有,恶者无;智者有,愚者无;嘴上有,手上无。"佛印乐了,又猜道:"右边有,左边无;后面有,前面无;凉天有,热天无。"苏东坡接着说:"然,哭者有,笑者无;骂者有,打者无;活者有,死者无!"佛印紧接话头:"妙,哑巴有,聋子无;跛子有,麻子无;和尚有,道士无。"请问谜底是什么?

当我们解决某一难题(注意:我们总是习惯于将问题不知不觉地表述为"难"题,这不仅是一个表达习惯,更是一种心理暗示)的时候,很容易一开始就将问题想得特别复杂。从心理学角度分析,这实际上已经是失败的开始,因为它有两个致命的不利:

一是当你觉得它很难时,你就会想方设法从难处着手,从而忽略了最简单的解决之道。这就像古代一著名的开锁匠,因获罪被皇帝关在牢里,花了30年时间试图打开牢门的锁,最后都无功而返,30年牢狱生涯结束放他出来时,竟被告知这把锁一直是开着的。二是当你觉得它很难时,就可能失去信心,这又会加重问题的解决难度,从而导致恶性循环。

前面几道问题的解决思路同样如此。"四只甲虫"问题,可能已经把我们搞得晕头转向,这样一个不断变化着的曲线,要想计算其长度,究竟应该从哪儿下手呢?也许我们想到了用微积分或者高等代数的方法,即使这样仍然不是一件简单的事。此时此刻如果我们不是用"知识"而是用"智慧"来思考的话,思维的路径也许就不一样了,我们可以想像每只甲虫朝它前面的那只甲虫爬出的第一步。每只甲虫都顺着正方形的边走了一点点。确实,每只甲虫前面的那只甲虫都走了一点点,这样使得每只甲虫的方向都偏了一点点。突然,我们的思路也"偏"一点点试试看,也许我们会想到让甲虫吃掉它前面的那根一英尺长的细草的情景。没错,就是一英尺长。

"木匠的奇想"实际上是不可能实现的,也许我们又花了许多时间去想它的复杂而又奇妙的解决方案,其实,有一个最简单的办法能证明这是不可能的,因为最终被锯成的27个小方块中,只有最中央的那个小方块有6个锯截面。由于锯一次不可能给同一个小方块留下两个或两个以上的截面,因此中间的那个小方块一定被锯了6次。

所谓简单思维就是去掉其他26个复杂不一的小方块,找到最中间的那块,一切就变得简单明了了。这件事,说起来容易,真正执行也是需要智慧的。就像这个"关键点",有时藏在中间,有时却露在表面,苏东坡与佛印的谜底其实就明明白白地亮在每个字的表面——有的字含有"口"字,有的字不含"口"字。就这么简单。

这样我们就看到,简单思维实际上是一种智慧,这种智慧需要逻辑和知识,却又超越逻辑和知识。可见,在深厚的知识累积和严密的逻辑推进的同时,一种轻盈的灵思同样可以殊途同归,达到一种"四两拨千斤"的境界。

广告创意追求的正是这样一种境界,正如下面右图所展示的,一只普通的辣椒可以构成一个巨大的品牌联想——耐克。最简单的创意、最简单的手法、最简单的比喻、最简单的信号,却传达了最丰富、最强烈的诉求。

事实上,耐克标志自身就是简单化原则最典型的标本。几千年来几乎所有的民族,所有的孩童从读书的第一天起,就见识了这个符号——对、行、好、可以、OK。这是一个多么积极、多么向上的符号。它的无与伦比的熟悉度、知名度、友好度使它成为人类有史以来各民族、各人种间最没有异议的象征符号,实际上它是全世界人民共同发明的,或者甚至可以说简直就是上帝发明的最简单、最直接的语言,更有趣的是多少年来竟然没有一个人想到将它注册而变为己有。所以,耐克标志的设计者是高明的,耐克公司的决策者是英明的。这个世界的不公平性就在这儿,有人一转眼就获取了数以亿计的无形资产;这个世界恰恰又是最公平的,巨额的财富原先是活生

生地放在所有人的手边的。看来致富也可以是很简单的，简单到深刻的程度。

就像下面这幅被广为赞许的公益海报，又一次让我们直观地感受到这种简单化手法可以达到什么样的境界。如此创深痛巨的震撼根本不需要一滴血，惨不忍睹的场面可以被表达得这么高雅和干净。

简单化原则首先是一种意识，就是在创作的源头上，在思考的起点上舍去一切繁琐的信号，这实际上是一种艰难的概念提取和精神升华的过程，就像自然科学中的深度研究，有时更需要一种抽象的能力，那就是舍弃思考对象的物理内容和经验内容，将最深刻的思想建基在最抽象的数学推理和逻辑演绎的前提上，只有这种思考习惯，才有利于我们接近那几乎遥不可及的真理，设计思维虽然从总体上说是形象化思维，但是只有那种将形象化思维仅仅作为工具而思索更具普遍性规律的人，只有那种善于

在事物的表面繁华背后发现生活真谛的人才有资格成为真正的设计者。虽然我们看到的是一张随机撕开并且错位的红纸，可是我们真正看到的却是被切割的手指背后设计者的思想深度和人文底蕴，一种绚烂至极而归于平淡的设计哲学。

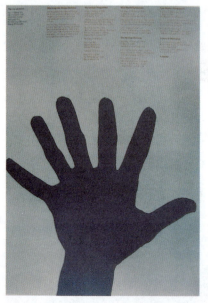

同样是手，创作意图不同，达到的目的不同，运用的手法自然也不同，但是创意思想的核心却是一样的，那就是尽可能简捷地达到目的地,而不要无谓地绕弯子。因为直线才是最短的路。

要想告诉大家这次是六个人参加展出，而且都是一些绝不平常的人，又都和设计有关等等许多信号，怎么办？最简单的办法就是一掌竖起六个指头，用最简洁的信号告诉你最多的东西。

二、简练就是丰富

在中国哲学"真善美"的逻辑构造中,最后的境界就是"美"。

20 世纪 80 年代末,广州曾举办过一次全国服装设计大赛,绝大多数参赛作品都追求豪华、气派、新潮、不惜浓墨重彩、精雕细刻。但是最后,令所有参赛者大跌眼镜的是,获全场惟一金奖的作品竟是一个最简单的制作,其创意是将一块漂亮的布料挖三个洞,分别套进头和手臂,再用一根彩带拦腰一扎,就是一条裙子,小女孩穿上这条裙子简直就是"出水芙蓉",极其简练却又美妙,实乃独出心裁之作。

无独有偶,90 年代初,上海举办了一次民间工艺设计大赛,在无数精美的工艺作品中,有一款简约自然的设计脱颖而出:仅仅是将餐桌上吃剩下的梭子蟹的螯稍作拼接,便创意出了几只极富灵性的"梅花鹿",错落有致地安放在绒布做的"绿草坪"上,令人拍案叫绝。因为他不仅利用了梭子蟹大螯独有的造型,更令人不可思议的是,梭子蟹烧熟后那特有的色泽以及不规则的点点白斑,恰如梅花鹿身上的自然斑点,真是巧夺天工而又洗练至极,这件作品理所当然地获得了全场第一大奖。

这就是简单化思维,这就是简单化思维所应达到的境界——最简练的形式表达了最丰富的内容。从这一意义上说,简练才是真正的丰富,因为"一切具体的都是有限的",只有最简单的东西才具有最大的孕育性和想像空间,也才最符合"拉哥尼亚"思维法则。

拉哥尼亚(Laconia)是古希腊南部的一个王国。传说公元 4 世纪,所向披靡的马其顿国王腓力二世向拉哥尼亚都城斯巴达发起猛攻,并给被围困的城邦国王送去一封信,咄咄逼人地威胁说:"If we capture your city we will burn it to the ground"(假如我们攻占你们的城池,必将把它夷为平地)。不多久,腓力收到回信,上面只有一个词:"If"(假如)。

所有的人都知道后来发生了什么样的情况。直到今天,我们有了广泛使用的一个形容词——Laconia,词义是"言简意赅"。凡是达到这种境界的思维就被称之为"拉哥尼亚思维"。

好的广告在很大程度上就是善于利用"拉哥尼亚思维",从而达到自己的目的。下面这则广告就简单到了"无以复加"的程度,但它所传达的想法却十分丰富,简直是在讲哲学。

代理:AMV BBDO 广告公司
客户:《经济学家》
有人说,它是最近也是 15 年来一系列广告中最好的一个,每个人都会感觉到"缺失的一块",广告用拼图中缺失的一块取代《经济学家》原有的口号,这是一个只有当名声在外时才可用的方法,从而更加强化了一个卓越、自信的品牌。

人说自然科学是将复杂的东西简单化，社会科学是将简单的东西复杂化，那么艺术呢？就是该复杂的复杂，该简单的简单。一个感叹号也许胜过无数的繁琐说教，只要你亲口尝一下我们的巧克力，你一定会发出同样的感叹，这是巧克力广告简单的一招。

维护绿色这样的公益主题人们见得太多，可左图的创作者却一反常态，用最简单的手法涂抹出一条风景带，在舍弃了复杂的电脑制作程序之后，获得的却是意料之外的视觉兴奋，它也让人们思索这会不会是人类最无奈的选择。

绿色是生命的颜色，可现在只能在心灵深处虚拟。海报简单而又深刻地揭示了面对工业文明对大自然的侵略，人类的无奈和向往。

只有最简单的信号才能传达最复杂、最神秘的信息。

右图简洁工整的画面处理同样是一幅具有相当视觉冲击力的图像。他不禁让人想起一个堪称伟大的影视公益广告：电视画面突然出现一片彩屏（如右图）让人怀疑是否电视播放系统出了问题，时间在一秒一秒地延续，彩条依旧，正当所有的观众越来越纳闷时，彩条忽然不见了，接着出现一段文字：反对种族歧视。

多么美妙的创意，多么感人的说服，完全符合伟大广告的一切要件：醒目、刺激、悬念、感人，特别重要的是，创意表现手法的极端简练性。

令人深思的是，为什么许多震撼人心的作品却常常是最简单的制作，这幅广告中的蘑菇云可以让人产生最恐怖的联想，像是一个大制作，但它却是用最简单的方法做出的：电视中地平线上出现一个黑点，渐渐升腾蔓延，最后扩散成一朵令人惊恐的蘑菇云，到此为止这仍然没什么稀奇，可最后一旦翻转发现仅仅是一滴墨水所为时，震撼才真正出现，这是一则反对污染的公益广告。人们惊奇的是广告手法本身，人们叹服的是他的智慧，一种四两拨千斤的奇巧。这里，技术手法本身的简单性演变成了观察者震

洗涤剂广告创意可以做得这么宁静而灿烂，所有的色彩都回到了它原来的位置。

撼的源头，技术的简单性极大地提升了作品的境界和内涵，可见，简单不仅是一种技术和操作，更是一种源自于宇宙深处的力量，这种力量同样也深藏在人的内心，使我们抱有一种对简单性的宗教般的渴望。

下面一些设计都是用最简单的手法力争达到一种最高的境界所作的努力，不要忘记作者都是一些大师级的人物。

这都是一些最简单的语言，但却实现了一种最有效的传达。信息的简单性与信息的传递效果成正比，与信息的传递成本成反比，卓越的创意所追求的永远是终极的简单性。

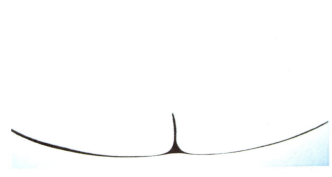

就像左图的摄影作品，作者用几乎简单到极限的线条准确无误地勾勒出了人体的一部分。这是20世纪60年代活跃在世界摄影舞台的女艺术家芭芭拉·克兰妮的作品——《人体线条之一》（1965年）。她把人体提炼得只剩一两根线条和一点点或隐或现的影调，所有具象性的经验符号都被删去，问题是，这丝毫没有妨碍主流信息的传达。最重要的是，欣赏者并不需要特别的点拨和艺术联想能力就能在一瞬间实现准确的指认。可见，简单性原则所追求的是一种极值，就是在信息删减的程度和意义传达的准确性之间博弈，从而寻找一种最佳的结合点。《人体线条之一》之所以能赢得高度评价，正是因其体现了这种极限追求，并且额外地给人带来了一种艺术智慧的快感，只有那些具有深厚的美学修养和较高的哲学悟性的人才能有幸创作出如此神品。

第三节 以小见大

艺术功力的高低很大程度上表现在创作者能否从大处着眼，从小处入手，从而达到以小见大，见微知著的效果。因为：

1. 世界从本质上说是一个巨型的复杂系统，事实上每一个具体的事物又都是一个复杂的系统，不仅有其内部的复杂性，而且它还与外部世界保持着千丝万缕的复杂联系。要想全面描述事物的完整状态不仅是不经济的，甚至也是不可能的。

2. 从信息接受者角度观之，一方面由于信号的冗杂程度与人的接受度成反比，要想获得有效传达，就必须对信号进行目的性的简化，以期达到更准确的传播；另一方面，接受者在心理上有一种"完整联想"的能力，也就是说随着年龄的增长，人有一种越来越强大的对信号进行"补充完善"的能力，也即见到局部就能很自然地联想到整体。

3. 局部之所以能表达整体，是因为局部的结构与功能和整体的结构与功能有着本质的相似性。全息学告诉我们，局部往往包含着整体的全部信息，就像每一片树叶的长相实际上暗示了整个大树的长相，于是考古学可以从一片树叶的化石分析出针叶林和阔叶林的区别。这样，在理论上就可以"窥一斑而见全豹"。

于是，在艺术和设计领域学会以小见大，以局部的物象表达完整的意念就成为许多广告人所追求的境界。

一、孕万于一

让我们先看左面一幅图片：

这幅广告是20世纪的获奖作品，其最重要的获奖理由是，它通过一个非常小的局部暗示了一种更大范围的痛苦。这也许是一位上了年纪的老奶奶，不管是胃炎还是关节炎，总之疼痛一直在折磨着她。

一般而言，广告要想表达人的痛苦，可以有很多手法：大喊大叫、捶胸顿足、作死作活等等。然而，这幅广告却舍去一切表面的现象，紧紧抓住最具象征意义的一个不易被人发现的动作，将之局部放大从而达到一种窥斑见豹的效果。广告创意很好地逮住了一个典型细节，这是一个不易被人发现，却是人人心中都有的细节，它不仅恰当地传递了炎症患者内在的痛苦，更从精神角度暗示了老人的性格，也许老人身边还有其他人在场，而老人家又不愿意让别人为她担心，所以她的脸部没有表现出明显的痛苦，只是通过紧握的手指缓释疼痛。广告的高明就在这儿，它用一种含蓄的力量表达了正在努力克制的疼痛，它淋漓尽致地以外在的静表达了内在的动，它恰如其分地以一个点诠释了整个面。

好的创作永远具有见微知著的品性，通过一个细节来见证整个历史，以单个的元素阐释整个系统。所以我们就可以理解右边的房产广告当初为什么能获得业界的广泛赞誉。它并没有像大多数房产广告那样将整栋房子，甚至将房屋周边的所有环境都囊括其中，而是取其局部，将一个不起眼的楼梯把手凸现出来，其用意

是不言自明的：既然我可以将这么小的细节都处理得如此完善，可以将这么一个不起眼的点位暴露出来，那么，其他更重要的部位以及房屋的整体质量当然是不言而喻的了。这种以点带面的表达手法是许多广告乃至艺术创作的要约，就如下图德意志航空公司的广告，想要告诉乘客，系统的整体质量是如何地好，检测程序如何先进和细致，怎么说呢？最好的办法就是找到至关重要的典型细节———乘务小姐为孩子系鞋带。我们的乘务员连这一点都想到了，连这一点都不马虎，请问整个系统的安全质量你还有什么不放心吗？这一为孩子系鞋带的细节不仅准确地传达了航空公司整体系统的安全性，而且顺带还透出了公司以人为本的理念。

这就叫以小见大。正如大法师楞严和尚所言："扬起一粒微尘，大地就在其中"，世界是一个全息的整体，可谓：一沙一世界，一叶一如来。艺术的本质就是观照一沙一叶，并通过这一沙一叶进而观照整个世界。

典型之所以是典型。就在于它揭示了事物

的类本质，一变成了多，个别上升到了一般。个别被揭示得越深刻、透彻，整体就越清晰明白。当人们说"越是民族的就越是世界的"时，德国人干脆说："贝多芬之所以能打动世界，不是因为他是德国人，而是因为他是贝多芬"，越细节就越整体。这就是"万取一收"、"孕万于一"，叫做"以一见万"。过去俄罗斯民间骂人："一看你的牙床，就知道你是个亚美尼亚人"，可见"一"的厉害、"细节"的狠。于是人们都相信艺术家的造化，叫做"一芽萌而绘春光似海，一叶落而写秋意如杀"。当然关键是如何找到这个"一"。

二、运用之妙存乎一心

都知道要寻找这个"一"，关键还是内心的艺术悟性，悟性既有高低又有先后，既有天成又有后养。但艺术到最后总离不开熟能生巧，禅宗说"桶底脱落"就是这个意思，先往桶里装，发奋读，拼命学，什么《六祖坛经》《五灯会元》《指月斋》全往里灌，到后来因为太沉了，以至把桶底都脱落了，于是一片光明，达到"空"境，最后连"空"都空掉，叫做"空纳万境"。可见创意人要学会大量地观察，细细地体会，下面几则广告也许可以帮我们加深体会"以小见大"。

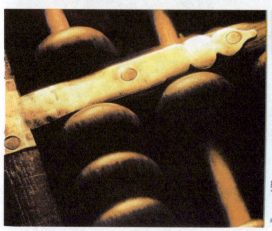

这是一个网球拍的广告，画面上虽然没有出现球拍，甚至也没有见到击球人和整个网球场，广告创意人只提取了系统中一个非常小的点——场地最边缘的死角，但它却包含了一切要素：边角线、球、掀起的泥沙、恰当的光线，这一切构成了一个特定的"场"，使你感觉到一种令人生畏的力量，特别是它的广告词："赋予你埋葬对手的力量"更平添了一股杀气，使你自然而然地产生这样的联想：是什么让击球手这么准确，是什么让击球手这么有力？

香港银行的广告同样做得漂亮。既没有直冲云天的高楼大厦，又不见金碧辉煌的营业大厅，只一个小小的中国算盘，甚至只是算盘的一个角，透过暖色调的灯光，你仿佛看到一种历史传承，一种无言的许诺，一种不懈的精打细算，让人油然而生一种精神上的温暖。

Winston香烟广告做得这样大气，使你不得不相信条条大路通罗马。同样是香烟广告，同样是男子汉的野性，这儿既没有西部的大漠，也没有狂奔的马群，更没有万宝路世界铺天盖地的征服，但是，最内在的精神却纤毫毕现。

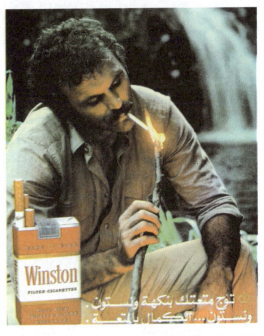

仅仅一个用枯枝点烟的小小动作，就足以将一个生命的行旅者，一个历经沧桑的男子汉竖立起来了。毫无疑问，这是以小见大、以静制动的又一范例。是的，正如战场上万马奔腾、刀光剑影的拼杀让人惊心动魄，然而，当一切都已结束，万般寂静中，看着那遍野横尸、缕缕青烟，可能更能使人萌生一种灵魂的感佩和震撼。自然界的高峰可以让人望而生畏，人类心灵的境界也许更是高不可攀。

广告创意做到最后不仅是一种技巧，更应该是一种哲学。就像这匹英国人引以为豪的良种马，要想告诉受众这匹马如何地优秀，血统是如何地纯正，是否需要将整个马牵出来遛遛？不，因为从哲学上说，一切具体的都是有限的，如果让人看到了马的全貌，那么一切想像便终结。正如马克思说的，当燕妮不在他身边时，燕妮的形象便会无比地高大起来，因为阳光没有记录完全的信号这时候可以被想像弥补。这就是人的普遍心理，越是得不到的就越想得到，因为一切秘密都具有诱惑力。当广告把一切都给予观众时，广

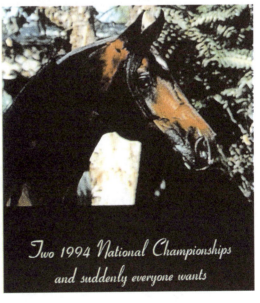

告丧失的可能更多，所以禅宗说："你朝向了它，就远离了它"。反之，冰山现一角，偶尔露峥嵘，更有一种强大的引力，让人产生无限的想像和征服欲，信息的传播同样要顺应人类这一普遍的心理趋向。归根结底，在人心的深处有一块奇特的反骨，于是我们才知道——一切

禁止都意味着加强。

以小见大的创作手法要求人们对局部有一种特殊的感悟力，换句话说，要找到整体中最具有象征性的局部，这个局部不仅能有效地代表和刻画整体，更重要的是，要达到一种前所未有的境界——局部超越整体。

左图这部汽车广告从某种程度上说，正在试图接近这一境界。仅仅是一个放大了的局部，不仅略去了所有无关的整体中的其他要素，而且什么话都不说，什么外在的价值也没有附加，甚至连电脑夸大变形都无需，天然去雕饰，就往这儿一站，我是谁？我还要修饰吗？强烈的视觉冲击下，人们隐约感到了一种霸气，一种从骨子里发出的自信。这就是劳斯莱斯的本性，一种无所不在的帝王之气。广告创意很准确地理解了广告对象的历史坐标，恰到好处地将内容和形式统一了起来。犹如诺贝尔奖，有的获奖人因为诺贝尔奖而光华四射，有的获奖人却使诺贝尔奖光芒万丈。最强大的实力常常不沾符号的光，而是相反。但这幅广告却不是。它使我们看到了符号与内容的相得益彰，这就是创意的质量。惟一遗憾的是名不副实的品牌很难模仿。

因此，有时往往是那些已经做大的品牌才敢于以小见大，于细微处见精神。就像IBM那样的大公司，在广告宣传上就不需要将力气用在自己的规模、名气、地位以及历史悠久等等强势的外部特征上，而是着力表现大品牌的内在精神和价值追求，并且尽可能地贴近生活，以生活中的细微感受给人们以启示。如右图的表现手法，IBM的标志化为一个小小的跳板，让人跨越生

IBM甘愿做一个小小的跳板，让人渡过、让人沟通、让人跨越到彼岸。这是一种"小处见精神"的大气手法。

命旅程中的沟沟坎坎，生活中有时虽然是小小的跨越，却总需要一些助力，尽管微不足道，但能获得一种温暖。IBM 在微小的生活细节中发现了"筚路蓝缕以启山林"的壮阔情怀。

这件丰田车的广告创意同样表达了极端的创意风格，也即"以小见大"，从一个非常小的零部件，来暗示整部车的性能，简直像邦迪一样充满弹性和透气性。

"以小见大"不仅是一种创意原则，也是一种创意风格，更是一种具有可操作性的方法。

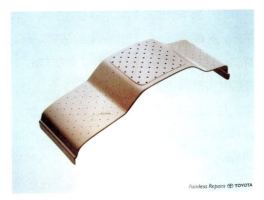

第四节 具象比喻

所谓具象比喻就是运用较为感性的事件或物象而不是抽象的符号进行传达。如下图，要想传达有关美国总统布什在当时的美国受欢迎或者被反对的信息可以有各种手法，但是最直接、最醒目、最记忆深刻的表达手法就是运用具象比喻，反对的就给一拳，拥护的就送一吻，旗帜鲜明、各执一端，然后标上相应的百分比让读者一目了然。《TIME》杂志封面的这一生动有趣、给人留下深刻印象的创意就是具象比喻的绝好例证。

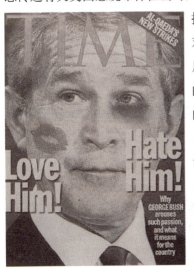

试想如果仅仅用图表或者文字的形式又怎能达到这样让人会心一笑的效果呢。创意者的成功不仅在于他用一种美国人特有的幽默在西方舆论的宽容度里嬉笑怒骂，更是由于他动用了一种特殊的心理资源——人们对具象比喻的偏爱。只有当图表数据变成了可触可摸可嗅可感的物质图像时，只有等抽象的概念和文字还原成最简洁明了的视觉经验时，人的直接感受系统才更容易兴奋起来，于是，信息便长驱直入，并在人的心里留下印痕。

广告创意之所以需要运用具象比喻的手法，从一般意义而言，是基于这样一些理由：

1. 人类视觉经验习惯于感受具象事物。数亿年的动物进化历史使人类永远烙上了一般动物的特性，就感觉经验而言，动物的感知对象始终是具象性的。因此，三千年来人类逐渐创立出的抽象符号系统，以及人们对这一系统的感受经验完全不足以对抗数亿年形成并已深深积淀到我们的潜意识层面的感觉习惯。这就历史地决定了具象有着抽象不可比拟的视觉质感和灵魂上的亲和力。

2. 具象事物的原始信息含量远远大于对具象事物的抽象描述。就像桌上一个正在腐烂的苹果，直接看到、闻到、触到的经验尽管只是一分钟，但它可能远远比从抽象的文字描述所得到的信息更多、更有效，甚至即使写出一本书让没有看见过苹果的人熟读半年，也未必能使其真实准确地感知这只苹果的原貌。这种差别除了由于信息翻译和传递上的损耗外，更重要的是信息接收方式决定的。看、听、触、闻等是对对象物的全息感受，而文字描述则是一种抽象的单一信号传达，其传播量是不同的，正如无论你怎样详细描述某一罪犯的脸部特征，即使讲三天三夜，也不如让人们看几秒钟罪犯的照片所达到的识别效果。

3. 由此决定广告传达中的具象呈现远远比单一的抽象描述具有更大的传递效果和成本上的优势。正因为人类对具象符号的接受有着先天的优越性，因此，具象符号的关注度、接受度和记忆度都将远远优越于简单的抽象符号，于是单位时间、版面、资金的投入效益就应当高于抽象符号。

4. 广告的瞬间接受性决定了其传递方式。在大多数情况下，不管是电视广告还是印刷广告以及户外广告，人们不可能像看一本书一样花时间细细品尝，因此瞬时性就不可避免地成了广告致命的局限。要想使受众在毫无防备的情况下瞬间关注甚至接受广告所传达的内容就显得十分困难，这也是广告创意一争高下的所在。正是在这层意义上我们说具象比喻是十分经济和有效的。

广告创意过程中能否有效地利用具象性表现手法去赢得受众，这是每个广告人应当仔细思索的问题，这也许在本质上不是创意技巧的问题，而是能否建立起一种具象意识的问题，我们应当在创意的起点上，在构思形成的初期就有意识地注意到这一问题。

一、用具象比喻传达诉求

如前所述，具象是一种生动鲜活的传达力量，它能与人们内心深处某种神秘的联想发生碰撞从而产生感知和记忆。因此不管是文学艺术还是哲学思辨甚至数理推论最终被广为流传的信号总是与具象比喻发生联系，就如爱因斯坦相对论在全世界普通人的心中，更容易留下的只是"在火炉边与在女伴身边的时间是不一样的"比喻，这原因除了由于相对论的高深外，或许更在于人们对具象物比对抽象物更有亲和性。所以，有趣的是，在所有关于北大和清华的比较分析中，人们记忆最深刻的就是季羡林的比喻，他将北大与清华两所中国最著名的高校生动地比喻为中国历史上两位著名诗人——李白和杜甫。比之那些滔滔不绝的鸿篇大论真是生动而又深刻，一下子就抓住了所有的受众，并且在人们的记忆里扎下了根。这就是大家，因为他们知道什么才是别人心里最想接受的东西。诚如钱钟书，如果从他浩瀚的著述中删掉那些生鲜灵动的具象性比喻，还是读者心中那位圣哲般的大学问家吗。

作为瞬间的学问，广告更应当遵循这一创作原则，寻找生活中最有说服力的具体物象进行生动比喻从而赢得眼球和记忆。

右图是某报纸上登载的广告，有着很强的比喻性。要想告知人们一起砍价可以有很多的方法，但这幅广告却有趣地作了一个形象化的比喻，使观众看到这幅广告后自然产生了一种"墙倒众人推"的冲动。

类似的具象比喻在广告中的运用的确是浩如烟海，关键是能否比喻得当，使受众不产生牵强感。下图的创意就是一个很好的启发。要想让人们真正理解"人多力量大风险小"的含义，也许无论用什么样的语言都不如这幅广告的效果好。它用最具象的比喻最有力地证明了"人多力量大风险小"这样一个朴素的真理。这种证明方式从某种程度上反映了德国人的思维方式：逻辑上的严密性。在大多数情况下，失误和意外的灾祸总是偶然的，因而也是个别的，由于加入了集体的资源链接，风险就会降到最低。图片以最直白易懂的方式诠释了人类几千年来"群体风险最小化"的现实。这幅广告不仅在保险领域，甚至在诸如投资基金、共

同基金以至于国民教育中的集体主义精神等方面都有着广泛的说服力，这就是图像的力量。

二、具象比喻的创意表现

具象有着天生的直接感染力，即使是文字描述同样也要言之有物，这个"物"就是具象。正如你不管怎样表达爱得死去活来，仍然太抽象，许多爱情歌词苍白的原因就在这儿，他们不明白即使是最深刻最神圣的情感也要用最具体的情景去刻画。就像"我愿做一只小羊，跟在她身旁，我愿她拿着细细的皮鞭，不断轻轻打在我身上。"歌词没有任何艳丽的颜色，却极其深刻地表达了数千年文化积淀和百万年种群延续的冲动在一个男孩心中所激起的想像，最朴实具象的语言传达了最壮烈的史诗般的岩浆涌动，只有这种源自大自然的生生不息的力量才能驱使某个个体去完成他生命史上伟大的"十字军东征"。

广告创意以图像见长，具象比喻就显得更突出。如左图：不管这已经被用作一个什么样的广告，然而，这个图像的原始构造在近一个世纪的时间里曾经令多少豪杰为之捐躯，它所暗示的精神内容激励并演绎了多少可歌可泣的悲壮史诗，无数高尚的灵魂曾经并将永远为它背后不屈的宗教般的精神品格洒下热泪。我们在锤子和镰刀这两个象征工人和农民的最朴素的具有巨大的现代图腾意义的实物面前，感叹的不仅仅是设计，而是在这无华的设计背后一种超越物质层面的崇高精神。

设计有意无意总是在追求一种人格化的力量，即使是一个小小的蜜蜂，放到适当的情景下，也会显出某种匠心。一个飞驰的小蜜蜂正在往何处赶？前方有什么样的东西正在吸引它呢？透过这令人疑窦丛生的生动情景，赶紧仔细看，这才发现原来是美国费城花展正在进行，难怪蜜蜂不远千里闻风而动。这样一个生动幽默的比喻留给人们的不仅是会心一笑，更有一种智慧的余香。

具象性比喻在方法论上是借助于某种替代物去寻求事物的另一种解，一般情况下需要借助于夸张的手法，而在夸张的骨子里加进一点幽默则是上品。航空公司对于头等舱的客户当

然是优待有加,要想告诉客户其中一个优待就是航空公司将派自己的汽车接客人去机场,这是一种什么性质的优待呢?这种优待的本质特征是什么呢?享受这种优待的最直接的意义在哪里呢?左图广告中表现手法的高明就在这儿,它用一种最具象的比喻告诉了你一个最自然的逻辑——等于飞机就停在你家的草坪上,无需担心任何可能的误机,因为你只要一踏出门,你就等于上飞机了,其他的一切都由我们负责。

具象比喻的关键就是找到准确比喻对象的象征物,只有这样才能达到事半功倍的效果,右图的广告创意就是一例。牛奶对人的重要性表现在什么地方呢?特别对一个刚经过哺乳期的年轻母亲而言,没有用牛奶喂养婴儿究竟对其自身有着怎样的危害呢?这种问题无论你列出多么详细的数据和图表来证明都未免老生常谈而事倍功半。可右图的创意真是老到,竟然找到这样一个几乎被掏空的柚子来比喻孩子不喝牛奶可能对年轻母亲乳房的伤害,一种"败絮其中"的恐惧感不由得你不警醒。是的,没有什么比"现身说法"更有说服力了,尽管这只是一个小小的比喻。

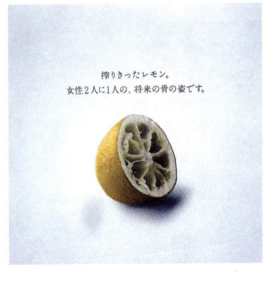

可见,只要找到了适当的具象物和恰如其分的比喻手法,创意有时还真会得心应手,就如这则手机交费服务广告,关键点在于告诉受众这种交费方式的简单性,那么什么才是简单的呢?如何找到生活中最简单的又最常见的"东西"呢?这则广告告诉你,处处有创意,处处有黄金,要想得到有时仅需举手之劳,就像随手关灯一样简单,只是你要有一颗善于发现的心灵。

电池的无与伦比的强劲和耐用常常是客户逼着广告创意人绞尽脑汁来表现的最要命的诉求点,终于被逼出了许多异想天开的点子,比如那只讨人喜欢的长寿玩具兔、电池变成永放光芒的灯塔之躯、福禄寿三神中的"寿"等。而这则金霸王广告的创意同样毫不逊色,它巧妙地将交流电的三眼插座放在电池的底座,一下子石破天惊,真正达到了"此时无声胜有声"的境界。这是一种夸张但却在情理之中的比喻,它完成了两种截然不同力量的嫁接,竟然又是那样地天衣无缝和简单轻巧。下面一些创意在具象比喻上也有着异曲同工之妙:

谁都想擦去岁月的痕迹,永葆青春。这款护肤品广告终于找到了与"擦"有关的具象物进行比喻,简练、干净。

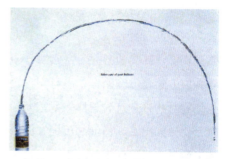

喝了这种饮料真是能量倍增,这一小小的弧线,生动地刻画了某位老兄吃饱了喝足了竟有本事"一泻千里"。

这一定会给你留下永远难以磨灭的印象,一种撕心裂肺的恐怖,这是在干什么?用滚烫的熨斗比喻什么?原来这是一则媒体自身的广告,告诉你看了我们的东西将给你留下烙印般深刻的印象。

这三幅公益广告表达了同一个主题——交通安全。其创作手法同样是运用了具象比喻，取我们生活中熟悉却又危险的工具，试想高速公路不就像锋利的钢刨一样随时置飚车者于危险之中吗？公路中央的黄斑线难道不正是飞速旋转中的电锯吗？谁敢逾越一步？！要知道这样做的后果也许只有一个——变成超市货架上的一堆肉酱。这真是一个绝妙的比喻，简直是创意设计上的黑色幽默，但又合情合理。

只要细心，总是能从生活中寻找到相应的比喻物，乘过山车是一种让人兴奋的体验，但如果是在股市，那么你的财富除了上升，看来没有人会喜欢下跌，美国人寿广告想告诉你的是：只要加入我们，上升的时候，我们一起分享成长的快乐，下跌时你的风险会降到最低，图中可以看到下跌时走的是另一条路径。

第五节 家常原则

　　艺术高于生活，但却永远源于生活。好的艺术常常不是对生活的强加，而是与生活和解，不是用艺术表现生活，而是用生活表现生活。艺术家的魅力就在于用最生活的语言表达潜藏在生活背后的人们心中对生活的感受。艺术家始终在思考着这样一个问题：表达和被表达、形式和内容、指涉者和指涉物、介质和实体究竟如何才能达到最完美的统一？

　　中国的禅宗在人生的感悟上常常蕴含有某种超越艺术的神思，当被问及什么是佛的真谛时，竟可以回答"饿了就吃，渴了就喝，困了就睡"，这是在用一种最生活的语言表达最深奥的生活本质，用最生动质感的形象表现最抽象的真理，用水滴表现大海，达到了一种"是真

佛只说家常"的最高境界。

广告作为一种特殊形态的艺术,同样应当追求这种"家常原则"。换句话说就是追求一种最老百姓的语言、最贴近受众的表达方式。

左图是香港银行的广告。几乎所有国家最高的大楼都和银行、金融有着千丝万缕的联系,在普通人心目中它是一种高高在上的力量。然而它的根基却与千百万老百姓血脉相连。它连接了储蓄和信贷两种不同的社会利益,它将零散的力量结构成一个整体。的确,细屑分散的利益就像撒在地上的火药,只能星星点点地燃烧,组织和结构才是一种更深刻的力量,银行从某种意义上就体现了这种力量。然而,广告并没有刻意表现这种高于普通人的抽象的力量,而是找到了一种更具有象征意义的物象,这是一个让所有人都一目了然的比喻,仅仅是两根老百姓司空见惯的竹子,用绳子连接起来就成了脚手架,这是一种几乎可以撑起一个帝国般大厦的脚手架,看似无足轻重,但无数竹子的连接却构造成了一个近乎完美的结构,它是一切建筑提升的基础,它的坚韧使一个新的生命一步步延伸。这是一个寓意

深刻的物象,更重要的是,它是用一个家常的、普通老百姓能理解和接受的语言来传达一种不易表现的较为宏大、冷峻的金融主题。

无独有偶,日本太阳神户三井银行的广告也用了一个最家常的情景,这是人们熟悉的市井生活,下班后自行车经过菜市场,就顺便买一些菜回家,看到这张图片,晚上一家人热乎乎地吃晚饭的

情景仿佛就在眼前。毫无疑问,生活正是这样一点一滴地积累和延续的。不管这幅广告还有什么样的具体诉求,首先它的平民意识就已先声夺人。银行虽然强大,但人们更喜欢看到强大背后的细腻,看到严肃刻板背后的宽容和轻盈。

好的广告和艺术不仅在于能用恰当的语言较为准确地表现主题,更在于学会用最平民的语言、最家常的口吻和最自然的感情去

表现最能为老百姓所接受的意图。只要创作的立场是真正站在受众一方,站在老百姓阵营里,符合老百姓审美需要的创意就不会枯竭。前页右下图是国外一纽扣针线类家常小店,其店招就用一个大大的纽扣,一切尽在不言中。同样的做法是中国某百货商场,为了告知广大消费者我店的经营原则是为老百姓服务,只要老百姓需要的我们就会有。于是就要去寻找能准确表达这一经营理念的象征物,这是创作最关键的一步,搜寻中所有的物品被一一筛选,最后保留下来的竟是一个最不起眼的顶针箍(见右图)。的确,没有什么比顶针箍更具有象征意义了,这不仅是老百姓熟悉的日常用品,更是最细微的生活用品,

它的使用过程总是伴随着一种特殊的温暖场景,在它的物质表象背后,是一个个远去的故事,它似乎凝聚着一种东西,一种具有历史感的亲情,它很容易勾起我们对过往岁月的联想和对老祖母的缅怀。也许这个商品与许多东西一样正在渐渐退出我们的生活,但它即使在令人眼花缭乱的今天,仍然与我们最朴实的生活有着丝丝缕缕的联系。既然百货商场里连这个东西也买得到,那么老百姓需要的东西大概都会有了。

许多网络广告都在赶时髦,以最富现代意义的视觉信号来刺激我们的感官,但左边这一广告却一反常态,用最老百姓的形式告诉你一件事,你也可以赶上这趟车,就像你当初手握锤子、镰刀一样,你的尽管已经相当粗糙的手也照样能敲敲键盘,在网上走南闯北做一番事业。这是一个最普通的中年男子,在网络时代的年轻人看来他简直就像历史文物般过时,可是,外表的陈旧并不一定反映思想的陈旧,一种新的生活并不天然地属于某一特定的阶层和年龄,广告在用一种朴实的语言告诉人们,网络不是加深而应是填平人与人之间机会的鸿沟,只要你想,一切都来得及。

下面这幅广告用同样的方法提供给了我们另一种生活的选择,它用一种质朴的微笑告诉我们:

——"那是一条路，它通往一个没有国界、没有障碍、没有国旗、甚至没有国家的世界，在那个地方，心灵是你惟一的通行证。"

从接受者的角度看来，我们总是倾向于接受一种平实、温和的信号，它总能比张牙舞爪的吓唬更容易进入我们的心灵。

于是我们看到，广告创意过程中确实有一种自觉是我们应当具有的，那就是一种平视，一种从生活到生活的态度。这也许永远不是广告学教科书所能概括的，但它却实实在在藏在每一个人的心里。

广告创意的"家常原则"并不一定能给予我们直接的创作灵感，但是只要建立起一种相应的意识，一种老百姓意识，就容易将思路引导到某种方向，有时真是"思路决定出路"。下面几则广告创意在创作的起点上，似乎具有这种老百姓的家常意识。

青岛啤酒的广告不仅投入是巨大的，而且广告主的品位也是较高的，所以常常也容易出一些好的广告。这则"有青岛，生活有滋味"广告就选取了底层生活的一个场景，也许这是两个农民或打工仔劳作之余，正摆开战场下棋，刚喝过的啤酒瓶盖就充当临时的雇佣军。生活的滋味就在每日每时的当下，就在争争吵吵的坊间。

用路边的消防栓比喻解渴的饮料，真算是找到了最老百姓的、最基层的器物，热辣的夏天，最消火的除了我还能是什么呢。

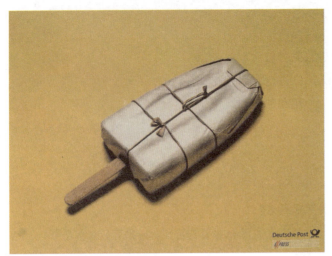

这幅广告的创作者具有真正的专业素养,它用最简洁的制作、最家常的物品将"快递"的含义表现得淋漓尽致——既然冰棍都可以快递,那还有什么不能快递呢?这是德意志邮政公司的广告,广告代理是瑞士苏黎世Jung von Mate/Alster GmbH广告公司。

生活中许多东西都具有相似性,都可用来比喻,关键是找什么东西。常识告诉人们:最老百姓的器物往往具有最自然的效果。这是北京大学医学部医治心血管病的广告,它在警告人们心血管也会像水管一样在氧化的过程中被堵塞变细,因此必须尽早疏通。这个具体的水龙头也许比别的抽象物更接近普通人的生活。

本章提要

1.本章独创性地探索了广告创意的具体方法,虽然广告创意与艺术创作一样,应当是万法之法归于无法,然而,有意识地对那些行之有效的创作原则进行梳理和分类,同样能给人以某种特定的启发。

2.广告创意中的自然原则具有相当的实用性,它探讨了创作过程中思考的出发点和归宿。自然原则的恰当运用将在很大程度上提升作品的内在格调,使广告创作更具有艺术品质。

3.简单性原则和以小见大原则同样是创意应当关注的方法,与之相应,其中许多陈述具有很强的工具意义,应当用心体会创意过程中的细节。

4.具象性原则和家常原则以及老百姓原则都是形成一件好作品常常用到的重要质素,学会在创作过程中正确地应用这些原则将有利于思路朝成功的方向延伸。

5.所有这些创意法门只是对创意方法的某一角度的探索,重要的是在观念上建立起一种意识,以便学会积极地探寻各种具有普遍意义的方法,同时又不扼杀每个人的创作个性和习惯。

练习与思考

1. 请用自然原则和简单原则分析某类广告。
2. 尝试用具象性原则和以小见大原则进行戒烟广告创意。
3. 举例说明家常原则在创作中的作用和意义。

小组讨论

1. 本章探讨的五大原则的内在关系是什么?
2. 从概率上分析广受好评的创意作品究竟有没有共同的特质,如果有,通常是哪些?请再概括出几条。
3. 广告创意究竟有没有既定的可叙述和传达的方法可循?

广告创意教程

第七章
超越性思维与广告创意

知识要求

- 掌握超越性思维的本质
- 了解超越性思维与广告创意的关系
- 探索广告创意的深层思维机制

技能要求

- 学会越界思维的创意手法
- 掌握性质超越的基本思路
- 善于运用扩散性思维思考问题
- 习惯于将扩散法用之于广告创意
- 懂得反向思维在创意中的作用

第一节 超越性思维的本质——越界思维

一、什么是越界思维

为什么千百年来，人们对一道古老的题目始终充满敬意？

为什么万千天才第一次接触这道题目时会束手无策？

为什么无数的创新著作不厌其烦地引证它？

为什么美国创新创造协会把它设计为会标？

原因非常简单：它深刻地表现了创造性思维最本质的特征——越界思维

这就是著名的九子图：

要求：

1. 用四条直线把所有九个点连接起来；

2. 不能移动任何点；

3. 连线必须一笔完成；

4. 连线画完前，笔不能离开纸面。

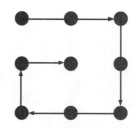

大家知道用五条直线是很容易做到的，如右图：

但四条直线的难度就陡然增大了。多数第一次思考这道题的人都一筹莫展,当你绞尽脑汁快要放弃并几乎认为不可能时,一旦下图的答案出现在你面前时,你会惊得哑口无言。是的,这是一个近乎完美的答案。如下图:

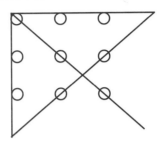

这里,既没有脑筋急转弯的机智,也不存在偷换命题的狡辩,它符合了一切既定的规则,可我们为什么做不出来呢?这个答案后面真正的意义是什么呢?

那就是——越界思维。人们在惊讶自己不自觉地陷入九子图边框的同时,发现了隐匿在思维深处的障碍,这是一种无形的边界,它之所以难以逾越是因为人的思考会屈从于一种前提性假设,尽管问题中并未规定直线的长短以及是否可以逾越边框,但思考者总是倾向于将九子图当作封闭的整体,九子图的边界与人们头脑中无形的框式不谋而合了。边界就这样作为前提被无意识地限定了。

请问用同样的原则,三条直线能划掉九个点吗?

超越性思考的一个范例,就是"新北京、新奥运"的图形设计。开始时全国许多设计师思想保守,不自觉地落入了传统套路,天坛、长城、火炬、华表等等前提性北京图标死死地框住了人们的思路,终于有一天,陈绍华等设计师突破边界,对一幅五星连接的五环草图进行革命,只是将鼠标勇敢地一拉,一幅气韵生动、流水行云,融中国古老文化传统和现代体育精神于一体的太极拳图式便横空出世,昭然于天下。如下图:

如果我们也跳出传统套路,用超越性的方法思考上面两道难题,答案就近在眼前了:

这个问题的解决涉及一个更恼人的条件——能否超越问题本身的局限,在现实性上重新定义问题。

这在本质上是对问题属性的超越。惟有这种思维能力才有助于解决三条直线的问题,如图:

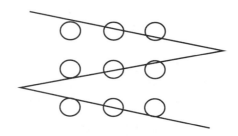

即首先改变九个点的属性,将源自希腊几何学关于点的定义重新界定。长期以来在平面几何的思维中,"点"是"没有部分的东西","点只是一个坐标",但是,眼前我们所看到的点却是一个具体的、活生生的、有一定面积的特定的"点"。我们并没有用希腊的定义界定过它,凭什么一定是抽象的"点"呢?可见,从抽象到具体的超越,从理论到现实的超越才是问题的关键。惟有对问题属性的越界思维,惟有这决定性的一跃,才能使人顺理成章地想到用切线的方法求解。

如果你已经有了两次超越的经验,那么你一定会对自己提出更高的要求,因为超越是一个不断发展的过程。下面的问题是:我们能否在规则不变的情况下,只用一条直线连接所有九个点呢?

问题看起来简直荒谬,这怎么可能呢?

但真正摧枯拉朽的大创造往往是从荒谬绝伦中孕育的。以下是一些可参考的解决方案:

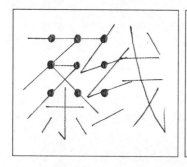  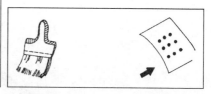

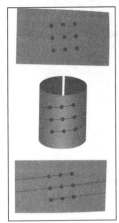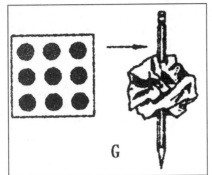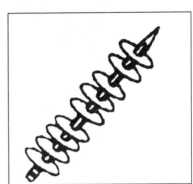
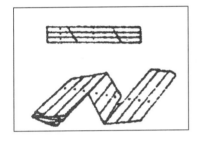

是的:

为什么不可以用折叠的方法将点连成一条线?

为什么不可以卷成桶状螺旋式画线?

为什么不可以将直线从中国画到美国,绕地球三圈呢?

为什么不可以用我定义的巨笔一笔勾销?

为什么不可以用幽默的方法解决?

这一切都需要我们冲破思想的牢笼,越过头脑中"不可能"的界限。这样我们就看到,真正的创新思维应当:

"人试着以最适合他自己的方式替自己建构一幅简化和智慧的世界影像;然后,他试着用他自己这个宇宙来取代经验的世界,并如此征服了他。" ——爱因斯坦

爱因斯坦的思考之所以有效,是因为解决辣手问题的最大障碍在你的大脑中。破除成规太难了,所以聪明人很多,但大成功者却很少。当最难的问题摆在你面前时,要知道,聪明和人所共知的技术知识并不是你取胜的独门武器,有没有违反成规甚至打破金科玉律的胆略才是最终的制胜法宝。

请看下页图:在建中的国家大剧院

这是法国人安德鲁设计的,为什么安德鲁能取胜呢?为什么经过几次重大的争论和反复仍然确认这个方案呢?

建设国家大剧院是中国几代人的梦想,由于它的地理位置是中国的首都,又是在天安门广场旁边人民大会堂的西侧,其重大的政治象征意义是不言而喻的。为此,我国政府于1998年4月公开进行国际招标,面向全世界征集设计方案。当时提出的设计要求为三条:一看就是个剧院,一看就是个中国的剧院,一看就是北京天安门广场旁边的剧院。

公告既出,群雄咸集,共收到69个方案,国内32个,国外37个。在此后一年零四个月的时间里,经过两轮竞赛、三次修改、多次评选和论证,最后安德鲁方案中标。

2000年4月工程动工,因反对意见骤起,开工仪式便取消了。但反对意见并没有因为开工仪式的取消而平息。6月10日,中国科学院和中国工程院两院49位院士署名的《建议重新审议国家大剧院建设问题》上书中央,提出四条意见,其中最主要的观点是:安德鲁的方案不符合原招标时定出的三条标准,与北京的建筑风格不符,远看简直就像半个蛋壳。当然,也有更多的院士和建筑专家赞同安德鲁方案。对此,又经过近一年的慎重研究,直到2001年12月13日国家大剧院业主委员会宣布,经过四年的周密准备,国家大剧院工程正式开工,仍然采用法国巴黎机场公司安德鲁的方案,占地11.89万平方米,总建筑面积14.95万平方米,工程概算26.88亿元人民币,施工总承包单位为北京城建集团、香港建设有限公司和上海建工集团联合体。

虽然国家大剧院纷争已暂告一段落,但整个过程却给我们留下了深刻的思考:安德鲁取胜的关键究竟是什么?难道仅仅是技术吗?虽然安德鲁及其所在的巴黎机场公司的设计水平堪称一流,但拥有同样技术条件的顶级设计大师也不在少数,从纯技术而言,安德鲁的半椭圆形与水面设计构思也决非不可企及,别人也有能力设计甚至也可构思出此类作品。但为什么他们都未能中标呢?一句话,——"输在意识"。反观安德鲁,之所以中标,起决定作用的是深藏在其精美技艺和构思背后的力量,一种观念和意志的力量,一种凌驾于技术之上的原创精神,其核心就是超越性思维,超越法则与成规的思维。不管原则和规则来自何方,甚至是招标方，照样敢于超越。于是我们发现，所有其他竞标方案失败的根本原因就在于太拘泥于规则，当他们的思考还停留在"天圆地方"、"太极图"、"雕梁画栋"等三条"标准"的框框中时，安德鲁早已天马行空、特立独行。

正如事后安德鲁接受媒体采访时说的："我也曾按照当初对设计方案的要求——一看就是个大剧院；一看就是个中国的剧院；一看就是天安门旁边的剧院来做我的设计，但是苦苦地被禁锢住了，设计出来的东西很不满意。后来我明白了，思路要打开，不能受字面限制。"

一下便海阔天空，所有的问题就有了新的思考和解释，比如：

什么是中国建筑传统？传统是静态的吗？传统是僵化的吗？传统是不变的吗？那为什么故宫的传统风格与人民大会堂的风格不一样？可见，传统是动态的、传统是发展的、传统是一个过程。

传统是照抄吗？不，一个民族最伟大的传统决不是复制和模仿，她应该是永无止境的创新。

什么是和谐？千篇一律就是和谐吗？不，古老与现实巨大的反差就是和谐，不和谐就是最高的和谐，"和而不同"正是中国哲学人文精神所追求的最高境界。思想一旦冲破牢笼，灵魂便获得了自由，设计本身又算得了什么呢？技术只是思想的奴隶。安德鲁用他超凡的作品恰如其分地诠释了比尔·盖茨的一段名言：

创意犹如原子裂变，只需一盎司，便可带来无以计数的商业效益。

——盖茨

想必安德鲁在数钱时，一定在为这"一盎司"自豪。他心里明白，这"一盎司"为他找到了超越对手的绝招。不是技术、不是操作、不是工具，而是和另一个伟人同样神秘的思想力量，在思想深处，他们都意识到了：

我们所面对的重大问题，是无法在我们思考和创意的相同层次上获得解决的。

——爱因斯坦

惟有跃出经验和常识的层面，思维才能高屋建瓴；惟有跃出人所共知的技术边界，智慧才能一马平川；惟有冲决貌似合理的既定规则，思想才能破茧而出。做人做事，殊途同归，道理无出其右，正如一副对联所描述的：

人逢两可须平心
事到万难应放胆

当技术和常规力量如万千绳结无从破解时，当规则的大门紧闭时，应像亚历山大王那样放胆、放脑，一刀下去，用自己的规则打开天堂之门。

二、越界思维在广告中的运用

真正的广告创意就是冲破潜藏在人们内心深处的常识和"规则"，用一种新的不合"常规"的思路解决问题。下页右图SONY音响的广告就是一种大胆的尝试。当工业和技术被艺术嫁接到鲜活的生命中时，我们终于看到了创意最本源性的东西——一种摧枯拉朽的颠覆性，一种精神上的十字军东征。它让你如此质感地触摸到声音——一种二维的看不见的力量。你分明感受到一种来自灵魂深处的震撼，心脏最原始的搏动传达的是上帝赐予的来自宇宙深处的节奏，深沉的倍斯仿佛在告诉你：声音是一种生命。

因此，SONY所给予你的不是技术、不是工具，而是一种天启的力量。

广告创意所寻求的永远不是一般意义上的创新和视觉冲击，它更企图找到一种超越表面技术夸张的新境界。下面左图这则广告就达到了一定的境界，它是做什么的呢？它可以做什

么样的广告呢？这仅仅是一个人们司空见惯却又不愿遇到的麻烦，它能承载如此重大的主题吗？是的，这是一则艾滋病的公益广告。但它分明让人们感受到了一种更深的理解和警醒。画面虽然没有惨不忍睹的血腥和奄奄一息的绝望，然而，人们完全可以从这一温和却又坚决的画面中读到一种严肃的东西，读到一种激情过后可能需要以生命作为代价的不公平交换，从而理解生命中什么是珍惜，什么是完善，什么是可持续的幸福和责任。

的确，有时生活中一个小小的"失误"，却铸就了一场不可逆转的"玷污"，这则广告可以告诉人们的也许比它一开始的主题还要广阔，可见，好的广告总是蕴含着更大的普遍性。

超越性思维的本质是越界思维，即越过边界的思维，就广告创意而言，需要超越事物的通常属性，以一种全新的角度理解和观察生活，打破积淀在常识中的定势，对事物重新进行定义。

比如，要想表现速度，我们最先可能想到什么呢？通常的思路是搜索与速度有关的一切信号：先是跑得快或游得快的动物，如羚羊、鹿、豹、鲨鱼等，再是飞机、火箭、子弹等工具性事物，然后可能是超音速、光速、时间等过程性事件。然而，这仍然是最通常的思维，它并没有给这个不断创新着的世界增添什么，如果我们能大胆越过常规的边界，使思考逸出定

轨，也许能得到意外的收获。阿迪达斯这则广告就具有某种超越的性质。比光速更快的是什么？如何才能达到超越光速的效果？人能超越他自己的影子吗？现实生活中的不可能永远无法阻挡创造性思维的脚步，艺术逻辑为什么不能高于生活逻辑，艺术为什么不能比生活更真实？就人类的真正本质而言，思想也许是一种更真实的力量。在超越性思维面前，人完全可以跑过自己的影子，只要你穿了我们的鞋，阿迪达斯这一创意以一种幽默的手法超越了我们的视觉经验，让观众获得了一种智慧上的快感，广告的注意和记忆效果就轻而易举地达到了。下面这幅广告也有异曲同工之妙，它用一种超现实主义的手法和近乎黑色幽默的智慧重新诠释了"快"这一古老

的主题，它用断裂的表面深刻地弥合了奔跑者内心深处极其强烈的超越冲动，这一创意图像虽然是不现实的，但是它却更符合人们心灵深处追求卓越的本能，这也许是一种更积极的现实。

　　同样表现速度，我们可以进一步比较，超越性思维和非超越性思维的区别不在于速度本身，而在于用什么来表现速度，不在于夸张的程度，而在于夸张的方法，不在于形，而在于意。下面几则表现速度的广告毫无疑问也是较好的作品，它们精当地表现了"速度"这一特殊的诉求，想必是能赢得广告主青睐的。

用油滴的形式幻化出隐形侦查飞机和金钱豹的外形，幽暗中透出一种令人不寒而栗的恐怖，这是一种典型的形，即借助具体的速度象征物来表现速度，从而告诉人们，用了我的机油你的速度将可提高到怎样的境界。

网上的速度是人所共知的，上面几则广告对鼠标进行处理，用各种形式来比喻，都是想达到有关速度的新解释，从而让消费者作出有利于广告主的选择，这也是广告创意人争宠于广告主的拿手好戏。

借助于比喻，在绞尽脑汁后，广告创意人总能找到恰当的物象来表达速度，就像左图沃尔沃850车的广告，它甚至比以上几则广告更具有创意灵性，用一个简单的飞镖，就已说明了一切，以至于画面上连车的影子都没有，但一切尽在不言中。

然而，所有这一切，从广告创意的角度而言，仍然是一种常态思维，它并没有超越事物的具体属性，它并没有离开所喻事件的具体形象。

有比较才有鉴别，也许在看了下面这幅广告之后，我们才会对什么是超越性思维，超越性思维在广告创意过程中的作用留下直接印象。这同样是关于车的广告，要想表现车的速度，实际上无论用什么样的参照物，无论用多么快的事物作比喻，都是有局限性的。因为"任何具体的都是有限的"。最高的境界应当是"无形胜有形"，达到一种中国文化对艺术境界的独特理解，一种"大音希声，大象无形"的化境。

这是关于车的广告，可是路上却没有见到车。是的，要想表现速度，什么样的比喻都是有限的，惟有不见车影才是最高的意境，达到了一种印度贤哲泰戈尔的诗境："天空没有留下翅膀的痕迹，可是大雁已经飞过"。

这与一则影视获奖广告有着惊人的相似性：广告开始时，一人在乡村小站停下，因

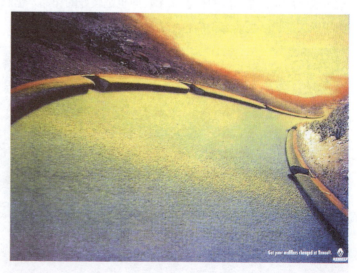

为铁路道口的栏杆已经放下，等了一会儿，栏杆又收上去了，广告结束。这就是速度，你根本就看不见飞驰的火车。

超越性思维就是这样，在你没有感觉的时候，它不期而至。

第二节 性质超越与创意

一、超越通常属性——寻求更高的统一

请先看下图，这是一则著名的平面获奖广告，画面仅仅是一个裸露的大脑图形，你能看出这是为什么产品做的广告吗？如果要你自己创意，你认为应该做什么商品或服务的广告呢？

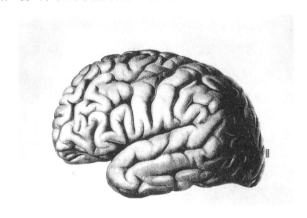

每当在课堂上问学生时，大多数人总是抢着说出这样一些产品：大概是做电脑广告的吧？也许是做咨询广告的，或者有可能是做头疼药的广告。

但是，我们忽略了一个事实，如果仅仅是做上面这些产品的广告的话，怎么可能获得大奖呢？电脑、咨询、头痛……所有这些，立即能让我们联想起它们的通常属性——头脑。这么直白的联系，谈何创意？

所谓性质超越，首先要学会超越一般人通常所理解的事物的性质，去发现可能被我们忽略的某些特殊属性。黑格尔在《小逻辑》里曾提出了一种有趣的辨别聪明与否的标准：

"能区别一枝笔和一个骆驼，则我们不会说这个人有了不起的聪明。同样，另一方面，一个人能比较两个近似的东西，如橡树与槐树，或寺院与教堂，而知其相似，我们也不能说他有很高的比较能力，我们所要求的是能看出异中之同，或同中之异。"

换句话说，我们要学会寻找两件不同事物的共同点，但不是作简单的抽象，不是仅仅得出笔与骆驼的共同点是"物质"，这还远远不够，因为你并没有找出既存在于它们之间的，又区别于其他事物的特殊联系。任何事物的属性都是多方面的，我们能否发现两个几乎完全不同的事物间的关系，找到两者间某种特殊的属性联系呢？

你需要找到大脑与另一个看似毫不相干的商品之间的联系：

这是一则"牛仔裤"的广告，它的广告词是："越用越棒"。

的确，这真是一种绝妙的联系，在"越用越棒"这一特殊属性上，大脑与牛仔裤之间发生了一种微妙的形式同构关系。世界上几乎没有什么东西是越用越棒的，但大脑是越用越灵的，而恰恰在这一点上牛仔裤似乎也具有同样的属性，在一些年轻人眼里，牛仔裤越旧反而越有魅力。这样我们就看到，性质超越就是超越那些通常的表面属性，从而发现两种差异极大的事物间的共性。

当诗人、文学家、哲学家们在孜孜不倦地探讨语言的性质和功能时，当罗兰·巴尔特等人试图解构并抨击所谓"已经腐朽垂死"的人类语言时，他们惊讶地发现，一个中国小伙子竟然说出了一句足以令所有的鸿篇大论汗颜的超级比喻。诗人顾城在世界笔会上随口就冒出一句："语言就像钞票，在流通的过程中被使用得肮脏不堪。"这就是智慧，这就是性质超越，因为他把两种性质根本不同的东西联系了起来，从而建构起了一种新的意境。

从创造性思维角度看，这种比喻实际上是一种"性质跃迁"，即超越事物的通常属性，赋予对象物以新的内涵，就像钱钟书列举的中国智慧的一些修辞手法，如："鸟声香"、"笑语绿"、"鸡声白"、"鸟语红"等等，在事物的属性间进行大幅度地跳跃和换位。

性质跃迁是人类创新思维的重要形式，也是广告创意所擅长的创作手法。一个典型的比较案例是：做润滑油广告。通常的手法是，尽可能地找出与"滑"这一属性相关的现象，然后进行比喻，甚至用夸张的手法对对象物进行修饰。下图润滑机油的广告就是一个在常规思维条件下，能较好地进行夸张比喻的具有普遍适用性的例子。它所遵循的是"滑"这一特定属性的自然形态，即"滑"的物理属性，用泥鳅的滑比喻机油的属性，十分贴切和自然。不仅明白易懂，而且具有一种内在的幽默。

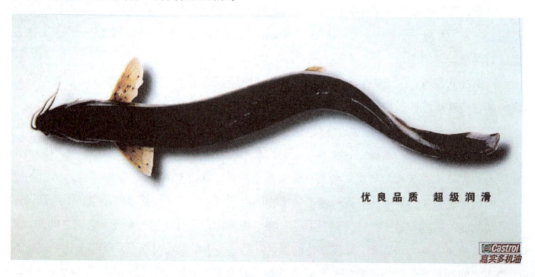

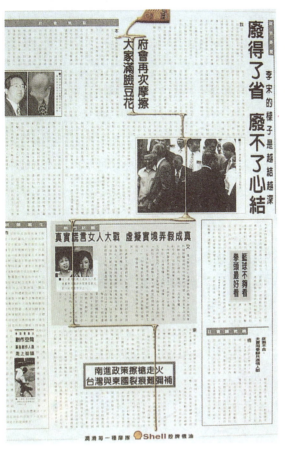

然而,这仅仅是通常的广告创意手法,这一手法的根本出发点在于就事论事,在"滑"的直接属性上做文章。于是就尽可能地寻找与滑有关的物品,然后进行比喻。可它却有一个隐蔽的局限,无论创作手法如何地高明,无论夸张到什么样登峰造极的程度,它仍然只局限在滑的物理属性上。

与此不同的是,左图却给我们提供了另一条思考路径:从"滑"的物理属性上"超越"出来,也即滑出思维的定轨,从物理属性跳跃到社会属性。报纸上各种社会新闻充满了火药味,国家之间、政党之间、邻里之间的摩擦年复一年、日复一日地进行着,能不能减小各种利益间的摩擦系数呢?用什么办法呢?"壳"牌润滑油广告巧妙地作了新的尝试,它不仅以幽默的手法表达了人类和平共处的美好愿望,同时也间接地暗示了壳牌润滑油的属性。让人在忍俊不禁中感知一种性质超越的妙趣。

无独有偶,与润滑油具有相反功能的胶水广告却在另一个方向上诠释了性质超越在广告创意上的运用。胶水广告最大的诉求就是"牢牢地粘住某物",要想达到这一目的,可以有很多创意手法。通常的思路是:将某人粘到天花板上、将汽车粘到广告牌上等等,日本还有一则广告是把一个大大的金币粘在墙上,然后让所有人徒手去扒,谁能扒下来就归谁。右图这则广告也颇有意思,这种胶水竟然有这么大的粘性,以至于警察连手铐都不用带了,只需带一管胶水,就万事大吉了,真是绝妙的夸张。

但是,这仍然属于常规思路,因为它的落脚点都是胶水的常规粘性,即胶水的机械粘性,顺着这一思路,

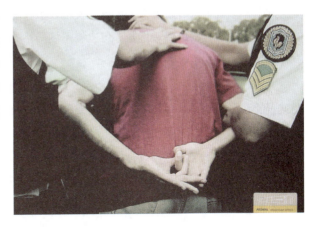

即使把想像力发挥到将飞机、大楼、地球等粘住，着眼点也仍然是它的自然粘性。有一则电视广告却大胆地突破了常规限制，在性质上重新定义粘性。电视画面开始时，只见两辆油罐火车相向而行，最后竟迎面相撞，这时，电视镜头迅速推进到大特写，电视观众这才发现：原来是两只可乐罐，一个是可口可乐，另一个是百事可乐，然后一只大手抓起可乐罐，想不到这两只可乐罐竟然粘在了一起，怎么也分不开了。最后电视屏幕出现一管胶水，原来是做胶水的广告。观众在恍然大悟后不得不佩服广告的机智，能将可口可乐和百事可乐这两个冤家对头粘在一起，那还有什么东西不能粘的。广告之所以成功就在于它超越了通常的机械粘性，在性质上突破了常规。

二、超越单一属性——寻求多元转换

物理学界有一个脍炙人口的故事，那是诺贝尔物理学奖得主布洛克与海森伯格的一场海边对话。有一天，布洛克和海森伯格沿着海滩漫步，布洛克滔滔不绝地向海森伯格谈论有关天空数学结构的一个新理论，海森伯格边走边想，听着听着，最后停下来抬起头说："天是蓝色的，鸟儿在空中飞翔。"的确，事物有多种可能性，不能把自己所看到的当成惟一。

那么，如何从方法论上具体理解多元转换，让我们先看下图，这也许是墙上的两块污渍，请问要想知道哪一个面积大，有什么最简单的办法？

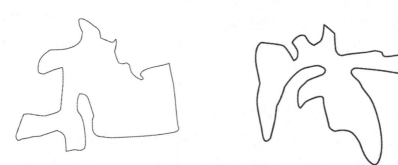

这是一个看上去非常复杂的问题，要想较精确地量出哪一个大，通常的思路是用微积分的方法或用透明方格纸慢慢地数，但边缘不满一格的部分很难计数，费时又费力。想想看还有什么更简便的方法呢？

其实，只要转换思维的路径，重新定义问题的属性，将面积的概念转换为重量的概念，问题就可能迎刃而解了。那就是用薄纸片或塑料片将两个不规则的图形复制下来，然后放在天平上称一下，重的自然是面积大的。

性质超越在广告创意和设计中有很强的应用价值，只要跳出对象的通常属性，问题往往会有出乎意料的解，下面一些广告和设计就是性质超越的尝试，运用得好，往往能有出乎意料之外的效果。

左图是《北京青年报》的广告,《北京青年报》近年来敢作敢为,有风骨、有社会责任感,在国人的心里是有位置的。这则广告真实地表现了这份报纸在人们心中的分量。的确,这是一种特殊的创意,仅仅一张薄薄的报纸,可是放在凳子上却要八条腿的力量来承载,这种超现实主义的夸张手法,看似违反了生活逻辑,但它却符合了艺术真实,因此从本质上看,它才是真正地符合了生活真实。这是一种高于我们表面生活的深层的内在真实。"新闻是有分量的",这句看似朴实却极富穿透力的广告语背后,人们明显地感受到了一种沉甸甸的分量,它深刻地提示了一种历史语境。文字的作用及其历史沧桑在特殊时代的阅读环境中是怎样生存的,正义和声张具有什么样的伦理价值和历史功德。因此,惟有一步一步随着时代走过来的人才能体会到这句广告语的分量,这是一种超越物质层面的精神分量,是一种超越技术和工具的理性力量,它已经脱离了特定意义的重量概念,升华到了一种更高的普遍性。这种将个别意义上的属性上升到一般意义上的属性,并且在各种看似不相关的属性间进行自由转换的思维,就可以称之为"性质超越"。

右图《北京日报》的广告也蛮有意思,就广告创意的手法而言,与《北京青年报》有着相似性。要想告诉读者,报纸的新闻具有可读性,并且是原汁原味的新闻,于是用性质超越的方法进行比喻,把动态的影像节目与性质完全不同的报纸进行类比,从而给人一种"现场录制,有如亲见"的直观效果。

性质超越在广告创意中的运用,更多地表现为思维在同一对象物的不同属性间

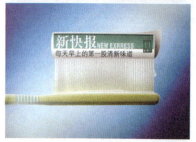

的跳跃和多元转换,左图两则广告就是这种自由转换的结果。左上图是公益广告,事实上我们穿动物皮毛的行为如果在动物的眼里看来,犹如我们眼前所看到的这件皮大衣,令人毛骨悚然。将"皮"的属性变换一下,即可得到一个新的视角。

《新快报》的广告也不自觉地运用了性质超越的手法,这里,报纸和牙膏就像骆驼和香烟一样几乎没有任何性质上的共同点,然而,广告创意人却机智地发现了两者间新的统一,在早晨、清新、第一件事等性质上,两者间发生了同构关系。广告轻而易举地实现了一种潜意识层面的转换,让人们在不经意间接受它的暗示:《新快报》将如同牙膏一样,成为每一个早晨的必需品。

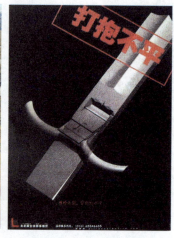

性质超越作为方法论,与一般的创作手法相比,有着不可比拟的优越性。左图两幅广告亦是性质超越的趣例,小小的尿片成了水库大坝,可见其储水功能是如何地了得。北京某律师事务所的这则广告更是有意思,用木匠的刨子来比喻律师业的天职,其广告语是"唇枪舌剑,铲世间不平",这种用另一职业的某一工作属性来暗喻性质迥异的事物,

从而让人们会意"打抱不平"的社会含义,确实也是一种轻松的性质超越。与此同时,广告也提高了阅读者的记忆度。

性质超越在广告创意过程中的应用性是非常强的,要想表现某种"辣"的属性,可以有很多手法,左图就是一种通常的广告创意表现,创意已经把辛辣的属性夸张到连筷子都燃烧的程度了,但这仍然是一般意义上的比喻。下页右图这则广告才是真正意义上的性质超越。因为它将"辛辣"隐喻成了一种表面差异很大,但在根本性质上相同的"火种"。这就是性质超越真正有趣的地方,它总是在某种思路的尽头发现了另一条通道,从而"柳暗花明"。

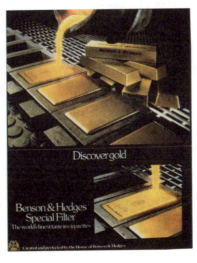

上面两幅广告在性质超越的手法上作了新的尝试，即通过某种更庄重更精致的手段来传达一种信息，告诉你这种商品是如何地贵重。左上图的广告看起来像是在浇铸金块，但它却是在做香烟的广告，我是用制造金块的质量要求来制造每一盒烟的。右上图更是在每一个面食上郑重地烙印上标记，好像是在说："我发誓，要用上帝创造世界的精神来创造每一个面包。"这种用制作贵重物品的手段来制作次一级商品的方法，实际上是超越成本要求的，但恰恰在这一点上它向人们传达了一个信号——我们的质量是最好的。正如左图广告，要想说明我们的米是最好的，竟然将米饭当成了"馅"，这就最直接地用偷梁换柱的手法将米饭的珍贵价值凸现出来，从而给人一种强烈的印象。性质超越常常就在这样的不经意间实现了一种新的视觉传达，给人一种峰回路转的突变感觉。

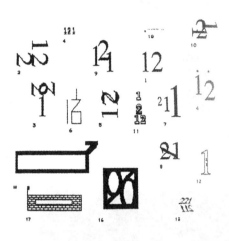

性质超越说到底是对某一事物进行多元定性，即从多重角度观察、分析，甚至颠覆固定在我们脑子里的模式，这种思考方法对于一个长期正常思维的人来说几乎是一种挑战，因为正常思维实际上是对颠三倒四思维的否定和排斥，但有时恰恰是颠三倒四的想法使我们豁然开朗。比如，伯恩斯坦的研究发现，大多数人在读12+12=24这个等式的时候都是从左向右一个一个地阅读这些符号。但是，患诵读困难症的人却使用非常不同的方法解释这个等式。如左图：它表示了18位患有诵读困难症的艺术家对12+12的解释。这些艺术家不是从左向右线性单方向二维平面阅读，而是用非线性多维度的方式阅读。他们改变方向，把数字层叠起来，对他们进行反转，改变他们的比例、字体和视角，而且在一些情况下还把它们改变得几乎认不出来了。这些艺术品不但让我们了解到诵读困难患者所特有的视觉处理过程的变化，特别难得的是，它让我们了解到我们平常自认为惟一正确的识别路径是多么的模式化——对于某一事物竟然可以从那么多角度去发现它的不同属性，可是我们大多数人却只看到其中的一个。

这样我们就发现，有些天才的艺术家实际上只是比别人多了一些观察点，多了一些观察工具（视觉、听觉、触觉、嗅觉等），并能把所有这些感觉融和在一起，形成一种"通感"。

江熙、万象在《灵魂之路》中就曾精细地描述过诗人顾城的"通感"：

他首先读到的是洛尔迦——一个被长枪党残杀的诗人，哑孩子在露水中寻找他的声音，最后"哑孩子找到了他的声音，却穿上了蟋蟀的衣裳。"哑孩子找声音，这是一个多么美的意象，顾城被这个意象感染了，但他却不知道为什么写得这么美。直到后来，他从波德莱尔的理论中发现这其中的缘由，这就是通感的作用。视觉、听觉、触觉、嗅觉，都可以通过心来相互兑换，于是，颜色和光亮就可以听见，声音就可以看见。就是在日常生活中，通感也随处都是，譬如"雷声滚滚"、"笑声尖"，就是将声音转化为视觉；"冰凉的目光"就是将视觉转化为触觉了。

顾城有一次看见太阳，他头脑中迅速掠过了新鲜、圆、红、早晨等不同的属性，又想到了草莓，甜而熟的草莓，于是，他便写下了一个动人的句子："太阳是甜的"。

可见，真正艺术的思考常常是对事物多元属性的自由跨越和非常规嫁接。

三、超越一般属性——实现自由链接

性质超越在本质上是一种观念的超级链接，是一种"惊蛇之入春草，舞燕之掠平川"的闪电思维，是一种"苍山如海，残阳如血"般大气磅礴的联想。

在艺术领域，超越对象的通常属性，进行疯狂的联想从而创造出惊世骇俗之作的大师更是数不胜数。达利就是这样一位敢于突破的天才，也许连他自己都没想到仅仅把人们司空见惯的金属钟软化成一张纸，竟然震撼了整个世界，他所颠覆的，实际上是深藏在审美习惯背后的全世界的大脑对金属属性与生俱来的刚性崇拜，是千百万人对存在于他们生活中的常规力量的无意识投降。这在本质上是对事物固有属性的反叛，也就是在思维的深处，建立起一种对事物性质的自由联想。

下图的招贴广告就是一个绝妙典型，在反对战争、呼唤和平的意义上，这幅广告达到了无与伦比的宣传效果，因为它直接进入了人心，与人们内心深处的向往和祈祷接通了。作品

超越了钢管残酷的自然属性，把人性中一种更为伟大的力量淋漓尽致地揭示了出来，这才是存于我们人类基因中的最不可战胜的力量，正是它引领文明生生不息并且缓慢向上攀升。请看下面一些作品：

这些作品中的生动比喻和史诗般的英勇联想不仅让我们感受到了一种特有的、天马行空般的智慧，更使我们看到了深藏在智慧背后的超越一般人性的审美关怀。它们已经完全超越了事物的物理属性，达到了一种更高境界的生活真实，给人以精神上的温暖。

性质超越是一种境界，思想一旦超越了固有属性的束缚，天地便豁然开朗。正像纳撒尼尔·弗里德曼的艺术表现，仅仅稍换视角，竟达到了一种石破天惊的效果。如下图：

《母与子》：作者纳撒尼尔·弗里德曼，1933年，他是从一块打碎的大理石上拓印下来的，在打碎的边缘和切割的边缘之间形成了对比。

在一系列大理石拓印作品中，弗里德曼把光滑边缘的有限长度同打碎边缘的无限长度放在一种新的视觉空间里进行超越性整合。米切尔曾兴奋地用一种诗化的语言描述了隐藏在《母与子》中的性质超越：

（从里面进入）

他把一块／大理石／敲成了碎片／并喜爱光滑的／平面和破碎的／边缘的数学

他把每一个／单独的脸／摆成了完整的部分

他把纸放在／涂了墨水的岩石上／然后挤压

从一个几何／到另一个几何／画出了一个符号

然后他在石头／的棱镜里面找到了／母亲和孩子

给无限的地点以形状。

四、广告性质超越案例分析

性质超越在广告创作中具有十分广泛的应用。日本有一则推销酸奶的广告,其广告词是"本酸奶有初恋的味道"。这是一种最具广告特质的表现手法,其方法论意义就是超越酸奶的物质味道,将之上升为另一种让人心领神会的价值。下面的广告也从各自的思维角度探索了性质超越的可能性:

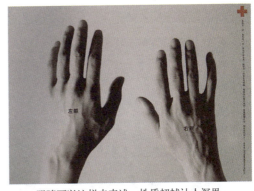

眼睛可以这样来表述,性质超越让人深思。

要想突出胡萝卜的美味,甚至强调胡萝卜的营养价值,竟然用食肉植物来表现,像逮住一个巨大的蚂蚱一样获得了一份珍贵的美餐,用特定植物的习性来暗示胡萝卜是一种可与肉食媲美的食品,轻而易举地实现了从素到荤的性质转换。台湾地区一则月饼的广告更是绝妙,用"月全蚀"来隐喻月饼被全部吃光了,两种截然不同的性质竟如此天衣无缝地连接了起来,这也是中国文字的魅力所在。两则公益广告也同样运用了性质超越的手法,将车比喻为马路杀手并不难,只要将标志变为瞄准器便一目了然。关爱盲人的广告没有出现眼睛,两只手分别表示"左眼"和"右眼"。这里,手与眼实现了令人感叹的性质转换。

SONY这则广告也真令人发噱，其广告语是"居然也有我们不能读的碟"，即借用飞碟（UFO）来告知消费者，我们的VCD什么样的碟片都能读出。两种性质完全不同的"碟"互相转换、互相界定，从而达到全称判断的告知目的，甚至也巧妙地躲避了法律上的承诺义务。

联想这则广告在性质超越的运用上同样得心应手，把联想的具体品牌与人类的伟大联想能力作了最无法质疑的链接和融通。就像中华牌香烟用"爱我中华"来逃避广告嫌疑一样，上海市新世界商城的广告语是"十里南京路，一个新世界"，明眼人一看就明白是什么意思，但又无法在法律上与之较真。

性质超越手法在广告创意上的应用是无穷无尽的，就连颜色的定义，用性质超越的视角去理解，也可能产生许多诗意的遐想。

也许在别的行业里,颜色就是颜色,它是那样地确定不移,就像亚当·斯密在《国民财富的性质和原因的研究》(《国富论》)一书中所说的,专业染坊的工人甚至可以辨认出40种不同的黑。可是在广告人眼里,什么都可以重新诠释和定义,颜色也不例外。上面几幅内衣广告要想传递"性感"诉求,不惜对颜色展开想像:李子、葡萄酒、煤、海军,这是什么颜色?没错,这是禁果的颜色,是迷醉人的、燃烧的颜色,甚至是使男人在甲板上摔倒的颜色,于是,具有一定波长的科学的颜色就变得温柔起来,广告人发现了颜色的人性面,颜色是有生命的。

所以立邦漆广告就发挥了自己的想像力,把创意带入了普通的生活,将一把家常的竹椅点化成了一件艺术品,给平凡的生活加进了一点点的新意。这就是生活,这就是创意,它每日每时都在我们身边发生着,只要学会一点点性质超越。

于是邦迪创可贴也就可以在更广泛的性质上重新定义创伤,韩国和朝鲜在经历了几十年的战争和隔离后可以碰杯,年轻人成长过程中心灵深处的极大创痛也总有平复的时候。所以选用邦迪才是明智的,因为它可以帮你愈合不能愈合的伤口。

性质超越总是在山穷水尽处发现渡口,让你抵达另一个彼岸。

第三节 反向超越与广告创意

"一条伟大的真理在于它的对立面也是一条伟大的真理。"

——托马斯·曼

什么是反向超越?为什么要反向超越?怎样才能做到反向超越?

让我们先来思考两个问题:

1.古希腊哲学家阿那克西米尼出生于中亚的莱普沙克斯。它对故乡有深厚的感情。有一次他跟随亚历山大远征波斯，军队占领莱普沙克斯时，他急于想拯救他的故乡，使它免遭兵燹。

一天，哲学家为此晋谒国王。可亚历山大早就知道了他的来意，未等他开口便说："我对天发誓，我决不同意你的请求"。那么，哲学家该怎么办呢？

2.一个退休的老人在某学校附近买了一栋房，可让他烦恼的是，有三个年轻人天天在他家旁边的垃圾桶上练脚头，把垃圾桶踢得乒乓作响，炸雷般的声音让老人无法忍受。然而，这可是三个不好惹的主，一般的劝说无济于事。请问老人有什么好办法使他们不再踢桶？

这两道题目有相似之处，解决的途径也有异曲同工之妙，那就是运用反向思维：

1.哲学家阿那克西米尼对国王说："陛下，我请求您下令毁掉莱普沙克斯。"莱普沙克斯终因哲学家的智慧幸免于难。

2.老人去跟这三个该下地狱的人谈判："你们帮我一个忙，我每天给你们一元钱，条件是你们必须每天来踢这只桶，我特别喜欢这踢桶的声音。"年轻人哪有不踢之理，当然是踢得更欢了。几天以后，老人来到正在踢桶的年轻人处，一脸抱歉地对年轻人说："最近因为通货膨胀，我的开支有点紧，是否少一点，每次我就给你们0.5元吧。"年轻人想了一想，还是同意了，但是踢的热情明显下降了。一星期后，老人对几个年轻人说："需要用钱的地方很多，今后我每次只能给你们0.25元了。""什么？0.25元，你以为我们会为了区区0.25元而浪费我们的时间为你踢吗？不行，我们不干了。"从此，老人过上了安宁的日子。

可见，反向超越实际上是对对象物的性质、功能、方位、趋势等进行逆向思考的一种艺术。

一、反向超越——一种生存智慧

反向超越就是反向思维，又称逆向思维，它是人类思维的一种特殊形式，这种思维具有三大特点：

（一）普适性

反向思维几乎在所有领域都具有适用性，从本质上讲，它是客观世界的对立统一性和矛盾的互相转化规律在人类思维中的表现，当常态思维"山穷水尽疑无路"时，将思路反转，有时会意外地"柳暗花明又一村"。

有一个古代传说：沧州城南有一条河。河边庙宇门口有两只大石狮。一年河里发大水，石狮连同庙门都被冲没了。过了十多年，庙里的和尚募集到了一笔钱，重修了庙门。接着，十多个年轻人自告奋勇，驾着船，拖着铁耙，顺着水流，想把原来冲到河里的石狮打捞上来。可是捞了两个多月，却什么也没捞着。

后来，庙里来了个进香的老秀才，他用与一般人完全相反的思路，结合水流和石头的具体情况，重新分析问题。他想到，石狮是石头凿成的，又不是竹筒木片，不一定会顺水飘走。它必定是先掉在这庙门口河床的泥沙之上。河水冲不动石狮，但冲在石狮上的水有反击力，会将石狮下面靠上游那一方的泥沙冲走。日久，便在石狮下面形成一个坑，石狮必然翻滚入坑内。这样，石狮下面不断地形成沙坑，石狮不断地逆着水流滚入坑内，直至河底泥沙把石狮完全埋没。所以应该反方向从石狮当年沉落处的上游一点去找。事实证明，老秀才的判断是完全正确的。

（二）新奇性

反向思维作为一种特有的生存智慧，处处能产生出奇制胜的效果。

某次，欧洲男子篮球赛的半决赛在保加利亚和捷克斯洛伐克两队之间进行。这场旗鼓相当的比赛异常激烈。离比赛结束时间还差8秒钟时，保加利亚队领先两分，而且还是他们底线开球。看来保加利亚队已是稳操胜券。可奇怪的是，保加利亚队的教练忧心忡忡，倒是捷克斯洛伐克队的教练挺开心。为什么呢？原来，保加利亚其他场次小分不如捷克斯洛伐克队，这场比赛要净胜捷克斯洛伐克队5分才能出线，而要在8秒的时间内拿到3分真是太难了。

这时，保加利亚队的教练果断地要了暂停，面授机宜后，比赛继续进行，只见两位保加利亚队员从底线开球后，开始将球带往中场，这时，5名捷克斯洛伐克队员全都退回到自己的半场进行防守。突然，带球的保加利亚队员一个大转身，纵身一跳，将球投中自己的篮筐。裁判的哨音也几乎同时吹响了。全场比赛结束，双方战平。根据比赛规则，必须加赛5分钟。

最后5分钟，保加利亚队士气高昂，全力相拼，终于不多不少地以5分的优势赢了这场比赛，拿走了决赛权。到这时人们才恍然大悟，不得不佩服保加利亚教练的高明。

保加利亚队教练在这关键时刻出的奇招，完全超出了捷克斯洛伐克队、裁判以及现场观众的想像，甚至超出了比赛规则的正导向，它用相反的思路打破了人们正常的逻辑方向。经验被逆向思维所超越。

逆向思维的最大特点就在于改变常态的思维轨迹，用新的观点、新的角度、新的方式研究和处理问题。国外有一饮料广告就作了这方面的尝试：这是一则电视广告，只见一个较丑陋的中年妇女在一场晚会上，边弹着钢琴边唱着生日歌："Happy birthday to you…"，她的歌声真是十分的难听，也许她自己也意识到了这点，于是就拿起旁边一瓶事先准备好的饮料，当着大家的面庄重地喝了一口……接着将会出现什么情况呢？也许所有的电视观众会想当然地预料到可能出现的奇迹——出口黄莺。因为这几乎是所有的广告每天都在重复的故事，喝了我的饮料、吃了我的口香糖、用了我的床垫将会发生什么样乌托邦式的幻象，它已经成了一切广告创意的惯用套路。然而，奇迹终于发生了，那位女士喝完饮料后，轻轻地把饮料放在钢琴上，重新认真地弹起了钢琴，接着唱道："Happy birthday to you…"，和先前一模一样的难听。这就是奇迹，这就是广告创意的奇迹，它跌破了所有广告人的眼镜，打破了所有电视观众的欣赏预期,它在你们所有的心理期待方向上开了一个玩笑,这就是反向超越,它用智慧调侃了所有自以为是的头脑,它想告诉你的只是——这仅仅是饮料,没有什么了不起,它只是给你解渴用的。

(三)叛逆性

所谓反向思维的叛逆性,是指在思想的深处运用一种"对立的方法"透彻地思考某一特定难题,以便求得一种与众不同的解决难题的新途径。请看下面的典故:

孙膑到了齐国,齐威王想考考他,便与大臣们来到一小山脚下,他坐在大石头上,对众人说到:"你们中谁有办法让我自己走到这座小山顶上去?"大家面面相觑,无计可施。这时,孙膑说到:"陛下,我没办法让您自己从山脚走到山顶上去,可我有办法让您从山顶走到山下来。"

齐威王不信,便与大臣们走上山顶。这时,孙膑才说:"陛下,请恕我冒昧,我已经让您自己走到山顶上来了!"

有个教徒在祈祷时,烟瘾来了,他问在场的神父,祈祷时可不可以抽烟,神父回答"不行。"不一会儿,他突然请教神父:在抽烟的时候可不可以祈祷?神父回答:"当然可以。"同样是抽烟加祈祷,要求祈祷时抽烟,那似乎意味着对耶稣的不敬重,而要求抽烟时祈祷,则可以理解为在休闲时也想着神的恩典,神父当然没有反对的理由。反向思维就是能从相互矛盾的事物中,从矛盾着的事物的多重属性中分辨出利弊,并将其转化。

创新思维不仅表现为一种生活的机巧,在更多的情况下,它是对一种表面严肃的破坏,是用一种近乎荒唐的想像去打破人们经验中的秩序,正如弗里兹·柏尔斯所描述的那样:

"人们缺乏想像,因为他们常常固守着生活中的事实。他们甚至害怕稍微想像一下与之不同的可能性。对想像中的对立面保持兴趣和作出公正的判断,这种做法也许显得很荒唐,但它对于任何新的、创造性的解决问题的方法来说非常重要。"

最犀利的智慧,往往是在各种矛盾的顶端化险为夷,常常是从不可思议的穷途末路突然回马绝杀。1988年4月27日,一架波音737飞机在飞行中发生了爆炸,飞机前舱的顶盖炸出了一个直径6米的大洞,一位空中小姐在爆炸时被气浪从舱顶的大洞抛出舱外,以身殉职。多亏驾驶员的熟练操作,最终使飞机在附近的一个机场平安降落,89名旅客无一伤亡。

对于如此重大的事故,波音公司在作了详细的事故调查后,没有采取回避的态度,他们不想掩盖这件事,相反,却抓住它大做文章、大肆宣传。他们通过各种渠道向公众说明:这次事故主要是由于飞机使用时间太久,机身金属过度老化造成的。因为这架飞机飞行了20年,起落已超过9万次,大大超过了额定使用寿命,而且尽管飞机发生了这么大的爆炸,却仍然能安全降落,乘客无一伤亡。这已足以证明波音737飞机的质量是优良的,是值得信赖。经过这样一番广告宣传,不仅公司的形象没有受到损害,波音737飞机反倒提高了声誉,赢得了更大的市场。事故发生的第二个月,向波音公司订购波音737飞机的订单金额就达70多亿美元之巨。

无独有偶,日本一位顾客在商场买了一台洗衣机,回家一试,竟没有任何动静,便气呼呼地打电话到商场。商场老板接到电话,迅速驾车赶到。一进门便对这位顾客说:"恭喜您中奖了!"弄得这位顾客顿时一愣,不知何故。老板连忙解释说:"我店特备了一台不良洗衣机,正是为顾客中奖预备的。祝贺您成了幸运的获奖者!现奖给您洗衣机一台,外带30万日元奖金。"这位顾客面对飞来横财,甚是高兴,四处游说,广为宣传。这位老板的危机处理艺术将不利转化为有利,反而提升了企业的形象。

二、反向超越——一种方法论

这是一个广为流传的有着不同版本的"经典"例子:

有两个国家,以河为界。河上有一座桥,桥中间的岗楼上有一个哨兵看守,哨兵的任务是防止行人过桥。如果哨兵发现有人从南往北走,就命令他回南岸;如果发现有人由北往南走,就命令他回北岸。哨兵每隔7分钟出来巡视,而要想过桥,最快也需10分钟。请问如何过桥?

另一个例子是:从前有A、B两个相邻的国家,他们的关系很好,不但相互之间贸易交往频繁,而且连货币也可以通用。也就是说A国的100元等于B国的100元。可是两国的关系因为一次事件而破裂了,虽然贸易往来仍然继续,但两国国王却互相宣布对方货币的100元只能兑换本国货币的90元。有一个聪明人,他手里只有A国的货币100元,却借机发了一笔横财。请问,这个聪明人是怎样从中发财的?

第一个例子:一个聪明人想了个绝妙的办法。假设他想从南向北过桥,他就先从南向北走5分钟,然后再折反向南走,此时哨兵出来巡视发现他,就会命令他往回走,于是他便顺利地过了桥。

这个故事之所以脍炙人口,就在于它从最简单的过程里发现了我们思考中最容易忽略的方法——反向超越。仅仅是一段小小的反向,就轻易地跨过了原先似乎不可逾越的鸿沟。生活中处处潜藏着这种看似不可能的机变,关键是习惯一种反向思考的方法,需要我们超越的有时只是小小的一步。

这就像"哈桑借据法则"。一位商人向哈桑借了2000元金币,并且发出了借据。在借钱的期限快到的时候,哈桑突然发现借据丢了,这时他焦急万分,因为他知道,丢失了借据,向他借钱的这个人是会赖账的。哈桑的朋友纳斯列金知道此事后对哈桑说:"你给这个商人写封信去,要他到时候把向你借的2500元还给你。"哈桑听了迷惑不解:我丢了借据,要他还2000元都成问题,怎么还能向他要2500元呢?尽管哈桑没想通,但还是照办了。信寄出以后,很快收到了回信。借钱的商人在信上写道:"我向你借的钱是2000元,不是2500元,到时候就还你。"

反向超越作为一种方法论,具有明显的工具意义,从古代哲学家老子的:"有无相生、难易相成、长短相较、高下相顷、音声相和"的哲学思辨中就能生发出可操作的细则,其中包括:

(一)方位逆向

即沿事物发展方向的逆向思维,事物的对立面有:入——出、进——退、上——下、前——后、头——尾等等。

当所有的保健品都在宣传怎样增加营养的时候,"交大昂立一号"却打破常规,反"入"为"出",大胆地、独创性地提出"清除体内垃圾"的保健新概念,从而一举成名,杀出半壁江山。

1927年,德国乌发电影公司摄制世界上第一部太空科幻故事片《月球少女》。在拍摄火箭发射的镜头时,为了加强影片的戏剧效果,导演弗里兹·朗格想出一个点子,将顺数计时"1、2、3,发射!"改为"3、2、1,发射!"这一颠倒的发射程序竟引起了火箭专家的极大兴趣。经研究,专家们一致认为这种倒数计时发射程序十分科学。它简单明了、清楚准确,突出地表示了火箭发射的准备时间逐渐减少,使人们思想高度集中,从此以后,火箭或导弹发射都采用了倒数计时的程序。朗格用逆向思维的方法,反退为进,无意间创造了一种新的表达方式。

冰箱的冷冻室一直都是放置在冰箱的上半部的,这种设计存在一个最大的问题:冰箱的上半部分,取放食物不必弯腰,是人们使用冰箱最方便的高度。一般家庭开启冷藏室的次数,远比开启冷冻室的次数多得多。如果不是为了锻炼身体,那么使用成本是倒置的,千千万万人谁都没想过这一点,可日本夏普公司的科研人员却偏要倒过来想,于是,市场上就出现了冷冻室放在下面的冰箱。

这种前后颠倒的发明思路与豪发明缝纫机时最重要的一环——将针孔打在针头而不是针尾上是一样的。关键在于敢不敢反向思考,就像史丰收速算的原始冲动就是反向思考,当所有的人都规规矩矩地从右向左计算,史丰收偏偏不信这个邪,硬是从左向右计算,终于成为神算家。

方位逆向不仅仅是指物理空间,更是指一种对立抽象的本质。前面第二个例子的问题是这样解决的:

这个聪明人利用了两国货币兑换的漏洞发了大财,他的具体做法是这样:用A国的钞票100元在A国购物10元,在找钱时声称自己将要到B国去,要求找给他B国的钞票,因为A国的90元等于B国的100元,所以给他找一张100元的B国的钞票。他再用这100元到B国购物10元,再要求找给他A国的100元钞票,再到B国购物……如此往复,这个聪明人自然能够借机发一笔了。

方位逆向是一种绝处逢生的智慧，就像右图反战广告招贴，这是一幅产生世界性影响的设计，其画面的简洁性、结构的完整性、意义的明确性以及思想的深刻性都达到了无与伦比的高度，它完全可以称得上是设计史上的典范，然而他运用的手法就是最自然的方位逆向，逆向运行的子弹头所暗示的是正义的方向，是全人类心灵向往的方向，也是战争发动者咎由自取的方向。从这一意义上看，反向就是正向，这是对常规物理方向的精神超越。

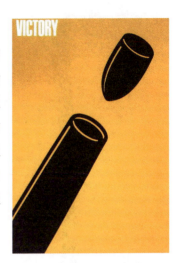

（二）属性逆向

事物的属性往往是多方位的，一件事情可以从不同的角度去理解，即使同一件事情从不同的角度观察，其性质也可以是多方面的，并且是相互转化的。例如好—坏、大—小、强—弱、有—无、动—静、多—寡、冷—热、快—慢、增—减、生—死、出—入、始—末、水—火等等。广告创意和设计在很大程度上就是去发现隐藏在生活中的矛盾。

就像大家都知道水火不相容，甚至也知道这两者之间也是可以互相转化的。但实际生活中又有多少人能将其转化为现实的价值呢？恰恰在这一点上，澳大利亚人里克·伯奇给我们上了一课，他提出并设计了令全世界惊叹的悉尼奥运会开幕式——熊熊的火焰从碧绿的水中冉冉升起，这是从钻木取火到火箭升空，数万年人类永不停歇的童话般的梦想，这是从希腊赫拉克利特开始无数思考者穷经皓首，在对立统一的思辨中不懈追求的永恒活火。

下页左图的招贴广告同样具有一种摧枯拉朽的力量，它把一种生活内部的矛盾性通过最简洁的画面形式揭示了出来，斧头木柄上端一个小小的嫩芽启示了一种力量，这是一种与生俱来的存在于宇宙深处的力量，这是一种先天地设定在一切事物之中的无可违逆的悖论，就像钱钟书说的："以酒解酒、以毒攻毒、豆萁燃豆、鹰羽射鹰"，我们赖以生存的自然界里竟然包含着如此巨大的矛盾性。通过这种康德所说的"二律背反"，我们终于发现，生活比我们想像的还要奇妙，一种深刻的背后会有一种更为深刻的东西，一种强大背后，会隐藏着更强大的力量。在这幅画里那就是生长的力量，正如泰戈尔所说："世间最

伟大的力量就是成长的力量"。在暴力的基因里上帝早就埋设了导致其自我毁灭的种子,这就是天地间的"逻辑"。广告创意就是去发现这一隐蔽的逻辑,正如右下这幅图:一个标志胜利的手势——VICTORY和一个坚定的拳头,就将当初最不可一世的法西斯标志砸碎,这不是表面的力量对比,这是千百万人心灵的力量,这是历史的力量,任何表面一时强大的东西,都蕴含着刹那间崩解的可能,广告就是用图像揭示这种可能,用形象化的语言告诉人们,强大和弱小永远是相对的,在一定的条件下是可以转换的。

就像下面这幅图片,豆芽是最柔弱的,但它却结成了一团火。这是一种什么样的唯美构造,这是一种什么样的精神力量?老子说"至柔者至刚",最弱小的生命形态竟然可以凝聚成最具摧毁性的力量。同一个事物竟然存在着两种截然相反的属性,所以我们可以毫不夸张地说:世界上女性是最柔弱的,但是,母亲却是最坚强的。问题是从哪个角度看,是积极地看还是消极地看。广告创意的一个手法就是寻求我们灵魂中的矛盾性,将它揭示和表现出来,从而唤起人们一种本源性的感悟。

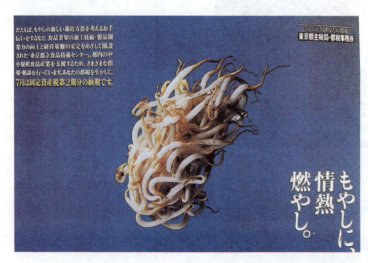

事实上，一切说服都是对心灵的征服，是对心灵深处无以言说的矛盾性的揭示。创意有时就是对人类内心深处矛盾的透析和转化，把一种外观上的对立统一转化为一种心灵上的对立统一。

虽然我们非常熟悉对立统一的范畴，但要真正用创造性思维去思考这些命题并实现有实际价值的转化，确实不是那么简单的。

右图鞋的广告就是一种尝试，通常做任何商品的广告都是歌功颂德，将商品最美好的一面展示给观众。但这幅广告却将一双旧鞋呈现出来，一反广告人惯用的唯美主义思路，但它仍然具有相当的视觉冲击力，并能让人产生更广泛的联想。毫无疑问，一件用过的物品可以比一件崭新物品给人更大的想像空间，其内

涵已经超越了一般物理意义而具有了更深的社会内容，就像一间老屋、一座石碾、一口水缸、一把锈迹斑斑的锄头，它就是一节历史，一段曾经的沧桑。好的广告就是去发掘物象背后的精神意义，从而更温情地触动人的灵魂。

下图吉普车的广告同样是反向超越的实例，它一反车身广告鲜花锦簇、美女云集的惯常

思路，把一个历尽沧桑、有血有肉的"吉普"呈现在人们面前，这是一个多么富有生命质感的信号，它仿佛暗示了一段人生历练，那种颠沛流离、浪迹天涯却又矢志不渝的精神，在它背后，有一个忠实的朋友，无论白天还是黑夜、酷暑还是严寒、晴朗还是阴霾，也无论得意还是失意、希望还是绝望、幸福还是苦难，它永远是你最可信赖的朋友，它就是这辆吉普车，你看它饱经风霜的"脸上"刻下的是岁月和坎坷的印迹，物质背后我们又一次看到了精神，物质只是桥梁，最终引渡的永远是精神。车的广告做到这份上，也算是一种造化了。

（三）因果逆向

有一则国外著名的获奖影视广告，创意是这样的：某人手拿一只高级的照相机在不停地拍照，内藏闪光灯不停地闪烁，突然，闪光灯不闪了，几次按动快门都没有反应，于是将照相机放在桌上，然后顺理成章地取出几节电池，接下来发生了令所有人都想不到的动作——毫不犹豫地扔掉照相机，再换一个新的照相机，然后不慌不忙地装上刚才换下来的旧电池，等到再拍时，闪光灯又接二连三地闪起来了。当所有人都凭经验把照相机闪光灯不再工作的原因归结为电池用完了，该换电池时，广告的精彩之处就显现出来了——用逆向思维的方法倒因为果。其让所有人在惊叹之余，不得不佩服主创人员的反向思维能力。

这个例子说明了为什么对问题进行因果倒置是有益的，倒因为果、倒果为因在多大程度上会影响我们的发明思路。逆向思维总是能帮助我们在困难中找到出路，彼德·诺顿也是这样一个运用逆向思维走向成功的人，他曾经以3亿美元出售了他的电脑软件。这是一套被称为"恢复删除"的软件，他把逆向思维运用于其中，目的是恢复被意外删除的电脑文件。不小心删除了文件是电脑使用者的噩梦，恢复被删除的文件是许多人的"妄想"，但只有诺顿朝前跨出一步，把看似荒谬的妄想变成了现实。在诺顿的思考里，进与退、出与入、有与无、原因与结果可以在更高层次上获得新的统一和转化。诚如"头脑风暴法"的发明者奥斯本所说的：

"对一个表面的结果，我们应该思考——也许它正是原因吧？而对于一个所谓的原因，我们就要考虑——也许这个原因就是结果吧。对于原因和结果，人们能做些什么呢？我们将其颠倒一下会怎么样？这类次序问题可能会成为设想的源泉。事实上，我们始终不能确切地知道何为原因，何为结果，我们甚至不能肯定是先有鸡还是先有蛋。"

聪明的经营者就应当学会在特定情况下进行因果转化。前面介绍反向超越的叛逆性时所述的波音737客机化险为夷事件和日本商场老板机智处理顾客对洗衣机质量投诉一事都是因果逆向的典型例子。

物极必反是宇宙的普遍规律，任何坏消息在本质上都同时蕴含着好消息的种子，因果逆向思维就是去发现这粒宝贵的种子。要知道："即使在地狱，也有一条通往天堂的路。"

（四）心理逆向

下页右图西铁城公司的广告故意将文字和图像都反过来，让人产生一种莫名其妙的神秘感，不知道它究竟想说什么，而这恰恰是广告所要达到的目的，因为只有这样你才会有兴趣去看看他具体的文案，原来，广告是想告诉你，我们西铁城公司不仅仅是做手表的，（世界上大多数人都只知道西铁城是专门制作手表的）其实手表只是我们的一半产业，我们还有一半的产业是做精工生产的。世人只看到我们的一半，就像只看到这只狗的背影。

这里，广告所使用的手法就是心理逆向法。越是不让你看，你就越是想看，人类的心理永远是这样——一切禁止，都意味着加强。

从心理学角度而言，未知的东西是最具有诱惑力的东西，没有得到的东西常常也是最好的东西，因为人在本质上有一种"补偿"心理，或者称为"完型填补"

心理，一个充满悬念而且没有讲完的故事与一个讲述完整的故事相比，前者具有更高的记忆效率。

另一方面，从反向思维而言，人又有一种"反向补偿"心理，正像文艺作品的特异表现形式之一就是"反向煽情"，比如过去看某部朝鲜电影，两姐妹历经磨难，观众为之流下了同情的泪水，然而最高潮的情感喷涌却是在两姐妹相互扶持、翻山越岭时重重地跌倒后，竟然爬起来笑了，那银铃般的笑声极大地反衬了苦难，提升了苦难的精神分量，这才是最感人的东西，而非苦难本身。中国电影《芙蓉镇》在法国放映时，场内一直鸦雀无声，观众在静静地感受中国那一段特殊的年代一种群体性的灾难，一种对人性的惨不忍睹的践踏和对人类尊严肆无忌惮的蹂躏，然而，当秦书田在扫大街时竟然边扫边跳出了华尔兹舞步时，压抑已久的法国情绪终于爆发了，全场响起了发自心灵深处的热烈掌声。试想如果边扫边哭会有这样的效果吗？巨大的苦难需要一个相反的意境来提升，绝境中应当有一种积极向上的精神旗帜永远不屈地飘扬，这才是人类应有的品性，这才是苦难真正的尺度，是苦难终结者的凛然气质。

正因为人类心理有这种反向情结，我们才能理解艺术上"若要甜，加点盐"的反向原则，比如要想表现宁静，却常常要用声音来反衬，深夜清脆的钟摆声、雨后黄昏后院断断续续的滴水入潭的声音，这也许要比纯粹的没有声音更显得宁静；要想表现孤独，一片大沙漠上，一位老人渐渐远去的背影，身边跟着一条忠实的狗，这是一种极端的内在孤独，它可能比没有狗的参照，仅仅是老人单个背影更具有强烈的象征性。

可见反向超越总是在大众心理的深层引起共鸣，却又在大众思考方向的反面获得突破，许多广告的创意就是通过这一路径得到的。下页左图是国外一个非常时髦的时装店门面，这是一个让人大吃一惊的店门设计，简直就像刚被抢劫犯光顾过，这样一个看似破洞的入口，却极大地吸引了人们的视觉注意，这是一个典型的后现代作品，其设计思路一反常态，它已

经超越了一般意义上的色彩反向、风格反向、材料反向以及方位、装饰、灯光等技术性质的反向思维,而是以一种颠覆性的创意,在更大的范围内重新定义了"门",把时尚推到了极致。这种设计的原始出发点就是反向超越,用与大众视觉期待相反的思路,把受众的心理注意重新唤起,使已经疲劳的视觉经验重新被激活。

下图橱窗广告也较有意思,明明是做眼镜的广告,却用几块巨大的残垣断壁作铺垫,棱角分明充满质感的水泥和裸露而生锈的钢筋构成了一个曾经的"帝国",这是一个表面强大的象征物,相反,眼镜却是那么的纤细和脆弱,这是两类完全不同的物象,它们所暗示的社会内容迥然有别,但恰恰在

这种粗糙与灵秀、干裂与平滑、破败与晶莹、动与静的明显反差中透出了一种反向思维的智慧。所有习惯于唯美主义表现的定向思维,在这儿又取得了新的进展。

反向思维几乎在任何地方都可以获得出乎意料的效果,就像下图服装广告,一个类似相扑运动员身材的巨无霸竟然也能登上T型舞台,而且所穿的服装是那么的妥帖和得体,那么试问,什么样的身材不能找到他所需要的服装呢,只要穿我们的服装就有机会?

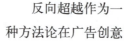
反向超越作为一种方法论在广告创意

的过程中有着很大的实用价值,运用得当,往往可以获得出乎预料的效果。

第四节　发散思维与创意

一、发散思维与创新

1. 发散的可能性

创新与创意最重要的前提，就是建立起"一切都是可能的"这样一种哲学观念。让我们先来看一道有趣的题目：

1+1=1　　2+1=1　　3+4=1
4+9=1　　5+7=1　　6+18=1

这似乎是一些不可思议的式子，完全不合我们正常的思维逻辑，生活中这也几乎是不可能的。怎么会这样呢？其实，如果你的思维敢于发散，那么，只要给这些数字加上适当的单位名称，其结果就可以成立：

1（里）+1（里）=1（公里）

2（月）+1（月）=1（季度）

3（天）+4（天）=1（周）

4（点）+9（点）=1（点）（13点即下午1点）

5（月）+7（月）=1（年）

6（小时）+18（小时）=1（天）

在解题的过程中，我们不仅看到了一种不同于一般的智慧和幽默，更看到了一种将不可能变成可能的意识。正是这种意识，引领我们不断地探索茫茫宇宙所蕴含的无限可能性。

几乎所有人都知道哥伦布面对贵族的诘难，将鸡蛋出人意料地敲破后竖立在桌上的典故。但又有几人会沿着这一惊天的思考路径，继续发散新的可能性呢？

我的朋友王滨博士在其所著《超越逻辑》一书中，竟然饶有兴味地列举了一些新的可能性，这同样不是聪明本身，而是比聪明更重要的发散和创新的意识。见下图：

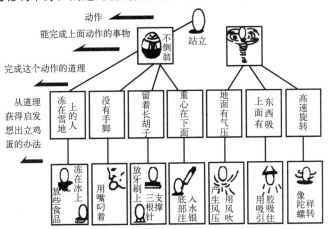

2.神奇的联系与普遍的复杂性

寻找新答案的过程,从本质上看就是承认事物的普遍联系性,承认在事物表面联系的背后隐藏着诸多不为人知的可能性。

大颅榄是一种名贵树种。树高几十米,木质坚硬,木纹美丽,树冠绰约多姿。既是很好看的绿化树种,又是很好的建筑用材。但是,这种树却十分稀少,世界之大,只有非洲才有。非洲也不是到处都有,只有岛国毛里求斯才有。毛里求斯也不多了,数来数去,全国一共只有13棵。更令人担忧的是:这13棵树已到了垂暮之年,有了300多岁的高龄。一旦这13棵树灭绝了,地球上就再也没有这种树了。

这种树为什么这样稀少呢?为什么不多种一些呢?奇怪的是,它的种子无论怎样小心栽种,也不会发芽;它的枝条无论怎样扦插,也不会生根。这种树像是患上了不育症。用不了多久,这种树就会一棵接一棵地死去,直到最后完全消失。

大颅榄的命运引起了生态学家的担忧,纷纷研究它不育的原因。1981年,美国生态学家坦普尔来到毛里求斯,决心找出它不育的原因。他想,生殖是生物的天性,它的不育,可能是由于生态的变化使原来的生殖条件丧失了。但是,又是什么事物的改变造成它的不育呢?

一次偶然的机会,他发现了一只渡渡鸟的遗骸,在它的身体里找到了大颅榄的种子,这说明,它是吃树的果实的。渡渡鸟是一种早已灭绝了的鸟,最后几只渡渡鸟是1681年死去的,距离当时正好是300年。这与树的年龄也正好一样。他认为,这不是偶然的巧合。他推测,这13棵树很可能是最后几只渡渡鸟繁殖的,而渡渡鸟的灭绝造成了树的不育。

坦普尔的推测毕竟是推测,是不是正确,还需要验证。渡渡鸟没有了,怎么样验证呢?他用与这种鸟相似的土授鸡来做实验,让土授鸡吃下大颅榄的果实。几天后,鸡屎中拉出了果实,坦普尔把它们播种在土地里。一些日子后,种子发芽,长出了绿色。原来,渡渡鸟与大颅榄有共生作用。鸟以树的果实为生,鸟又为树的果实催生。树的种子被坚硬的果壳包裹着,无法吸收水分,无法生出幼芽。经过鸟的消化以后,硬壳被磨薄就容易发芽了。而自从鸟灭绝以后,树失去了催生婆,就不再生育后代了。

从表面看,这神奇的联系似乎是一个反例,因为它没有证明联系的普遍可能性,而是得出了某种惟一的解。然而,如果我们把思路扩散开去,不禁可以问:渡渡鸟怎么会灭绝的?这背后一定联系着一个更大的无穷无尽的系统;300年之后可以用土授鸡做实验,说明还有更多可能的联系存在着;既然已经找到原因,解决方案必然又是一个开放的无限的系统工程。

事物的无限联系和无穷可能性就像国际象棋,仅仅32个棋子,但其各种可能的组合已经大大超越了天文数字。信息论之父仙农曾对之进行过估算,结果是,10的120次方,这个数字大得无可比喻,自从大爆炸到现在的时间用微秒计算,也还没有这么多微秒。在我们肉眼所见的宇宙中也没有这么多原子。所以,复杂学的重要创建者荷兰德才会从根本上将国际象棋称为"开放的系统，它的可能性实际上是无穷无尽的"。

这样，我们就看到，创造性思维所面对的首先是一个具有广泛联系和无限可能性的世界，其联系的方式和程度比我们想像的远为复杂。在这复杂背后，存在着更大的超越指数倍的可能性。正如仅仅7个音符，能组合出一切最美妙的音乐，0—9一共10个阿拉伯数字，可以组合成近乎无限的天文数字一样，就那么几十个基本粒子，竟然能够组合成从SARS病毒到拿破仑到猪笼草到河外星系等一切物质形态。于是我们看到，26个英文字母组合成了从莎士比亚戏剧到联合国宣言一切可能的文章样式，犹如一小堆黑白围棋子还在演绎着一场又一场永无止境、不可重复的厮杀。

所有这一切，明白无误地告诉我们：大自然无穷无尽的复杂联系和无限可能的安排，也许是刻意给人类留下的创造舞台，各种匪夷所思的猜想就有了存在的本体性意义。创造性思维就是不断用"猜想和反驳"（波普尔语）去寻找和接近可能的真理。然而，这种猜想在多样化选择的大自然面前却是低概率的。

于是，发散性思维便成了一切创造的最初条件。正如两次诺贝尔奖获得者莱纳斯·鲍林说的："要想产生一个好的设想，最好的办法是先激发大量的设想。"他这句话一针见血地指出了创造性思维的低概率本质。所以，美国心理学家吉尔福特才坚持说："发散思维是创新思维的核心，正是在发散思维中，我们才看到了创新思维最明显的标志。"

二、发散思维的形式

发散性思维的概念早在1918年已经由伍德沃斯提出，经由奥斯本具体分类，直至科学史专家库恩在其重要著作《必要的张力》中进一步的阐述，以及无数创新学者的研究，现已成为一门显学。就其形式而言，发散性思维通常表现为如下类型。

1. 结构发散

让我们先思考几个问题：

题1：有一块正方形的土地，可以用两条直线将它分成大小、形状完全相同的4块。下图画出的只是其中一例，请问除此之外还有其他分法吗？（思考10分钟）

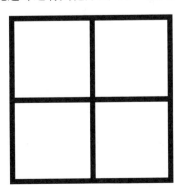

题2：仔细观察下图，请问你能从图中找到多少正方形？

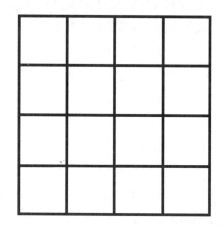

当然还有别的分法，但一般人首先想到的一定是正方形的对角线。但看看下图的分法，你会发现四块土地依然是大小、形状完全相同的。下图的分法与对角线分法相比较，有何共同之处呢？首先，两条直线垂直相交；其次，焦点在同一位置，即正方形的中心。

那么现在请你试一试以正方形的中心为旋转中心，旋转两条垂直的直线，在旋转过程的任一位置停留都可以把正方形分成完全相同的4个图形。下图画出的只是其中一例，可以看出，原先我们绞尽脑汁认为有限的几种分法，都只是偶然的几个特例，一旦用了发散性思维，便可以让我们进入无穷分割的境界。

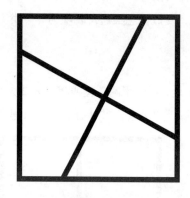

题2中到底有多少正方形呢？几乎每个人的回答都是一个大正方形和其中的16个小正方形，总计17个。

可是你进一步思考就会发现，还有4个，如下图：

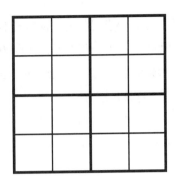

很快,你一定又会发现5个正方形:

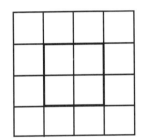 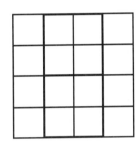 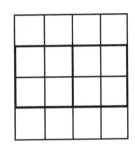

还有没有呢?仔细想想,还有几个:

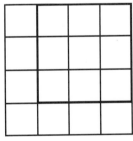 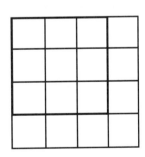

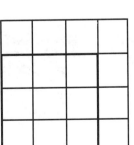 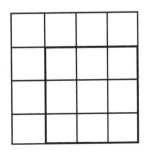

这样，你已经发现 30 个正方形了，还有吗？美国创新思维专家乔治·韦泽斯比在教学的过程中竟然通过学生又突破性地发现了 30 个正方形，总共 60 个——30 个白色正方形，30 个黑色正方形。当然，这引起了一场争论：何谓正方形？有人说黑线构成正方形，另一些人说白色的区域在正方形之内，而且本身就是正方形。一致的意见是，有两种正方形——白色的正方形和黑色的正方形——它们正好共处于这幅图案里。

继续突破，有人竟然又发现在粗黑线相交的地方有 25 个小的较黑的正方形。到底有多少正方形呢？只有天知道。

结构发散同样可以是多元的。联合国儿童公约，同样一段文字，仅结构发生一点变化，立意顿时大显：

> 一切为了孩子
> 为了孩子的一切
> 为了一切孩子！

这与世界卫生组织的口号具有同样的意境：

> 给生命以时间　　（自然生命的延长）
> 给时间以生命　　（精神生命的充实）

2．形态发散

从结构功能主义出发，不同的结构，需要不同的形态，不同的形态又会导致不同的内容。笔者教学过程中，曾以我国台湾地区某大学学生的"心"作业为启发，要求学生同样以"心"为主题，用发散性思维尽可能地想像出不同的图像和意境。结果大出所料，同学们的想像力极其丰富。

以下是我国台湾地区学生的发散想像：

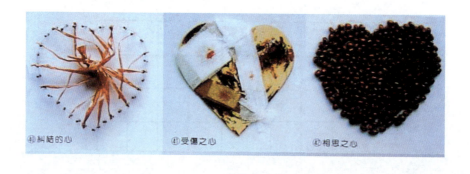

㊵纠结的心　　㊶受伤之心　　㊷相思之心

以下是笔者所教同济大学、济光学院、建桥学院广告专业学生的创意想像：

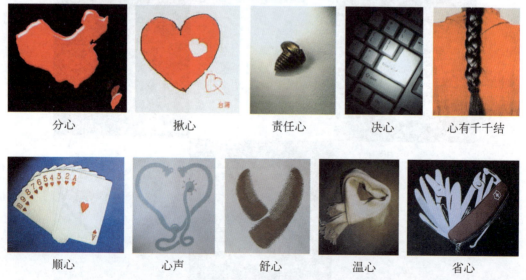

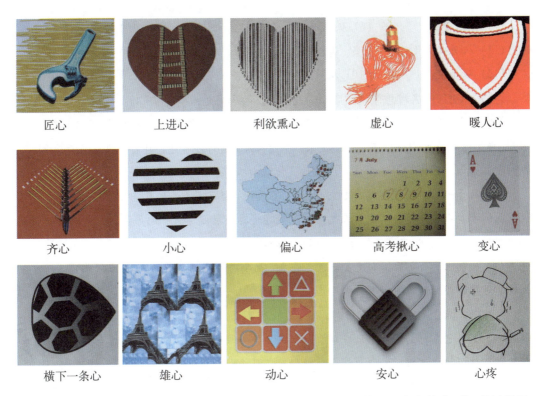

楞严大禅师曾说过:"扬起一微尘,大地就在其中。"仅仅是一颗小小的"心",通过学子们的发散,竟演绎出如此丰富的想像,真是"一花一世界,一叶一如来",任何一个个别的物象,在发散思维面前都是一个无穷无尽的世界。

3.属性发散

笔者上课时曾拿出一块红砖,要求同学们用发散性思维尽可能地想像出红砖的各种用途,前提是不受任何属性的限制。

课堂上很快沸腾起来,同学们思如泉涌,黑板很快就被填满了,其中有:

挡风、垫脚、多米诺骨牌游戏、健身、写字、防身、取暖、砝码、垂下直线、灭火、乒乓台网、足球门、练气功、节水(抽水马桶)、凶器、镇纸、杂耍、粉末颜料、磨刀、化工原料、榔头、老虎凳、防滑、上吊、腌咸菜、沉物、敲击、投掷、拼图、乐器、雕刻……

各种想像一发而不可收。

随着各种用途的不断被挖出,同学们的热情也不断高涨,这时有同学提出,应当将各种属性进行分类,这样既减少遗漏,又更有利于想像,于是当场同学们就集思广益,提出了属性划分的各种思路,其中一些思路是:

(1) 从砖块的形状出发,可以引申出建筑、垫脚、多米诺骨牌游戏等各种用途;

(2) 从重量出发:可以想到砝码、腌菜、凶器等不同用途;

(3) 从硬度;(4) 从颜色;(5) 从化学性质;(6) 从碎状、粉末状;

(7) 从粘度； (8) 从吸水性； (9) 从教具； (10) 从艺术；
(11) 从历史文化； (12) 从音乐； (13) 从象征； (14) 从名词、概念；
(15) 从价值； (16) 从精神、哲学；(17) 从物质、存在……

思路一旦打开，各种想像就雪崩似的涌现，发散思维是没有尽头的。

笔者在20世纪80年代写过一篇曾经获得全国三等奖的题为《国吃随想录》的杂文，文中对"吃"这一特定的符号作了许多发散。今天看来，虽时过境迁，但某些现象仍未禁绝，特别对"非典"过后人们开始反思自己的食文化颇有同感，故全文照录于下：

打从孔子起，中国就迷吃，老夫子："食不厌精，脍不厌细"，其夫人达不到这要求，据说就被休了。以后两千年，国人在吃上继承发扬得真是淋漓尽致。到了近代，中国惟一能走向世界的"方术"，怕只有烹饪了。所以孙中山在他的《建国方略》中才会说："我国近代文明进化，事事皆落人之后，惟饮食一道之进步，至今尚为文明各国所不及。"果然，当西方用大炮打进中国，中国人也就举着铁勺打进西方，一比一。

也难怪，论吃，国人确实肯用心，林语堂说得不错：在中国，真正的科学家的好奇心，不过是一种烹饪艺术的好奇心。一条蛇，一只猢狲，一条鳄鱼，一个驼峰都想尝出其滋味。于是中国智慧得到了发泄，太白放饮得狂诗，东坡酒醉出名画。到后来，中国人的情绪、脾气、性格，也都在吃上找到了它的最佳宣泄通道。一上桌，人就活了，平日里那一脸死相都消失得无影无踪，一个个都变得既热乎又健谈，吃到了高潮时，对句、猜拳、行酒令，助威的、呐喊的、斗智的、斗勇的，个个脸红脖子粗，仿佛只有此时此刻中国人的本性才能得到发泄，才敢怒敢言敢笑敢哭，才是一个人。

于是越吃越想吃，分手吃，生儿子吃，死老子吃。吃药也不忌讳，什么火腿、海狗、虎骨、木瓜酒都可下药，生地炖童鸡更是上补，活着一口气是吃，死了还要吃，上供也是吃。反映到电影里，吃的场面也特多，银幕上吃，银幕下也吃，杯盘声、瓜子声响成一片。明吃暗吃，醉吃醒吃，活吃死吃，吃它个天昏地暗，吃，简直成了中国人的崇拜神。中国人对人类幸福生活的最高祈祷就是天天能像过年一样，而过年在中国人眼里，其主要功能就是吃。吃团圆饭，吃年夜饭，大吃特吃。进而发展到一切传统节日都只想到吃，端午吃粽子，中秋吃月饼，清明更是死的活的一起吃。西方过节是狂欢，中国过节是狂吃。

于是，中国人又把对吃的宗教式狂想辐射到对人生的理解。中国人经常形容生活像蜜一样甜，像黄连一般苦，是想活得有"滋味"。进而发展到评价一篇小说，一部电影，一首歌，一幅画，甚至一场打斗也都以是否"够味"来点题。

于是，这种对吃的集体"无"意识冲动又被广泛地渗透到了语言层面，成为一种更为深刻的文化奇观。嫉妒称吃醋，吓着称吃惊，要紧称吃紧，得罪称吃罪，时髦称吃香，累了称吃力，输了称吃进，下象棋要吃马吃炮，消灭敌人叫吃掉它一个师，管闲事叫吃饱了撑的，仿佛除了吃别的都不算正经事。再下去，样样都可与吃联系起来，什么吃不准、吃不消、吃豆腐、吃轧头、吃牌子、吃生活、吃官司，尽是吃，连吃亏也是吃，难怪要进口那么多"万宝路""可口可乐"，也许这才算是真正的"进口"。

至于那些权贵们，就更能吃了。开会、订货、检查、巡视都能变个法儿吃，而且越吃越丰盛。你只准"四菜一汤"吗？他可以来"四盆一缸"，把这政策吃得透透的，而且胃口越吃越大。金光灿灿的手表也可端盘子上桌，甚至于吃冰箱、吃彩电（报载有宴会发冰箱、彩电），吃人都不会拉肚子，真是味道好极了。

够了，中国已经不是过去的中国，把中国当筵席，用人血作酒浆的时代已经一去不复返了。鲁迅要掀翻那吃人的筵席，梁启超要灭杀那"如虎如狼如蝗如螨如蝛如蛆虫"之食客，那我们呢？

4. 关系发散

关系发散就是尝试思考某一特定事件所处的复杂关系，通过对这些关系的分析，从中寻找出相应的思路。

古老的欧洲早就流传有一个古老的谜题和同样古老的答案，这是一个近乎哲学的问题，但恰恰是问题的开放性，给无数好奇和不甘心的智慧留下了发散的空间。直到今天，甚至在互联网上也都流传着假借一些历史名人做出的各种充满哲学和宗教意味的答案，比如：

佛祖：如果你问这个问题的话，你就否认了自己的鸡性。

马基雅弗利：关键在于鸡过了马路。谁关心为什么呢？穿过马路的目标使得这样做的任何动机都具有了正当性。

拉尔夫·沃尔多·爱默生：它不是穿过马路，而是越过了马路。

让-保罗·萨特：鸡发现，为了对自己保持真实和诚信，它必须穿过马路。

网上还出现了科学家们可能提出的答案：

达尔文：经过漫长的历史年代，到了现在，自然选择已经让鸡的基因适合于过马路了。

B.F.斯金纳：受自出生起就渗入到其感觉中枢的外在因素的影响，鸡的生长发育模式让它们倾向于穿过马路，尽管它们认为此种行为是出于自己的自由意志。

卡尔·荣格：文化形态中的全部事件的汇合使得单个鸡必须在这个历史性的时刻穿过马路，并使得此种现象同步成为现实。

阿尔伯特·爱因斯坦：到底是鸡穿过了马路还是马路穿过了鸡，这得取决于你所采取的参照系。

……

看到这儿，也许所有童心未泯的读者都能以同样的手法想出几十条、上百条解释，以至无穷。

因此，所谓关系发散，就是用想像重新理解和诠释事物及其关系。

传说明末年间，崇祯皇帝眼看世事维艰，大势已去，不觉忧心如焚。一天，他出宫微服察访，见到一位号称"活神仙"的测字先生，便写了一个"友"字，叫其测命。测字先生故作惊诧地说："哎呀呀，不得了。反字出头，情况不妙。如今李闯王攻陷洛阳，杀了皇叔，正是应了这反字出头哇！"崇祯急忙开口说："刚才写错了，应为'有'字。"测字先生仍作恐慌状："哎哟，那更不妙了！有字拆开为ナ月，分明是讲大明去了一半！"崇祯又急忙改测"酉"字。测字先生脸色一变，故作神秘地凑近崇祯说："酉字是尊字砍头去足，要祸及'至尊'呢。" 很显然，这位测字先生早已看出崇祯是身居高位的皇帝，并了解当时的险恶局势，才运用关系发散的方法对崇祯提出警训的。

在发散思维面前，事物不存在惟一的解释，所有我们认为天经地义的事件和关系，都有可能存在另一种解释，即使是附会，也不失一种调侃之趣。

世人都知道王国维的"三境界"说："古今之成大事业、大学问者，必经过三重之境界：'昨夜西风凋碧树。独上高楼，望尽天涯路'；'衣带渐宽终不悔，为伊消得人憔悴'；'众里寻他千百度，蓦然回首，那人却在灯火阑珊处'"。

多少年来，人们都盛赞这一说法，很少有人敢再发散或重新诠释"三境界"说。可凡事总有例外，偏偏有人用《桃花源记》中的三段话来比喻创业三境界："渔人甚异之。复前行，欲穷其林。"惟创业之决心，为第一境界；"初极狭，才通人。"喻创业之艰辛，为第二境界；"复行数十步，豁然开朗。土地平旷，屋舍俨然。"为第三境界，喻创业成功后的收获。此三境，短小精悍，倒也能自圆其说，但未免"续"得过于单薄。

后来，香港散文家董桥用又兴之所至，用毛泽东三段词来比喻读书三境界：

一曰："此行何去？赣江风雪弥漫处。命令昨颁，十万工农下吉安。"喻学海苍茫，自感不足，目标明确，决心读书，气势浩荡。

二曰："四海翻腾云水怒，五洲震荡风雷激。要扫除一切害人虫，全无敌。"表现读书中不畏艰险，斩关夺隘，所向无敌之豪情。

三曰："往事越千年，魏武挥鞭，东临碣石有遗篇。萧瑟秋风今又是，换了人间。"比喻读书后见识大长，知古博今，通晓人间正道。

虽从原创性上，王国维"三境界"说也许无可逾越。然而，善用发散思维，从不同角度观察某一事物，亦不失为一种乐趣，就像有人认为入禅悟道也有三境界：

第一境："落叶空满山，何处寻行迹"

第二境："空山无人，水流花开"

第三境:"万古长空,一朝风月"

广告创意在本质上就是不断追求这种境界。

发散性思维就形式而言有多种方法,其实更重要的是养成一种发散性思考的习惯,也即碰到任何事情,首先想到——还有没有别的可能性。在这一点上,日本学者多湖辉的发散思考是富有启发性的。

他假设了一个最简单的问题,一个看似只有惟一答案的问题,请将A、B两点连接起来:

最直接的办法就是将A、B两点用一条直线连接起来。(方法①)但是,思维继续发散的结果是,一些新的连接方法出现了:

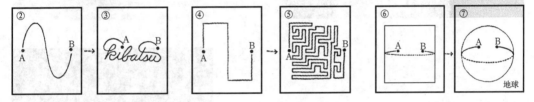

更进一步的发散,你又会发现还有一个更大的空间在等着你。(如下左图)

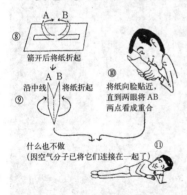

再接着,当你的思考跳出特定的问题域,甚至自由地以游戏的心态重新思考问题时,发散的另一层空间就又打开了。(如右图)

如果说从①到⑬还只是空间意义连接的话,那么,⑭则已经超越了一般意义的

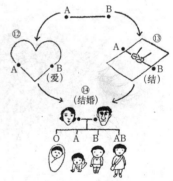

空间点,而是从更深广的抽象关系上打开了缺口,这又将是一个无穷无尽的发散区域。于是我们相信,发散性思维及其过程,就像爱迪生寻找灯丝竟用了1600种矿物、6000种植物一样,已经不仅仅是一种方法,而是一种品质,一种世界观。

三、发散思维在广告创意中的运用

广告创意课在很大程度上不仅是教方法,更是让学生真正理解创意是没有极限的,每一个人都是一座金矿,每一条小路都是一种可能。因此,广告创意课在本质上不是灌输,而是引爆,引爆学生无穷无尽的创意想像。下面这些戒烟广告就是笔者几年来在创意课上指导同学用发散性思维创作出的作品,有些已经获得过各类比赛的大奖。从中我们也可以看到,仅仅一个小小的戒烟主题,竟然可引申出如此丰富的联想。

1. 以恐吓等强制性诉求为主

这类作品侧重思考吸烟对人健康的伤害,因此,通过各种视觉信号提醒人们戒除烟瘾。

作者 戴首雄

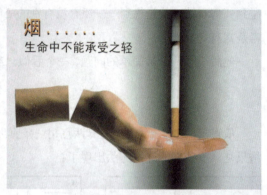

作者 孙乃飞

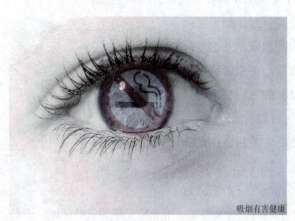

作者 王梅子

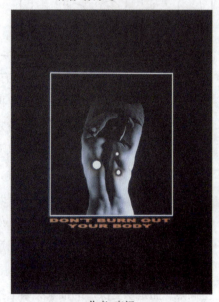

作者 李闯

以上四幅创意作品以较为直接的形式叙述了吸烟对人体的伤害,其创作手法都是超现实主义的,手指的特殊凹槽以及手臂的骤然断裂具体而又深刻地揭示了吸烟的危害,艺术用天才般的想像把一种潜隐的可能性放大为惊世骇俗的视觉图像,这是一种只有经历20世纪视觉革命和电脑时代图像经验之后才能产生的联想,从发生学意义上看,如此大胆的创意想像,并不仅仅来自于创作者的艺术本能,而是得益于当今读图时代特殊的感觉经验,这种感觉经验正在形成某种新的视觉逻辑。人们在一种新的视觉体验中生活,人们也渐渐习惯于超现实主义的视觉传达对我们生活的暗示。就像孩子水晶般的"窗户"里传递的不仅是简单的禁止信号，更是一种心灵的呼唤。

以恐吓为诉求的劝诫是戒烟广告较为集中的主题，其中一些比较潜隐的告诫同样富于创意。下面两幅就是一种尝试：

左图创意的广告语是"你吸，他也吸"，香烟被形象地演绎为一根饮料的吸管，右上角一个吸血鬼正在有滋有味地吮吸，图像鲜明地暗示你在惬意地吸烟的同时，你的生命也在一点

作者 史晓晖

作者 赵晖

一点地被吸走。另一幅图则用阴阳交错的手法将阴影和阳影互相映衬为拿着香烟的手和一头凶恶的狼，手指与狼齿的天然吻合显示了创意者不凡的构思技巧。

下面两幅创意以特定的牙齿为诉求点，强调吸烟对人牙齿的伤害，以此劝说吸烟者爱护自己的牙齿和美的形象。

作者 陈涵

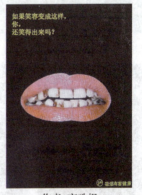

作者 高珠枫

2.以自然的手法表现吸烟的危害

作者 黄明宇

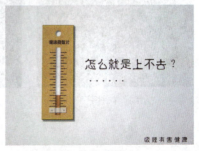

作者 李闻

所谓以自然的手法就是努力寻找事物之间的相似性，然后将其放到特定环境中进行比喻和联想，比如烟与毒蜂的刺具有相似性，测量计与香烟包括烟蒂的颜色具有惊人的相似性，然后说明"健康"怎么就是上不去？

同济大学广告系1998级黄明宇同学在自然表现方面作了较为丰富的联想。左图将肺叶处理成两片叶子，把烟蒂制作成一只蚕食树叶的虫，两者之间自然形状极其相似，巧妙比附，浑然天成。其广告语是：第三片叶子，你有吗？图像一目了然地警醒人们吸烟的危害。

这种以烟的自然形貌为创意源泉的联想方式一旦打开，无穷无尽的创意思路便被打通了。如下图：烟可以被处理成炮口对着你的坦克，可以是左轮手枪弹夹中的一颗子弹，也可以是一触即发的水雷上的触手，甚至也可以想像为一个诱饵，或者手机的天线，所有这一切，都是以一种最自然的形式将香烟的形状重新设定，使之在一种新的预设环境中获得新意义，让人们对香烟的形貌增加一层别样的联想。

作者 黄明宇

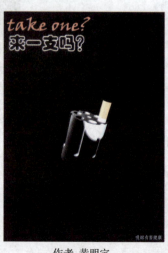
作者 黄明宇

作者 黄明宇

作者 柳哲俊

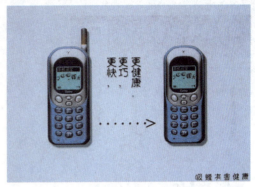

作者 李闽

作者 周杰

发散思维在广告创意过程中的联想作用十分惊人,尽管同样是一个小小的自然创作手法,也可产生无数的好作品。左图创意就是一例。OK的手势和掐灭烟的手势几乎完全一致,创作者从最自然的掐烟动作中发现了OK的信号,于是,无需借助于电脑的任何变形处理,一幅自然主义的创作就诞生了,天然一幅好作品。由此可见,创意的最高境界不是去强硬变更外部自然,而是与自然在保持一致的前提下让它为我服务,这样我们就能理解,创意中最大的欢乐不是强加,而是发现,是用慧眼发现躲在生活表面下尚未被所有人发现的东西。

右面两幅作品也是同一作者的"发现",吸烟时手指夹着烟和开打火机都是最自然的动作,但是他发现了一个现象:放不下就不能表示第一,放不下就不能自然地竖起大拇指,其寓意当然就不言自明。

运用自然原则进行发散性思维,竟然能将可遇不可求的发现变成一种模式,从而使创意成为一种必然。

作者 周杰

作者 周杰

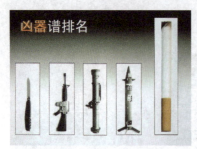

作者 孙乃飞

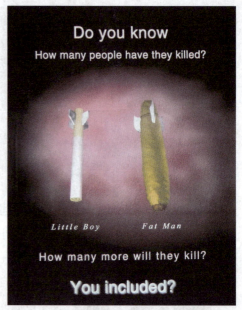

作者 柳哲俊

作者 孙乃飞

作者 李虎

3. 用最简洁的手法表现戒烟的决心

这是一幅具有相当水准的戒烟广告创意，其最高明的地方就是简单，仅仅是将一根香烟折断，就天然地构成了一个类似于耐克的标志"√"，这是一个多么积极的信号，它所暗示的不仅是立即戒烟，更是一种积极向上的心态。戒烟就是这么简单，只要你立刻执行，你就对了。整幅画面没有一丝多余的信号，漆黑的底色更衬托出白色香烟的醒目和决心，惟一值得商榷的是，不知耐克公司会怎么想，没准他们也乐于接受这一奇巧的创意呢。

类似的简单性创意在学生的作品中层出不穷，例如用剃须刀的空白处来暗衬香烟，使受众在心理上接受一种锋锐的提示，这是一种较为间接的心理暗示。另一幅则直接用"√"和"×"来表示倾向性，同样是简洁的。香烟直接打进针筒则更明白无误地告诉人们——吸烟像注射毒品一样在危害你的身体。

作者 吴春兰

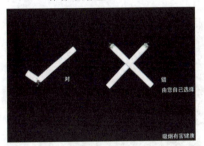

作者 莫娇

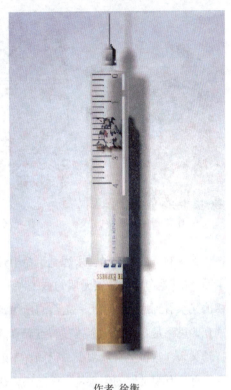

作者 徐衡

4. 从正面进行积极的劝导

戒烟广告创意的通常思路是前述恐吓式诉求,即以吸烟可能造成的种种危害为素材和思考的出发点,想尽一切办法搜寻可能的例证和符号,然后用恐吓的办法让人惧怕,从而达到使人戒烟的目的。然而,戒烟毕竟不是戒毒,除了分寸上需要适当的把握外,在创意的传达思路上,是否可以换一个方向即用鼓励和正面引导的方法来处理呢? 经过课堂讨论,同学们在创意的过程中将这种正面劝导很好地体现出来了。

这是一幅美丽的画面,这是一个感人的场景,在温情脉脉的暖色调下我们看到了一个幸福的家庭,也许这是女儿在老爸常用的烟斗上插了一朵花,在这细心动作的背后我们看到了一种爱,一种无需思考就能立刻感受到的爱,吸烟的父亲一定不会无动于衷的。

作者 胡昱

孩子的要求其实并不高
作者 杜斯雅

作者 李一凡

左边两幅作品也是同样的思路，只是角度不同，一个是将爸爸的烟盒装满了五颜六色的蜡笔，以此邀请爸爸和他一起度过快乐的童年，相信任何父亲都不忍心拒绝这样的请求。

另一个是兴奋的儿子迫不及待地记录下了他心爱的爸爸戒烟一周的业绩，也许这正是他的建议，现在他为自己的成就而骄傲，欢乐之情溢于言表。

美丽的童话般的诺言永远是生命中最珍贵的东西，特别是白雪般诚实无瑕的孩子许下的诺言，相信父亲看到这张纸条后一定会有所触动。这则创意的思路是：通过一个孩子有点天真的承诺来打动父亲，这虽然有点稚嫩，但同样不乏意趣。

更具有观赏性的创意是下面这幅，这是一个孩子在伸出小手与父亲做"锤子、剪刀、布"的游戏，天真的孩子没有别的办法，也拿不出什么激励和恐吓的手段，惟有一颗爱父亲的心，它让所有抽烟的父母都会想一想，抽烟难道真的那么重要吗？

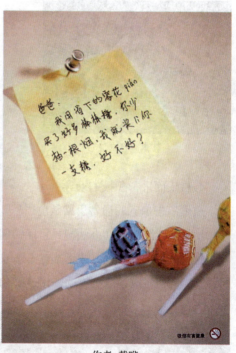
作者 戴晔

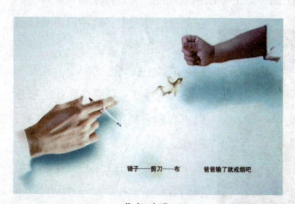
锤子——剪刀——布　爸爸输了就戒烟吧
作者 李晔

作者 陈涵

正面劝导有很多表现方法和思路，左边这幅创意就是一种接近唯美主义的创作手法，即使是戒烟这样严肃的主题，也可以这样有滋有味。这是一种生活态度，顺着这一思路，连一本正经的禁烟标志甚至也能搭配成谐趣动人的米老鼠形象，在创意无穷的学子心里，世界可以展现得如此美妙。

作者 林家运

5. 用文字变形手法

中国文字的魅力之一就是可以通过象形的手法进行新的变形处理，从而获得一种新的意义。下面这些思考都是一些新的尝试，其中不乏智慧的闪现。

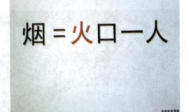

作者 萧方章

作者 张玉洁

作者 梁业灿

作者 陈祥

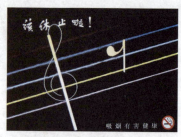
作者 陈萌舒

当然，同样的创意思路运用于其他文字以至于音乐符号，都可能产生出乎意料之外的收获。

作者 陈祥

作者 涂辉

6. 利用中国文字的谐音

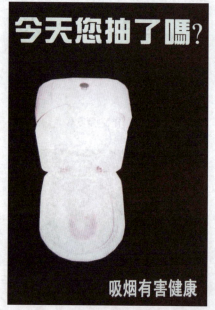
作者 聂敏洁

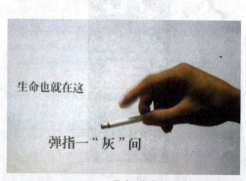
作者 秦康

超越性思维与广告创意

作者 傅紫薇

作者 傅紫薇

作者 张轶斐

7. 以烧钱和失火为诉求点

吸烟造成的危害是多方面的，除了对身体的侵害外，烟蒂也常常是火灾的隐患。而对一个并不宽裕的家庭来说，直接的后果就是额外的经济支出。学子们的创意也没有忽略这方面的思考，从中我们也可以看出发散思维的无孔不入。

作者 胡昱

作者 楼翠芸

8. 以孩子和被动吸烟者为诉求点

作者 邵研

从某种角度而言，孩子往往是被动吸烟的最大受害者，与此相应，孩子也常常是戒烟者最关注的。因此，从孩子身上寻找突破口往往能获得事半功倍的效果。

左图画面是一张孩子的脸，请注意他的眼睛，纯洁晶莹的眼睛正看着你，他没有说话，也不会说话，但他的眼睛却告诉了你一切，仔细看他的眼睛深处，那正是你，一个拿着香烟的父亲的手，此时此刻，我们的心灵会一阵悸动，你想让孩子看到什么？你想让孩子吸到什么？你想让孩子学到什么？创意没有大声的说教，没有板着脸责怪，只有一双水晶般澄澈的眼睛，但它却有着强大的穿透力。

另一张创意中孩子学着父亲的样子令人发笑，也发人深思。而所有的学生在用"NO"造句时，竟不约而同地说出了一句话：NO SMOKING。这些不乏情趣的创意同样给戒烟广告填补了某一空白，并且也开拓了另一思考的路径。

作者 高盈芬　　　　　作者 金懿

奶嘴的设计则是从另一角度实现了一种特殊的告知，从而引起养育者的关注。

此外，被动吸烟者的造像也蛮有趣味，身体内的烟草诉说了一切。于是，我们可以得出结论：吸烟者简直就像围城中人，使自己与周围隔离，让自己在不知不觉中成为令人讨厌的一族。"烟灰缸——围城"设计就让人产生这一联想。

作者 上图 岳莉　下图 黄安迪　　作者 史晓晖

9．用性质超越手法发散

性质超越手法在创意过程中有着广泛的施展余地，运用得当将可能产生相当有质量的作品，下面只是这类创意作品中的一小部分。（下页三幅作品为同济大学1999级广告班仓蔚静所作）

  体育与抽烟虽然是两种性质完全不同的事物，但是，越是风马牛不相及的东西，若能找出两者间的相似性并进行比喻，则越具有智慧的价值。创作者天才地发现了香烟与运动器材间的相似性，然后用最简洁、最准确、最机趣、最明白的语言点透题旨，实乃上乘之作。

  下图也是超越香烟的自然属性，从一个新的视角分析问题。将香烟喻之为一种令人讨厌的粘性物质，一旦被它粘上也是一件十分麻烦的事。

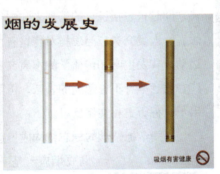

作者　张轶斐　　　　　　　　作者　张亮

  "香烟发展史"的创意也很有意趣，由于担心尼古丁的危害，人类不断加长香烟过滤嘴的长度，按照这一逻辑，最后的结局当然是整根香烟都是过滤嘴了。

  性质超越作为一种思维方式，总能在无路之处发散出新的通道，给人以新的灵感。

10.拟人化发散

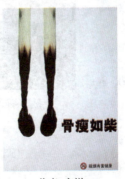

作者　岳莉　　　　　作者　方禅　　　　　作者　童强

拟人是艺术创作也是广告创意的通常手法，但要运用得好也是十分难得，上面几种思考仅仅是一种尝试。把火柴棒处理一下，活生生两个人形凸现出来了，真是妙趣天成。而两根烧焦的火柴棒组合在一起，那脚掌、那腿型，活脱脱一个骨瘦如柴的烟鬼。更有意思的是，让两只猫做主角，那种神态真是抓得太好了，不由得你不笑。

11. 从时尚角度发散

也即通过一种创建新时尚或者否定旧时尚的方法进行创意。思路一旦打开，好作品竟也层出不穷。

体育运动永远是和平时代最让人狂热的运动，广告创意要想得人心，当然也不能忽略这一极有价值的领域。其实很多创意不一定来自于偶然的灵感，更多的可能还是由思考方向决定的，体育运动的点点滴滴都可能成为创意的源泉。就像这则创意，将香烟处理成一根接力棒，准确生动的形象，刻薄精当的喻意，一针见血地揭示出了吸烟这一代代相传的接力运动是如何地顽强。这才是最值得所有烟民以至于全民族深思的问题，因此，这则创意的诉求对象不仅是普通的烟民，同时也包括税收的管理者和宏观决策者甚至社会思想者，人类究竟应当怎样对待这有百害而无一利的全民运动，其发生学和传播学的本质究竟是什么？这也许是广告创意本身不曾想到的领域，但画面却明明白白地透出了这种历史和文化反思。

作者 戴首雄

有同学把禁烟的标志结构成奥运会的五环图标，强调戒烟应当是一种全民参与的新运动，鲜明靓丽的五环标志给人一种较为强烈的视觉冲击。而对于个人来说，经过长时间的不懈努力，真的戒烟成功后的喜悦，也许不亚于历经艰辛的马拉松运动员最后完成向终点的成功冲刺。

作者 施雪南

作者 张羽峰

作者 施伟强

上面几幅作品同样妙趣横生,他从时尚的角度生动地表现了不吸烟一样可以潇洒,从吹和吸的视角发现了一个新的创意天地,这实际上又可以引申出无穷无尽的创作源泉。

当然,时尚所带给我们的灵感方向还有很多,从青年人寻求标记和图腾角度竟然也可以发散出优质的创意,下图的视觉效果是强烈的,也许,只有经过现代视觉经验浸润的年轻人才有可能大胆地创意出如此富有现代感的视觉符号。

作者 程冰沁

作者 程冰沁

12. 文案创意发散

文案在广告创意中的作用极其重要，处理得好，往往起到画龙点睛的作用，下面几幅广告在文案方面作了有意思的表现。

作者 戴首雄

左图创意最绝妙的地方不是画面本身而是文案，表面看似乎并没有特定的文案，图中的文字仅仅是香烟通常规定的警示。但奥妙恰恰躲藏在其中，因为画面中香烟熏烤的正是你的两片肺叶，于是玄机就在于"烤烟型，焦油含量中"所暗示的正是吸烟者肺叶的状态。

"大音希声，大象无形"，最美妙的声音也许是听不见的声音，最壮丽的图像往往是看不见的图像，最好的文案可能就是没有文案，右图这则广告间接地也在试图接近这种境界，只是文字还在，虽然这些文字不是挖空心思另外加上去的。

作者 张亮

作者 朱莹莹

作者 朱莹莹

作者 刘必异

作者 张亮

其余几篇作品同样表现了很高的文案意识，特别是第三幅作品的文案"还找什么呢，这里没有香烟"，真是绝妙的思路。它一反通常戒烟广告正襟危坐、危言耸听的说教，而是以不经意的方式告诉也许是来访的朋友，这里没有香烟，只有生活。这完全是一种新的创意思路，依着这一思维路径，完全可拍摄我们生活中的任何一幅场景，然后给出文案："NO SMOKING"。是的，这儿什么都有，就是没有香烟。

左图戒烟广告"一游未尽"也颇有意思，幽默中不乏逻辑说服力。

13. 其他发散路径

思路一旦被激活，同学们的创意是无穷无尽的，许多创意已经不能用单一的模式去框定了，这就像原子的裂变，每一序列的裂变又会引起更大范围的裂变效应，下面一些创意思路同样能给我们带来有趣的发散性启迪。

作者 傅晶

作者 于文博

作者 李毅

作者 殷晓燕

作者 张羽峰

作者 俞海舟

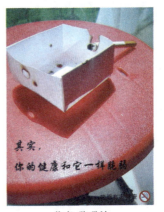
作者 张璐洁

更具有颠覆性的，是下面这一组作品，它的独创性已经把上面许多作品归整为同一种思维路径，事实上，它又开辟了一种新的方向。

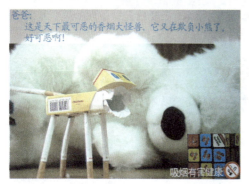

作者 梁业灿

作者 梁业灿

作者 梁业灿

表层意义上，我们看到了一种具有孩子般童话色彩的创思，但从深层创作思路考量，它实际上正在试图穿越一种"平面思维"，而将对象物立体化、个性化，这是一种全新的创作思路，这是一种只有在当今特定的动漫视觉时代才可能产生的灵感。

从某种意义上讲，创新就是不断地突破既定的思路，然而，我们更需要一种革命性的进展，它所揭示的应当是一种具有"范式"级别的新尝试，只有这种探索，才能将创作的思路引向一片新天地，才能使思维路径像大树一样"横生旁出"，从而枝繁叶茂。

也许从根本上，我们不能简单地从工具和操作意义理解发散思维，而应该将发散思维看成一种本体性的人生态度和对世界的认知方式。最高水平的发散，总是含有某种精神性的，就像法国诗人亨利·米肖，你看他一连串发散甚至是发疯般的比喻：

"我的大舞台，我的避风港，我的炉灶，我的黄金地窖，我的将来，我的真正的母亲，我的眼界！"

他在比喻什么？两个字——不幸。

这里，没有一丝一毫的矫情，我们感受到的只是对事件的正确态度，只是对生活的全面理解。那种分割的单向度的一元化的对世界的认识方法已经不适合今天的时代。

一次，穆罕默德和同伴到一个城市传教，一位信徒对穆罕默德说："先知啊，这个城市除了愚蠢之外一无所有，居民们顽固至极，谁也不想学习任何东西，你根本无法改变他们无情的心。"

先知听了这话，和蔼地说："你说得对。"

过了一会儿，另一位信徒走近先知，笑容满面地说道："先知啊，你到了一个幸运的城市，居民们全都敞开了他们的心灵，渴望得到真主的教诲。"

穆罕默德又和气地说道："你说得对。"

同伴感到十分奇怪，便悄悄地问道："先知啊，你这么说不是自相矛盾吗？"

穆罕默德回答道："你说得对，完全对。"

没错，这是一个多元价值的世界，这是一个需要宽容和理解的世界，那种万古不变的统一性，那种终极的惟一的真理，那种至高无上的解释权并不存在。一个多元化思考的时代已经到来了。

正如普里高津说的："和那种把世界当作一部自动机的传统观点相反，我们又重新拾起了把世界当作一件艺术品的希腊模式。"

而艺术是无所谓对错的，艺术不相信任何既定的权威，艺术不承认任何线性的决定论，艺术拒绝一切等级秩序和所谓的规范力量。当某小学生在回答老师的"雪化了是什么？"的问题，而说出"雪化了是春天"后，老师竟说："错"时，我们终于看到了什么叫"扼杀"。

一百多年前马克思就充满激情地说过："一滴露水，在太阳光的照耀下，也会放射出无穷无尽的色彩，而对人类最伟大精妙的思想，普鲁士书报检察官却只允许一种色彩，那就是官方的色彩……"

尽管时过境迁，正直的头脑仍能感觉这番话的现实分量。

发散思维在本质上是一种对世界的态度，在它面前，每一个生命都是一个奇迹，每一条小路都是一种可能，犹如华特·迪斯尼所说的："每一片雪花都有不同的设计"，这真是一个无限美妙的世界，在它的身体里，更潜藏着无限的激情和无尽的可能。

这样，也许哈耶克的一段话可以作为合适的结尾：

"一个生机勃勃的社会，它的制度的基本原理就是鼓励一切个体在一切可能的方向上探索。"

本章提要

本章主要论述了广告创意在更高层面上的思想要求。要想在创意上有重要突破，必须具备超越技巧层面的大思路，因此，需要思维方式上的重要拓展。本章论述了超越性思维的本质即越界思维，强调了超越性思维在创新过程中的作用和方法。在具体操作上详细论述了性质超越、反向超越、扩散思维的方法论特征和表现手法以及在广告创意实施过程中如何用这些手法进行创造的思考。

练习与思考

1. 在生活和广告实践中怎样运用超越性思维？
2. 性质超越还有哪些具体的方法？如何在创意中体现？
3. 反向超越在广告创意中如何运用？请归纳整理反向超越的实例？
4. 请用发散性思维对某一广告（如某饮料）进行全方位、多角度、多层次、多侧面的联想，并评析和总结。

小组讨论

1. 超越性思维在广告创意活动中究竟占有什么样的地位？
2. 性质超越在具体的表现形式上还可以有什么样的归纳？性质超越的突破意义何在？能否寻找到一种可操作的方法，从而将性质超越变成一种具有相对必然性的创意技巧，以便更有效地进行创造性劳动？
3. 从人类的接受心理角度分析反向超越及其在广告创意中的表现。

广告创意教程

第八章

创意与广告策略

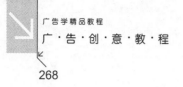

知识要求

- 了解广告创意总体策略的性质和形成过程
- 掌握差异化、品牌形象、定位策略的基本内容
- 探索广告创意的表现性策略

技能要求

- 熟悉总体性创意策略的运用手法
- 掌握各种表现性策略的应用范围
- 能创造性地将各种策略应用于实践

策略性广告在广告的整体运作过程中占有极其重要的地位。它既区别于较低层次的技术性手法，又不同于广告战略性的总体架构，它是承上启下介于二者之间最具灵活性的环节。广告的创造性成分主要体现在广告的策略性创意上，一个极具创见的策略性点子常常是整个广告运动为之运转的核心。因此关注并熟悉广告创意策略的内容及表现手法，对于在实践中发展出真正具有独创性的广告而言有着很强的方法论意义。

第一节 总体性创意策略

所谓总体性策略是指在现代广告史上具有里程碑意义的，对各类广告的创作和表现具有普遍适用性，有着很强的方法论意义的广告手段。这种大的策略手段主要有差异化策略、品牌策略和定位策略。

一、差异化策略

这是20世纪50年代之前非常盛行的一种广告策略，它是由在"达彼思公司"(Ted Bates & Company) 工作的罗瑟·瑞夫斯 (Roseer Reeves) 在一本极有影响的书《广告实效奥妙》(Reality in Advertising) 中首次提出来的。在这本书中，瑞夫斯总结了许多具有实际效果的广告创意，发现大多数的这类创意案都不自觉地含有一种共同的创意原则，即用各种广告手法挖掘并且放大隐蔽在产品中有时甚至于微不足道的差异，并将这些符合消费者利益的差异以消费者乐于接受的方式传达出来。事实上，瑞夫斯已经提升出了一个新的广告概念，或者说一种新的发展广告创意的策略，这一策略被其称为"独具的销售说辞"或"独特的销售主张" (unique selling proposition, 简称 USP)。

USP 广告策略的基本原则是：

1. 找出同类产品所不具有的独有特性—— unique

2. 符合消费者欲求的销售——selling

3. 提出一种建议（主张）——proposition

这一广告策略包含着三个相互之间存在有机联系的思想：

1. 每一个广告都一定要对消费者提出一个说辞。这一说辞不仅仅是语言表白，不仅仅是对产品的自我吹捧，也不仅仅是虚张声势的巨幅广告。而是要在每一则广告中向每一位读者说："只要你购买本产品，你就将得到广告所许诺的利益"。

2. 这一说辞，必须是你的竞争者未曾提出过的，或者即便想要提出也无法承诺和实现的。它一定要具有品牌上的独特性，或者广告主张上的独特性。

3. 这一说辞必须是强有力的。它既能有效地招徕千百万消费大众，又能使你的品牌吸引到无数新的消费者。

USP广告策略最经典的案例是"M&M糖果，只溶于口，不溶于手"，"总督烟有两个滤烟瓣"。这一策略确实也使许多广告创意人的工作思路变得清晰起来。事实上，寻找并着力宣传产品间有利于消费者的差异性在20世纪五六十年代是相当普遍的。这种方法一直到20世纪末仍然被一些广告公司所采用。

差异性策略的适用范围是相当广泛的，有时，一些微不足道的差异，只要善于挖掘和提炼，总能发展出优秀的广告案。适合发展出"独特的销售主张"的产品的差异性及其案例主要有：

（一）产品性能上的差异性

早在10年前就发明了集群技术的Digital电脑公司要向社会推出一种新的服务器，与一般的服务器不同，这种服务器不仅是为Windows NT集群专门配置的，而且有两台服务器同时运行，由于系统高可用性只有通过双服务器，才能共享存储设备，才能使可选的冗余电源以及在结点之间的冗余互连数据通路得以实现，因此，这种新服  务器具有很明显的独特性，但要把这种独特的差异性发展成独到的广告案，却并非轻而易举，然而，Digital公司为此所做的广告设计，却做到了。他们将服务器想像成后备伞包，一下子就使产品的差异性变成了一种强大而独特的广告诉求，给人一种强烈的感受，从而形象、有效地向消费者传达了产品的信息。

又如西门子手机S1088机型刚推出市场时，其广告就着眼于其在当时最突出的特点：最

长的持续通话时间（长达10小时）、最长的待机时间（长达100小时）。于是就用大象的长鼻子来比喻这两个"最长"。产品的一点点差异，广告就能将其扩展、放大。

(二) 产品销售的差异性

美国《读者文摘》是一种在全世界范围极有影响的出版物，他们的广告宣传当然不会放弃有效的差异化策略。因为39种版本、15种语言和超过1亿的消费者足以使自己成为最具有独特性的强势品牌。由此，他们将广告画面设计成具有多国国旗的图案（见右图），并配以傲视群雄的文字，以征服读者和其他刊物：

我们能在全球广泛存在，根源在于我们的出版物具有全世界的感染力。我们的出版物在全世界各地以当地的语言发行。

作为世界上最广泛阅读的杂志，《读者文摘》有39种版本，以15种文字印刷，包括阿拉伯文、中文、印地文和朝鲜文。每个月世界上各个国家超过1亿人阅读我们的原作及当地和国际上来源的压缩选编本。

我们影响世界范围内的1亿人。

(三) 产品制造环境的差异性

差异性策略的实用性在于，有时，在产品的性能、服务、销量、价格等所有方面似乎都已找不出值得一提的差异时，只要仍坚持这一策略，总能柳暗花明，重新发现令人耳目一新的视角。美国通用动力公司（General Dynamics）的广告便是一例。Wyse广告创作组的创意指导汤姆·史密斯等在参观动力公司Fort Worth制造厂时，意外发现该厂在1英里长的地段上挂了许多国旗，并了解到这是职工自己花钱买的，完全是他们自发搞起来的，于是触发了广告创意：广告图案就是飞机制造车间（见下页图）然后配上有说服力的广告词：

"他们没有请教过装饰师，他们有自己的想法。

这个工厂位于得克萨斯州Ft. Woorth，占地全长达1英里。二次世界大战时，B-24'解放者'飞机就是在这里出厂并起飞，帮助盟军击退了轴心国的进攻。

我们为我们的工厂感到自豪。

我们为我们的飞机感到自豪。

但是，我们更为我们的员工感到自豪。

瞧！这些美国国旗，1英里路上挂满了国旗。

这并不是我们布置的，是我们的员工做的。

我们没有给他们钱，是他们自己买的。

我们未负责清洁工作及维护管理，我们的员工自己承担了一切工作。花他们自己的钱，耗他们自己的时间。

也许，这些国旗会帮助我们的员工创造一种他们向往的工作环境，时刻提醒他们为谁而工作。

他们以工厂为荣，他们为自己的飞机感到自豪。

但是最使他们感到自豪的是我们的国家。

强大的公司是为强大的国家服务的。"

广告不仅找到了独特的视角，并且运用独特的说辞展现了通用公司独特的环境和精神境界，确实可称为差异化策略的经典之作。

（四）产品外形及价格差异性

1990年美国Lois/GGK广告公司创意人乔治·洛伊丝（George Lois）用他那伟大的天分竟然将这种差异发挥到了匪夷所思的地步，他为通用数据公司创作的近乎"荒唐"的广告作品，不仅为广告主带来了巨大的利益，甚至在广告界也引起了不小的轰动，以至于像《华尔街日报》、《今日美国》、《福布斯》、《幸福》等刊物竟然都免费登载了这个广告。广告把高度复杂的计算机产品装在一个人人熟悉的意大利式馅饼盒里（如右图），这就极具有说服力地将产品体积小和价格低廉的优势淋漓尽致地揭示了出来，使自己完全不同于一般计算机广告那样，一大堆技术要求、缩写词、图表以及令人望而生畏的深奥的术语式的表达。这不仅给消费者带来了感觉上的亲近，而且实实在在产生了一种计算机就像意大利馅饼那样——"可随时拿来"的感受。

产品差异化策略（独特的销售说辞），在许多竞争性产品和服务型的广告上都具有适用性，并且在销售上也有很强的实效性。这一策略思想使20世纪五六十年代出现了一批优秀的

广告，它们共同的特征就是从产品本身、从产品与消费者的关系上去寻找新东西，正如威廉·伯恩巴克所说："广告创意最主要的成功因素是商品本身。广告公司要密切与客户的商品接近——寻找改进，寻求使人们向往它的途径，寻求商品有用的添加物，寻求商品的某种改变。那是使广告能被人们接受的最基本的条件。"

二、品牌形象策略

这一策略是20世纪60年代中期主要由大卫·奥格威在其著作《一个广告人的自白》中提出来的。60年代以前的产品差异化策略时代是基于当时的生产力发展和社会发展水平，由于产品及其亚种比较稀少，由于产品间因技术含量和民族及地区的差异，由于某一特定产品本身的技术更新周期较慢，从而导致产品常常具有明显的、差异相对稳定的特色。因此，消费者进行选择时自然会将注意力集中到产品有利于自己的特点上，只有经过大量相关产品信息的详细比较，才会采取适当的购买行为。这就使得以消费者最易接受的产品特点作为广告主题的 "独特的销售说辞"策略具有很强的可操作性。但随着买方市场的彻底形成，任何一种产品畅销后会迅速导致大量企业纷纷涌入同一市场，产品之间可识别的差异变得越来越模糊，产品使用价值的差别也越发显得微不足道。此时，企业仍一味强调自己产品的特点，强调与其他产品之间无足轻重的差异已经远远不够，而产品品牌形象则显得越来越重要，现代消费正日益呈现出以品牌形象为导向的趋势。于是企业间的竞争便开始从产品竞争时代过渡到品牌竞争的时代。大卫·奥格威的品牌形象策略正是这一过渡的产物。

品牌形象策略的基本要点是：

1.为塑造品牌服务是广告最主要的目标。广告的终极目的就是为广告对象建立并维持一个具有高知名度的品牌形象。实际上"每一则广告都应该被看成是在为品牌形象这种复杂现象作贡献，如果你具有这种长远的眼光，许许多多的日常的麻烦事都自会化为乌有。"

2.任何一个广告都被当作对品牌进行长程投资的一部分。从长远的观点看，广告在维护一个具有知名度的整体品牌形象的过程中，可以不惜暂时牺牲某些短期和局部利益。不幸的是"现在市场上的广告95%在创作时缺乏长远打算，是仓促凑合推出的。年复一年，始终没有为产品树立具体的形象。"

3.随着同类产品的差异性减少，品牌之间使用价值上的同质性增强，从消费者角度而言，"品牌和品牌的相似点越多，选择品牌的理智考虑就越少。"因此，描绘品牌的总体形象要比强调产品的具体功能特征更为重要。

4.消费者购买的不仅仅是产品的使用价值，通过广告，附加在品牌上的精神和心理价值越来越被消费者重视。因此塑造品牌形象实际上是对产品的第二次投资，是对产品附加值的提升。

5.集中地宣传和维护品牌的整体形象和持久的性格,较之于分割地介绍单个产品和不断地重塑层出不穷的新产品,是一种更为经济的广告投资策略,因此,"致力在广告上树立明确突出性格品牌形象的厂商,会在市场上获得较大的占有率和利润。"

总之,奥格威提出了一种新的广告投资观念,即对品牌整体性格的投资,比对在功能和特征上不断变化着的单个产品的投资更经济。正如奥格威说的:"替客户策划广告方案要以假定客户永远经营这种商品的业务为立足点。以高瞻远瞩的眼光来为他们的品牌树立起明确突出的性格,而且坚持运用贯彻策略到底。最终决定品牌市场地位的是品牌总体上的性格,而不是产品间微不足道的差异。"

品牌形象的树立是一个系统工程,包含着多方面互相联系的内容,正如一个人的公众形象是由外貌特征、内在知识和能力、道德修养和人格等三方面构成的一样,品牌形象的构成要件一般也可分为三个方面,即外部特征、内在品质和精神价值。

（一）外部特征

品牌形象的外部特征主要由包装、品牌名、价格三部分组成,这是品牌形象最直观的外表。消费者对某一品牌的了解和识记,首先是通过这些形象、直感的外部信号。因此,给出一个稳定、鲜明、统一的标识是塑造品牌形象的第一步。

1.包装：从视觉形象看,包装是品牌的外貌,是品牌整体素质的外化。

1970年可口可乐公司在全世界范围内发动了一场包装革命,将一切国家所有的可口可乐标志统一起来并以红色和跳动的冲击波呈现,给人一种"青春活力与力量"的强烈感受。在法国,许多化妆品的容器借助他们悠久历史的玻璃工艺和现代设计概念将"高贵、梦幻、神秘"推向全世界。日本的包装则将竹木、树叶和草袋赋予了后现代意义,使人在工业文明和惟科学主义的压迫下返璞归真。总之,20世纪70年代以后,随着文明的进步,发源于商业的竞争和品牌形象设计的大潮已经引发了一场涉及从商品到歌星,从商店到工厂、街道、建筑物甚至整个国家的形象的包装革命。

2.品牌名：每一种重要的品牌都应有一个与之相称的名称。品牌名的设定在很大程度上会影响到品牌形象的塑造和传播,因此许多厂商甚至不惜以重金求取名称。事实上,在当今世界,一些最有影响的品牌名称已经进入了人们的概念系统,成为人们所认识的世界的一部分。可口可乐、百事可乐、IBM、SONY、松下、飞利浦、耐克、皮尔·卡丹、P&G、吉利、大众等品牌名称已经和这个世界一起进入了我们的日常生活,甚至在更深层面上影响着下一代的世界观。

3.价格：日本学者仁科贞文认为："价格与品牌的质量形象有着密切的关系。一般人难以正确评价商品的质量时,常常把价格高低当作评价质量优劣的尺度。在这种情况下确定价格则会决定品牌的档次,也影响到对产品其他特性的评价。"

(二) 内在品质

这是构成品牌形象的实体性价值。内在品质主要是指品牌社会价值的实际含量，如技术先进性、市场占有率、功能性指标、服务状况、行业前景、社会美誉度等等。广告就是根据品牌形象的总体战略要求对上述内在品质的综合概括和艺术提升。恰到好处地向社会宣传这些品质，对于品牌形象的形成和确立往往具有举足轻重的作用。

如IBM公司由于在计算机领域开创性的贡献，就使得相应的品牌形象有了实质性内容的支持，广告当然应揭示这一实质。下图这则广告就将IBM的开创性工作极为形象地展示了出来，使人不能不信服品牌形象背后的力量。

无论是一小步，还是一大步 总是带动世界的脚步　IBM PC

人类第一次登上月球的脚印

举世闻名的西门子集团公司(Siemens)同样以对比的形式使自己的品牌形象得到了更深的扩展。在横贯两页广告（见下图）的左面一页，西门子采用了一些深褐色轮转凹版型照片，并注有大标题及日期"1895，那就是当时。"照片上显示出长胡须的威尔姆·罗恩根正注视着X射线片子。那是威尔姆做出了第一张X射线的像片，正是西门子与他合作，取得了专利并生产了世界上第一只X射线管。

右边的图，展示了权威的全色核磁共振人脑图。大标题是与左页对应的"1990，这是现

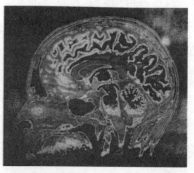

在。"并指出"现代化的核磁共振图像使医生可以比以前更清楚地看到人体内部,这是西门子数年投资于研究和开发的产物。"最后是一句:"西门子,精密的思维"。这不仅仅是在为西门子,几乎可以说是在为德国民族的思维方式作注解。因此,广告确实很好地树立了西门子品牌的准确形象,给人一种并不过分声张的可信性。

(三) 精神价值

就品牌形象的塑造而言,第一和第二部分一般属于品牌的自然价值,是品牌自身固有的,而真正属于广告策略通过智慧而扩充出的新价值是第三部分,也即广告所创造出的品牌的精神价值。

一个人在别人心目中持久的良好的形象不完全靠他的外表,也不仅仅靠他的知识和能力,更重要的应是他们的精神品格。同样的道理,精神价值往往是品牌得以长留在人们心中的更深的质素。品牌精神价值的塑造是一个漫长的多方面作用的过程,发自内心的公益活动及其有分寸的公益广告是这一过程的重要内容。人们已经看到,从正大集团那感人肺腑的歌声开始,在中国,真正具有大家风范的品牌正在朝公益形象的方向发展。广东健力宝集团有限公司从1988年到1992年、1996年连续对中国奥运健儿颁发金罐和提供专款赞助,有效地提高了自己的声誉。上海大众汽车集团公司对中国足球事业的慷慨赞助同样赢得了人们的赞许。公益广告在塑造品牌形象上的力量可以从可口可乐的广告运动中得到证明,如果不是对全球广泛的公益赞助和连续半个世纪对奥运会强大的资金支持,很难想像可口可乐品牌会取得今天的成就,会有673亿美元的无形资产,(全球最大的综合性品牌咨询集团Interbrand关于2004年全球100个最有价值品牌的评选于美国东部时间7月22日正式揭晓。可口可乐以超过673亿美元继续位居榜首。)要知道这庞大的无形资产正是建筑在人们心灵上的。而这是要通过心来建构的。

当然,具有精神价值的形象广告并非公益赞助一种,IBM公司电视广告中大象扶持小象的一瞬间既表达了一种大自然生生不息的进化力量,又巧妙地暗示了IBM公司巨人的地位,使人在冷酷强大的帝国力量背后感受到一丝精神的温暖。

有时,一句温和的广告口号同样能起到维护品牌形象的作用。飞利浦广告语"让我们做得更好"就含有很深的意味,仔细想想"更好"确实要比所谓的"最好"更具有人性的力量。

透过广告,我们仿佛看到了语言的巨大魔力,它为我们编织了一个精神世界,在这个世界里,人才知道自己不仅是个纯自然的存在物,他更是一个精神的存在。他虽然会受到物质力量的巨大影响,但他更容易被语言所感动。凯迪拉克摩托车公司1915年的广告词可以让我们感受到这一语言的力量,这篇将近400字的文字几乎可以被看作是文字广告的经典,尽管当时并没有品牌形象的说法,但这篇看似冗长的广告词却十分有力地维护了凯迪拉克摩托车公司的形象:

出人头地的代价

在人类活动的每一个领域,得了第一的人必须长期生活在世人公正无私的裁判之中。无论是一个人还是一种产品,当他被授予了先进称号后,赶超和妒忌便会接踵而至。在艺术界、文学界、音乐界和工业界,酬劳与惩罚总是同时出现的。报酬就是得到了公认;而惩罚则是遭到反对和疯狂的诋毁。当一个人的工作得到了世人的一致公认时,他也同时成了个别妒忌者攻击的目标。假如他的工作很平庸,就没有什么人会理会他;如他有了杰作,那就有人喋喋不休地议论他,嫉妒不会伸出带叉的舌头去诽谤一个平庸的画家。无论是写作、画画、还是演戏、唱歌或从事营造业,只要你的作品没有打上杰作的印记,就不会有人力图赶超你,诽谤你。在一项重大成果或一部佳作已完成后的很长一段时间里,失望和嫉妒的人仍会继续叫喊:"那是不可能的"。外界人早已将惠斯勒(Whistler)称颂为最伟大的艺术大师之后,艺术领域中仍然流言纷纷,将自己的艺术大师说成是江湖骗子;当人们成群结队到音乐殿堂Bayreuth向瓦格纳(Wagner)顶礼膜拜时,一小撮被他废黜或顶替的人却气势汹汹地叫嚷:"他根本就不是音乐家";当众人涌向河边观看轮船行驶之时,少数人仍然坚持说富尔顿(Fulton)绝不可能造成轮船。杰出人物遭到非议,就是因为他是杰出者,你要是力图赶上他,只能再次证明他是出色的;由于未能赶上或超过他,某些人就设法贬低和损害他——但只能又一次证实他所努力想取代的事物的优越性。

这一切都没有什么新鲜,如同世界和人类的感情——嫉妒、恐惧、贪婪、野心以及赶超的欲望——一样。历来就是如此,一切都徒劳无益。如果杰出人物确实有其先进之处,他终究是一个杰出者。杰出的诗人、著名的画家、优秀工作者,每个人都会遭到攻击,但每个人最终也会拥有荣誉。不论反对的叫喊声多响,美好的或伟大的,总会流传于世,该存在的总是存在的。

1998年《南方周末》在元旦特刊中头版头条有一段文字:"总有一种力量让我们泪流满面"。是的,在这样一种急功近利的镀金时代,在行色匆匆的人群中,在金碧辉煌的宴会厅里,在汗流浃背的劳苦大众的身影后面,我们忽然发现自己丢失了一种东西,一种高于我们生活的精神价值,我们已经没有了那种形而上的终极关怀……现在,我们终于在一个小小的报摊上看见了一段文字,一种让人心灵惊颤的文字,这才是纷扰的物质生活表面下隐藏着的神圣性。《南方周末》让我们在一瞬间回到了自己的精神本体,这才是一种力量,一种植入人心的力量。虽然《南方周末》并不是报界的大腕,但它的精神品性却是一个真正的巨人。

三、定位策略

（一）定位策略的背景

定位策略是继20世纪50年代罗瑟·瑞夫斯提出"独具的销售说辞"，60年代大卫·奥格威倡导"任何广告都应该是对品牌形象的长程投资"之后，又一具有里程碑意义的广告策略。它是由美国知名市场营销和广告专家艾尔·里斯（AI Reis）与杰克·特劳特（Jack Trout）率先提出的。他们从自己的工作性质出发，开始注意到在现代传播工具和传播方式的影响下人类的沟通问题。现代通讯技术的发展一方面使大众传播获得了空前的受众，但另一方面，受众群体的个性差异又被影响广泛的传媒所忽视和抹杀。随着这一现象的逐步发展，最能体现商业竞争的传播手段——广告则最先预感到这种忽视和抹杀所带来的沟通的困难，于是，将沟通方式从居高临下的无差别传播转向分门别类地研究受众的接受心理便被提上了议事日程。定位策略的提出就是这一转变的必然结果。

进一步分析可以发现，定位策略的形成和推广还有它深刻的社会原因：

第一，定位策略是卖方市场向买方市场转化以后，销售发展到成熟阶段的必然产物。在买方市场中，不是消费者寻找商品，而是商品寻找消费者。这一寻找的过程，也是广告真正摆正自己位置的过程。如果说在产品至上时代，"独特的销售说辞"主要是以产品被夸大的差异吸引消费者，而在品牌至上时代，主要是以相对定格的形象诱导消费者的话，那么，在定位时代，则开始改变这种自上而下的单向吸引和诱导，转向研究消费者、寻找消费者。如果说过去广告所着力研究的只是自己的商品，注意的只是商品的差异和形象，那么，定位时代广告努力研究的则是自己的消费者，注意的是消费者群体之间的差异。

第二，定位策略是社会生产力高度发展以后人类消费需求差异化的必然产物。当生存需要（温饱）还是人类第一需要的时候，对产品实用功能的需求是第一位的，工业革命以"自动化、流水线、大批量、低成本"满足了这种需求。但是，当生存需要相对满足以后，人的发展需要变成更迫切的课题时，早期的工业流水线所生产的无差别产品已不能满足这种变化了的需要，旧的工业供给便开始分化，开始开发和生产出日新月异的产品来满足消费者日益增长的个性化的消费需求。广告的差异化策略和品牌形象策略都是对这种需求的适应性满足。然而，这种满足方式是不彻底的，因为它所面对的仍然是一个无差别的、未分割的消费整体，更具革命性的是定位策略，它开始对消费群体进行专业分割，以适应社会需求个性化、产品需求专门化的新情况。

第三，定位策略是大众时代价值指向的间接反映。定位策略的核心是把研究的出发点从产品转向千百万消费者，这种转变正是一个新历史过程的缩影。传统社会的价值指向是政治中心论，以帝王将相、贵族等少数人为转移，工业革命以后整个社会开始价值转换，大众开始登上历史舞台。随着商业利润被迫将目光投向新的上帝——大众，在史学界出现了"新历史主义"，即把历史研究的重点从帝王的兴衰史转为考察大众的发展史；在美学界出现了"接受美学"的思潮，即把审美判断的出发点从少数天才转为人民大众对美的接受；在文学艺术领域则出现了大众艺术的浪潮。而定位策略对消费者的重新关注正反映了这种社会价值中心向下转移的历史潮流。

第四，定位策略是信息爆炸时代传播与沟通面临困境的必然选择。正如里斯和特劳特在品牌定位的书中所说："我们已成为一个传播过多的社会，今天美国每人平均广告消费金额每年已达376.62美元，在我们传播过多的社会中，去谈论你的广告冲击力，实在是对你发出讯息的可能效果有过度夸大之嫌。广告并不是一个长柄大铁锤，它更像一层薄雾，一层非常薄的雾，笼罩住你的潜在顾客。"那么，谁愿意将自己宝贵的金钱仅仅变成一片朦胧而看不见希望的薄雾呢？因此，必须集中优势兵力打歼灭战，对特定目标的各个击破才是最经济的。也就是说："传播的丛林沼泽中惟一能取得高度效果的希望，是集中火力于狭窄的目标，实现市场区隔，一言以蔽之，就是'定位'。"

（二）定位的含义

从定位策略的出发点和最终目的可以看出，定位概念有如下互为联系的几个要件：

1.广告作为产品和消费者的沟通者，虽然其立场仍然代表产品，但出发点却应转向消费者，因为最终是由消费者决定产品的生死存亡。

2.消费者是由各种利益和原则结成的差异化群体，对消费者的研究实际上是对各差别群体的分类和确认。

3.针对被分类和确认了的消费群体进行有特定指向的广告宣传符合经济效益原则。

4.这种具有特定指向的宣传最终是要在其潜在顾客的心智中创造一个位置。"因为广告所进入的是一个以策略为王的时代，在定位时代，去发明或发现了不起的事物并不重要，最主要的是进入潜在顾客的心智。正如IBM并没有发明电脑，电脑是兰德公司发明的，然而IBM是第一个在潜在顾客心智中建立电脑位置的公司。"

5.进入心智必须把握适当的时间和适当的环境。"第一"是最短的进入心智之路，第一主张、第一事件、第一位置、第一信号从"印遗现象"看，具有先天的优势。因此，"要把第一件事物作为'铭记于心不能消除的讯息'，那完全不是一般的讯息。它是一种心智，一种一片空白的天真心智"，是广告传播真正的处女地。

6.这种定位一旦建立，无论何时何地，只要消费者产生了相关的需求，就会自动地、首先想到广告中的这种品牌、这家公司或这种服务，达到"先入为主"的效果。

（三）定位的分类及应用

定位就是对目标市场中消费群体的区分和确认，而消费群体在性质和形式上具有无限可

分性,较为常见的有:

1. 按不同的地域位置划分

如国家、省份、地区、城市、社区等,同一种品牌在不同地区推销需要针对不同的消费者。如前述美国《读者文摘》行销全世界,在不同的国家和地区分别使用了15种文字,特别值得指出的是,由于各国各民族政治、文化、宗教传统的不同,《读者文摘》同时以39种不同的版本向全世界行销。可以设想,如果用同一种版本将会出现怎样的结局。

2. 按种族、民族和人文气质划分

不同的种族和民族有不同的人文性格和气质类型,甚至同一个国家,南方和北方也有明显的性格和习惯上的差异性。江西南昌日用化工总厂的草珊瑚牙膏在南北方市场就采用不同的香型,针对南方人喜爱水果味,北方人偏爱留兰香味,他们分别把橘子、香蕉、菠萝等香型和留兰香型的药物牙膏投放南北两大市场,并在广告宣传中有的放矢地突出香型的特色。

3. 按年龄、性别和生理状况划分

如日本尿布厂甚至将最简单的尿布市场也进行严格的区隔,分别针对婴儿、老人、病人等销售不同的尿布,让不同的消费者产生此尿布的专业化程度高和特别适合自己的联想。

P&G针对人皮肤的不同性质对产品进行严格的分割和集中的广告轰炸,就收到了很好的效果。

上海东方电视台少儿节目定位广告

右图东方电视台广告就是以少年儿童为对象进行定位,一双大大的鞋子告诉你,合适的才是最好的,而所谓合适的从广告营销角度看就是定位准确的。

4. 按所处社会等级划分

这种等级包括经济地位、政治地位、社会地位、知识地位、职业地位等差异,从另一角度也可区分出阶段、阶层、上流社会和底层社会等不同的级差,产品定位在哪一个层级往往具有决定性影响。 在20世纪80年代初期,派克公司在开发产品上面临着这样的抉择:到底是满足普通消费者,生产售价仅为2.98美元,摆不上商店货架,用塑料盒包装的廉价笔,还是以上流社会为主要目标客户,生产摆在高级商场玻璃柜内,包装精美,售价298美元的高档钢笔呢? 不幸的是,当时派克公司掌门人错误地选择了前者,他看上了用后即丢的圆珠笔市场,认为本公司已经生产了将近一个世纪的"手工制造"钢笔市场潜力有限,就决定转向生产迅速的低价位产品。但万万料想不到,这种转变给派克公司带来了一场灾难,产品的销售额日益下降,到了1985年,在美国市场的占有率大为萎缩,直至最后陷入被拍卖的绝境而不能自拔。

然而，当时派克公司的欧洲高级主管马葛利却慧眼独具，断定派克的失败是由于决策上的错误。他认为美国总部忽略了钢笔是一种地位的象征，正确的战略应该是坚持发展传统的高档钢笔，因此，他融资1亿美元，大胆地并购了派克公司，并将总部由美国威斯康星州迁到英国，在此打响了一场翻身之仗。

1987年美国总统里根与前苏联总统戈尔巴乔夫签署中短程导弹限制条约，所用的笔是派克。（照片选自《戈尔巴乔夫自传》）

马葛利所采取的措施，首先是开发高档的品种，并使其更为吻合创始人乔治·派克的构想，即使用比行家更加耐用的材料，要求制成的钢笔稍大和稍重。与此同时，还采取了一种控制墨水流量的新技术，这种获得专利的发明使派克钢笔身价大增，其在美国的售价因而一下子提高了30%。

发动大规模的广告攻势，这是马葛利的另一个高招。他特别将广告集中在注重风格的富人看的杂志上刊出。为了提高知名度，他又抓住派克钢笔被英女王伊丽莎白定为御用笔的良机大肆宣传。当1987年里根与戈尔巴乔夫签署限制武器协定后不到3天，派克钢笔的广告便高呼：两国元首签约所用的，是特定的银制派克75型钢笔。并且宣称："笔杆的力量胜过刀枪。"这种先声夺人的广告宣传当然是富有吸引力的。

派克公司的第三招，是把产品打入高档礼品市场。马葛利宣扬说：如果想买一份良好的和持久的礼品，不妨考虑钢笔。1988年派克公司重新推出其在20世纪20年代设计的Duofold钢笔，售价250美元，1989年再提至312美元，1995年更推出1600美元的高档特种笔，这就进一步使派克笔跻身高档礼品行列，成为上流社会财富和地位的一种象征，讲究搭配的高层人士有时竟拥有三四枝派克笔。

经过这一系列定位决策，派克笔终于从没落走向复兴。

相反，如果定位失当，也会造成损失，皮尔·卡丹在上海市场的处境即为一例。皮尔·卡丹在中国人的心目中曾是外国名牌的象征，仅在上海市场就拥有3家专卖店，并在六七家大型商厦拥有专柜，可到1997年初仅剩一家专卖店在苦苦支撑，究其原因，是定位失当。老皮尔·卡丹有一个梦想，就是要让千百万普通人也穿上"皮尔·卡丹"，并要生产出特别适合中国人体型的服装，他们甚至在北京街头为上万人"量体"并每人赠送一瓶汽水。

但是老卡丹的美好愿望却在中国上海的现实面前受挫，也许最重要的原因就在于皮尔·卡丹对上海消费群体的定位失当。皮尔·卡丹西服和皮衣从最高档的名牌降为面向中产阶级的中高档品牌，想以此获得一大批中高层消费群，但这种对中高档消费群体的定位却是不准确的，因为在中国，中高档意味着西装价格4000～7000元，这对中等收入的上海人来说是个极限，轻易是不会动这个脑筋的。而被认作消费对象的老板、高级经理们，却又似乎并不领这个情，他们需要的是可以炫耀身价的真正国际顶尖的具有价格确认意义的名牌，而不是中产阶级的"普通品牌"。

可见对消费群体的阶层性质和他们理想目标的把握是准确定位的前提。

5.按心理需求划分

（1）价格定位

价格是商品买卖双方关注的焦点，也是影响广告促销的一个重要因素。价格定位的目的是为了促销、增加利润。由于采用的广告策略不同，价格定位可分为"高价定位"和"低价定位"。

著名的美国伊士蔓—柯达公司是商界综合运用"高价定位"策略和"低价定位"策略策划行销并取得成功的典范。

20世纪70年代末，为垄断国际彩色胶片市场，柯达公司对所生产彩卷采用低价定位，一时间柯达公司生产的彩卷风靡全球，人们纷纷舍弃其他品牌而买柯达，由此世界上许多彩卷生产厂家被挤垮，柯达一枝独秀，占市场销售量的90%。

进入80年代中期以后，为进军日本市场，柯达公司针对日本人对商品重质不重价的特点决定采用高价政策打响牌子，与"地头蛇"——"富士"竞争，他们展开了巨大的广告攻势，着力宣传柯达彩卷"质优名贵"，并以高于"富士"1/2的价格推销柯达胶片。经过5年多的竞争，柯达终于为日本所接受，与"富士"并驾齐驱于今日日本彩色胶片市场。

"金利来"领带今天之所以在香港和内地成为家喻户晓的品牌，正是得益于"高价定位"竞争。

"金利来"领带原来叫"金狮"领带。公司创始人曾宪梓先生为了创名牌，决定把"金狮"改为含吉利之意的"金利来"，他们突出其"高贵身价"，显示其"名牌风采"；同时确定高价定位以维持高价竞争。"金利来"牌子创立起来后，曾宪梓先生千方百计维护它的形象。他不因一时资金拮据就随便降价或打折扣出售以自贬身价。在同一个国家和地区，"金利来"领带宣传统一价格，避免自己打自己而影响顾客心理。"金利来"领带现在在内地一般卖到120～200元人民币，然而却买卖兴隆。这主要与公司一贯坚持的高价竞争有关。因为领带是展示一个人身份的标志，若是名牌，价格高些也有人要，若是杂牌，价格再低廉也是无人问津的。

（2）利益定位

这是最常见的细分策略，按消费者不同的利益需要和对商品性能的不同要求来考虑创意思路。这里，关键是要寻找潜藏在消费者表面利益背后的实际利益。有时，连消费者自己都不清楚利益的要害在哪里以及如何去实现，这就需要创意人员的深度挖掘。20世纪90年代中后期"小霸王学习机"的广告创意就是一个很好的案例。他们发现有很大一批潜在的电脑买主，其购买电脑的直接目的只是为了孩子学电脑操作和辅助学习。根据这一具体目的，只要买一台电脑学习机就够了，无需购置数千元的PC机。于是，定位策略便引导创意思路，找出了"真正适合孩子的电脑"的概念，并特意创作出一幅广告画，以孩子穿不适合自己的大人鞋子，来解释什么是多余，什么是浪费，并以此唤起

消费者关注自己并不十分清楚的实际利益。广告堪称利益定位的佳作，见左图。

用定位策略对市场进行细分可以有许多角度，由于消费者的具体情况及其需要是千差万别的，因此对消费者的分割和归类方式也就是无限的，关键是寻找到最有利的定位点，并且在找到定位点之后设法在消费者的心智中真正占有这个位置。

(3) 功能定位

对产品功能及特性的研究是品牌走向市场，走向消费者的第一前提。如果某一品牌在功能特色上能够挖掘出比竞争对手更优越的特点并且满足广大消费者的需要的话，那么这一产品就比较容易争得一个有利的市场位置。

比如传统的感冒药都是白天黑夜一起用药，没有什么区别。然而"白加黑"感冒药对产品的功能进行细分，根据白天与黑夜消费者消费特点的不同将感冒药分为白片和黑片，白天吃白片不瞌睡，晚上吃黑片睡得香，从而使得品牌功能更加完备。

这其中"白加黑"并没有创造出关于感冒药的惊人的特殊功能，只是将感冒药的功能依消费时间的不同作了细分，而这一看上去简单的细分，就是一种前无古人的创造，就是定位过程中的"创意"。

(4) 消费形式定位

在现在市场经济条件下，同种功能的产品越来越多。如何在产品的消费形式方面进行创造性改动，是品牌获得定位优势的另一种有效的"创意"立足点。

仍以前面提到的"白加黑"为例。传统的感冒药是以片剂形式出现的，后来发展成了冲剂、胶囊等不同的产品形式，由于上述的变化，产品在市场上也拥有不同的竞争力量。

"白加黑"作为传统片剂型感冒药的一种，其创造性的工作，在于将同组的感冒药分为白片与黑片，并分为白天、晚上两种不同的消费时间给药，使广大消费者获得了更加细腻、精心的消费关怀。这种从消费者消费特点的角度出发对产品形式进行创造性改造，并因此获得

市场优势的做法，给我们的启发是：以消费者的需要及消费特点为基础对品牌形式进行重新改造的定位，能使一个产品在众多的同类产品中脱颖而出。而通过品牌形式的改变获得定位优势的创意关键在于：将品牌形式的变化与消费者潜在的消费感受、消费方式融为一体。

（四）进入心智的方法

"攀山千条路，共仰一月高"，进入消费者心智的方法有很多，其中较为典型的主要有：

1. 领先者定位策略

"领先者"或称"领导者"、"第一位"，可以从两层意思理解。

（1）抢先在消费者心里占据一个位置

也就是说要尽一切努力使自己成为最先占有者、最初占有者，从而在消费者心中享有"先入为主"的优势。正如瑞夫斯所问：

"第一位单独驾驶飞机横越大西洋的人是谁？林白。那么第二位是谁呢？

第一位登上月球的是谁？阿姆斯特朗，那么第二位是谁？

世界第一高峰叫什么？珠穆朗玛峰，那么第二高峰叫什么名字？"

可见第一（领导者）和第二的差距有时简直就是"有"和"无"的差距，因此，广告要有使自己品牌成为顾客的"初恋者"的定位能力。

（2）在消费者心里是不可动摇的领导者

也就是说，领导者地位的确立，不仅要最先，而且要最大，要成为消费者心中真正的领导者。广告要善于将品牌的领导优势持续不断地向消费者灌输，以保持最初获得的领先地位。这些领导优势包括：

质地惟一性

如"只有可口可乐，才是真正的可乐"，这种定位实际上暗含了一个假设，即可口可乐是衡量其他一切可乐的标准，依此比照，其他的每一种可乐都是在模仿"真正的可乐"。

性能独有性

如"吃火锅没川崎怎么行"，这一广告语曾一度在家家户户的火锅餐桌上成为一种口头禅。其实认真追求起来，川崎火锅调料本身的口味并没有什么了不起的独到之处，因为以辣椒为主要成分的调料，口味都大同小异，然而，一句广告词就足以使人们产生"火锅调料非川崎不可"、"没川崎就无法吃火锅"的定势联想。这则广告实际是通过特有的表达方式为一切火锅作了强势"定味"，让川崎牌调料获得领导者的位置。

技术先进性

这是立足在消费者心中最重要的因素之一，特别是一些高技术领域的产品，以技术优势来定位就显得尤为突出。如航空公司和飞机制造业就一直有着技术定位的传统。下面是一些相应的竞争性的广告词：

创造工程之首　　　（班的克斯航空公司广告词）

波音是世界上第一个喷气机家族　　　（波音飞机制造公司广告词）

永远领先数年的航空科学　　　（洛克西德航空公司广告词）

最先飞越太平洋，最先飞越大西洋，最先飞越美洲　　（泛美航空公司广告词）

新加坡航空公司以每个座位上都有一台电视屏幕的定位为销售卖点

我们永远能最先抵达目的地　　　（空中快车航空公司广告词）

在尘世和天堂之间，没有我们干不了的事　　（美国宇航公司广告词）

我们开创了航空电子领域的新纪元　　（休斯飞机制造公司广告词）

如果时间是最后一道难题，那么我们就能将它征服　　（加利福尼亚航空公司广告词）

销售覆盖性

巨大的具有覆盖力的销售记录同样是领导者通常拥有的优势项目。如长虹彩电就是以压倒优势的销售来赢得领导者地位的，为此他们不惜大幅度降低价格，以便既获得广种薄收的低成本规模效应，又可继续保持销售额全国第一的领导者地位。又如在电信领域，服务的覆盖性也是"领导者们"竞相标榜的砝码：

遍及全球的通讯网络　　　（西部电信联营公司广告词）

同一个体系服务于全球每一位用户　　　（贝尔电话公司广告词）

服务在地球的任何角落　　　（国际电信公司广告词）

三天内能将邮件送到世界的任何地方　　（国际邮件快递中心广告词）

我们用甜美的声音赢得整个世界　　（美国电话公司广告词）

右图是戴尔电脑在上海《新民晚报》上做的广告，其说词非常简单：去年全球销售14,000,000台，全世界任何地方、任何角落都可买到我们的产品。这种气吞山河的语言，往往只有世界性品牌公司才敢说出口。

2.竞争者定位策略

当某一类产品的目标市场已经被领先者先行占领后，大多数的公司都成了后来者，虽然它们已失去了优先权，但必须为生存展开竞争。在通常情况下，领先者永远只是少数，多数公司都要投入竞争者的行列，因为现实情况是，世界上没有一个地方在等着你的产品，要想推销产品，只有投入残酷的竞争。从定位角度而言，竞争者有几种策略：

（1）冲击性定位。即强行冲击，试图打破领导者的垄断性。在相当一段时期中，IBM在个人计算机市场占有领导者的位置，这种现实逼使大部分竞争者只能盲目的模仿。后来史蒂文·约伯斯在西海岸创建了Apple（苹果）计算机公司并终于发明了完全不同于IBM的个人计算机——"麦肯他士"（Macintosh）。为了打破IBM的领导者地位，宣传具有革命性的新一代"麦肯他士"计算机，Apple公司找了C.D广告公司著名的广告创作主任李·克洛等创作了一个60秒的电视广告。这是一个具有突破意义的电视广告，以这则内容怪异的广告为素材，乔治·奥威尔在1984年还专门写了一本书，介绍了"大独裁者"（指IBM公司），一个在国家或政府中最强有力的独裁主义者，一个用他那邪恶的国家控制的思想惊呆了一代孩子的人。

广告一开始时是一大群剃着光头，身着囚衣，看上去已经失去了独立思维能力的人走进一个圆形大剧场。僵尸般的行进者们入了座，默默地注意着巨大的屏幕。屏幕上的"大独裁者"告诫他们："你们是一个人，具有统一的意志，统一的决心，一致的方向。"他那刺耳的声音在剧场中回荡。突然，出现了一个漂亮的女人，她上身穿件T恤衫，下身穿条短裤，脚上穿着旅游鞋，手里提着把大铁锤，顺着通道跑过来，她的身后紧跟着一群头戴防暴头盔的国家警察。

正当"大独裁者"大喊："我们必胜"时，这个妇女像掷铁饼似的快速旋转着铁锤，向屏幕砸去，屏幕被砸碎了，发出巨大的爆炸声，观众们被惊呆了。这时电视屏幕上出现了几行字幕，一个洪亮的声音朗读着："1月24日，Apple公司将推出'麦肯他士'个人计算机，你们将会明白为什么1984将不再像'1984'。"（见右图）

（2）逆向定位。即打出与领导者完全相反的旗号。当明知某一品牌及其特性已经无法超越时，强行突破并不能取得实际的效果，聪明的办法便是寻找到与领导者品牌相反的特征和功能,这样就可轻易地获得与领先者品牌相映衬的地位。著名的非可乐运动就是在铺天盖地的可乐世界中为自己辟出了一块新天地,也为消费者在可乐之外留出了一块保留地。

(3) 寻找空隙。这种方法一般并不是直接针对某一单个领导者品牌,而是面对一大批强势品牌相对垄断的市场,希望能从强势品牌的缝隙中为自己挤出一个位置。享誉广告界的金龟车广告创意便是夹缝中求生存的好例。对于既小又短而且还有些丑陋的金龟车,如果用常规方法推销是无济于事的,因为任何夸大其词的说法用在金龟车上不是无效简直就是滑稽,

难得的是,广告竟一反常态,着力宣传金龟车的"小",广告语:"想想还是小的好",真正收到了峰回路转柳暗花明的效果。这种见缝插针式的奇巧定位既实在又可信,正好嵌入消费者心智的空隙中,使这则广告成了广告史上不可多得的经典之作。(见左图)

(4) 依附性定位。即利用某一品牌已经形成了的社会形象,将自己的产品与之相类比或将自己产品的功能同化于另一超强品牌,以便轻易地分享强势品牌现有的形象资源和无形资产。

例如20世纪六七十年代,美国黑人化妆品市场一直是由佛雷化妆品公司控制的。乔治·约翰逊是佛雷化妆品公司的得力推销员,当他看到独家生产、独家经营的佛雷化妆品公司轻而易举独霸了黑人化妆品市场时,毅然另立门户,创建了仅有500美金、3名职工的约翰逊黑人化妆品公司。

约翰逊认为:如果生产与佛雷化妆品公司雷同的产品,是不会有出头之日的,必须独辟蹊径,开发新产品。经过几个月的努力,一种最适合黑人的新产品——粉质化妆品问世。新产品一问世,约翰逊便推出广告:"用过佛雷公司的化妆品后,再擦上约翰逊的粉质膏,您将会得到意想不到的效果。"约翰逊的同事对他这种依附式宣传有异议,说他替佛雷公司扬名,约翰逊解释说:"因为佛雷的名气大,我们才不得不这样做。我如果站在总统身边的话,全美国马上就可认识我约翰逊;在黑人社会中,佛雷公司的化妆品家喻户晓,如果我们的产品能和它的名字一同出现,明着捧佛雷公司,实际上抬高了我们的身份。"

果然约翰逊一炮打响,仅用了短短4年时间就一举打破了佛雷化妆品在美国黑人市场绝对垄断的局面。

美国前总统克林顿的竞选创意策略倒是真正"站在总统边上"的实例。1992年美国总统竞选,面对年老的布什和富翁佩罗,克林顿竞选班子果断地将选民定位在对肯尼迪和肯尼迪

时代抱有好感的美国人身上。其主要策略就是千方百计让人们对克林顿产生肯尼迪再世的幻觉，以便重温美国人心目中充满激情的英雄时代。

在这一总体定位策略的指导下，克林顿首先向竞选班子提出一个总要求：让美国人明白我是谁！于是，竞选班子为他设计了进入至关重要的民主党全国代表大会会场的开场白："当我接受民主党的提名后，我将成为东山再起的孩子"，这句话隐藏着比喻关系，将克林顿暗喻为当年的美国总统、大英雄约翰·肯尼迪，抓住了选民对肯尼迪的普遍思念之情，一下子打动了选民的心。其次，竞选班子为他精心剪辑、制作了一部14分钟的电影，影片专门选择了克林顿16岁在白宫玫瑰园中受到肯尼迪总统接见并与之握手的珍贵历史镜头，以达到让选民知道"克林顿究竟是个什么样的人"的目的。

然后，克林顿在民主党提名大会上，又打破以往传统，在获提名之后回到会场大厅，向与会的多名女子代表致谢。此举是肯尼迪总统1960年时大受选民拥护的一个举动，如今克林顿有意重演了这一幕，使广大选民看到了一个朝气蓬勃又能迎合他们怀旧心理的美好形象。通过这种富有创意的巧妙定位，克林顿终于打开了通向权力宝座的大门。

（五）定位策略的方法论意义

综上所述，可以看出，定位策略是一种具有很强实践性和普遍适用性的思想方法，它不仅对广告创意有着实际的指导意义，而且在人类活动的许多领域都有借鉴意义。不论是个人对自己前途的设计还是企业、国家的发展战略都有一个正确定位的问题，一旦定位错误将可能导致重大损失甚至灾难性的后果，王安电脑公司便是一例。王安电脑公司的办公室自动化系统在20世纪80年代前期是全世界最先进的，这一软件系统使王安的事业如日中天，并一跃成为全美国十位最富有的人之一。但是，当个人电脑崛起以后，王安的战略定位却发生了历史性错误，他固执地无视通用系统的兴盛和个人电脑的巨大市场，不肯相信个人电脑在未来世界的广阔前景，而是固守自己的专利系统，并且不愿与人分享。这就使他历史地错失了极为广阔的兼容性软件和个人电脑市场，从而一溃千里，仅仅3年时间，到1988年王安公司股票已从顶峰时期的每股70美元狂跌至每股3美元，公司落到最不受尊敬的公司之列，王安本人也死于次年。一个帝国转瞬之间便由于定位错误而轰然倒塌。

具有讽刺意味的是，今天的电脑巨子盖茨在他的新著《未来之路》中认为：王安如不迷失方向导致战略错位，就没有今天的微软公司。他说："王安是一位眼光远大的工程师，他这种曾使他果断地抛弃计算机的眼光，本来可以使他在80年代个人计算机软件领域内取得成功的，而他偏偏在下一个工业发展的转折关头迷失了方向。尽管他研制出了伟大的软件，却过分受制于他的文字处理机。只要通用个人计算机问世，他的软件就必遭失败，因为这种计算机可以运行诸多的文字处理软件，例如Wordstar、Wordperfect、Multi Mate（这种软件本来是王安软件的仿制品）。如果王安早些意识到兼容性应用软件的重要性，今天可能就没有什么微软公司了。我可能就在某个地方成了一位数学家,或一位律师,而我少年时代在个人计算机方面的迷恋可能只会成为我个人的某种遥远的回忆。"

DEC电脑的盛极而衰也是由于同样的定位错误。DEC电脑和王安电脑一样总部设在波士顿,总裁兼创办人奥尔森也是博士,和王安一样从科学家转为企业家,奥尔森的远见和魄力即使在电脑发展史上亦足以称道。他的公司创办于20世纪60年代,成长于IBM等大公司未曾顾及的小型机市场。1988年,DEC的赢利达13亿美元,1990年该公司排名在《幸福》杂志500家大企业中的第27位。但到了1992年,DEC却亏损惨重,其单季亏损就达17亿美元,可谓创了纪录。DEC的股票也从每股200美元跌到每股20多美元。在赶走奥尔森并裁掉三分之一的员工后,DEC近年颇有起色。奥尔森犯了一系列错误,但其中最严重的莫过于在进行战略定位时忽视了个人计算机市场,执意不肯相信个人电脑的时代即将到来。这使他又一次重演了王安的悲剧,可见,正确的定位是如何的重要。

第二节 表现性创意策略

一、情感策略

就一般意义而言,达到广告目的的总体手段无非两条,即"晓之以理,动之以情"。晓之以理属于理性广告或者一个广告的理性部分,其主要功能是告知。动之以情则属于感性广告或者一个广告的感性部分,它的主要功能是打动消费者的内在心灵,使之心动,然后行动。因此可以说感性广告中的情感诉求是对理性诉求的重要补充,一个充满理性说服力量的广告若能以感人的形式表达出来,则将是一个真正既有严谨的科学性又有动人的艺术性的现代广告,正如美国广告专家霍普金斯在《科学的广告》中说的:"要用严肃的能激发感情的因素来充实广告的内容。"

(一)情感策略兴起的背景

情感广告古已有之,但情感广告作为一种策略被广泛地、自觉地运用到广告创意过程中,则是当今时代的新现象。广告的情感策略被今天的广告实践所重视主要是因为:

一方面,现代工业文明和技术理性对人性的反叛逼使人们重新寻求感情关照。从本质上讲,人既是物的(如肉体)存在又是精神的存在,他既要和外部世界发生物质交换又要与他人进行精神交流,这是人类生存的两条永恒的前提,当第一个条件(物)相对满足之后,作为类的存在物的人就会转而寻求第二个生存条件——人类感情。但是,历史的真正悲剧在于,物的实现和精神的实现并不总是同步的,随着工业和技术理性不可逆转地展开,一方面它给人类带来了物质财富,另一方面强大的物质理性又对人类天性施以伤害。弗洛姆说:"虽然人类创造出许多力量,征服了大自然,但却不能自己控制这些力量,人类运用智慧开创了许多科学发明,但另一方面却又无理智地受这些发明的苦。人类建造了世界,设立工厂、制造汽车,这是一个由自己双手建造起来的世界,却不由我们自己主宰了,我们反而被世界所主宰,任由其摆布。"也就是说,在世界被高度"人"化的同时,人也被高度的"物"化了。当人们感到自己是生活在一个物的丰富达到极限以至于感情也可以精确计量并无情交换的世界上时,他会产生一种严重的不安全感,那种与生俱来的经过千百年积淀所形成的人间感情被淹没在物物交换的冰水之中。现代技术既把人类日益结合为一个整体,又使人与人之间高度离散,人类对物的征服却又加剧了"物"对人的压迫。这样,人在"遭到威力巨大的超人力量——资本的威胁"后,便想寻求精神依托,寻求感情关照,因为"人不仅仅生活在物理世界中,更生活在精神世界中,人并不是根据他的直接需要和意愿而生活,而是生活在想像的激情中,生活在希望和恐惧、幻觉和醒悟、空想和梦境之中"(卡西尔语),或者说"使人困扰和惊骇的不是物,而是人对物有意见"(埃皮克蒂语)。事实上人更需要一种精神满足,需要那被过度机械工业化和技术性阻断了的人类情感,需要从物质商品那冰冷的表层下发现温暖的精神价值。这种需要正应验了著名未来学家约翰·奈斯比特的预言:"未来社会正向着高技术与情感平衡的方向发展"。

另一方面,随着生产的发展和人们生活水平的不断提高;随着生存需要逐步让位于发展需要,随着商业竞争所导致的恶性模仿使产品使用价值的差异日益缩小,人们开始对附加在商品上的文化价值产生了强大的历史需要,这就使包括广告在内的对产品的再加工成为必要,这种使商品的附加值增大的精神加工很大程度上是对商品进行情感投入。这种投入使产品的自然属性开始具有人性的力量,使人们在消费产品物质价值的同时也消费经由广告创造出来并融于产品中的精神价值,从而满足人类深藏于内心的对感情的终极关怀的需要。因此,正如可口可乐公司的J.W.乔戈斯说的:"你不会发现一个成功的全球名牌,它不表达或不包括一种基本的人类感情。"

(二)情感在广告中的作用

一旦广告的作用由告知发展为说服,就必然要求广告由硬推销变成一种软推销,加入广告的情感力量,用情感去说服和打动消费者。

情感在广告中的作用主要表现在:

1. 信号作用

社会心理学研究认为,人们在生活中,必须弄清哪些事物是所需要,对自己有利并应该趋向的;哪些事物是不需要,对自己不利,应当逃避的。在这一反应过程中,除了识别和认知作用外,还有感情状态给人们提供的信号作用。

例如在幼年时期,个体去"分辨"客观事物的意义时,主要是依靠感情体验。体内缺水,口干舌燥,喝到了水,一阵愉快,个体会由此认为水是所需要的。表情同样也是判断事物意

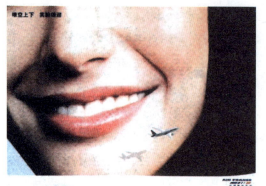

法兰西航空公司广告——微笑是最好的沟通

义的重要依据，母亲充满爱的表情是孩子作出反应的惟一依据，事实证明孩子具有先天的对人类表情的鉴别能力，这种能力甚至在一个成年人精神分裂以后仍然不会遗忘。这就间接解释了为什么在广告中，一个真正充满善意的表情比毫无表情的美人更能打动人。

左图法兰西航空公司这则广告仅仅是一个笑脸，甚至连最重要的脸部信号——眼睛都没有，但是这幅友善的画面却准确地传达了人类最愿意看到的信息。

2. 动力作用

感情对行为具有推动作用。直接推动行为的是动机，但从感情与需要满足的关系看，感情状态影响着行为动机的发动。行为动机的发动需要一定的感情状态作为基础和动力来源，如果感情状态积极、良好，人们会倾向于行动。正如消费者在清洁整齐、充满善意的信任和美妙音乐的超市里，比在环境恶劣的自由市场更容易掏钱购买可有可无的物品。布鲁斯·巴顿说："耶稣是如何感动许多人的？广告的精髓就是《圣经》。"只有先引起人们的感动才能促使其付诸行动。假设有两则条件完全一样的招聘广告，不同的只是广告语：第一个广告语写"本部需聘××人员若干"，第二个广告语为"让每一颗种子在我们这里发芽"。毫无疑问，第二个广告更能让人动心，因为它内含丰富的情感。正如狄德罗所说："没有感情这个品质，任何笔调都不可能打动人心。"的确，语言既可以扼杀，也可以是拯救。因此，在广告语中，应当更深地体会"只有感动，才有行动"的含义。

3. 移情作用

这不是指文艺理论中的移情和感情投射，而是指受众主体在接受广告的过程中将被广告所激发出的情感迁移到所广告的产品上去，从而导出对产品的好感，尽管产品本身并不具有直接的情感内容。如一则 AT＆T 广告，其情节是："一对白发苍苍的夫妇在餐厅里用早餐，空荡荡的大厅显得冷清、孤寂。这时，电话铃响了，老太婆起身去接电话，过了好一阵，老太婆才回来，老头子惊讶地问："这么早，谁来的电话？""女儿打来的，""有什么事吗？"老头子追问道。"没什么事，"老太太答道，慢慢低下了头。"没什么事？老远打电话过来？"老头子疑惑不解地嘀咕着，老太婆禁不住抬起头，眼泪夺眶而出，颤抖的手捂着脸哽咽道："是的，女儿说她爱我们。"感人至深的情节唤起了人们内心的美好情感，虽然这情感并不是AT＆T电话公司所特别具有的，但移情作用却使人将这美好的情感与所广告的产品联系了起来，使广告的目的得以实现。

(三) 情感的类型及表现策略

人类情感是非常复杂的，其表现形式也是极为丰富的，其中主要有两大类，即积极情感（如亲情、爱情、感激、幸福等）和消极情感（如厌恶、恐惧、痛苦、仇恨等）。这里主要阐述积极情感及其对广告的正面作用，这些情感包括：

1．归宿感

归宿感是人类一切情感中最本能的情感。在无尽的风雨漂泊中能有一个安逸的避风港——家，是每个人最初也是最终的愿望。家也是人类许多美好情感的发源地和最后归宿，因此许多广告常常用家作情感诉求点。

20世纪80后代末，英国"固体燃料顾问公司"用"家"作为广告主题，成功地提高了消费者对家庭用煤取暖的好感，从而有力地促进了煤的家庭消费。

调查表明，消费者对燃煤取暖普遍持否定态度。在他们眼中，燃煤取暖一无是处，从买煤、搬煤、储煤，到生火、添煤、除煤渣，又脏、又累、又麻烦。从这一点来说，广告采用理性诉求显然是不合适的。调查还发现，虽然消费者认为家庭用煤一无是处，可每当提起壁炉，他们总是津津乐道、十分动情。在他们看来，煤火才是真火。煤火不仅能够散发一种不同于煤气、电器的热能，还能创造一种独特的气氛，煤火能将房屋变成家。如果壁炉没有生火，他们总感觉缺点什么，这一发现启示广告主，作为辅助燃料，家庭用煤还是有市场的。这个市场就是那些有房产、重传统、重家庭的中青年消费者，虽然他们的父辈已经封闭壁炉，转用电火，他们却重新打开壁炉，将其作为辅助取暖用具。由于消费者使用家庭用煤追求的是情趣、情感方面的满足，广告当然应该采用情感诉求。为了表现煤火"将房屋变成家"这一主题，他们以小狗、小猫和老鼠为主角创作了一则生动、有趣的电视广告。

广告是这样的：一只小狗走进房屋，被燃烧着的煤火所吸引，来到炉旁就座；跟着进来一只小猫，看到煤火便在小狗旁边坐下；再跟着走进来一只老鼠，也来到煤火前，并挨着小猫坐下，为了突出煤火的情感力量，即"将天敌变为朋友"，背景配上了"你明天是否仍爱我"的歌曲，广告还有表现小猫亲吻小狗、老鼠亲吻小猫的画面，最后，旁白说道："现在，您该明白人们在真火中看到了什么"。广告中之所以使用"真火"而不使用"煤火"这个词，一是为了与电火、煤气火相区别，二是为了避免勾起消费者对燃煤的否定看法。

这则广告播出后，在消费者中引起极大轰动。表示愿意使用煤火的消费者增加了12%；将煤火与"脏"、"累"、"麻烦"联系在一起的消费者显著减少，而将煤火与"温暖"、"舒适"、"增强家庭气氛"、"使人们相聚在一起"等相联系的消费者提高了一倍。这则广告与中国的"孔府家酒，叫人想家"一样通过家作诉求点，很好地激起了人们对"家"——这一灵魂和肉体的终极归宿的归宿感，从而促进了人们对广告产品的消费。

2．血缘亲情

家在本质上不是一个物质概念，而是一种精神存在，是一种根源于血缘的人类亲情。广告如能真实地传达这一情感，其效果是不言自明的。MCT（美国微波通信公司）在面对世界电信业巨人AT&T公司时（前文已有论述），针锋相对地用了人间亲情这一情感诉求广告，起到了意想不到的好效果。

广告用60秒时间演绎了一则微型的电视剧，展现了人生的一个片断：

开始，是一个表现合法离婚程序的黑白镜头，接下去是一个彩色镜头，拍出在一间豪华的办公室中，一个男人的手神经质地用钢笔敲打着书桌，此人低沉的声音说："简（Jane）经常说我是与我的事业结了婚，而不是她。她和凯文（Kevin）在三月份搬走了。"摄影机将镜头移向一个男人和他的儿子，然后转向一个800号电话卡和一张半空的床。

同时，这个声音继续说："为了他的生日，除一个飞机模拟器外，我送给他一张有我的MCI个人800号的电话卡。我告诉他可以在任何时候给我打电话，不管是白天还是黑夜。"

镜头很快切换到一对正处在幸福时光的夫妇的照片，"所以后来某一天，电话铃响了，是简，她说：'你用800号想干什么？'有个声音说：'你打这电话想干什么？'"这个声音又说："我告诉她，也许人是可以改变的。她说：'也许'。"

摄影机渐渐转到MCI标志，它的下面出现了"个人800号。1—800—727—2878"字样。广告情节感人至深，许多电视观众激动得当场流下了眼泪。写《世界百家超级公司最新广告剖析》的著名广告学者林雷德·波普竟也动情地说："我看过的120min片型等学院类的影片，从来没有这么深地触动我。"

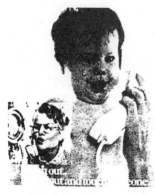

也许因为AT&T和MCI的情感广告做得太吸引人了，也许因为电信业互相之间并没有什么特别的品牌功能差异，所以后来许多电信公司也竟相用情感特别是人间亲情作广告诉求，有些也取得了很大的成功。如1995年底，李奥·贝纳泰国公司为亚洲电信公司制作的电视广告《爹地篇》，内容是讲述一位父亲在机场用未来型可视电话给自己临睡的孩子讲催眠故事的情形。广告荣登该年度媒介杂志亚洲创意广告佳作榜首，并获得一项戛纳电影节银奖和一项芝加哥电影节奖。此外，贝尔系统的长途电话也有一则感人的图片广告（见左图），画面是一个牙牙学语的婴儿在听电话，好奇的神情十分可爱，左下角的小画面是祖母亲切的表情，开心地哄着孙儿，一股温馨的人间亲情溢于纸上，同样十分动人。该广告也获得了消费者和广告界的广泛好评。

3. 怀旧之情

这是深藏人心中的一种特殊的情怀，广告若能恰如其分地唤起这一情感，是十分美丽的。在20世纪80年代中，美国扬·罗必凯（Young & Rubicam）广告代理商为墨丘利（Mercury）

牌汽车所做的广告就证明了这一点。

扬·罗必凯广告代理商的研究发现，在22~44岁年龄段的目标消费者中，墨丘利牌汽车的知名度是很低的。其研究还发现，在该年龄段目标消费者中存在着一种对20世纪60年代音乐的强烈的情感纽带。由于认识到这些，扬·罗必凯广告代理商认为，与其用理性的事实和资料向其目标消费者大肆宣传墨丘利牌汽车的性能与特点，不如利用人们的怀旧情感在墨丘利牌汽车与消费者之间建立起一种情感纽带。为此，他们根据一部描写60年代大学同学、朋友重聚的电影，创作了一系列的电视广告，发起了一场广告战役。该战役以题为"重聚"的电视广告拉开帷幕。该电视广告的故事线索为朋友回母校聚会，背景音乐的题目为"高山并不高"，描写的是朋友们从四面八方驾驶着墨丘利牌汽车向学校行驶。

研究发现，该广告在电视观众中产生了强烈的情感效果，许多观众赋予该电视广告各种积极美好的事物。观众们仿佛又回到他们的母校，重温美好的校园生活，畅谈朋友间的友谊，并将这美好的时刻归功于墨丘利汽车。其后的电视广告通过描写这些60年代大学生毕业后的美满婚姻、幸福家庭、工作成就等，将重点转向强化观众与墨丘利牌汽车的情感认同上。

由于将墨丘利汽车、墨丘利品牌与深受目标消费者喜爱的音乐及令人怀旧的场景联系在一起，广告的效果很好。墨丘利汽车的销售量自广告战役开展后持续增长，墨丘利汽车的市场占有率从1983年的4.3%增长到1985年的5.1%。

为什么这个广告战役能获得这么好的效果呢？负责该广告的广告经理一语道出了其中的奥秘：该广告战役之所以成功，是因为它将目标受众的过去与现在的生活方式结合在一起。

4.感激之情

这也是人之常情。那些对别人的帮助心存感激的人，总能让人产生信任感。太

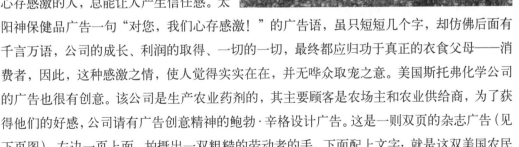

阳神保健品广告一句"对您，我们心存感激！"的广告语，虽只短短几个字，却仿佛后面有千言万语，公司的成长、利润的取得、一切的一切，最终都应归功于真正的衣食父母——消费者，因此，这种感激之情，使人觉得实实在在，并无哗众取宠之意。美国斯托弗化学公司的广告也很有创意。该公司是生产农业药剂的，其主要顾客是农场主和农业供给商，为了获得他们的好感，公司请有广告创意精神的鲍勃·辛格设计广告。这是一则双页的杂志广告（见下页图）：左边一页上面，拍摄出一双粗糙的劳动者的手，下面配上文字：就是这双美国农民的手供养了我们。他几乎种植了全世界谷物的一半，60%的大豆，差不多1/5的棉花。我们Stauffer化学公司的工作人员愿意与全世界一起感谢美国的农民，因为他们中的每一位都供

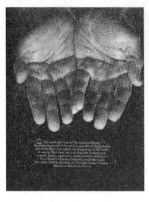 

养了我们79个人。

在右页的上面则是一双细软的手,代表职员或管理人员的手(暗示着农业供应商),再配上文字:这双农业供应商的手帮助了供养我们的那双手。他倾听,他理解,他支持。我们Stauffer的工作人员要感谢农业供应商帮助我们去帮助美国农民。因为假如没有他,美国农民就不能供养世界上那么多的人了。广告极有说服力地赞扬了2个顾客——农民和农业供应商。不是直接赞扬他们为化学公司,而是赞扬他们为美国甚至是为全世界作贡献,这当然是讨好自己的顾客,只不过是用感激的方式来讨好,不仅是公司对顾客的感激,而且用这种感激为顾客改造形象,并要全美国甚至全世界都来感激这两双手。这种表达很容易肉麻,但由于这则广告列举出的数字非常具体,用词又精当,因此取得了较好的效果。

5.理解之情

在现代社会,人与人之间隔膜日深的背景下,"理解"二字变得非常崇高,理解也逐渐成为一种深刻的社会需要,反映人们需要的广告当然应表现这一主题。当然,理解并不一定是对误解和委屈设身处地的同情。有时,对一种心境细致和充满善意的了解同样是最深的理解。

台湾地区一则少女洗发精的广告,就一反同类广告的俗套,以诗一般的语言为人们祈祷好心情,理所当然地获得了人们的好感。

当他离我而去,
外面有太阳,
可是我心中在下雨,
Sea bird(海鸟),雨天的心情。

当我看着他的眼,
他给我温暖,
也给我一点点伤感,
Sea bird,多霎的心情。

啊,心情,心情,
我用想像的心情,

想像我醉了,
使人有雨天的心情。

啊,心情,心情,
我用伪装的心情,
假装你打电话给我,
使我有晴天的心情。

歌声结束,旁白声起:海鸟,让我的心情飞起来,海鸟洗发精,心情系列。

6.宗教感情

宗教感情对于虔诚的教徒来说,是非常神圣的,宗教教义中的许多典故往往内含着极为深刻的人类感情。在历史上,宗教感情的神圣激发常常会演绎出可歌可泣的悲喜剧,因此,广告若能恰如其分地激发这种情感,将是极为生动感人的。香港有一家保险公司寄给用户的广告是一则宗教题材的寓言故事:彼得梦见与上帝在一起散步,天际缓缓展示出一幅图景,再现了彼得一生的经历,他走过的每一段落,都有两双脚印,一双是他的,一双是上帝的。但当最后一幅图景展示在他的面前时,路面的脚印只剩下一双,那正是他一生中最消沉悲哀的岁月。彼得问上帝:"主啊!,你答应过我,只要我跟随你,你永远扶持我,可是在我最艰苦的时候,你却弃我而去。"上帝答道:"孩子,当时我把你抱在怀中,所以,只有一双脚印。"

广告的最后一句话,道出了保险公司的广告主题:"当你走上坎坷的人生之路时,本公司陪伴着你。当你遇到不测时,本公司助你渡过难关。"整篇广告感人至深。

总之,广告创作要善于运用情感策略,善于抓住人的情感,不仅要抓住无时不在身边体现的情感,还要唤起受众尘封的、深藏在心底的那种动人的情感,达到心灵的交融,通过这种心与心的沟通,达到心灵的激发,调动人的情感,促进销售,这才是广告创意追求的最高境界。

二、名人策略

(一) 名人策略的效应

利用名人做广告其效应究竟如何,可以从广告大师奥格威的感觉中得出结论。奥格威曾经成功地说服罗斯福总统夫人为奥美广告公司的"好运道人造奶油"做电视广告。为此,奥格威一直把它看作自己广告生涯中终身难忘的得意之事,可见,名人广告是如何地有魅力。事实上名人广告在整个世界广告业的发展过程中,始终是昌盛不衰的,各种各样翻新的名人广告层出不穷。

在做名人广告方面几十年一贯地保持热情的是派克笔公司,他们总是在重要的历史事件中将名人与名笔(派克)联系起来,其中比较突出的是登载在美国《生活》周刊上的三张著名照片:

其一,美国艾森豪威尔将军满面笑容地手持"派克"金笔。这是他正用派克笔代表战胜国签字。时间:1945年5月7日德国战败投降。地点:法国。

其二,美国麦克阿瑟将军正用"派克51型"笔在日本投降书上签字。众将环立其后,麦克阿瑟将军神情严肃。时间:1945年9月2日。地点:在米苏里号战舰甲板上。

其三,美国副国务卿克里斯朵夫在签署文件:从伊朗释放52名美国人质。他用的也是派克笔。

当然最有影响的还是美国总统里根与苏联总统戈尔巴乔夫签署全面销毁中程导弹的场面。(如前所列照片)

利用总统做广告在美国是常有的事。20世纪70年代,美国男式西服业长期不景气,里根任总统后,美国时装同业工会每隔一段时间就颁发"全美最佳服装"奖给里根,声称他在任何场合都衣着讲究、整洁、美观、色彩协调,显得潇洒庄重,风度不凡。结果,美国和世界各地一些男士纷纷改穿西服,使美国男式西服业"咸鱼翻身"。(左图为"美国人寿"用里根做广告)

里根夫人南希当时年年被评为"美国十大时髦女人"之一,她穿的时装款式风行全国,不少美国妇女买时装,总是要问"这是南希款式吗?"南希的发型也成为时尚。她喜欢小苍兰、郁金香,结果种植及出售小苍兰和郁金香的花农花商都赚了大钱。

1983—1984年,美国时装同业工会选出英国太子妃戴安娜为"世界上对女性时装最有影响力的妇女"。结果,戴安娜怀孕时穿的孕服成了风行世界的时装,盛极一时。

百事可乐和可口可乐是美国两大饮料公司,当百事可乐刚刚起步迈向国外的时候,可口可乐公司从其海外销售中所得到的利润已占公司盈利总额的80%。百事可乐在海外的业务,直到1959年才有一次大突破。他们利用在莫斯科举办美国博览会之机,打开了苏联市场的大门。在博览会上,百事可乐公司主席卡达尔利用与赫鲁晓夫见面的机会,在摄影师即将按下快门时,机敏地在镜头前将一瓶百事可乐递给赫鲁晓夫,请他鉴定口味。之后,他们对此幅照片大肆渲染,掀起了一股品尝

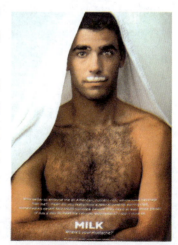

网球巨星桑普拉斯做牛奶广告

百事可乐热潮。1972年勃列日涅夫给予百事可乐在苏联独家专营权。自柏林围墙倒下后,虽然可口可乐想抢滩,但百事可乐已在苏联市场稳坐钓鱼台了。

不仅国外,国内广告有时也能不失时机地抓住名人效应。1984年,里根总统来华访问,临回国前他举行盛大的答谢宴会,按照惯例是要在人民大会堂举行的。但是,当时中国长城饭店刚营业不久,饭店总经理抓住机会,向有关部门表示:只要宴会在长城饭店举行,而且进行实况转播,转播场地的租用费可以打折,最终他们征得了有关部门的同意。举行宴会那天晚上,随同里根访华的500多名外国记者进行了现场采访,宴会还没结束,一条条消息已通过各种传播媒介飞向世界各地:"今天×时×分,美国总统里根在北京长城饭店举行答谢宴会……"而电视的实况转播,更使亿万外国观众将长城饭店里里外外看个清楚。从此,全世界都晓得北京有一个能接待"国宾"的长城饭店,长城饭店的生意随之兴隆。

在国外,不仅名人做广告,连名人的遗物也可以做广告。1986年竟有一扇只有几十年历史的窗户也登上了拍卖市场,最后像"文物"一样被一个富翁高价买走。这扇窗户的"价值"在于,23年前那个在达拉斯市行刺美国总统约翰·肯尼迪的凶手,就是倚着这扇窗户开枪并打死肯尼迪的。23年时光竟使这扇窗户成了"稀世之宝"。富翁并非为了收藏才如此大度的,而是将买到手的"宝物"安装在自己的商店里,写明此窗户的历史,以此来招徕顾客。从此,这家商店顾客盈门,利润远远超出了购买窗户的价格。

除了政治名人做广告外,体育明星、影视明星等演艺明星做广告更是司空见惯。较早做体育明星广告的是德国阿迪达斯公司,1936年柏林奥运会时,阿迪达斯把刚发明的短跑运动鞋送给夺标有望的美国运动员欧文斯使用。结果,欧文斯一连夺取了4枚金牌。阿迪达斯的鞋也因此名声大振,畅销世界各地。1982年西班牙世界杯足球赛上,在24支参赛队中,有13支队身穿阿迪达斯球衣,8支队穿阿迪达斯球鞋,决赛时,场上有3/4的

拳王阿里与女儿莱拉最新广告

人员(包括裁判员和巡边员)都穿阿迪达斯的产品,就连决赛时用的足球也是阿迪达斯公司制造的。阿迪达斯公司因这次比赛大出风头,在世界体坛广为人知,它的产品成了世界体坛时髦的抢手货。

阿迪达斯不但拿产品馈赠体坛明星,还拿出产品馈赠给各界人士,仅1985年一年,该公司馈赠的现金和产品总额就达3000万美元。他还在该公司总部别出心裁地设立了一座世界上惟一的运动鞋博物馆,专门陈列体坛明星穿过的阿迪达斯运动鞋,其中,有欧文斯穿过的钉

鞋，拳王阿里穿过的高筒拳击鞋。当著名运动员来博物馆参观时，公司免费给予招待。这些名人为阿迪达斯带来了更大的名气。

名人广告之所以备受重视并被广泛运用于广告实践，是因为名人有着特有的号召力。与其他广告相比，有名人参与的广告其特殊的效应主要表现在：

1. 关注效应

也就是说，名人可以利用其在大众中的熟悉度而引起广泛的关注。广告大师詹姆斯·韦伯·扬曾指出：广告发挥作用的首要原则是广告要"为产品建立熟悉感"。人们总是首先对自己熟悉的人或事发生兴趣并作出反应。广告若能利用某种介质促使消费者对广告继而对所做广告的产品发生兴趣，就无形中增加了产品的价值，就能有效地促进产品的销售。他提出了在广告中建立熟悉感的两条途径：(1)在广告中使用消费者熟悉的人物、环境、事件；(2)不要轻易改变广告中的形象。因此，名人广告的关注效应实际上是指利用名人的高熟悉度这一无形资产使消费者的关注点迅速集聚从而产生短期轰动效应，最终提高产品的知名度。因此，名人效应首先体现在可以使消费者在较短的时间内认知和熟悉产品，从而提高熟悉产品的时间效益比。

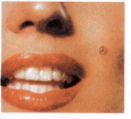

奔驰车竟以梦露迷人的"痣"作为卖点大做文章

2. 晕轮效应

心理学研究发现，人在观察和评价别人时，一些并不相关的特征会在观察和评价过程中被赋予相关意义。例如外表迷人与聪明并无相关，但是人们的观察常常产生偏差，总容易相信外表迷人的人会更聪明。特别是这种相关是以对某一特征的评价为基础时更是如此。如果一个人或物被赋予了一个肯定的或社会上喜欢的特征，那么他就很可能还被赋予许多其他特征。这种知觉上的偏差就称作"晕轮效应"。对于普通人而言，晕轮效应并无太大的影响，但对于明星人物，情况就不一样了，与普通人相比，名人的晕轮效应一是范围广，辐射面极其广大，二是可能由于传媒的渲染而产生倍加的晕轮效应，甚至导致偶像崇拜。一旦产生偶像崇拜，则那些与名人相关的事物便都会被罩上光环，与名人相关的产品当然也就被赋予了新的意义。从而导致"爱屋及乌"的错觉。

3. 新闻效应

也就是说，名人不仅可以产生一般的广告效益，还可以产生额外

《美中经济导报》以基辛格为模特大打名人牌

的新闻效应。上例里根总统在长城饭店举行答谢宴会的事件就曾被新闻界大肆渲染，有人说当时500名记者就相当于500家新闻媒体为饭店做了一次免费的全球广告。再加上广告界为这一明智的策略所作的评论和报道，更使长城饭店获得了这一举措的连锁效应。又如1994年11月5日杭州一份大报上登出寻人启事："自1990年以来，楼云隐姓埋名，匿迹江湖，据可靠消息，楼云近期在杭州活动频繁，时常出没庆春西路一带。有知情者，请即刻向浙江巨鹰集团举报，对100名先行举报者将给予重赏。"杭州人为此"寻人启事"而广泛议论，使本来名不见经传的巨鹰集团一下子提高了知名度。

4. 模仿效应

华西列夫斯基曾说过："仿效领袖（包括各种明星）是人对自己尊严感到不满足的一种补偿手段，希望使自己获得某种新的品质、新的评价。"正因为人有这种价值补偿心理，名人广告就有了模仿效应，而做名人广告便可直接促成销售。如日本东洋螺萦公司就曾利用美国影星泰勒做了一次闪电般的促销活动。泰勒曾主演过名为《黑色闪电》的影片，所以观众对她的印象判断为黑色，公司决定制作适合她的雪衣，准备在泰勒赴日时让她穿，为此，东洋螺萦公司制定了这样的广告策略：

(1)此前两个月内，不断地在杂志、周刊上刊登以"泰勒的黑色是今年的时尚"为主题的广告。

(2)泰勒到日本时，以"泰勒来了"、"泰勒穿的雪衣"为标题，刊登报纸广告。

(3)招待记者，并请记者拍摄泰勒穿上"黑色雪衣"的大幅照片，登在杂志、周刊上，在市民中激起泰勒热潮。

(4)把泰勒的照片送百货店，雪衣售店作为焦点广告。

(5)在全国61家百货店，使用同泰勒真人一样大小的照片，开始进行大肆推销。

这样，原来长期积压的每年最多只能卖出七八十件的雪衣，这一年竟卖出4万件，还卖了1万条雪裤，这在追求服饰多样化的日本简直是个奇迹。

可见，名人模仿效应有时是非常强烈的。这一模仿心理的本质正如美学家博克所说："人们心中总是想把所观察的对象拥有的那部分尊严和价值归于自身。"

5. 信任效应

就名人与普通陌生人相比较而言，人们总是把更多的信任给予前者，这是基于两个原因：

第一，名人是具有社会意义的熟人，虽然他并不认识你，但你通过各种途径早已认识了他，他就成了你单向的熟人。按一般常理，当一个熟人或你喜爱的人向你推荐一种东西时，你接受的可能性就大大增加了。你也会设想名人不会冒名誉扫地的风险去推销劣等产品，因此信任就产生了。当然，这种信任有时会被利用，如法国著名电视女主持人达尼埃尔·吉尔贝1990年在电视上做广告说："这是一种神奇的戒指。您看，它的光彩与众不同，多么迷人！它将会给每一个拥有它的人带来好运。"结果信任她的法国人一下子就买了46万枚,后来,吉尔贝遭到了起诉,罪名是她夸大了产品的功效。因为这种普普通通的戒指不可能给人带来好运。在法庭上,吉尔贝的律师竭力辩护,反复强调:"这仅仅是一种广告手段而已"。但是法庭认为这是一场骗局,并且指出:"如果没有吉尔贝和她拥有的得到公众信任的形象,就不会有这一骗局。"吉尔贝最终在格拉斯被判徒刑。

第二,名人从某种意义上讲是一种权威,而权威常常能在心理上影响一个人的态度和行为。一项心理学调查发现,人们之间的沟通(交流),权威对非权威个体的影响是很大的,也就是说,沟通态度者的威望极大地影响着目标主体改变态度的程度。一般说来,沟通来源的威望越大,沟通目标中改变自己态度的人就越多。例如阿伦森·特纳和卡尔·史密斯进行过一次研究。他们列举了由不同的现代诗人撰写的几首诗的样本向被试者征求意见。这些被试者对其中的一个样本作出了否定性的评价以后,他们又告诉这些被试者说,有人认为它相当好。他们对其中的一些被试者说,作出这一肯定性评价的,是著名的英裔美国诗人T. S. 艾略特;而对另外一些被试者说,作出这一判断的,是南方州立教师学院的一个学生阿格尼斯·斯泰恩女士。

然后,让所有的被试者重新评价这首诗。不出所料,其中的一些被试者改变了他们对这首诗的态度。但是,在改变最初判断的那些人当中,那些读过T. S. 艾略特意见的被试者要比读过阿格尼斯·斯泰恩的评价的人更多。因此说,威望高的沟通者比起威望低的人来说,其意见引起态度的变化要更大。

名人的效应是双向的,倒霉的效应也会被无穷放大,图为克林顿的苦脸被广告所利用。

这样,我们可以看到,名人效应之所以巨大,是因为名人由于其特有的地位和传媒特征,就拥有了多方面的无形资源,有效地开发和利用这些资源,对某些广告来说是很有价值的。

(二)名人策略的适用度

虽然名人广告策略有其不可否认的优势,但是,名人策略的应用在广告的具体实践中仍需谨慎把握,要有一定的分寸,否则就可能既花了钱又造成适得其反的效果。事实上,在广告界,人们对名人做广告能否真的有助于促销一直是争论不休的。美国《广告时代》总编鲍勃·加菲尔德说:"利用名人做广告纯粹是浪费钱。"美国一家广告专项研究公司在对5000条电视广告研究和调查后发现,名人并不能导致广告必然成功,如果广告中的名人对观众表达的是产品的特性,那么该广告的说服力就会增强。但是,如果换成其他非名人,以同样的方式推销产品,一样也可以达到目的。就促销而言,名人策略远比"证言式"和"产品示范"等效果差,至于许多消费者,他们不会因为喜欢某个名人,就去买他推销的产品。这就提醒我们,在做名人广告时,应当考虑如下因素:

1. 不能喧宾夺主

如果某一产品过于普通,却动用巨星为之拍片,就可能得不偿失,反而把观众的注意力引向了明星,而忽略了产品自身,这种花钱为别人做嫁衣的事在中国的广告中并不少见。

2. 名人广告并不一定总有模仿效果

一般而言,在服装、女用化妆品、洗发精等产品上模仿效果强些,而在其他产品,比如食品上,就并非如此了,人们并不会因为某位名人喜欢吃这种面条而涌去买同样的面条。

造成模仿效果减弱的另一原因是人们对名人隐蔽动机的认识。社会学家克特·W.巴克认为:如果有一种产品经过一位颇有魅力的人物宣传,那么这是否意味着人人都会跑来购买它呢?事情并非如此,原因是沟通来源的"隐蔽的动机"已经被人们看到了。如果人们看到,某人的劝导是出于自己的私利,那么这一信息的说服力就减弱了。当穆罕默德·阿里到无线电广播电台宣传一种男用的香水的时候,听众也许会猜想,影响他这么做的,很可能是他得到的商业广告费,而不是出于他对于这一产品的赏识。因此,宣传者(沟通者)的潜隐动机对接受者(消费者)的影响有时会起很大的心理作用。

3. 名人做广告的风险性

用名人做广告有时难以避免因意外或流言而影响其公众形象。"人头马"有一年请了著名骑师摩加利拍了一辑电视广告片,描述他身手不凡,动作如何敏捷,骑术如何精湛,这样的人喝的当然是"人头马"白兰地。谁知广告播映不久,摩加利从马上摔下来受了伤,使得广告商不得不撤回片子,存入仓底。而百事可乐则因迈克尔·杰克逊的同性恋事件被传媒披露而大大受损。因此,道德因素常常是影响观众信任度的重要因素。

4. 短时效应

不得不承认,名人广告的播放时间往往很短。这种短时的轰动性对一些急于想提高知名度的普通产品有一定的作用,但对品牌形象的长期塑造和维护并不一定有利,这是因为人们心理会对某一过于重复出现的信号(名人)产生感觉疲劳,有时甚至产生反感,除非不断地更新形象和更换名人(像P&G公司所做的那样),但这又将付出昂贵的代价,这同样是名人广告的不利因素。

美国奥运冠军乔伊娜曾红极一时,却不幸过早病逝,图为乔伊娜做牛奶广告。

正因为名人广告有着自身的某些局限性,所以在实施名人策略时,必须综合考虑这一策略的适用度,以便合理和经济地提高名人广告的效益,其中值得注意的是:

1.要与所做广告商品性质相称

选用的明星形象必须与广告商品自身的本质和特点相吻合，不能脱离商品特色而任意表现。例如化妆品一般都以端庄典雅或青春美貌的女青年作为诉求的形象，因为这样才能恰到好处地显示广告宣传商品的功能和作用，符合焕发青春和展示风采的主题。日本电影《追捕》中扮演精神病患者横路敬二的演员曾经成功地做了推销药品的广告，但如果让他选为推销化妆品的广告，那就一定是不伦不类，导致广告失败，因为他实在难以成为人们心目中美的偶像。

2.要与定位群体的性质相符合

也就是说，产品或劳务的诉求对象要与名人的崇拜群体相一致。如果产品劳务的诉求对象是中年知识分子，而选用的名人的崇拜群体大多是少男少女的中学生，这样就发生了错位，当然也就很难达到广告的效果。相反，如果定位准确，则可能产生倍加的效果。

日本著名广告公司在策划丰田汽车CELICA轿车的广告时，选中了美国著名的黑人喜剧演员，虽然这位大明星出场费要价竟高达5.5亿日元，但博报堂仍坚持认为这部电视广告片，最合适的人选非他莫属。这是因为"轿车的主色是黑色，从肤色上与演员相配，另外，这位大明星最偏爱黑色汽车。他是滑稽演员，用他做广告可以有效地吸引日本20岁左右的青年一代的兴趣，而这一顾客层也正是轿车商推销的重点对象。这就是高价聘他的原因。

正确的人选，产生了良好的效果。当这个大明星坐在汽车前盖上时，就情不自禁地对该汽车大加赞扬起来，其赞誉之词精确、生动、甚至超过了创作人的期望。

本来CELICA车在日本青年人中是很有市场的，后来在其他轿车的竞争下，就萎靡不振了。现在由于这位大明星的成功广告，又使这种黑色轿车"热"了起来，无论在信誉上和销售上都有了大幅度回升。

3.要适应广告主题的要求

就是同类商品的广告，也有不同的广告主题要求，有的着重宣传商品价廉物美，有的凭借名人的声望来提高商品的身价。劳力士（Rolex）是瑞士出产的高档商品，属世界名表。其商品广告主题定向是扬名。因此，明星的选择准则为：一是享有世界名望的名人大家，二是名人的职业与上层社会的活动相关。劳力士曾经起用高尔夫球名将汉弗里阿诺·巴利斯特罗斯在欧美市场做过一则成功的广告。巴利斯特9岁就迷上高尔夫球，在英国举行的大赛中，多次摘得桂冠，成为名噪一时的年轻的高尔夫球坛名将。他在那次广告中说道："我的这块Rolex表真了不起，无论沙也好，水也好，都根本钻不进去，这是最适合我用的表。"高尔夫球在欧美素有"贵族运动"之称，这和Rolex表的广告宣传主题定向一致，较为得体，因此效果亦佳。

4.反映时代社会背景

美国露华浓化妆品公司20世纪70年代推出的采妮香水广告，曾经成功地创造了一个颇具魅力的名模形象,这是一个年轻、聪明、美丽,思想和生活方式上完全独立,拥护女权运动的新女性。在电视广告中,这个女主角亲自驾驶一辆豪华轿车,飞快地闯进一流的酒店餐厅,黑人琴师为她的独来独往引吭高歌,宾客们纷纷向这个美人投以赞美和钦佩的目光,而她则以潇洒飘逸的微笑回报大家的青睐和仰慕。由于采妮这个男性化的广告人物形象的塑造,迎合了当时美国社会对时代女郎推崇的心态而大受欢迎,采妮香水一举成名,采妮广告模特儿也风靡美国,成为人们心目中三个"霹雳娇娃"之一。然而这则电视广告在香港市场播出,并不成功,这是由于采妮形象不符合亚洲东方社会绝大多数女性崇尚贤妻良母形象的传统习惯,因此丧失了典型性的感染力。

影视明星张曼玉相对而言广告商品范围比较专一,因此获得较大的信任度。

5.尽量避免名人的重复使用

一方面,应绝对回避同一名人在同一类产品上重复拍片。如香港的叶丽仪拍"特醇轩尼诗"广告时,同时签约两年内不得拍同类广告。

另一方面,也应尽可能避开同一明星的出镜高峰。如国内有一明星同时为啤酒、药品、化妆品拍广告片,并且在同一时段内播出,这就大大稀释了广告的号召力,刺激了人们对其潜隐动机的猜想,从而导致信任度降低。

姚明与可口可乐产生了肖像权分歧,局外人不知内幕。

(三)巧用名人策略

所谓创意就是要以非正常手段去获得意料之外的好效果,这在名人广告的策划上同样适用。

1.巧用名人肖像权

加拿大莫尔森啤酒公司在英国做广告使用了克林顿总统的大幅肖像。莫尔森公司在英国报纸上刊登了两个整版广告:其中一个版刊登克林顿的一幅肖像,他两手交叉,作沉思状。另一版写道:"我今年知道的一件事是,有一种啤酒味道纯正,我的妻子比我爱喝啤酒,是第一个对莫尔森啤酒产生好感的人。"在广告的下端印着一行字,说明上述这段话出自伦敦一个名叫肖恩·珀塞尔的嗜好啤酒者之口。还有一行字清楚地写道,那张图片只不过是"克林顿的一张照片"而已。这则广告一登出,立即引起轰动,而莫尔森啤酒的销量迅速上升。当白宫的律师对此提出异议时,莫尔森公司则称,在英国这样做是有法律根据的,是合法的。作为一个公职人员,总统的肖像是可以被使用的。当然在中国,广告中是不能出现国家领导人的形象的。然而1986年6月在太平洋的彼岸,美国人也曾巧借邓小平之名做了一个响亮的广告。美国太平洋电话公司在《华尔街日报》以邓小平及其业绩为主题,巧妙地打了个擦边球。

广告采用一个整版,主题画面是邓小平。主题词是:"邓小平是一位成功的改革家,他的主要法宝就是鼓励分权,实行多种经营,在农村搞联产承包,在城市则给企业下放自主权",并称邓小平是中国分散化经营总公司董事长。广告最后一句,道出刊登广告的单位是美国太平洋电话公司。

邓小平是举世闻名的大人物,他的名字在美国家喻户晓,太平洋电话公司巧借邓小平之名做广告,其效果不言而喻。

2．名人证言策略

一般名人广告的最大缺憾就是消费者大都并不真正相信名人在食用或使用所做广告的商品。因此,虽然名人具有不可替代的关注效应,但却普遍缺乏内在的"证言"力量,如果能将两者有机地结合起来,由消费者喜爱的名人亲自作证,则广告的效应将会发生质的变化。新凤霞为新"PSS"所作的现身说法即是一极为成功的例子。

1987年3月,青岛第三制药厂在北京举行新闻发布会,推广治疗心脑血管疾病的新药"PSS"。正当发布会进行到高潮时,著名评剧表演艺术家新凤霞突然奇迹般地出现在大厅里,引起了与会者一片欢呼,她登上主席台,语重心长地说:"我是主动来介绍'PSS'的……"原来,青岛第三制药厂与青岛海洋大学在1986年9月共同研制出了治疗心脑血管疾病的新药"藻酸双酯钠",简称"PSS"。之后,张锦福厂长得知新凤霞由于在"文革"中身心备受摧残,得了严重的脑血栓,虽经多方医治,至今仍瘫痪在床,就特地派了技术员李桂铃,拿了4瓶已通过国家医药鉴定的新药"PSS",赴京探望新凤霞。新凤霞听了李桂铃的自我介绍,心里十分感动,连说"谢谢你们了!"但新凤霞由于长期医治无显著效果,对李桂玲带来的药并没有什么信心:"我什么好药都吃过了,算了吧,再吃别的,也没多大用了!"李桂铃坚持说:"新大姐,这是从海藻里提取合成的新药,没有副作用,您还是试试吧!"新凤霞的丈夫,是著名戏剧家吴祖光,曾为妻子操持过百方千药,包括蛇、蝎、蜈蚣都给她吃过,针灸、按摩、气功也都一一试过,均不大见效,所以也显得信心不足,但感于青岛人的一片真情,还是把药收下了。今天她来到会场就是因为她试服了"PSS"后,病情大有好转,行动方便多了。她十分激动地说:"我是主动来介绍'PSS'的,我希望通过你们所掌握的新闻媒介,把这种海洋新药尽快介绍出去,让那些患心脑血管病的人,早日康复,为国家作出自己应有的贡献!"报纸、电视,各种大大小小的新闻媒体都以显著的位置和篇幅报道了这一新闻,有的还登出大幅照片,青岛第三制药厂及其新药"PSS",顿时名满神州,人们纷纷议论道:新凤霞推荐的药,当然是最好的,她自己的脑血栓都治好了嘛!于是,"PSS"一炮打响,到1991年,其年产值已超亿元,利税达3000多万元,并先后荣获第15届国际博览会新发明金奖、国家技术开发优秀成果奖、全国首届百病克星大赛金牌等几十种奖项。

3.迂回表现策略

大多数传统的名人广告，都是以强烈的正面表现甚至大吹大擂式的渲染为主。但国外广告界正在悄悄出现一种新的名人表演手法，这种手法（或表现理念）将名人置于一种新的视角，其展开方式关注的是接受者复杂细微的心理活动。如日本广告界正在探索一种含蓄的名人表现方式。其中一例是日本三得利公司的酒类广告，做了一个隐姓埋名的、着重背影特写的电视广告，由女演员夏木真理、男演员织田裕二以及职业摔跤手前田日明这三个似乎不相干的明星联袂出演，而且在演出中不予介绍，不作公开亮相。乍一看来，令人困惑不解。真实意图何在呢？三得利公司广告人员解释说："这样做可能在演员刚出场时使人产生困惑，正因如此，广告才会激起大家好奇，然而，随着剧情进一步发展，人们就会逐步明白，掌握广告含义，最后达到恍然大悟，这显然不同于做传统的明星广告公开亮相、明白宣传商品的特点，这就是我们所要达到的效果。"此外，广告中选用不同明星联袂演出，正因为他们之间有不同的典型，通过同台演出，荟萃一堂，就可以大量吸引追随他们的各种不同类型的顾客，这就是广告所要求达到的聚集顾客的效果。

大卫·科波菲尔做牛奶广告。

当然这种表现手法更适用于重播频率较高的电视广告，以便让观众有足够的时间弄明白究竟是哪位明星在做广告，以及广告所诱导的方向。而对无数夹在杂志或报纸中的插页广告来说，此种表现手法就不太适宜，因为它可能会和许多非名人广告一起被随意的一翻而过。

 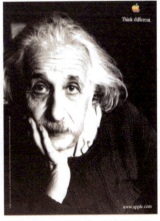

苹果电脑用了无数名人做广告，取得了极佳的效果，但却没有花多少钱，因为这些名人已经没时间向他们要钱了。

4.经济策略

由于做名人广告费用甚巨，有时名人的漫天要价使其收费甚至占广告总支出的50%以上，这在很大程度上影响了广告主和广告商的积极性，但却并不能影响广告人的智慧，许多非常经济的名人广告就应运而生了。

其一,用已故名人。其实名人并不一定要在世的,只要打破这个限定,名人的范围将大大拓宽。

惠普用众所熟知的动画人物做广告,同样是比较经济的思路。

《福尔摩斯》一书的作者柯南道尔可说是个大名人了,虽然柯南道尔已去世多年,但福尔摩斯这个大侦探形象的魅力如今犹在。福尔摩斯的住址"伦敦贝克街21-B"的女秘书至今还在因为全球各地的人复信而忙碌不堪。伦敦贝克街一家公司想了一个绝妙的生财之道,就在此街上办起一个汽水厂,汽水的牌子就以"21-B"命名,而商标上都有福尔摩斯侧像。汽水广告做得更为神奇,"21-B"牌汽水有奇妙的效应,经常饮用不仅消暑解渴,强胃健体,还能提高大脑智力。而当地人说,喝了"21-B"汽水觉得自己更机灵了。因此使得消费者对此汽水产生了很大的兴趣。

其二,用非真实名人。在人类文化发展史上,全世界各民族都曾用自己的智慧在文学、艺术、美术、宗教等领域塑造了无数人们所熟悉的甚至敬仰的名人。努力挖掘这一宝库,同样能收到名人效应。如神功镇脑灵就用孙悟空这一中国人极为熟悉的"名人"做广告。又如日本味之素公司,竟把脑筋动到了名画上,他们把艺术大师达·芬奇笔下的《蒙娜丽莎》这幅名画,运用特技夸张手法使画中人变胖,然后饶有趣味地敬告消费者:"变成这样就危险了,不好看了。"而后,发福了的"蒙娜丽莎"开始食用味之素低卡路里糖,顿时又苗条如原来画中的样子了。这里巧妙地利用达·芬奇的名画,取得了差不多与名人效应相当的效果。

其三,用酷似名人的人。这是近年来西方较为常见的一种手法,如英国有一则电视广告曾引起过很大轰动,其画面是:傍晚,某珠宝店灯火通明,一位衣冠楚楚的老板站在门口,似乎在恭候哪位贵客的到来。一会儿,一辆豪华小轿车缓缓驶入画面,停车,老板急忙上前拉开车门,轻轻扶出一位仪态非凡的女人。

几乎所有观看电视的人这时都睁大眼睛,不由得一阵惊诧:这不是英国的绝代佳人戴安娜王妃吗?

电视里,情节在继续发展:路上行人一下子围拢过来,争睹芳容,更有少数勇敢者挤上前去吻了"王妃"的手,老板奋力分开众人,笑容可掬、毕恭毕敬地把"王妃"让进店内。售货员忙不迭地把一件件五光十色的珠宝项链、金银首饰送到"王妃"面前,"王妃"仔仔细细地挑选一番，然后带着选中的几款首饰在围观者的簇拥下满意离去。

画面最后映出珠宝店醒目的招牌。尽管这部短短的电视广告片从头到尾没有一句解说词，但戴安娜光顾珠宝店的消息却不胫而走，很快传遍全城，第二天，这家珠宝店立刻热闹起来。众多的好事者及戴安娜崇拜狂们纷纷蜂拥而至，争相购买"王妃"选中的东西，搞得售货员应接不暇，连老板也出来站了一天柜台，当天的营业额创下开业以来的最高记录。如此热闹场面，很快惊动了英国皇室，有关部门经查阅王室成员的出行记录，发现戴安娜王妃根本没有去过那家珠宝店。王室一怒之下要追究，但王室的法律顾问却指出，人家的广告对王妃始终未置一词，不过是众人自作多情，将广告中的女模特误认为王妃而已。无奈之下只好不了了之。

用长相酷似名人的人做广告，由于十分经济而效果又不错，有时甚至还会引出新闻和法律争议等引申的"广告价值"，因此许多商家乐此不疲，以至于竟有了专门经营酷似名人模特的公司。美国人让·史密斯公司已搜罗到二十多个"名人"模特，英国也办了一家"相似"公司做广告经纪。当然，用酷似名人的人做广告只能是一种支流，一旦形成风气，则可能会产生许多消极的影响。

5. 名人＋美人复合型表现策略

在广告中，美人有着特殊的审美和心理联想魅力，而名人又有着强大的感召力，虽然这两种特质分别都能产生较好的广告效应，但是，如果能将二者结合起来，则可能产生更为强烈的广告效果。

百事可乐一则广告可称为这种强强联合的经典之作，这是一部以世界著名模特辛迪·克劳馥

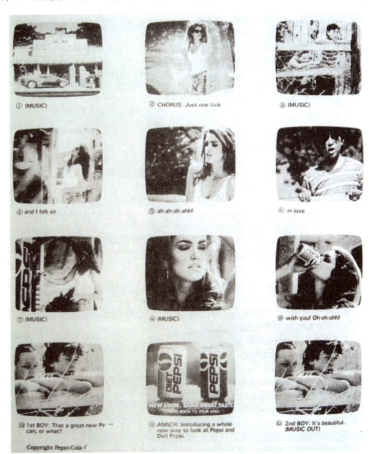

（Cindy Crawfora）为主角的精彩的30秒的电视广告（如右图）。美国专业广告评论家弗雷德·波普极为赞赏地描述了这一广告：

任何人选中活泼可爱的辛迪·克劳馥在这一重要节目中担任角色，都应给予其高额工资的奖励。在"两个小孩"面前，一辆十分昂贵的红色进口轿车驶向"Halfway"咖啡馆，后面掀起一阵尘土。车中走出美丽动人的辛迪，她穿着牛仔短裤和紧身白背心，正向户外的百事可乐销售机走去。她真的是非常美！

当她步履轻盈地来到百事可乐销售机前并取出一罐百事可乐时，她那迷人的黑眉毛像倒置的"括弧"焕发着激情，那柔软光润的长发披在肩上。当她拉开易拉罐时，优美悦耳的背景音乐"仅看一眼"随之飘荡，两位长着大眼睛、张着嘴的年轻男孩在栅栏后出神地看着。一个小孩说："那就是新式百事可乐罐，是吗？"此时，画外音响起："向您介绍一种识别百事可乐和健怡百事的全新方法"。随后，摄像机转回到另一位男孩，他眯缝着双眼，出神地凝望着，并发出赞叹声："太漂亮了"。两个新式百事可乐罐下的字幕显示，"崭新的面貌，熟悉的美味"。

这广告足以使你永远放弃可口可乐。

广告将美与名人效应高度地融为一体，将内在的熟悉和外在的面貌完美地统一于唯美主义和经验主义的表现之中，确实是极富创意的佳作。

美丽的赫本拥有巨大的视觉无形资产

三、幽默策略

非常可惜的是，自从广告通过现代媒体介入人类的生活以来，一直没有得到类似文学、艺术、新闻等信号那样的大众认可程度。也许是因为广告过分的进攻性，也许是因为广告难以遮掩的功利性，总之，广告并没有成为人们积极索取的对象，或者说广告更多地是以人们接受情绪的对立面出现在媒体上的，表现为一种信息强加，对广告，人们更倾向于回避而不是主动选择。

只有一种情况是例外，那就是广告携带的幽默，以它自身的戏剧价值而不是以广告的品牌的价值去娱乐观众。因为对于毫无准备的观众来说，只有广告中的幽默才真正是他们想要的东西，才是惟一具有观赏价值的东西。这也正如一位广告专家所诚恳指出的："我们知道广告等于一种侵扰，读者并不一定喜欢广告，为了回报读者所花费的时间和精力，为了赔偿你在他买的杂志上耗去他的时间，你必须带给消费者乐趣，作为对他们的一种报酬。"

消费者对幽默的积极认可是因为幽默满足了人们的心理需要。

幽默是人们的一种潜在本能，是人们对外在秩序的一种内在反抗，是对强加在生命之上的机械力量的嘲笑；幽默是一种社会功利，是人对一切压迫形式的冲决，是用幻觉对高于自己的社会力量的破坏，是通过这种破坏来获取一种心理上的优越感；幽默也是一种理解，是幸灾乐祸之后对对象失误的同情和对自己过去失误的一种诀别和超越。

正因为人们对幽默有这种心理需求，因此，能满足这种需求的广告便具有了特殊的价值。也就是说，幽默不仅仅具有观众所认可的欣赏价值，并且从广告主角度看，上述欣赏价值反过来给产品的推销带来了功利和价值。广告大师奥格威开始并不承认这种价值，说："人们不会向小丑买东西"。但后来他改变了看法，并不得不承认："最新的因素分析揭示幽默也能卖东西"。

20世纪80年代以来，幽默广告越来越引起人们的广泛注意，各种媒体形式都出现了大量的幽默广告。对此，麦克柯伦·施皮曼研究机构专门对500个电视广告进行了调查，在一系列的广告效益测试中，发现逗人发笑的幽默广告确实胜过另外两种流行的广告形式，即所谓"名流"和"平民"。一般而言，幽默广告比这两种广告更易记忆，更有说服力。

20世纪80年代后期，美国广告中的幽默广告所占的比例已达15%～42%（据两个不同的调查），随着人们对大众传播娱乐性要求的提高，幽默更成为美国广告界吸引和打动消费大众的重要手段。一个有趣的情况是，近年来国际广告大奖CLIO中的获奖作品大都是运用了幽默手法的，其他的广告评奖获奖作品中也有近1/3是运用了幽默手法的。这除了因为评委们大都是从艺术欣赏角度而不是从广告主和实际购买者角度出发的之外，多少也反映了一种普遍的心理需要。这种需要使幽默广告具有了一种商业功能上的优越性。

（一）*幽默策略的功能*

幽默策略之所以被广告界推崇主要还在于它对广告本体性功能的发挥有着不可忽视的作用，这些作用（或功能）主要表现在：

1. 吸引注意

由于幽默广告具有特殊的戏剧性效果，这就比一般广告更多了一层趣味性，也就更能引起受众的注意。美国501牛仔裤曾在英国做了一个真正具有英美海岛民族情趣的广告：

一位西服革履的绅士带着一位漂亮的小姐驾车出游，但不幸半途抛锚。无奈之际，一辆车停了下来，一个着一身牛仔服的年轻小伙子主动上前帮忙，检查一番，发现是水箱没水了，可此地周围一片荒漠，滴水皆无。这时年轻小伙子开始解开自己的裤带，往下脱外面的长裤，绅士大概以为小伙子是想以尿代水吧，便竭力用身体挡住小姐的视线以免太尴尬。实则虚惊一场——小伙子只是用自己的牛仔裤把两辆汽车拴在了一起。一个裤腿拴一辆车。车又开始向前走了，年轻的小姐自然是跟小伙子一起坐在前面的车里，绅士独自坐在后面的车上被拖着走。特写镜头盯住拴在两车中间的牛仔裤，任凭拖拽，韧如钢缆。突然，前面汽车的后保险杠被拽掉了，而牛仔裤依然安然无恙。前面的车毫不知晓地继续开走了，后面车上的绅士无奈地高举双手大喊大叫，眼睁睁看着姑娘和前面的车远去……字幕映出大字：501牛仔裤。

广告用强烈的戏剧化情节和极富智慧的两次突变式的意义转换，直到把傻乎乎的绅士丢弃，终于使人忍不住笑出声来。这样的广告也许比一般的电视剧更能吸引人。

不仅电视广告,其他形式的广告也一样,只要有幽默,就能吸引人注意,如美国一家海味餐馆设计了一个与众不同的广告牌。广告牌上仅竖起一只巨型立体大对虾,虽然广告牌上一个字也不标明,但人们一看就明白这家餐馆的经营内容。广告最吸引人之处还是老板对这只大虾的一番精心打扮,他给虾戴上了一顶牛仔帽,系了一条丝巾,还给它安上两只手,双手紧握着一支左轮大手枪,这只滑稽的"牛仔大对虾"的颜色鲜艳,十分显眼,路过此地的人远远就能看见,不少顾客出于好奇,往往上前观望一番,该餐馆生意也就日益兴隆。

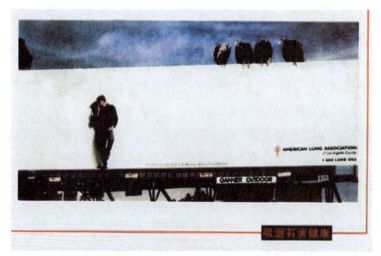

这是一个颇具冷幽默特色的戒烟公益广告,巨大的广告牌前站着一位悠闲的抽烟者,而广告牌上竟然停着几个专食尸体的秃鹰,它们耐心地等待着一顿美餐。

2.加深记忆

幽默广告生动风趣地表达广告主题,以一种愉悦的方式缩短与消费者的距离,消除消费者的戒备心理,有效地传递广告信息,提高了人们对广告的记忆度。因为消费者能在一种轻松、愉快和满足的情绪下缩短与广告的心理距离,从而有助于接受并记住广告的内容。

右图汽车广告真绝,画面是墙根下几个惊吓得莫名其妙的鸡,身上的鸡毛已经在一瞬间飞脱了,原来刚刚有一辆车风驰电掣般驶过,可见车速如何了得。同样幽默的是福特汽车公司早期的一幅路牌广告,画面上是两只狗和一辆远去的汽车的背影。一只蹲坐着的狗对另一只站起来欲追赶汽车的狗说:"没用,麦克,它是福特V8。"意思当然很明白,你不用去追了,它开得快,追不上的。这种用狗来拟人的方法使人在忍俊不禁中深深地记住了"福特V8"汽车。

美国一网球广告也别有情趣。为了证明他们的网球质量上乘,四个人一起来到摩天大楼

（至少有 80 层）依次把球垂直抛下，黄色的小球呼啸而下，挟着巨大的冲力撞击到地面，又高高弹起。球的质量确实不凡，每一个球都弹起到规定的高度（在电视画面上可清晰地看到墙上画的一条红线，球都弹到红线之上）。镜头又回到楼顶，试验的四个人也都很满意，其中两人似乎余兴未尽，突然抓住站在他俩之间的那个人，把他头朝下也扔了下去……

这样的热狗，相信没有人会轻易忘记的。

这当然不会是真的，但有了这个出人意料的惊险结尾，相信观众记住这个广告的可能性要比没有这个结尾大得多。这个卓别林式的结尾至少给这则广告增添了戏剧性、幽默性、创造性，可说是"貂尾续狗"，所以它才能在 1988 年的 CLIO 国际电视广告大奖赛上获得了一致的好评，作为样板在发奖大会上播放。

有时，一点小小的情趣也会将广告的效果放大，使人过目不忘。如美国一家眼镜厂以三个英文字母"OIC"作为商标广告，经过技术放大了的这三个字母，一眼望去，结构酷似一副眼镜，更凑巧的是如果把这三个字连读起来，又正好是"Oh I See"，（英文"啊！我看见啦！"）恰恰道出了一副好眼镜对视力的重要。

3．增强说服力

由于幽默广告巧妙地隐蔽了直接的功利目的，冲淡了广告的商业味，使自己看起来更像是一则轻喜剧，这就比较容易激起消费者的好感，在消费者被吸引的情况下无意间消除了对广告的怀疑和抗拒心理，然后在一种轻松、愉快的气氛中不知不觉地接受广告的意见。

上面左图广告是做什么的呢？相信你一下子是不会猜得到的，这是印度马路上常见的镜头，可是具有幽默感的创意人却能点石成金，将之演变成典型的"胶水广告"，真绝。

联邦德国一家啤酒厂为了挤进美国市场，决定做广告让美国人知道自己的啤酒比美国人现在正在饮用的其他德国啤酒更好，它们并没有按通常的做法进行直接对比和标

一个小小的巧合，一个随意的画面叠加，也可以这么有趣，幽默真是无处不在。

榜，而是以一句幽默的广告词告诉美国人：

"您品尝过了在美国最有名气的德国啤酒，现在请尝尝在德国最有名的德国啤酒"。这就十分巧妙地向美国人暗示了真正最好的德国啤酒是自己的啤酒，而不是美国市场上现有的德国啤酒。

某冰爽饮品，吃了之后，让人全身都冷得紧缩起来，这位老兄好像正在寻找着什么，真让人忍俊不禁。

另一则宣传法国克隆堡啤酒的广告也颇有意趣，其中写道："法国的阿尔萨斯（啤酒产地）人十分惋惜地宣告，珍贵的克隆堡啤酒正在源源不断地流向美国"，"阿尔萨斯人诚恳地要求美国人不要喝光我们的克隆堡啤酒"，"阿尔萨斯人真舍不得让克隆堡啤酒离开他们"，这则广告符合了美国人的欣赏趣味，因而比较容易为美国人所接受。相似的说服性幽默广告还有：

如果"佩利纳"还不能使你的鸡下蛋，那它们一定是公鸡。（佩利纳饲料公司广告）

若是"沃尔芙"也无法改变你的形象，你还是什么也别穿就上街吧。（沃尔芙服装公司广告）

某广告画面上有一小狗拉着带篷的儿童车，广告词："只有这种车卖得比福特篷车多。"（福特车公司广告）

4.艺术感染力

独特的个性与娱乐价值给我们美的享受，巧妙地再现喜剧的特征，把需要肯定的事物无限地延伸到漫画程度，形成一种充满情趣、引人发笑又耐人寻味的幽默，以别具一格的方式，发挥艺术感染力的作用。

台湾地区联广广告公司为SONY彩电做广告。荧屏上出现一个鲜红的胡萝卜，鲜脆欲滴，简直呼之欲出。而在画面下方却蹲着一只雪白晶莹的小兔子，圆睁着两只红红的眼睛紧紧盯着屏幕上的胡萝卜。最绝的是一句广告词：

对不起，我们不是故意的。

SONY彩电

其使整个广告真正具有了幽默艺术的特点，既滑稽可笑，又不动声色。

右图也是一种不动声色的幽默，这是牛奶广告，意思是，喝了我们的牛奶，你的骨骼将会如此地坚硬，整个画面的布置是这样的轻巧，真是得来全不费功夫，从中我们可以感受到一种意识，只有在一种特定的文化环境下经过长期熏陶才能形成如此毫不费力的幽默，它已经变成了一种习惯。

右边图是首饰广告，小鸟连食物都不要了，它被美丽的戒指吸引了。

（二）幽默广告的表现手法

幽默是一种笑的艺术，在美学上被理解为一种喜剧。人之所以会笑，在理论上一般有三种说法：

一是"鄙夷说"。其主要倡导者是英国经验派哲学家霍布斯。他认为大家习以为常的事，平淡无奇，不能引人发笑。凡是令人发笑的必定是新奇的、不期然而然的。笑的原因是由于发笑者突然意识到自己的能干和优越。他说："笑的情感不过是发现旁人的或自己过去的弱点，进而突然想到自己的某种优越时所感到的那种突然的荣耀感。人们偶然想起自己过去的蠢事也往往发笑，只要那些蠢事现在不足为耻。人们都不喜欢受人嘲笑，因为受嘲笑就是受轻视。"

二是"乖讹说"。其主要代表是康德和叔本华。这种观点认为笑是人们紧张期待的突然消失，或者说正常逻辑预感失却，使预感失望。康德在《判断力批判》中指出："笑是一种从紧张的期待突然转化为虚无的感情。正是这一对于悟性绝不愉快的转化却间接地在瞬间极活跃地引起欢快之感。"

三是"生命机械化说"。代表人物是哲学家柏格森。他认为笑有三大特点：

第一，笑的对象只限于人的行为，自然景物可笑是姿态、动作与人类似；第二，笑和感情无关，完全是一种理智的活动；第三，笑的反应，须有一定的社会中附和者才能发生。据此，柏格森提出引起笑的原因是"生命的机械化"。比如一个人在街上跑，被一块石头绊了脚，摔了一跤，就会使行人发笑。但是，如果他是自动坐下来休息，就不会有人笑了。这就是因为摔倒的人缺乏灵活性，在情况要求有所改变时仍然僵硬、笨拙地继续进行原来的活动，也就是由于"生命机械化"。生命的机械化不仅表现于人的形体、姿态和动作，也表现于人

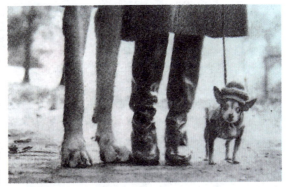

这是一幅具有持久魅力的摄影作品，多年来人们一直被这幅照片的幽默情趣所感染，人们想像不出这是一种什么样的灵感触发的，这种神奇的组合是怎么被想到的，为什么这样的组合会引人发笑，幽默的本质究竟应如何定义呢?

的处境、言语、性格、精神等方面。从日常生活中笨拙的姿态、行为，到杂技团中的小丑、木偶戏中的木偶，以至高级喜剧中的喜剧人物如堂·吉诃德等，它们引人发笑的共同特点就是"把机械的东西镶嵌在有生命的东西上面"。笑就是人们对于生活中显得机械的有生命的东西

的一种反应。为什么"生命机械化"会引人发笑呢？柏格森认为，这是因为笑具有社会的功利目的。生活与社会要求我们的身体和精神具有紧张和弹力两种力量，缺乏这两种力量，在身体、精神、性格方面就会出毛病。因此，就必须防止生命的机械化。而笑就是用一种社会姿态，通过它所引起的畏惧心理来纠正生命的机械化。由此，柏格森得出结论说："社会要进一步消除这种身体、精神和性格的僵硬，使社会成员能有更大限度的弹性、最高限度的弹性。"

无论从何种角度理解，有一点应是共同的，即在形式上要达到喜剧效果，就必须打破原有的平衡，并造成一种强烈的反差。仅就广告而言，幽默广告的表现手法主要有夸张、比喻、对比、自嘲、反向思考等。

1.夸张：即对广告商品的品质或特征的某些方面进行明显的夸大，以加深消费者对这些特征的认识，从而使其对商品有更深的印象和进一步的理解。有一则新西兰广告是这样的：

画面上，一块砖头被架在那里，一个肌肉发达、身穿功夫服的人正凝神敛气，面向砖头骑马蹲裆式而站，一会儿，只见他缓缓地举起了右手，举过了头顶，接着，猛地向砖头砍下去……这是在表演功夫，力断砖头吗？就在你正这样想的时候，手已经劈在了砖头上，可是奇迹发生了，砖头没有像大家习以为常的那样应声而断，相反，劈砖的人突然凝固了，然后像一个瓷人一样突然破裂开来，裂成了一块块的，坍塌了下去……砖头依然岿然不动地呆在那里。

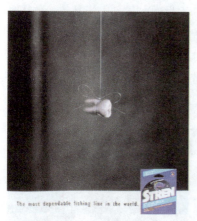 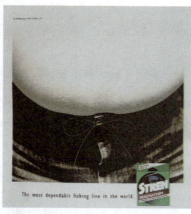

是什么能担当如此重任，不至于使恐怖的拔牙功亏一篑？是什么能在千钧一发之际挽狂澜于既倒呢？原来是——钓鱼线，我们的钓鱼线最值得信赖。

什么样的车速能产生这样的结果？　　什么样的制动系统能达到这样的效果？

什么样的剃须刀能达到这样的滑爽？

什么样的鞋油能达到这样的光亮？

原来是建筑材料广告，它用思路的突然转换将结果引向另一方面，并且用极度的夸张把砖的坚硬特征表露无遗，虽然夸张过度但仍在艺术情理之中，这则广告理所当然地摘取了CLIO大奖。

夸张是广告创意非常重要也是最普遍的表达形式，许多广告在这方面都下了工夫，它也是幽默最浅显的呈现方式，下面几则广告在夸张上都有自己的特点，有些也不乏幽默。

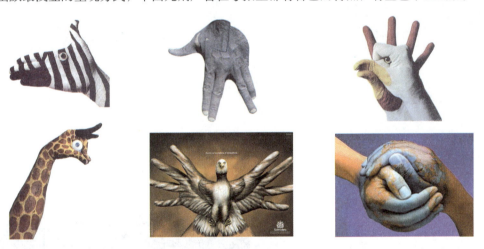

2. 比喻：选择两个本质上各不相同但在某些外在属性上有一定的相似性的事物，以此物喻彼物，借以突出广告商品的品质和特性。

美国安德逊咨询公司批准一个极具创意的幽默广告案，画面上是一只捕鼠器正夹着一只计算机的鼠标，尾巴是一根无限延伸的电线，整个画面一目了然，但又独出心裁，让人发出会心的微笑，特别是最后一句广告语既解释了画面，又有自己的双关意义："因为现在一个公司的成功可能取决于让一只老鼠嚎叫"（英语中老鼠和计算机的鼠标是同一个词）。

比喻是一种最常见的艺术表现手法，从文字比喻到画面比喻是我们这个时代特殊的语言要求，许多人通过各种手法在尝试这种画面效果，上图就是其中一种类型，即仅仅用手也可以发散出如此有趣的多种组合，创意真是无穷无尽的。

3. 对比：将所表现的事物放在鲜明的对照之中，借彼显此，互比互衬，更鲜明地强调或揭示产品的性能与特点。右图是一个非常有创意的幽默广告，乍一看什么也不明白，仔细一想还真有意思，这是哥德堡篮球节的广告招贴，还有什么能比它更能说明这是一场什么样的巨人之间的对撞呢？太绝了。通过一个小小的厕所便池的比较，却达到了如此幽默的宣传效果，真亏创意人想得出。左图也堪称这一手法创意的佳作。

网站安全的广告可以拿什么来比较呢？它的广告词是：长期以来人们一直致力于发明一种安全的信息传递系统，我们为您提供更安全的服务。

4. 自嘲：这是一种具有很强的幽默效果的表现形式。他反映了一种人生智慧，它自贬自损却含有极高的人生自信。

有一则表面看来还是很严肃的广告词，但一看到他们公司的商标或名字即会突然峰回路转出幽默情趣：

自从1720年以来，我们的家族就一直在建造最坚固的帆船。

——C.P.里克父子造船公司

里克（Leek）恰恰是漏水或漏洞的意思，也许人们会问，假如里克父子更聪明一些，为什么还要用家族的姓氏来为公司命名呢。弗莱特轮胎公司也是这样，其广告词是：

"无数弗莱特的轮胎正在世界各地飞驰——弗莱特轮胎公司"，而弗莱特（Flat）却是"走了气"和"瘪了"的意思。这条广告

中国阿Q式的自嘲，也具有相当的幽默感。

等于在说："无数瘪了的轮胎正在世界各地飞驰"。

当然我们无法确切地知道这些广告的制作者动机究竟如何,但事实上这两条广告以其尖锐的幽默更深刻地印入了消费者的头脑并大大地刺激了他们的购买欲望。由此看来,在广告中"自嘲"有其特殊的价值,自嘲的幽默即使走得再远,也依然有可能绕回它们原先所设定的目标,因为人们总是更喜欢那些"批评自己"的人。

正如亚特兰大奥运会闭幕式上,美国人用他们特有的自嘲性幽默向全世界赔礼,当然能平息人们对其先期组织工作的混乱而引起的怨言,赢得人们的谅解。

5.随机幽默

幽默是一种生活态度,只要有了这根神经,到处可见幽默,下面只是其中的几则街头散见,也不乏幽默、机趣。

(三) 幽默广告应当注意的问题

幽默作为一种有效的广告表现策略已经越来越受到广告业的重视和欢迎,但幽默广告的设计制作要求很高,它要求创意人员具备幽默与广告两方面的才能。幽默广告创作成功的范例很多,但有缺憾甚至失败的也不少,这就要求广告人在创作幽默广告时,需要特别注意如下问题:

1.切忌喧宾夺主。幽默只是广告的手段,商品或服务才是广告目的。幽默广告应以广告为主,幽默为辅,喧宾夺主就会弄巧成拙。中央电视台曾多次播出一则药品幽默广告:快镜头动作的父子俩争抢着上厕所,提着裤子一进一出,不断焦急地在门口等。但广告的幽默动作却没有带来预期的广告效果——观众"一笑了之",却忘了品牌"泻痢停"和厂家"哈尔滨制药六厂"。这是广告主所不愿看到的。因此,幽默中要清楚地交待关于商品的一切必要信息。

2. 别拿产品开玩笑。产品是广告中的英雄和明星,任何幽默方式都可采用,谈天说地,评古论今,即兴笑料,自我打趣,惊人见解,荒诞情节,你都可运用,但不能开产品的玩笑。如香烟广告:"你喜欢我的烟装饰你男子汉的风度,我喜欢你的钱装满我羞涩的钱包。"主客均为解嘲对象,但却没有打趣正面角色——烟。

3. 切忌"病态幽默"。古希腊哲学家苏格拉底因其主张被城邦判处极刑,令其饮毒酒自尽。美国彼莱尔矿泉水广告中,苏格拉底拿着毒酒说:"味道不错,可惜不是彼莱尔矿泉水。"这种"病态幽默"让人不快,定不会受人欢迎,广告幽默应是善意的,任何涉嫌死亡、残疾、中伤、讥讽等的广告,都不宜运用。

4. 幽默应因产品而异。如用熊猫推销照相机,则可,如用它推销食品,则不可。因为熊猫推销食品,令人联想到动物饲料。所以幽默中的情感特征、情节格调应与商品的性能用途巧妙配合,协调统一。

5. 幽默应耐人寻味。不可重复欣赏的幽默不适宜于广告,由结局出乎意料而具有幽默感的故事最好不要用于广告,引人哄堂大笑的幽默也不耐用。只有含蓄而清新的幽默才值得推崇。

6. 要研究广告的目标对象。一般而言,开放的社会容易接受幽默,年龄、受教育程度也是理解幽默的重要条件。据一份资料显示,美国134家广告公司的副总裁认为,适宜采用幽默化策略的受众是年轻、受过高等教育、处于上层社会的男性及专业人员。这些人理解力强,本身有幽默感,心胸宽,因此能理解、领会、欣赏生活和广告中的幽默,并产生共鸣。

7. 不宜媚俗,应使广告具有一定的品位。有时稍不注意,笑话说过头,就会将高雅扭曲为庸俗,产生污染生活的副作用,令消费者厌恶或使消费者变得猥琐粗俗。国外有一幅介绍裙裤的广告摄影,摄影师为了搞笑,故意用超广角靠近女模特的屁股拍摄,结果大幅度扩大的屁股虽然好笑,却扼杀了消费者的纯净感情,反倒引起消费者的反感。

8、追求简洁性。幽默广告不能构思太复杂,内容太凌乱,否则弄巧成拙反而会影响幽默效果,因为消费者也不可能有耐心认真琢磨你的创意,最好是老老实实,简单一点,明快一点。美国幽默专家赫伯特曾提出一个叫"KISS (keep it super simple)"的幽默创意公式,意为"力求简单"。

总之,既有幽默感,又有表现能力的广告创意人,不妨多制作一些幽默广告,给人们的生活增添些趣味。

本章提要

1. 广告创意最终都要落实到具体的市场接受环节，这方面最直接的效果就是，把一种具有普适性的创作方法和战略思路转化为可操作性的策略，具体的创意策略常常是每一个广告创作者最绞尽脑汁的事。

2. 从大的方面讲，有一些在市场营销过程中具有共性和里程碑性质的策略我们称之为总体性策略，本文只是纲要性地介绍已经停止争论的理论成果，如差异化策略、品牌策略、定位策略等，这些不仅是智慧的归纳，更是在市场上获得群体性认同的有效策略。

3. 再细分一下，广告策略又有下一层的表现性手段，其实这只是从广告创意手法的类别上进行区分的，其中包括情感策略、名人策略、幽默策略等，这些策略在运用上具有相当大的灵活性，具体到某种产品到底运用什么样的策略能达到更好的效果，还需要更多的资讯和素养才能作出准确的判断。

练习与思考

1. 广告的总体性策略提出的历史背景是什么？差异化策略、品牌形象策略和定位策略各自在市场进化过程中的特定历史时段所发挥的作用和适用范围有何区别？

2. 情感策略和幽默策略在运用中如何注意共性与个性、世界性与民族性的微妙关系？

小组讨论

1. 广告创意中名人策略的运用如何把握传播效益与成本的关系？

2. 在一个新的技术条件和市场环境中，能否再创立与差异化策略、品牌策略和定位策略相同级别的总体性策略？

广告创意教程

第九章

广告创意人的素质

知识要求

☞ 明确成为广告创意人的综合条件
☞ 了解作为广告创意人应具备的专业知识
☞ 懂得广告人品格和历史使命

技能要求

☞ 知晓广告创意人应具备的知识结构和智能结构
☞ 明确广告人特定的人格结构
☞ 能够以一种乐观的人生态度面对一切

第一节　广告创意人的条件

就产业化而言，广告是一个刚崛起的新兴产业，与其他行业相比，广告业有着自己综合的特点：

广告的服务对象存在着巨大的行业跨度；广告所涉及产品的专业范围极其广泛；广告创意性劳动具有不可重复性；广告任务的接受和完成往往具有突发性和集中性；广告业直接牵涉到从媒体到法律直至精神文化建设的一切领域；广告产品的成功与否，由于受到广告主和消费者的双重影响而具有极大的随机性。所有这一切，都需要广告人作出全面的平衡把握，这就必然对广告人，特别是广告创意人不仅在知识结构和创意能力上，而且在意志和人格上都提出了更高的要求。因此，罗斯福一句戏言："不当总统，就当广告人"，对真正的广告人来说，并不值得自慰，相反，当视为对广告人的一种提醒。广告创意人应当具有什么样的素质呢？一些资深的广告人纷纷提出了自己的看法：

世界公认的广告界泰斗詹姆斯·韦伯·杨在他那本著名的《怎样成为广告人》中说："就我所知，每一位真正有好创意的广告人士，常具有两种显著的特性：第一，天底下任何话题都很难使他不感兴趣；第二，他广泛浏览各学科的一切书籍。"

韦伯·杨还对广告人应当具备的知识作了系统的归纳，这些知识包括：

(1) 陈述主张的知识；

(2) 市场知识；

(3) 讯息知识；

(4) 讯息传达工具知识；

(5) 交易通路知识；

(6) 怎样知道广告发生功效的知识；

(7) 特定情况知识。

著名广告大师大卫·奥格威在他的《一个广告人的自白》一书中认为，下面归纳的这些素质正符合他对广告创意人的观察：

"有创造力的人都特别敏感于观察，他们比别人更重视准确、能说明真理的观察。"

"他们对事物的看法和感受与常人相同，也异于常人。他们天生头脑发达，他们有更多的能力同时抓住许多概念，能对它们进行比较——从而能作出更丰富的综合。他们禀赋异常，精力充沛，身心健康。他们的内心世界绚丽多彩，过着更加多样化的生活。他们比常人更能接触潜意识生活（幻想、梦幻、想像世界）。"

台湾地区广告人赖东明先生，在他55岁生日的时候，就广告人是什么作了回答，与此同时，他还对自己作为一个行销人、传播人提出了自我勉励守则：

"必须是社会风气的领先者；

必须是理论观念的实践者；

必须是诚实的助人说服者；

必须是创意组合的革新者；

必须是团体互助的合作者；

必须是智慧见解的提供者；

必须是自律控己的苦行者；

必须是感恩领情的报答者。"

日本广告策划高手高桥宪行则认为，广告创意人一般必须具备以下11种条件：

(1) 动作要快，须有即刻反应的能力；

(2) 须有卓越的"图形感受"能力，能不断引发创意；

(3) 须有丰富的情报量，其中包含相关的情报，应能从中综合出更多的信息；

(4) 要有思路清晰的"系统概念"；

(5) 须有"战略构造"能力，对未来或各种利益结构有强烈的控制力量；

(6) 须有"概念"，能将所有的相关信息归纳成完整概念，同时能综合象征性概念；

(7) 须有敏锐的"关联性"反应，对人、产品、市场的关系要感觉灵敏，要有把它们综合起来的能力；

(8) 须有丰富的"想像力"，可随时想像事业或策划进行时的状况；

(9) 须有丰富的"感性"；

(10) 须有多角度的思考，才能形成系统概念和战略构造；

(11) 须能"同时进行多种工作"，主线、支线同时并进，即使在错综复杂的环境中也能妥善地处理工作。

创新思维的研究者弗兰克·巴伦（Frank Barron）则更具体地对一切创意人的素质进行了归纳，提出了创意人应当具备的12个特征：

（1）他们是更善于观察的；

（2）他们仅仅表达了部分真理；

（3）除了看到别人也看到的事物，还看到别人看不到的事物；

（4）他们具有独立的认识能力，并对此给予非常高的评价；

（5）他们受自身才能和自身评价的激励；

（6）他们更能够很快就把握住许多思想，并对更多的思想加以对照比较从而形成更丰富的综合；

（7）他们具有更多的性驱力，更加健壮，并且更敏感；

（8）他们有着更为复杂的生活，能看到更复杂的普遍性；

（9）他们更加能够意识到无意识的动机和幻想；

（10）他们有着更强的自我，从而能使他们回归倒退，使他们恢复正常；

（11）他们能在一定的时间内使主客观的差别消失掉，也能就像处在恋爱状态与神秘的玄想状态一样；

（12）他们的机体处于最大限度的客观自由状态，他们的创造力就是这种客观自由的功能。

综合以上的论述，可以看出，他们只是在不同的侧面提出了对广告创意人的素质要求。事实上，一旦将广告作为事业来追求时，对广告创意人的素质要求将是全面的，有时甚至是苛刻的。要想胜任这一特殊的富有挑战性的工作，广告创意人必须在知识、智能和人格上具有综合素养，如下图所示广告创意人应当是双重三交叉的复合型人才。

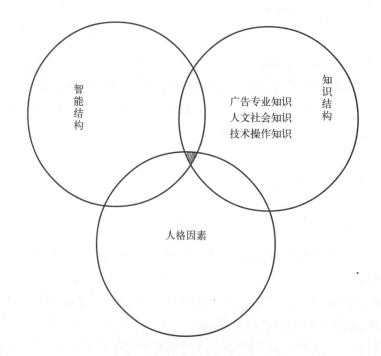

第二节　广告创意人的素质结构

一、知识结构

如果说一个数学家仅仅懂数学,一个植物学家仅仅懂得生物学原理,就可以勉强安身立命的话,那么,广告创意人却无论如何不能将自己的知识限定在某一精深的范围。广告创意人的知识结构从某种意义上说,不是以专为主,而是以博见长。"优秀的广告创意人必须掌握尽可能多的知识"这几乎是所有著名广告人的一致看法,这种看法可以从大卫·奥格威的有趣的比喻中获得印象,他说:"我有一次问国王乔治五世的御医 Sir Hugh Rigby:'一个成功的外科医生要有哪些条件?'他回答道:'外科医生开刀的手法是没有什么好比较的,成功的外科医生和别人的不同之处,就在于他比别人懂得多。'对广告人来说也是如此。优秀的广告创意人是懂得较多的人。"

我问一位对工作并不热衷的撰文者,他最近读了哪些有关广告的书,他的答案竟然是"一本都没有",他比较信赖自己的直觉的知识。我问他:"如果你今天晚上要动胆囊切除手术,你会找一位研究过解剖学,知道胆囊在哪儿的外科医生,还是一位靠直觉判断的医生?为什么我们的客户要对你的直觉下好几百万的赌注?"

广告创意的成功不仅要靠非凡的直觉,更要靠酝酿和萌发出直觉的深厚的知识土壤。因为知识或信息量的增加会产生倍加的信息组合,从而激发出新创意。日本学者山上定也曾研究过二者的关系:

甲知道 A 和 B 两个词汇,那么就有四组变化

① A　　　　　　② B
③ A,B　　　　　④ B,A

而乙如果知道 A,B,C 三个词汇,将会有 15 组变化

① A　　　　　　② B
③ C　　　　　　④ A,B
⑤ A,C　　　　　⑥ B,A
⑦ B,C　　　　　⑧ C,A
⑨ C,B　　　　　⑩ A,B,C
⑪ A,C,B　　　　⑫ B,A,C
⑬ B,C,A　　　　⑭ C,A,B
⑮ C,B,A

可见,知识量的增加会导致知识组合呈几何级数倍甚至指数倍增长。因此就这一意义而言,知识应当是创造之母。一个好的广告创意人至少应该具备以下三方面的知识:

（一）广告专业知识

广告创意人的专业知识涉及面应比较宽，其中较为重要的有：

1.广告学专业理论知识，其中包括中外广告史知识、广告传播学知识、现代广告表现知识、现代广告设计知识、现代广告媒体知识、现代广告定位知识、现代广告策划知识、现代广告战略设计知识和广告后期评估知识。

2.广告学基础理论知识，包括广告心理学知识、广告美学知识、广告文案知识、广告公关知识、广告文化学知识、广告管理知识和广告法律知识。

3.市场知识，包括经济学基本知识、市场学知识、营销学知识、消费心理学知识、市场调查知识和成本核算知识。

（二）人文、社会知识

曾经有人问一位优秀的广告人："广告创意人最应具有的特征是什么？"回答是："对太阳底下的事都感兴趣。"也就是说除了本专业知识之外，广告创意人还必须了解和熟悉一切与广告有关的边缘学科知识和社会生活中的信息。其中与广告创意关系较为密切的有：

1.学科知识，包括：

文学（文学史、文学理论以及诗、词、歌、赋、对联、散文、小说等文学样式）；

艺术（中外艺术史、艺术理论以及音乐艺术、表演艺术、绘画艺术的基本常识）；

历史（中外通史、近代史、现代史）；

哲学（马克思主义哲学原理、中国哲学史、西方哲学史、现代西方哲学）；

宗教（佛教、伊斯兰教、基督教的重要典故，以及其他具有民族特色的宗教如道教、禅宗等的重要典故）；

自然科学（各学科的基本常识以及当今科学前沿的最新成果）；

其他学科（社会学、社会心理学、创造学、政治学、新闻学、美学民俗学、文化学）。

一般的广告人对上述学科的了解并不要求面面俱到，因为这实际上是做不到的，但作为一个广告创意工作者，对上述知识系统有一个轮廓上的把握和对基本内容以及突出事例的大致了解将是极为有利的。

2.社会知识，包括：

文化习俗，即对本民族以至本地区的民俗民风、语言习惯、价值追求等有较为直接的了解。

社会新潮，即对正在形成中的最新的社会文化要素进行跟踪研究，其中包括最新的消费动向、最新的审美导向、最新的口语热潮、最新的社会热点以及暂时还处于潜伏状态的可能被激发出来的新要素、新时尚。

社会问题，即对全球、全国及地区范围内的新闻和社会热点问题有着敏锐的把握，对老百姓的喜怒哀乐有着深刻的体会，对政策和法律有准确的理解。

（三）技术操作知识

狭义的操作指广告的设计和制作，广告的操作指广告设计制作过程中的全部要素，其中主要有以下几方面：

1. 为所广告的对象（如某新产品或某一观念）建立档案的技术，有能力以最高的效率在最短的时间内收集所有广告对象的一切资料，并归纳整理从而抽象出该对象的市场特性和定位原则。收集有助于对该对象进行广告创意的一切有意义的素材。这是广告创意进入操作阶段的前提性工作，这一工作涉及信息的收集与探索、整合与提升、市场调查与分析的技术性知识。

2. 与广告有关的新工艺、新材料方面的知识。一方面，广告创意人员应当对最新的广告制作工艺和所用材料有全面的了解，以便有的放矢地使之与创意内容相统一。另一方面，借助于对现行的工艺和材料的熟悉，还可以创制出新的工艺和广告载体。

特别值得一提的是，创意人员对材料和工艺的熟悉也将大大增强创意人员的成本意识。实际上任何真正的创意都离不开"成本效益比"，只有那些低成本、高效益的广告，才能真正体现出创意的本质。

3. 创意制作技术。一个好的创意，必须有一个从思想到实践的物化过程（包括图像、音响等），与这个过程相适应，广告创意人员应当具有从绘画、摄影、摄像一直到电脑设计和制作的各方面的经验知识。对未来的广告创意工作者来说，电脑操作技术知识将具有实质性意义。

二、智能结构

就人类的创造性而言，广博的知识是必要的，但知识并不等于智慧，知识是创造的源泉，智慧却是创造的动力，是文明进化的活的灵魂。

被恩格斯称为希腊哲学家中第一个百科全书式的巨人的亚里士多德也曾说过：智慧不仅仅存在于知识之中，而且还存在于运用知识的能力之中。因此，从某种意义上讲，中世纪神学哲学家帕斯卡尔的判断"智慧胜于知识"是有道理的。

对一个广告创意人来说，不仅要有坚实的知识基础，还应该具有创造性地运用这些知识的能力。这一能力不是单一的，它在整体上表现为一种智能结构，其中包括：

（一）认知力

这是一种内在的获取信息的能力，包括感觉能力、知觉能力和综合观察能力。这三种能力有一种依次递进的关系，见下表：

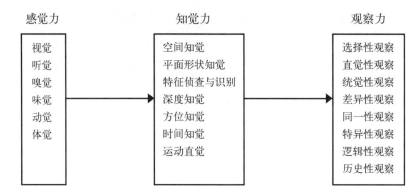

感觉对刺激的接受是无组织、无界限的，但却是具体直观的。

知觉对信号的接受比感觉阶段更深入，是有组织、有界限的，表现为选择性、整体性和恒常性。

观察则表现为更强的主动性，是进入创造性思考的关键环节。一个人创造力的强弱在很大程度上表现为观察力，只有当一个人具备了职业观察能力时，他才能真正做到"制心一处"，并产生一种特有的职业意识和感觉，这种高度的职业敏感常常能将随机观察演变为一种实质性的创意。

日本"三菱电机"的某部长有一次去参观"三井不动产"高级公寓样板房间，本来住宅业和电机业并没有什么特别的联系，住宅的设计也没有能引起"三菱电机"的特别注意之处。但在三井样板房中，该部长却无意间发现了一个情况，即房间里空调不是装在墙壁上，而是装在一个三尺见方的盒子里。盒子的门涂成白色，并装有百叶窗，空调机在里面工作时，冷气或暖气就从百叶窗的缝隙吹进房间。因为盒子四周有三尺的空隙，大型的电热水器也可以一起放在里面。因房间开有天窗，所以当冷气或暖气吹进来时，谁也不知道是不是空调机在工作。

房子的主人所以这样，就是不想让人看到那种木纹色调的空调机。在这个白色基调的房间整体装饰中，如果让那木纹色调的空调机露出脸来，房间的整体感就会遭到破坏，结果只得将其隐蔽起来。

然而，作为空调机的生产单位怎么样呢？他们还在不辞辛苦地生产这种茶色木纹色调的机器，并且就担心表面上留下一丝一毫的划痕，他们哪里知道，用户岂止是不注意它的划痕，因为颜色不协调，人家干脆把它藏在木箱里。有些青年人为了使房间的格调整体一致，甚至在茶色木纹空调机上涂上一层白色的油漆。这时，如果有一种白色基调的空调机，那该多好啊！屋内装饰人员也不必么煞费苦心了。

确实，为了节约能源，提高能源效率的技术性开发，固然很有必要做使家用电器尽量地向微型、薄型化方向发展的技术性努力，但仅仅这样还很不够，并且仅仅把着眼点放在空调机上也是不够的。应该注意观察当时的影像的一代、信息的一代人，他们究竟希望建造一些什么样的住宅，推测一下他们对这种住宅的内部色彩格调，有些什么要求等。这样才能生产出与房间格调协调的空调机，才能掌握如何创制畅销商品的窍门。要想做到这些，就必须善于观察，注意那些乍看起来似乎毫无关系的信息，从而开阔自己的视野。

"三菱电机"的部长就因为这一次小小的意外，观察到了一个从未想到过的问题，于是在策略上迅速作了重大调整，开始生产一种白色的空调机，一下子占据了很大的市场份额，并导致松下等许多公司也转而生产白色空调机，以至于在全世界范围内使空调机有了一个基本的颜色定位。而这一切都源于一次偶然的观察，只是因为这一观察带有一种强烈的职业敏感。

（二）记忆力

这是一种储存和检索信息的能力。记忆力虽然不是创造力，却是创造力赖以爆发的前提。思维在创新过程中所加工重组的一切信号都必须首先储存在大脑中，只有储存足够多的信息，才可能瞬息万变地组合成新的信号。因为创造在本质上是对原有知识的最新组合和嫁接，而"一切知识都不过是记忆"。

对于广告人而言，通过记忆储存足够多的信息是十分必要的，这些信息不仅包括了前述知识结构的内容，还应包括最鲜活的广告实例。比较苛刻的要求应该是，一个专事创意的广告人，要仔细看过至少一万个广告（包括电视、广播、报刊、户外广告等），其中至少有一千个广告应能完整地保留在记忆中，在此基础上，至少应当对其中一百个自认为最具创意性的广告（特别是国际、国内公认的优秀广告）有深刻的领悟，对每一广告的创意本质及其表现手法烂熟于心，只有这样，才有可能熟能生巧地产生新的创意。

（三）求同与求异思维能力

这是创造性思维的基本方法之一。创新（解决问题）既然是指用旧有的知识来处理新情境，那么，只要能对新情境作适当的归类，也就是把新情境概括到已处理过的某类情境中去，就能拿处理该类旧情境的方法来处理新情境，问题即可解决。可见在新情境中找出其与旧情境的共同点是解决问题的第一步。

1.思维中的求同。概括就是求同，也就是说，要善于从不同的东西中找出共同点来。

求同思维在广告创意中有着广泛的运用，国外有一则获奖电视广告是这样的：一个颇有法力的巫师在众目睽睽之下，用同一种频率念着单调乏味的咒语，时间一分一分地过去，人们对这种类似放大了的蚊子的嗡嗡声越来越不能容忍，无论用什么法子都不能使他停止。这时，突然出现了一罐喷剂朝巫师一喷，声音即刻停了，这时人们才看清，原来是一罐"杀蚊喷剂"。巧妙而幽默的构思将巫师的咒语和蚊子的叫声天衣无缝地联系起来了。

美国格鲁曼公司也用求同思维中的相似原则制作了一个获得很大声誉的广告。格鲁曼公司（Grumman）是一家老牌生产飞机机架的制造商，为了彻底改变自己的公众形象，树立出

色、可靠、辉煌的新形象,他们请 Lord Dentsu 广告公司为自己设计了一幅简洁而有力的广告,并且选择了1989年庆祝美国登月成功20周年时向全世界发布,如左图。

最具有神奇效果的是画面下的两句解说词:

20年前,美国将所有的鸡蛋放在一个篮子里。

我们生产了这种篮子。

格鲁曼公司

在系统综合技术领域达到新的高度。

广告将登月舱的脚手架与一则古老的将鸡蛋装进同一个篮子的抗风险童话联系了起来,两件看似风马牛不相及的事物,只要善于发掘,仍然能找出它们之间的微妙的同构关系。

2.思维中的求异。思维中的求异就是从多维角度去进行分析概括,打破原来的惯性思维,寻找不同的或者相反的解决方法。心理学家 Adamson 曾设计了一个实验,来证明不注意求异思维可能造成的结果。

有三个小纸盒子,一个装火柴,一个装图钉,一个装小蜡烛,要求大学生把蜡烛点燃置于木屏上。按说这个问题很简单,只要先用图钉把小纸盒钉在木屏上作"小台子",然后将蜡烛点燃,把它粘在"小台子"上就行了。但实际情况并不这么简单。当把火柴、图钉、蜡烛分别装在各自的纸盒子里时,多数大学生会束手无策。只有把火柴、图钉、蜡烛都从纸盒内拿出来,把空盒子放在桌上,这时多数大学生才会想出上述那个办法来。

为什么会这样呢?因为纸盒子装了东西后,会给人以暗示:这是容器。从而使大学生一下子(单维度地)把纸盒概括成容器。当对纸盒子作这样一种概括后,就使自己的思路受到束缚,即局限在一个框框里,而不再对纸盒从别的维度去进行概括了。如果纸盒子空着时,对人的思路就没有这种局限。此时他们的思路比较开阔,可以进行多维度的概括。所以,在纸盒子装东西时,能解决这个问题的大学生只是极少数;而当纸盒子空着时,能解决这个问题的大学生就达到大多数。这是一个有名的实验。它说明,从单维度上概括,往往使人形成一种定势，束缚思路；从多维度上概括，则没有这种束缚。这就是运用和不运用求异思维所造成的两种结果。

求异思维运用得当，常常能达到出乎意料的广告效果。如过去一些酒店卖出的酒经常是掺过量的水，人们越来越不相信，结果许多酒店纷纷挂出"本店卖酒决不掺水"的广告，但人们仍然不太相信这种说法，因此生意并不见好。惟有一个酒店，竟一反常态，写了一则广告："本店素来出售的是掺水一成的陈年佳酿，如有不愿掺水者请预先声明，但饮后醉倒与本店无关。"既然人们都已不相信酒店的承诺，不如反其道而行之，干脆明白告之，倒也不失机智。

又如某户人家的狗一下子生下了11只小狗，主人束手无措，只好登出广告："11只漂亮、可爱的小狗，愿送给善良的家庭。"然而，对此感兴趣的人很少。两星期后，仍有7只小狗没人要，情急之下主人改变思路，又登出一则广告："1只非常丑陋和6只漂亮的小狗，愿送给善良的家庭。"广告一登出，电话铃就开始响起——都是来打听那只可怜的"丑陋"的小狗是否还在，这样，不到一天，7只小狗就被人当作那只"丑陋"的小狗领走了。

求异思维能力是一种长期训练之后的感觉，一种反叛的习惯，当所有人都向同一方向思考时，我却反其道而行之。比如，当所有的广告都在追逐影视、体育等"常规"的明星时，某公益广告却一反常规思路，请出我国的文化名人季羡林做广告，的确，在某些领域，季羡林先生的影响比一般意义上的明星更深刻、持久和有说服力。因此，只有具备反向思维的人才能想出如此高妙的一招。

（四）综合创新能力

观察能力和记忆能力归根到底都要服务于创新能力。创新能力是衡量广告人最主要的标准之一，创新能力也是一切精神劳动者最本质的力量。然而创新能力并不等于智力，现代心理测量的研究发现，目前已有的许多智力量表所测得的分数与创造性成果相关度很低。尤其是就智商在120以上的人来看，他们的智商与创造性成果几乎没有相关性。这似乎表明当智商达到一定的水平后，创造性的高低就与一般的智力量表所测量到的东西无关，而要取决于创造主体另外的能力和条件了。这另外的能力和条件可以从许多角度去描述，国外学者罗加茨把富有创造力的人所必须具备的主体条件归纳为如下三个方面：

（1）无防卫的、不排他的，能广泛地接受各种经验，抱有自由和灵活的态度。

（2）好奇心强，愿意多实践、多思考。

（3）对活动的结果合适与否，有很明确的评价标准。

罗加茨很有启发性地谈到了创造主体的一些条件，但还不是很全面，笔者认为以下一些条件同样是富有创造性的人应当具备的：

（1）对专业领域内的一切新思想、新工艺、新发现给予极大的关注。

（2）对人类活动中萌发出的一切富有智慧的事件和想法抱有持久的好感。

（3）对生活中不断涌现的新鲜事物有着敏锐的感受力。

（4）以稳定、持久的专业眼光看待周围的变化，并具有以此眼光选择和储存一切相关信息的能力。

（5）极为丰富的想像力和对想像中的事物的现实价值作出判断的能力。

（6）强烈的对现存秩序和思想的颠覆感。

（7）对问题的思考要像尼采说的，有"深入到社会大前提的背后，用小刀去解剖社会胸膛"的勇气和能力。

（8）对幻想的超功利的爱好和适时的理智把握能力。

（9）对事物的本质一针见血的洞察力。

（10）找出两种几乎相同的思想和价值间的最实质的差异并迅速作出抉择的能力。

（11）激发自身的一切相关潜能集中于某一目标的能力。

（12）将抽象的概念、判断和理论还原成最简单的经验事实并进行思考的能力。

（13）准确、生动地以日常语言表达深刻理念的能力。

（14）对兴趣范围内的知识和事件有极高的悟性和直觉。

（15）对头脑中闪现的转瞬即逝的思想萌芽进行专业鉴别的能力。

（16）知道在什么样的情况下必须暂时停止思考或者彻底放弃。

（17）能够以各种轻松的活动方式引渡自己走出思考的危机。

（18）对上述所列项目有自己更为独特的理解。

虽然所有这些能力和素质很难完美地全部体现在某一个人身上，但尽可能多地接近和拥有这些能力，往往会在很大程度上影响一个人的创造力。以上所列的项目，有些是先天的，有些却可以通过后天努力而学到，关键在于个人对自己的终极要求。

三、人格因素

一个人是否具有强大且持久的创造力，除了取决于其是否具有广博的知识内存和充满活力的智力要素外，还会受许多非知识和非智力因素的影响。这其中，人格是最为重要的非智力因素。如果说知识和智力属于硬件系统的话，那么人格因素就应当属于软件，它对一个人创造力的深度开掘和持续发展有着举足轻重的影响。

事实上，在人类创造力工程中，比较引人注目的因素往往是创新的思维方式和表达方式，而常常忽视了创新的态度。日本学者恩田彰认为，所谓创新的态度就是创新的人格因素。这一因素有时在整个创新过程中甚至起着决定性作用。相传，吉第翁是古代以色列军的司令，当他准备率志愿兵去同密执安人打仗时，发现兵员太多，需要缩减。这个聪颖的将军想借此只留下素质较好的兵员。于是，他采用了虽属粗疏但却合理的双重测试法：一是他如实诉诸战争的残酷、伤亡的危险，劝导胆怯的人不如及早却步，这使得志愿兵中2/3的人改变初衷返回了家园；二是他命令剩下的士兵去附近的小河中喝水。那些用手舀水喝的人被他选中留下，而其他弯腰跪在河边用嘴直接饮水的人则被进一步淘汰。因为很显然，警觉是士兵的天职，用手舀水喝的士兵正是符合了这种随时提防敌人的警戒要求的。

吉第翁对兵员的筛选法，采用的是人格和能力的双重测试。他首先从是否能勇敢作战、不怕牺牲的人格要素上选留兵员，其次才是关注有无战斗技巧的能力素质，这是很有见地的。

对一个广告创意人而言，其工作性质同样对非智力的人格因素有所要求，这些因素主要有：

（一）坚忍不拔的意志

许多统计表明，决定一个人能否最终成功的最重要的因素不是智商，不是机会，也不是优越的知识背景，而是意志，是一种万死不辞的对既定目标的追求。莎士比亚说："千百万人的失败，都是失败在做事不彻底，往往做到离成功尚差一步就终止不做了。"而这最后的一步所需要的恰恰是意志。一种不达到目的誓不罢休的强者的意志，"真正的强者不是压倒一切，而是不被一切所压倒"。所以马克思才说："只有在那崎岖小路的攀登上不畏劳苦的人，才有希望达到光辉的顶点。"这也正如撒旦在诱惑神之子的时候无意间说出的一个真理："伟大的作为，要有伟大的进取精神。"

对于广告创意人来说，特殊的行业性质决定了他生活的极度震荡性，几乎时时刻刻都在欢乐与痛苦、成功与失败、希望与绝望间求生，当最后交稿的期限已至仍然毫无创意时，当自己颇为得意的创意被客户突然"枪毙"时，更需要一种置之死地而后生的坚强的意志力。正是这种意志才会激发出一种绝处逢生的大智慧，美国的一位聪明的苹果园主杨格的经历颇能给我们以深刻的启迪。他的苹果园位于新墨西哥州的高原地区。一次，一场特大冰雹的袭击把浑圆硕大的红苹果打得遍体鳞伤。杨格已订出9000多吨货，该怎样走出已注定是"损失惨重"的"绝境"呢？杨格是一位很有创新经营头脑的人，往年，他将上好的苹果装箱发往各地时，登载的广告就与众不同："如果您对收到的苹果有不满之处，请函告本人，苹果不必退还，货款照退不误。"这种绝无仅有的广告语言，具有巨大的吸引力，每年都招徕大批买主。高原苹果味道甜美，少有污染，很受顾客青睐。今天，难道就面对这疤痕累累、创伤严重的满园苹果坐以待毙吗？杨格没有像常人那样一下子就陷入绝望，而是镇静地苦思冥想着从危机状态下逃逸的出路。他随手拿起一个苹果品尝起来，发现被冰雹打击后苹果肉变得分外地清香扑鼻，汁浓爽口。这天夜里，一个绝妙的主意终于萌生了，他翻身下床，决定连夜把苹果照旧发运出去，只是他在每一箱里都附上了这样一张纸片，上面写着："这批货个个带伤，但请看好，这是冰雹打出的疤痕，是高原地区出产苹果的特有标记。这种苹果果紧肉实，具有妙不可言的果糖味道。"买主半信半疑地品尝后，发现味道真棒，真是"高原特有的味道"，就接受下来。从此，人们甚至还专门要求杨格提供带疤痕的苹果呢。

可能有人会说，这是由于杨格所特有的经营信誉使然，还有人也许会说，这是杨格利用了"化害为利"的创造性技巧。这些看法自然有一些道理，但都未能触及问题的根本。问题的关键在于，杨格在常人认定的"厄运"、注定的"无望"、肯定的"惨败"面前，也没有失去意志。他不是从绝望中走向绝望，而是力求从绝望中走向希望，于是，他不是以束手待毙的心态，去"判处"遭受重创的苹果"死刑"，而是能从品尝带疤苹果的过程中发现其"内在的丽质"，从而使自己紧紧地把握住了挽救危局的曙光。

可见，意志才是生存的"第一智慧"。

（二）忘我的敬业精神

广告创意作为一种精神性劳动有着自己的行业特点，它既不同于大多数物质劳动的机械化，又不同于某些精神劳动（如艺术、文学、科学、哲学）所具有的那种开放性和自由度。限时限刻交出"产品"和面对"产品"（创意作品）的商家单方面的苛刻要求，往往使广告创意人陷入周期性的困境，没有一种超人的智慧和意志、过人的体力和精力将难以走出困境，甚至可能在恶性循环中崩溃。因此，对广告人而言，就特别需要一种真正的敬业精神，来对付接踵而来的各种压力和挑战。这种压力和挑战可以用英国广告人埃里克·克拉克的一句话来概括："广告是一个危险的职业，当你步入40岁时，你所剩下的时间也许只有10年了。"美国知名文案作者乔治·葛里宾也深有体会地讲到撰写文案工作"是一种最恶劣的、有训练的、苦恼的工作"。你耗尽心思才能想出来一些东西，而再把这些东西正确地在纸上写出来更是累得精疲力竭，甚至比想出来更为艰苦。当客户联络人兴高采烈地徘徊在身边，无力地口嚼浆果，随便地提供建议的时候，客户来了电话询问："为什么还没做完?他必须写点东西出来了！"此刻，广告人才真正陷入了焦头烂额的境地。

因此，一旦投入广告事业，你就得有心理准备，你就要像迎接战争一样去迎接各种噩梦般的折磨，像赢得战争那样去战胜外在的压力和内在的惰性。关于这种不为外人所熟悉的广告业的"内幕"，我国香港地区知名广告人纪文风也曾深有感触地说："其实广告人绚烂的生活背后，蕴含着不少心酸和血汗，各种的辛劳和精神压力，不足为外人道。就以摄制广告片为例，由于每格底片都应尽善尽美，认真工作的态度就近乎吹毛求疵，一个镜头可以重拍几十次，一开工可以夜以继日36小时不休息，体力差一点的已告不支，而休息2~3小时后，又要聚精会神上班开会绞脑汁，简直媲美"铁人"，对广告行业兴趣缺乏的人，早就抽身而退，逃之夭夭了！"因此，她才会说："我个人认为要做一个成功的广告人，最要紧的就是信念与投入(conviction and dedication)。你一定要对广告有浓厚兴趣，才能全心全意投入，发扬任劳任怨，敢于负责的精神。"

特别值得指出的是，广告工作并不是一种容易扬名的工作，在许多情况下，即使是最伟大的创意也不可能像文学艺术那样获得相应的社会赞扬，而只能默默无闻。这也是广告业的又一重要特点，恰恰是这一点，就更需要广告人有一种忘我的敬业精神。正如詹姆斯·韦伯·杨在《怎样成为广告人》里所说："第一，我们一定要承认，广告人自始就能像罗斯福总统曾描述过的'有热爱匿名的精神'。在这种意义上，我们可以说广告人完全是没有个人地位的。汤普生所给我的第一教诲是"在你的客户面前，永远不要登台。"这在过去与现在都是广告人正确的立身处世之道。

(三) 豁达的人生态度

第一，广告人应有友好的协作精神。信息时代的到来，极大地改变了人类的生活方式和工作方式，即由过去农业时代"鸡犬之声相闻，老死不相往来"变为全社会和全球范围的广泛联系，由过去一家一户的小生产向社会化大生产过渡，不仅物质生产方式，精神生产方式也开始变化。例如在科学研究领域，那种小作坊式的闭门造车（如牛顿、爱因斯坦天马行空，独来独往创造体系的方式）已经逐渐被集体研究甚至全球范围的超大规模协作研究方式所取代。广告的作业方式也许比一般的科学研究和文艺创作更需要集体协作精神，不论是创意过程中的头脑风暴法，还是整个广告作业过程中创意与设计、制作、发布等各环节的联系，以及广告商与广告主、媒体、市场调查对象等的联系，都需要一种友好的协作精神贯穿其中。积极的协作意识和友好的人生态度，不仅可以使许多意外的非秩序性矛盾得以化解，更能使人在一种宽松、和谐的氛围中获得良好的创作灵感。

第二，广告人应保存一份天真和超功利的处事态度。与别的精神劳动（如哲学、科学、文学、艺术等）相比较，广告特别是纯商业广告，已经先天地烙上了无可辩驳的商业印记。由于广告业已经深深地介入了社会经济过程，广告事实上已成为"流通——生产——流通"过程的重要组成部分，这种内在的经济性质是不言而喻的。然而，作为广告创意人，其劳动又具有人类精神劳动的一切品性，它的艺术性和科学性同样是人们所追求的，这就历史地要求广告人不仅应当具有现实的经济头脑，还应该保持人类精神创造的伟大天性，过多的功利思想会有损这种天性，并最终将影响创作灵感。因此，适当的超越现实功利将会给创意带来一丝宁静和自由。

第三，广告人应当具有公心和爱心。广告是影响心灵的艺术，要想真正打动别人的心灵，就应当拥有爱心、出于公心。只有发自心灵才能进入心灵，我国台湾地区著名的公益广告创意人王念慈即为一例。广为流行的"好东西要和好朋友分享"的广告语就是王念慈的杰作，她的创作信念是"要打动人心，广告才有意义"，在这一信念的支持下，她积极地投入了公益广告的创意。她的第一个公益广告，是血荒时期为"捐血协会"招募捐血人，为此她看了许多"捐血一袋，获救一命"的资料，王念慈深深体会到：捐血这件事没有"利害关系人"，接受帮助的人不会知道用了谁的血，而捐血的人只会收到一张用血通知单，证明确实有人用了捐血。这种对陌生人救命不求回报的事例，让王念慈相信"人性里是有神性的"。她流着泪写下了"我不认识你，但是我谢谢你"这句感人肺腑的广告语，使无数人为之动容、动心，继而掀起了一个覆盖整个台湾地区的捐血高潮。

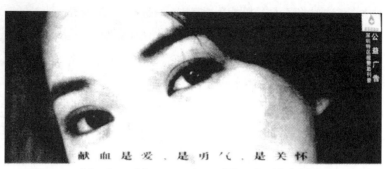

王念慈用心创作的献血公益广告。

正因为王念慈是在"用心"来创作，所以短短一年，她便创作了11条好广告：和青少年沟通的"夜深了，打个电话回家，让家人知道你在哪里"、"孩子，如果我肯听你好好说，你也听我一下好吗？"、拒烟广告"我17岁，我不抽烟"、志愿服务队广告"人生可以不是这样"等。每一个广告都是先有"感动"与"相信"，才能做出好成绩，进而使别人也"感动"和"相信"。

此外，广告人要有幽默感。幽默是生命的润滑剂，也是智慧的激素。它是一种高级人生态度的通俗表达方式，是深刻智慧的令人喜闻乐见的表现形式，因为它是以亲切和悦的面孔在宣示真理，它"是对一个真理的迅速而生动的启迪"（格雷戈里语），是对那些"生来就懂但无法表达的哲学真理"的"成熟的表达"方式。因此，正是幽默在驱逐真理和艺术表达方式上的浅薄，正是幽默有能力修补真理以至艺术表达上的缺陷。所以，真正的、具有真才实学的、令人信服的杰出人物，无一不是在那种使人愿意亲近的幽默氛围中生活，并以特有的幽默方式解决各类棘手的难题，从而使智慧得到最有效的宣泄和提升。对于广告人而言，幽默不仅可以使他紧张的生活和工作节奏得以调节和纾缓，也可以使创作智慧得以喘息和重新爆发，更可以使广告作品本身内含一种令人会心的人生趣味。

第四，我国新一代广告人应当有神圣的使命感，不仅要承担我国当今广告设计和创意领域"脱平"（平淡、平庸）的任务，更应有一种维护尊严的激情。

在当今图像和注意力时代，全世界文化的交流与竞争正在全方位地展开，在广告与图像表达领域，同样存在着尖锐复杂的形势，我们应当保持极其清醒的认识，国外某些媒体正在以他们的所谓创意对我们进行攻击。

文化的渗透和新一轮博弈正在悄悄地展开，这就需要我们文化的持有者以相应的方式在同一战场进行应战，如果我们在图像和视觉传达领域没有还手之力，等于我们又让出了当今时代最具大众传播性的领地，这是一种可怕的文化和精神退却。

毫无疑问，中国的新一代广告人肩负着深刻的历史使命，因为他们同时也应是这个变动不居时代中我们文化的守护者，一切有雄心和正义感的广告人都会感受到这一新的战争形势的迫近。

总而言之，广告业对广告创意人的素质要求是全面的，但并不意味着广告业一定要造就百科全书式的人才。事实上，最具有独创性的人往往是最有特点的人，因而也常常是带有某种偏见和缺陷的人。因此，广告创意人应具备的最主要的条件不是知识，而是对知识的把握方法；不是智慧，而是智慧的激发和运用方式；不是创作本身，而是一种创作态度和生存态度。

本章提要

1. 由于广告创意是一种极其烦心的工作，因此需要广告人创意具有超越常人的各种特定条件，这些条件应能综合地体现在实际的工作中。

2. 广告人的知识结构是一个全面的动态的体系，这是区别于某些专业学科的特质。

3. 特别值得提醒的是，广告创意人需要有一种强大的认知力和求同与求异思维的能力，并且有一种将这种能力转化为可操作的实践的思维技巧。

4. 人格因素是所有正常人应具备的，但是对于广告人而言，其工作性质对之应当有更苛刻的要求。

5. 中国的新一代广告人肩负着振兴我国广告业的神圣历史使命。

练习与思考

1. 广告创意人应当具备哪些特定的条件？
2. 广告人的知识结构还有哪些？
3. 广告人的智能结构还包括哪些？

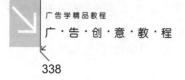

小组讨论

1. 广告人是一种什么样的人?
2. 中国广告人应如何应对视觉时代的挑战?

参考文献

冯斌、周建中、汤春燕:《品牌创意广告》,辽宁科学技术出版社 2002 年 4 月版。

冯斌、黄岳杰:《新世纪广告创意经典》,辽宁科学技术出版社 2001 年 1 月版。

尚恒德:《海外广告作品赏析》,香港人民美术出版社 1994 年 6 月版。

刘立滨:《国际广告》,国际广告杂志社。

张惠辛:《中国广告》,中国广告杂志社。

林家阳、车其:《国际广告大师金特·凯泽》,河北美术出版社 2000 年 5 月版。

李中华:《中国文化概论》,中国文化书院 1987 年版。

弗·吉姆逊:《后现代主义与文化理论》,陕西师范大学出版社 1986 年版。

张祖述、沈德立:《基础心理学》,教育科学出版社 1987 年版。

八卷俊雄:《广告创意》,朝阳堂文化事业股份有限公司 1995 年出品。

刘建顺:《现代广告论》,朝阳堂文化事业股份有限公司 1995 年出品。

李旭:《广告点子库》,天津人民出版社 1995 年版。

大卫·奥格威:《一个广告人的自白》,中国友谊出版社 1991 年版。

聂仁忠:《广告语言艺术》,石油大学出版社 1989 年版。

马谋超:《广告心理学基础》,北京师范大学出版社 1992 年版。

陶伯华、朱亚燕:《灵感学引论》,辽宁人民出版社 1987 年版。

郭廉夫、张继华:《色彩美学》,陕西人民美术出版社 1992 年版。

纪文凤:《进入广告天地》,台北天下文化出版有限公司 1995 年版。

弗雷德·波普:《世界百家超级公司最新广告剖析》,大连出版社 1994 年版。

许水富:《现代广告策略》,香港得利书局 1993 年版。

科特·W.巴克:《社会心理学》,南开大学出版社 1984 年版。

许小平:《设计家》,浙江人民美术出版社 1996 年版。

王健:《广告创意》,中国建筑工业出版社 1998 年版。

王健:《超越性思维》,复旦大学出版社 2003 年版。

New York Festivals,Harper Design International,2003。

B. Martin Pedersen, *Advertising Annual 1999*,Graphis Inc,1999。

B. Martin Pedersen, *Advertising Annual 2004*,Graphis Inc,2004。

Best of Graphis Advertising II,Page One Publishing,1993。

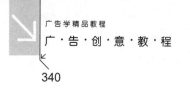

后 记

这是一个让人充满野心和幻觉的时代,但同时又是一个让个人力量日益显得渺小的时代。即使在最个人化的创作中,那种牛顿、爱因斯坦所习惯的"天马行空、独往独来"的家庭作坊式的创作方法和自信已经一去不复返,无论在形式还是内容上,今天的工作都变得越来越集体化。

这本书的生产过程就让我感受到这一点,比如资料的收集。在牛顿时代,前人劳动成果的收集成本是那样的低,以至于很容易站在巨人的肩上,接着就开始自己的独创性思考。但是今天,汪洋大海般的信息会渐渐湮没你的自信,让你永远留有挂一漏万的担心,收集与检索变得比创意和思考更具优越性。特别是广告创意作品,海量的成果和洪峰般不断涌来的新作使任何理论抽象都变得没有归纳前提,我们只能在接近于个案性质的资料基础上发挥自己原始的演绎能力。但即使这样,我仍然要对我书中所借用的一切作品的原始创作者表示最大的敬意,虽然无法一一查考和列出他们的姓名,但我还是要对所有他们默默无闻的智慧型劳动表示深深的感谢。好在一切广告都不是为了藏在抽屉里的,虽然创作者无法在报纸和电视的创意广告中署上他们的大名,但自己作品的广泛传播却一定能给他们带来精神上的愉悦。

这本书的完成首先要感谢北京大学出版社经济与管理图书事业部的林君秀老师,我们进行了长时间的各种细节上的沟通,她的专业能力和职业精神给我留下了深刻的印象。其次我还要感谢叶楠老师,她和林君秀老师一样,处处为别人着想,没有大牌出版社的架子。我几次来京讲课,她们都专程来找我,在清华紫光国际交流中心的早餐桌上我得到了两位老师很多的指点,使我对本书的写作充满了信心。当然,这本书最后的责任编辑张迎新老师是我特别要说的,通过电话和互联网的沟通,通过那些极为细小的编辑建议,通过对一些不起眼的专业纰漏的揭示,我可以想像北大出版社的编辑们是怎样在灯下精雕细琢的。大量无人知晓的心血背后,是一种令人敬畏的职业精神,这就是北大出版社的分量。

我的家人对我在写书的过程中剥夺她们快乐时光的行为所表现出的宽容也使我非常内疚和感动。我的朋友孙静蔚老师在全书过程中提供的大量文档服务,是成书的技术基础之一,对此我十分感激。

作者
2004 年 11 月